Henk Overbeek

Rivalität und ungleiche Entwicklung

Grundwissen Politik
Band 45

Herausgegeben von
Ulrich von Alemann
Arthur Benz
Marian Döhler
Hans-Joachim Lauth
Susanne Lütz
Georg Simonis

Henk Overbeek

Rivalität und ungleiche Entwicklung

Einführung in die internationale Politik
aus der Sicht der Internationalen
Politischen Ökonomie

VS VERLAG FÜR SOZIALWISSENSCHAFTEN

Bibliografische Information der Deutschen Nationalbibliothek
Die Deutsche Nationalbibliothek verzeichnet diese Publikation in der
Deutschen Nationalbibliografie; detaillierte bibliografische Daten sind im Internet über
<http://dnb.d-nb.de> abrufbar.

1. Auflage 2008

Alle Rechte vorbehalten
© VS Verlag für Sozialwissenschaften | GWV Fachverlage GmbH, Wiesbaden 2008

Lektorat: Frank Schindler

VS Verlag für Sozialwissenschaften ist Teil der Fachverlagsgruppe Springer Science+Business Media.
www.vs-verlag.de

Das Werk einschließlich aller seiner Teile ist urheberrechtlich geschützt. Jede
Verwertung außerhalb der engen Grenzen des Urheberrechtsgesetzes ist ohne
Zustimmung des Verlags unzulässig und strafbar. Das gilt insbesondere für
Vervielfältigungen, Übersetzungen, Mikroverfilmungen und die Einspeicherung
und Verarbeitung in elektronischen Systemen.

Die Wiedergabe von Gebrauchsnamen, Handelsnamen, Warenbezeichnungen usw. in diesem Werk
berechtigt auch ohne besondere Kennzeichnung nicht zu der Annahme, dass solche Namen im
Sinne der Warenzeichen- und Markenschutz-Gesetzgebung als frei zu betrachten wären und daher
von jedermann benutzt werden dürften.

Umschlaggestaltung: KünkelLopka Medienentwicklung, Heidelberg
Druck und buchbinderische Verarbeitung: Krips b.v., Meppel
Gedruckt auf säurefreiem und chlorfrei gebleichtem Papier
Printed in the Netherlands

ISBN 978-3-531-15440-4

Inhaltsverzeichnis

I	Vorwort	9
II	Über den Autor	13
III	Einleitung	13
IV	Verzeichnis der Übersichten	17
V	Abkürzungsverzeichnis	19

1	Schlüsselkonzepte und Untersuchungsgegenstand einer transnationalen Theorie der Internationalen Beziehungen	21
	1.1 Schlüsselkonzepte	21
	1.2 Untersuchungsgegenstände	26
	1.2.1 Elend trotz Prosperität: immer größere weltweite Ungleichheit	26
	1.2.2 Befriedung im Zentrum – zunehmende Häufigkeit von Kriegen in der Peripherie	28
	1.2.3 Häufung von Entwicklungsmustern auf der Ebene von Weltregionen	30
2	Struktur und Funktionsbedingungen ungleicher Entwicklung im Weltsystem – theoretische Grundbegriffe	35
	2.1 Einleitung	35
	2.2 Die gesellschaftlichen Grundlagen des modernen Staates	37
	2.2.1 Staatenbildung als historischer Prozess	37
	2.2.2 Die sozialen Grundlagen des Staates	41
	2.2.3 Die politische Artikulation von Klasseninteressen	49
	2.2.4 Staatsformen	54
	2.3 Weltsystem: Dynamik und Entwicklungstendenzen	57
	2.3.1 Der Ursprung des Systems und die Kontroverse über die Definition des Kapitalismus	58
	2.3.2 Weltreich versus Welt-Ökonomie	59
	2.3.3 Arbeitsteilung und geographische Differenzierung	61
	2.3.4 Hierarchie von Produktionsweisen	64
	2.3.5 Expansionsweisen des Kapitalismus	65
	2.4 Historische Globalisierung und internationale Beziehungen	67
	2.4.1 Einleitung	67
	2.4.2 Definition historischer Globalisierung	68
	2.4.3 Governance im Staatensystem	72
	2.4.4 Schluss	76

3 Historische Globalisierung: Aufstieg und Zerfall der Dritten Welt 77
- 3.1 Historische Globalisierung: Wurzeln und Wirkungsweisen ungleicher Entwicklung 77
- 3.2 Peripherisierung und Widerstand im Weltsystem 92
  - 3.2.1 Merkantilismus 93
  - 3.2.2 Industriekapitalismus 95
  - 3.2.3 Widerstand gegen Peripherisierung 97
- 3.3 Entstehung und Auflösung der Dritten Welt 98
  - 3.3.1 Dekolonisation und Kalter Krieg 99
  - 3.3.2 „Die Dritte Welt": ein Programm 100
  - 3.3.3 Veränderung der Sozialstruktur im Zuge der auf Importsubstitution orientierten Industrialisierung 103
  - 3.3.4 Von der Importsubstitution zur Exportorientierung 105
- 3.4 Die Differenzierung zwischen Entwicklungsländern in den 1970er Jahren 113
  - 3.4.1 Die erdölexportierenden Länder 114
  - 3.4.2 Die „Newly Industrializing Countries" 117
- 3.5 Am Scheideweg: Übergang zur Ära der neoliberalen Globalisierung 121

4 Das Zentrum des Weltsystems 127
- 4.1 Einleitung 127
- 4.2 Hegemonie und Rivalität im Handelskapitalismus 1500-1750 128
  - 4.2.1 Die Definition der Hegemonie in der Weltsystemtheorie 128
  - 4.2.2 Hegemonie im Handelskapitalismus 132
  - 4.2.3 Hegemonie und Weltsystem 138
- 4.3 Hegemonie und Industriekapitalismus mit Konkurrenz – die Zeit von 1750 bis 1870 141
  - 4.3.1 Der anglo-französische Kampf um die Hegemonie 1756-1815 141
  - 4.3.2 Die liberale Weltordnung 142
  - 4.3.3 Der liberale Staat 147
  - 4.3.4 Hegemonie in der liberalen Weltordnung 149
- 4.4 Imperialistische Rivalität 154
  - 4.4.1 Einleitung 154
  - 4.4.2 Die wachsende Herausforderung der britischen Hegemonie 155
  - 4.4.3 Theorien der imperialistischen Rivalität 158
  - 4.4.4 Der Niedergang Großbritanniens als Hegemonialmacht 161
- 4.5 Amerikanische Hegemonie 170
  - 4.5.1 Einleitung 170
  - 4.5.2 Fordismus 171
  - 4.5.3 Die Rekonstruktion der globalen Ordnung nach dem Krieg 176
  - 4.5.4 Auf dem Weg zu einer Krise der amerikanischen Hegemonie? 181

5 Globalisierung, Neoliberalismus und die Vertiefung von Rivalitäten und Ungleichheiten im neuen Zeitalter 187
- 5.1 Einleitung 187
- 5.2 Globalisierung: ein empirischer Exkurs 188
- 5.3 Auf dem Weg zu einer globalen Hegemonie? 195
- 5.3.1 Transnationales Kapital 195
- 5.4 Die Rückkehr des Imperialismus 204
- 5.4.1 Die „belle époque" der amerikanischen Hegemonie 204
- 5.4.2 Der Niedergang der US-Hegemonie und der Aufstieg Chinas 209
- 5.5 Die Zukunft: einige Szenarien 216

Literaturverzeichnis 221

I Vorwort

Der Band „Hegemonie und Rivalität" beschäftigt sich mit zwei basalen Strukturmustern internationaler Beziehungen, einerseits dem fortwährenden, sich aber doch immer in neuen Formen vollziehenden Kampf um die Hegemonie in internationalen Staaten- und Gesellschaftssystemen und andererseits der sich vertiefenden, gleichwohl ausdifferenzierenden Kluft zwischen den reichen und den armen Staaten bzw. zwischen den in das Weltsystem integrierten und den nicht oder weniger integrierten Klassen und Schichten. Die Interdependenz dieser beiden Strukturmuster wird von Henk Overbeek aus der Perspektive der Amsterdamer IB-Schule analysiert, die ein eigenständiges Amalgam unterschiedlicher Theorietraditionen bildet und die sich vor allem mit der Frage befasst, wie sich im modernen Staatensystem politische Herrschaft begründet und in Formen artikuliert und reproduziert, die soziale, ökonomische und politische Ungleichheit in der Weltgesellschaft eher vergrößern als verringern.

Das Buch ist als Einführung sowohl in den Gegenstandsbereich der historisch-analytischen Herrschaftsanalyse des internationalen Systems, als auch in die Grundannahmen der Amsterdamer Schule angelegt. Wir meinen, dass der hohe Anspruch, eine theoretisch angeleitete, aber verständliche Einführung in eine „kritische" Analyse des internationalen Staaten- und Gesellschaftssystems vorzulegen, voll erfüllt wurde. Damit wurde auf jeden Fall eine Lücke im deutschen Lehrbuchmarkt geschlossen. Den Studierenden der Internationalen Beziehungen wird die Möglichkeit geboten, ihr Deutungsrepertoire internationaler Strukturen und Prozesse deutlich zu erweitern.

An dem Zustandekommen des Lehrbuchs von Henk Overbeek sind viele Köpfe beteiligt gewesen. Die Grundidee stammt von Gerd Junne, der sich in seinen Amsterdamer Einführungsvorlesungen seit Anfang der 80er Jahre darum bemüht, eine globale Perspektive der ungleichen Entwicklung internationaler Beziehungen zu vermitteln. Auf der Grundlage seiner Vorlesungsmanuskripte fertigten seine damaligen Mitarbeiter, Henk Overbeek und Henk Houweling, zusammen mit ihrem „Lehrer" eine erste Version des jetzt vorliegenden Lehrtextes an, der viele Jahre im Hagener Studienbetrieb eingesetzt wurde. So gut dieser „Lehrbrief" auch war, die unterschiedlichen Handschriften waren nicht zu übersehen. Daher war es ein Glücksfall, dass sich Henk Overbeek interessiert zeigte, den gesamten Band nicht nur zu aktualisieren und auf den neuesten Forschungsstand zu bringen, sondern ihn auch in Absprache mit seinen früheren Koautoren theoretisch, argumentativ und sprachlich zu vereinheitlichen. Das Ergebnis ist ein weitgehend neuer Text, für den allein Henk Overbeek verantwortlich zeichnet und dem an dieser Stelle nochmals ganz herzlich für die hervorragende Zusammenarbeit, die auch in einem gemeinsamen Seminar zur Erprobung der Lesbarkeit und Verständlichkeit von „Hegemonie und Rivalität" bestand, zu danken ist.

Um die Rezeption der Amsterdamer Schule internationaler Beziehungen an deutschsprachigen Universitäten zu befördern, sollte der Band, so insbesondere der Wunsch von Henk Overbeek, auf Deutsch erscheinen. Da die FernUniversität in Hagen sich als deutschsprachige Universität versteht, ist diese Publikationsstrategie auch umgesetzt worden. Leider waren die Mittel für Übersetzungsarbeiten äußerst beschränkt. Zunächst hat Albert M. Dreher die Übersetzungsarbeiten besorgt, dann vor allem Carina Fiebich, Mitarbeiterin am Lehrgebiet Internationale Konflikte und Umweltpolitik. Ihnen, wie Maik Schumacher, der die Formatierung des Kurses sowie Frank Lorenz, der das abschließende Lektorat übernahm, sei für ihren großen Arbeitseinsatz unser Dank ausgesprochen.

Hagen, Dezember 2007
für die Herausgeber
Georg Simonis

II Über den Autor

Henk OVERBEEK

wurde 1949 in Haarlem geboren. Nach Beendigung seiner Schulausbildung am Murmellius-Gymnasium in Alkmaar 1967 studierte er Politikwissenschaft und Internationale Beziehungen an der Gonzaga-Universität in Spokane, Washington/USA, und der Universität von Amsterdam, wo er 1976 mit dem M. A. sein Studium abschloss. Seine Promotion erfolgte 1988 ebenso an der Universität von Amsterdam. Seit 1999 ist er tätig an der Freien Universität von Amsterdam, seit 2005 als Professor. Darüber hinaus hat er bis 2004 einen Lehrauftrag für International Relations an der Webster-Universität, Leiden, gehabt. Seine Forschung konzentriert sich auf Fragen der internationalen politischen Ökonomie, wobei er seinen Ansatz als transnationalen historischen Materialismus bezeichnet. Er hat sich in den letzten Jahren vor allem mit den Themen Asyl und Migration in Europa, Globalisierung und die Besteuerung von Firmen und Unternehmen beschäftigt (siehe auch http://www.arccgor.nl). Zu seinen jüngeren Veröffentlichungen zählen:

The Transnational Politics of Corporate Governance Regulation (Hg. mit Bastiaan van Apeldoorn und Andreas Nölke), London/New York 2007;
Transnational class formation and concepts of control: notes towards a genealogy of the Amsterdam Project in International Political Economy, Journal of International Relations and Development, 2004, Vol. 7, No. 2, 113-141;
The Political Economy of European Employment. European Integration and the Transnationalization of the (Un)Employment Question (Hg.), London/New York 2003;
Neoliberalism and the Regulation of Global Labor Mobility, in: Annales of the American Association of Political and Social Sciences, No. 581, Mai 2002, 74-90.

III Einleitung

Ein engmaschiges Netz internationaler Beziehungen umspannt die Erde. Was am anderen Ende der Welt geschieht, beeinflusst uns direkt. Ob es sich um einen Streik koreanischer Arbeiter handelt, die Aufwertung der japanischen Währung oder einen Bürgerkrieg in Somalia, wir werden unmittelbar mit den Konsequenzen konfrontiert: Autoimporte werden teurer, die Zinssätze geraten in Bewegung, Flüchtlingsströme nehmen zu.

Wie dieses internationale Beziehungsgeflecht funktioniert, wer darin das Sagen hat, wem es nützt oder schadet und wie es sich verändert, ist nur zu begreifen, wenn man sich auf einen Rückblick in die Geschichte einlässt. Jahrtausendelang hatte die Bevölkerung der verschiedenen Kontinente kaum Kontakt miteinander. Die Lebensbedingungen in den verschiedenen Gebieten der Erde und der Entwicklungsstand der Völker unterschieden sich nicht dramatisch. Heute dagegen ist die Welt immer mehr zusammengewachsen; aber die Unterschiede zwischen den einzelnen Weltteilen sind größer denn je zuvor.

Differenzierung

Vor rund 500 Jahren kamen die verschiedenen Kontinente als Folge der europäischen Expansion direkter miteinander in Kontakt. Zwei eng miteinander verflochtene Prozesse kamen in Gang. Es entstand eine internationale Arbeitsteilung, in der verschiedene Gebiete wirtschaftlich voneinander abhängig wurden, und es bildeten sich nationale Staaten heraus, das heißt die Einheiten, die die dominante politische Organisationsform der Neuzeit darstellen.

Internationale Arbeitsteilung

Diejenigen Gebiete in Westeuropa, die diesen Staatsformungsprozess als Erste durchliefen, wurden zu dominanten Kolonialmächten. Sie waren in der Lage, großen Teilen der Welt die Bedingungen der internationalen Arbeitsteilung zu diktieren. So wurden anfänglich unbedeutende Entwicklungsunterschiede immer größer. Bis zum Beginn des 19. Jahrhunderts hatten diese Unterschiede noch ein bescheidenes Ausmaß. Der Lebensstandard in verschiedenen Weltregionen war noch immer annähernd vergleichbar (sicher zwischen Europa und Asien). Aber die etablierte internationale Arbeitsteilung und die in den vorangegangenen Jahrhunderten entwickelte Form der politischen Organisation schufen in Europa einen besonders fruchtbaren Boden für die industrielle Revolution. Die industrielle Revolution bedeutete den bisher dramatischsten Einschnitt in der Menschheitsgeschichte.

Mit der industriellen Revolution entwickelte sich ein bisher unbekanntes Maß an Ungleichheit in den Lebensbedingungen in verschiedenen Teilen der Welt. Diese Ungleichheit gehört zu den Kernproblemen der gegenwärtigen Weltpolitik. Von unserem Umgang mit dieser Ungleichheit hängen die Chancen ab, ob diese Welt sich selbst in kriegerischen Auseinandersetzungen zerstört, in Umweltproblemen erstickt oder einen friedfertigen, umwelterhaltenden Entwicklungsweg einschlägt.

Probleme der Ungleichheit

Der Konzeption dieses Lehrbuches liegen theoretische und empirische Überlegungen zugrunde, die sich als Ergebnis jahrzehntelanger Beschäftigung mit seinem Gegenstand und intensiver Debatten mit Kollegen, vor allen anderen

Konzeption des Lehrbuches

Gerd Junne, Henk Houweling und Kees van der Pijl, eingestellt haben. So beruhen die nachfolgenden Ausführungen auf der Überzeugung, dass

- sich das Verständnis gegenwärtiger Entwicklungstrends erst in der historischen Analyse erschließt,
- ein enger Zusammenhang besteht zwischen dem Platz einer Region in der internationalen Arbeitsteilung und den politischen Entwicklungen in dieser Region,
- die Länder der Dritten Welt aufgrund unterschiedlicher Formen ihrer Kolonisierung verschiedene Voraussetzungen für ihre weitere Entwicklung mitbringen,
- die soziale Struktur der verschiedenen Gesellschaften stark beeinflusst wird durch ihre Stellung in der internationalen Arbeitsteilung und
- diese Arbeitsteilung nicht allein Marktmechanismen folgt, sondern auch immer wieder mit Gewalt durchgesetzt wurde.

Entstehung des modernen Weltsystems

Nach einer kurzen Einführung (Kapitel 1) in die Fragestellung und Problematik des Lehrbuches wird im zweiten Kapitel angesichts des Ausmaßes der gegenwärtigen Ungleichheit die Frage gestellt, wie diese Ungleichheit im Zuge der Entstehung des modernen Weltsystems zustande gekommen ist. Die „Weltsystemtheorie" bietet hierfür eine Erklärung an. Sie ist vor allem mit dem Namen Immanuel Wallerstein verbunden, hat aber viele verschiedene Varianten. Die wichtigsten Annahmen der Theorie werden hier vorgestellt und kritisch besprochen. Dabei wird deutlich, warum die Aufspaltung Europas in miteinander konkurrierende Staaten Vorbedingung war sowohl für die Expansion der internationalen Arbeitsteilung als auch für die Herausbildung von politischen Institutionen, die „starke Staaten" kennzeichnen. Diese Institutionen haben es möglich gemacht, dass Europa fünf Jahrhunderte lang die Welt dominieren konnte, während sich in anderen Weltregionen die „Entwicklung der Unterentwicklung" vollzog. Als Erbe dieser (Unter-)Entwicklung sind viele der früheren Kolonien noch immer „schwache Staaten" in dem Sinn, dass sie die gesellschaftlichen Kräfte und Mittel nur beschränkt mobilisieren können, selbst wenn es sich um Militärdiktaturen handelt. Diese Hypothek beeinträchtigt gegenwärtig ihre Entwicklungsmöglichkeiten.

Da das internationale System eine Doppelstruktur besitzt, die einerseits von der mehr oder weniger integrierten Weltökonomie und andererseits vom System sowohl politisch unabhängiger als auch abhängiger Territorialstaaten gebildet wird, beginnt das zweite Kapitel mit einer Darstellung und theoretischen Analyse der gesellschaftlichen Grundlagen des modernen Staates. Für die weiteren Ausführungen, die Entfaltung einer historischen Theorie der Internationalen Beziehungen, ist es von elementarer Bedeutung, begriffen zu haben, dass der moderne (kapitalistische) Staat kein „zentraler Apparat" zur Ausübung von Macht, sondern ein komplexes soziales Verhältnis und Institutionensystem ist, das Klassenherrschaft in unterschiedlichsten politischen Formen ermöglicht und absichert.

Globalisierung und Differenzierung

Das dritte Kapitel gibt einen theoretisch angeleiteten Überblick über den Prozess der Globalisierung seit dem Zeitalter des Merkantilismus, die Entstehung und Entwicklung der ungleichen Arbeitsteilung sowie den Aufstieg und

Zerfall der Dritten Welt. Es diskutiert zunächst eine Reihe von Mechanismen, die Entwicklungsunterschiede zu- oder abnehmen lassen, und gibt dann einen holzschnittartigen Überblick über die Etappen der Entwicklung der Unterentwicklung. Ein Bewusstsein von der gemeinsamen Situation der (ehemaligen) Kolonialländer hat sich eigentlich erst im Prozess der Dekolonisierung herausgebildet. „Dritte Welt" war zunächst ein Synonym für „Dritten Weg" und nicht für „drittrangig" und „zurückgeblieben". Der Begriff stand für ein politisches Programm, das die größtmögliche Entwicklung und Unabhängigkeit der nationalen Ökonomien zum Ziel hatte.

Die zunehmende internationale Arbeitsteilung zwischen den westlichen Industrieländern und das schnellere Tempo technologischer Veränderungen brachten seit den 1960er Jahren eine rasche Produktivitätsentwicklung in den Industrieländern mit sich. Viele Entwicklungsländer, die als Folge der Dekolonisierung ein schnelles Aufholen erwartet hatten, blieben stattdessen immer weiter zurück. Schließlich zwang die Schuldenkrise viele Länder zu einer Umorientierung ihrer Wirtschaftspolitik in Richtung auf eine verstärkte Integration in die internationale Arbeitsteilung.

Zwar weisen die neuen politischen Programme wieder in die gleiche Richtung, aber von einer Einheit der Länder der „Dritten Welt" ist kaum mehr die Rede: Auf den Weltmärkten stehen sie sich als Konkurrenten gegenüber, die einander zum Niedrighalten der Löhne zwingen und damit die Entwicklung der Binnenmärkte bremsen. In internationalen Verhandlungen sind sie immer weniger in der Lage, als Gruppe aufzutreten, da ihre Interessen immer unterschiedlicher werden. Von der „Dritten Welt" als Block kann daher nicht mehr die Rede sein. Das dritte Kapitel endet schließlich mit dem Entstehen der globalen Schuldenkrise in den 1980er Jahren und den revolutionären Veränderungen, die von ihr ausgelöst werden.

Scheitern der „Dritten Welt"

Das vierte Kapitel behandelt die Entwicklung der internationalen Beziehungen im Zentrum des Weltsystems über die fünf Jahrhunderte seines Bestehens hinweg. Zuerst wird die Unterscheidung zwischen hegemonialen und nichthegemonialen (oder zwischen Hobbes'schen und Locke'schen, van der Pijl) Staats- und Gesellschaftsstrukturen vorgestellt. Daran anschließend werden in diesem Teil die Entwicklungsphasen des Kerns des Weltsystems und seine gestufte Expansion von Großbritannien und Nordwesteuropa nach Nordamerika, anderen Teilen Europas und seit kurzem nach Asien umrissen. Das vierte Kapitel schließt mit dem Ende der Krise des globalen Systems in den späten 1970er und 1980er Jahren, die in den Ereignissen von 1989 gipfelte.

Entwicklung im Zentrum

Schließlich blickt das fünfte Kapitel spekulativ auf die Transformationsprozesse im globalen System seit den frühen 1990er Jahren. Hier wird der Einfluss des Endes des Kalten Krieges auf die Beziehungen zwischen Staaten und gesellschaftlichen Kräften in den führenden Regionen (Nordamerika, Europa, Ostasien) diskutiert und versucht, die globalen Spannungen seit dem ersten Golfkrieg (1990/91) und viel deutlicher noch seit den Kriegen im früheren Jugoslawien zu verstehen, die in die Ereignisse und die Folgen des 11. September 2001 mündeten. Dieser Teil wirft also auch die Frage auf, in welchem Ausmaß die Länder und Völker der „Dritten Welt" dazu bestimmt erscheinen, eine fortgesetzte Peripherisierung zu erfahren, oder, im Gegensatz dazu, inwiefern sie sich

Aktuelle Transformationsprozesse

auf dem Weg zu einer verbesserten Position in der globalen Hierarchie befinden. Abschließend werden einige Schlussfolgerungen für die zukünftige Entwicklung der Theorie der Internationalen Beziehungen aufgezeigt.

IV Verzeichnis der Übersichten

Übersicht 1.1:	Einkommen und Exporte der Entwicklungsländer nach Regionen (durchschnittliche jährliche Wachstumsraten) 1965-1999 in Prozent	31
Übersicht 2.1:	Entwicklung des gegenwärtigen Systems	36
Übersicht 3.1:	Perioden in den Nord-Süd-Beziehungen	90
Übersicht 3.2:	Zunahme der städtischen Bevölkerung in Entwicklungsländern	104
Übersicht 3.3:	Von der Importsubstitution zur Exportorientierung	107
Übersicht 3.4:	Fertigwarenausfuhr der Entwicklungsländer (Anzahl der Länder, die einen bestimmten Ausfuhrwert überschreiten)	109
Übersicht 3.5:	Freie Produktionszonen nach Regionen: 1975	110
Übersicht 3.6:	Unterschiede zwischen den OPEC-Ländern in US-Dollar	116
Übersicht 3.7:	Übersicht über die vier asiatischen NICs	120
Übersicht 4.1:	Lange Zyklen der Weltführung	131
Übersicht 4.3:	Pro-Kopf-Niveau der Industrialisierung 1750-1900 (in Bezug auf das Vereinigte Königreich 1900 = 100)	145
Übersicht 4.4:	Geographische Verteilung britischer Überseeinvestitionen 1860-1913 in Prozent	164
Übersicht 4.5:	Anteile am Weltexport in Prozent 1958-1990	182
Übersicht 5.1:	Die globale Triade – Konzentration von Güterproduktion und Warenhandel	192
Übersicht 5.2:	Die globale Triade – Konzentration der ausländischen Direktinvestitionen	192
Übersicht 5.3:	Anteile ausgewählter Länder/Blöcke an den totalen Beständen auswärtiger direkter Auslandsinvestitionen in der Welt 1960 bis 2004	193
Übersicht 5.4:	Anteile der Dritten Welt am weltweiten Export 1950-2004	194
Übersicht 5.5:	Paradigmatische Operationsräume und hegemoniale Herrschaftskonzepte im modernen Kapitalismus	197
Übersicht 5.6:	Anteile am Weltexport in Prozent 1958-2004	211

V Abkürzungsverzeichnis

ASEAN	Association of Southeast Asian Nations
CIA	Central Intelligence Agency
CNOOC	Chinese National Overseas Oil Company
EG	Europäische Gemeinschaft
EOI	exportorientierte Industrialisierung
EU	Europäische Union
EWG	Europäische Wirtschaftsgemeinschaft
FDI	Foreign Direct Investment/direkte Auslandsinvestitionen
GATT	General Agreement on Tariffs and Trade
GDP	Gross Domestic Product
ISI	Import Substitution Industrialization
ITO	International Trade Organization
IWF	Internationaler Währungsfonds
M&As	Mergers and Acquisitions/Fusionen und Erwerbungen
MERCOSUR	Mercado Común del Sur (Gemeinsamer Markt des Südens)
MNK	multinationale Konzerne
NAFTA	North American Free Trade Agreement
NATO	North Atlantic Treaty Organization
NIC	Newly Industrializing Countries
NIWO	Neue Internationale Wirtschaftsordnung
OECD	Organization for Economic Cooperation and Development
OEEC	Organization for European Economic Cooperation
OPEC	Organization of the Petroleum Exporting Countries
PPP GNI	Gross National Income in Purchasing Power Parity
RGW	Rat für gegenseitige Wirtschaftshilfe
RMB	chinesische Währung Renmin Bi, auch als *yuan* bekannt
TNC	Transnational Corporation
UdSSR	Union der Sozialistischen Sowjetrepubliken oder Sowjetunion
UN(O)/VN	United Nations (Organization)/Vereinte Nationen
UNCED	United Nations Conference on Environment and Development
UNCTAD	United Nations Conference on Trade and Development
UNDP	United Nations Development Program
USA	United States of America
VAE	Vereinigte Arabische Emirate
WHO	World Health Organization
WTO	World Trade Organization

1 Schlüsselkonzepte und Untersuchungsgegenstand einer transnationalen Theorie der Internationalen Beziehungen

1.1 Schlüsselkonzepte

Bei dem vorliegenden Text handelt es sich um ein Lehrbuch für einen Kurs in Internationalen Beziehungen, aber es ist dennoch kein gewöhnliches Lehrbuch. Er setzt ein gewisses Maß an Vorkenntnis der Geschichte sowie der Theorien der Internationalen Beziehungen voraus, die hier nur sehr überblickshaft wiedergegeben werden (für weitere Ausführungen sei an dieser Stelle beispielhaft verwiesen auf Kees van der Pijls *Vordenker der Weltpolitik* (1996)).

Internationale Beziehungen als eine akademische Disziplin entwickelte sich erst unter dem Eindruck der Ereignisse des Ersten Weltkrieges (Hollis und Smith 1990, 17 ff.). Aber ihre Wurzeln sind fest in den Traditionen europäischer Sozialwissenschaften des 19. Jahrhunderts verankert (ebenso, dies sollte vielleicht noch angemerkt werden, in den Traditionen Politischer Ökonomie, Internationalen Rechtes und Politischer Theorie, die noch viel weiter zurückreichen). Für den Zweck der Untersuchung der internationalen Arbeitsteilung und der damit verbundenen Thematik der Ungleichheit auf der globalen Ebene muss auf jeden Fall das Erbe von Adam Smith, Karl Marx und Max Weber erwähnt werden.

Für Adam Smith liefert die internationale Arbeitsteilung, bestimmt durch die Ausbreitung von Handelsnetzwerken und Warenketten, den Rahmen, der die Entwicklung von Klassen und Staaten erst möglich macht (Smith 1958). Für ihn ist aber das Wirken der „unsichtbaren Hand" langfristig die Gewährleistung von wenn nicht Gleichheit, dann zumindest eines andauernden Prozesses der Annäherung. Im Gegensatz dazu sehen „Neo-Smithianer" die Dynamiken der internationalen Arbeitsteilung als hauptverantwortlich für die *(Re-)Produktion* von Ungleichheit *zwischen* nationalen Gebilden (Wallerstein 1974; siehe auch Brenner 1977).

Bei Marx liegt die Betonung auf den Produktionsverhältnissen, die die Prozesse der Klassen- und der Staatenbildung bestimmen. Der Prozess der Klassenbildung erklärt die sozialen Ungleichheiten *in* nationalen Gebilden, die als einen zweiten Effekt Ungleichheit *zwischen* nationalen Gebilden mit sich bringen (Marx 1867).

Max Weber hebt die entscheidende Rolle von Ideologie (insbesondere der Religion), Institutionen und Autorität im Prozess gesellschaftlicher Entwicklung hervor und legt damit den Grundstein für einen institutionalistischen Ansatz von Entwicklung (Weber 1961).

Das Ziel des vorliegenden Textes ist, ein Verständnis der Internationalen Beziehungen zu entwickeln, das das bedeutende Erbe dieser Traditionen einbezieht. Um dies zu erreichen, müssen die Einschränkungen des Gründungsparadigmas der Theorie der Internationalen Beziehungen, wie sie sich als eine eigen-

<aside>Überwindung der Trennung von Innenpolitik und internationaler Politik</aside>

ständige akademische Disziplin in den ersten Dekaden des 20. Jahrhunderts entwickelt hat, überwunden werden. Dieses „klassische Paradigma" ist auf der grundlegenden Trennung von Innenpolitik und internationaler Politik errichtet worden. Das zwischenstaatliche System ist in diesem Kontext charakterisiert durch das Nichtvorhandensein einer zentralen Autorität – durch „Anarchie". Dieser anarchische Zustand konfrontiert die Staaten mit einem unentrinnbaren Sicherheitsdilemma, dem entweder durch eine „Balance of Power" (*Gleichgewicht der Kräfte*, realistische Schule) oder das Streben nach *kollektiver Sicherheit* (idealistische Schule) begegnet werden kann. Im klassischen Paradigma werden Staaten als *einheitliche* und *rationale* Akteure angesehen, die funktional gleichwertig sind (Carr 1939).

Seit den 1960er Jahren ist die Disziplin unter dem Eindruck einer Zahl von Entwicklungen sowohl im akademischen Bereich wie auch in der „realen" Welt vielfältiger geworden. Insbesondere ist hier zu denken an:

- die ‚behavioristische Revolution' und später der Einfluss des ‚Postmodernismus',
- das Ende des Kalten Krieges in den ausgehenden 1980er Jahren, dem in den 70ern die *détente* vorangegangen war,
- den Aufstieg multinationaler Konzerne und den Beginn von dem, was mittlerweile als „Globalisierung" bekannt geworden ist,
- die zunehmende internationale Rolle von Entwicklungsländern und
- die Vertiefung der europäischen Integration sowie die andernorts stattfindende regionale ökonomische Integration durch Projekte wie NAFTA und MERCOSUR.

Rivalisierende Paradigmen

Aufgrund dieser Entwicklungen durchlaufen die Grundlagen des klassischen Paradigmas, wie die Trennung von Innen- und internationaler Politik sowie das Bild des Staates als einheitlicher und rationaler Akteur, zunehmend eine intensive kritische Prüfung von verschiedenen Seiten. Das Feld der Internationalen Beziehungen ist heute charakterisiert durch die andauernde Koexistenz einer großen Spanne rivalisierender Paradigmen oder theoretischer Perspektiven.

Strittige Empirie

Eine erste Dimension, nach der Perspektiven der Internationalen Beziehungen unterteilt werden können, ist die Definition des *empirischen Bereichs*. Hier wird insbesondere auf die oft gemachte Unterscheidung zwischen „Internationalen Sicherheitsstudien" und „Internationaler Politischer Ökonomie" Bezug genommen. Der erste Aspekt beschäftigt sich mutmaßlich mit „high politics", also mit Fragen von Krieg und Frieden, nationaler Sicherheit, Außenpolitik und Diplomatie, der zweite Aspekt behandelt Fragen der „low politics", z. B. ökonomische und soziale Angelegenheiten wie Handel, Auslandsinvestitionen, internationale Migration (Gilpin 1987; Spero und Hart 1997; Gill und Law 1988; Strange 1994). Diese Dimension hat in den letzten Jahren viel von ihrem differenzierenden Vermögen eingebüßt. Vor allem seit dem Ende des Kalten Krieges sind „neue" Sicherheitsaspekte in den Vordergrund gerückt, darunter ethnische Konflikte, ökologische Desaster, extreme Ungleichheiten, Massenmigration und Flüchtlingsbewegungen. Ihnen allen ist ein auffälliger sozioökonomischer Charakter gemeinsam. Der Prozess der Globalisierung wird als unentbehrlich für das

1.1 Schlüsselkonzepte

Verständnis dieser neuen Sachverhalte angesehen (z B. Scholte 2005; Baylis und Smith 2005; Held und McGrew 1999).

Zum Zweiten können die verschiedenen Perspektiven in den Internationalen Beziehungen aufgrund ihrer *epistemologischen* Annahmen differenziert werden (siehe z. B. Hollis und Smith 1990; Katzenstein, Keohane und Krasner 1998; Burchill et al. 2005). Kurz gesagt können drei Positionen unterschieden werden (inklusive mehrerer Unterteilungen, die hier nicht angesprochen werden): Strittige Epistemologie

- Zunächst gibt es die *objektivistische* Position, die argumentiert, dass es eine „objektive Realität" gibt, die unabhängig von unserem Bewusstsein oder Verständnis von ihr existiert. In dieser Hinsicht ist es die Aufgabe des Wissenschaftlers, die „Gesetzmäßigkeiten", die diese objektive Realität bestimmen, zu entdecken. Diese Position wird oft auch als „Positivismus" bezeichnet, ist aber auch in weiten Teilen des „klassischen Marxismus" zu finden.
- Weiterhin ist die *intersubjektivistische* Position auszumachen: „Realität" existiert, aber unser Wissen von ihr wird durch einen Prozess der sozialen Konstruktion vermittelt, durch intersubjektiv geteilte Bedeutungen und Einsichten. Diese Position kann in den Traditionen des „sozialen Konstruktivismus" und der „Kritischen Theorie" gefunden werden. Dieser intersubjektivistischen Epistemologie unterliegt die Perspektive einer Weltpolitik, die in diesem Buch entwickelt wird.
- Schließlich gibt es die *subjektivistische* Position, nämlich die Idee, dass „Realität" *nur* in der subjektiven Konzeptualisierung durch den Einzelnen existiert. Diese Position ist der Schlüssel zum „Postmodernismus".

Die verschiedenen Ansätze können abschließend auch aufgrund ihrer *ontologischen* Annahmen unterschieden werden. Die wichtigste Unterscheidung in diesem Zusammenhang ist die nach staatenzentrierten und nicht-staatenzentrierten Diskursen. Vertreter der *staatenzentrierten Ontologie* argumentieren, dass die fundamentale Kategorie zum Verständnis der gegenwärtigen Welt der *Staat* sei (z. B. Waltz 1979). Die Vertreter der *nicht-staatenzentrierten Ontologie* fühlen sich entweder einer *individualistischen* Ontologie zugehörig (in der unser Verständnis von Politik auf Annahmen über individuelles Verhalten gründet, wie in der liberalen Tradition, z. B. Kant 1795), oder einer klassenbasierten Ontologie, die von der fundamentalen Kategorie der *sozialen Klasse* ausgeht (z. B. Lenin 1917; Rosenberg 1994; van der Pijl 1998). In diesem Lehrbuch soll ausführlich eine Perspektive auf globale Politik entwickelt werden, die die Kategorie der sozialen Klasse als grundlegend für ihr Verständnis ansieht. Strittige Ontologie

Die ontologische Debatte hat das vollständige Fehlen einer wohlbegründeten *Staatstheorie* in den etablierten Theorien der Internationalen Beziehungen hervorgehoben. In weiten Teilen dieser Theorien, insbesondere in den realistischen Varianten, wird die Existenz des Staates als selbstverständlich und unproblematisch angesehen. Staatstheoretische Defizite

> **Ein Beispiel**
> Die Bedeutung einer geeigneten Staatstheorie kann mit Bezug auf die Kontroversen, die den Krieg im Irak 2003 und die Nachkriegsschwierigkeiten begleiteten und noch begleiten, verdeutlicht werden. Auf der einen Seite wurde durch die internen Debatten in den USA und das Bemühen verschiedener Gruppen, sich eine günstige Position zu verschaffen, schnell deutlich, dass die USA sich nicht entsprechend dem Neorealismus verhalten werden. Die Kombination ideologischer Inbesitznahme („bringing democracy to the Middle East") zusammen mit einer riskanten militärischen Strategie lief dem umsichtigen Ansatz des Realismus, wie er im Buche steht, zuwider. Tatsächlich gingen prominente neorealistische Autoren wie John Mearsheimer (Mearsheimer und Walt 2003) mit Nachdruck gegen den schließlich gewählten Handlungsverlauf vor. Aber auch die Vertreter des Neoliberalismus wurden nicht durch das Verhalten der USA zufriedengestellt. Geostrategische und neoimperialistische Elemente waren zu deutlich in den Begründungen der US-Politik enthalten, als dass der Neoliberalismus das Handeln der USA zufriedenstellend erklären konnte. Konstruktivisten könnten schließlich auf die Rolle verweisen, die die Ideologie im Vorfeld des Krieges gespielt hat (insbesondere der Einfluss der sogenannten neokonservativen Faktion), aber sie sind nicht in der Lage, Ideologie mit materiellen Interessen zu verbinden. Dies führte dazu, dass keiner der etablierten Ansätze der Internationalen Beziehungen eine überzeugende Antwort auf die Frage liefern konnte, warum die USA so handelten, wie sie handelten. Ohne eine staatstheoretische Unterfütterung, die in der Lage ist, materielle Interessen, ideologisch begründete Motive und die *raison d'état* zu verbinden, kann keine überzeugende Antwort auf diese Frage gefunden werden.
>
> Ebenfalls lässt sich ohne eine vollentwickelte Staatstheorie nicht erklären, was im Irak im Zuge der militärischen Niederlage des Saddam-Hussein-Regimes geschah. Die amerikanischen Nachkriegsplaner wurden von dem Zusammenbruch des irakischen Staatsapparates überrascht. Nach der Erfahrung in den 1990er Jahren mit so vielen „failed states" (hier kann auf Somalia als das eindeutigste Beispiel verwiesen werden) sollte man aber ein Verständnis für die zerbrechliche Beschaffenheit des Typs Staat entwickelt haben, wie er in wachstumsideologisch geprägten Diktaturen wie der Saddams zu finden ist. Entferne die Spitze, und die gesamte Struktur zerfällt einfach in kleine Teile. Tatsächlich scheinen die amerikanischen Planer eine leninistische Sicht des Staates gehabt zu haben: Übernahme der Spitzenposition in der Machtstruktur, und der Rest des Apparates arbeitet für die eigenen Absichten. Diese Ansicht ignoriert völlig, dass der Staat seine Grundlagen in einer bestimmten Gestalt von politischer und sozialer Macht hat und diese auch reflektiert und weniger eine objektive, neutrale Institution außerhalb der Gesellschaft darstellt.

Weder die Entstehung von Staaten noch die spezifischen sozialen Strukturen konkreter Staaten sind Inhalt von Forschung und Reflexion der meisten Theorien der Internationalen Beziehungen (Rosenberg 1994). Aber Staatenbildung ist ein historischer Prozess, und das gegenwärtige Staatensystem kann nur in historischer Perspektive verstanden werden. Solch ein historischer Ansatz darf aber nicht verwechselt werden mit der Geschichtsschreibung, die man aus der Schule kennt, z. B. als ein Prozess, der mit dem Moment des Urknalls beginnt (oder mit Adam und Eva, das ist abhängig von der besuchten Schule) und der weiter entlang einiger unausgesetzter chronologischer Abläufe von Ereignissen bis in die Gegenwart verläuft. Die Geschichtsschreibung, die hier befürwortet wird, ist vielmehr das, was im Englischen als *contemporary history* bezeichnet (Barraclough 1967) oder was auf ähnliche Art in der französischen Tradition der Schule der *Annales* als *histoire problème* praktiziert wird: Geschichtsschreibung als eine

Suche nach den Wurzeln der Gegenwart (Braudel 1980). Auf den Punkt gebracht, ist das Problem im hier gemachten Kontext, das weiter oben definiert worden ist, das Problem wachsender Ungleichheit und Verelendung im Weltmaßstab zu einer Zeit, in der die Produktivitätskräfte des Menschen beispiellose Höhen erreicht haben und eine höhere Wachstumsrate aufweisen als je zuvor. Die Antwort wird sein, dass die Wurzeln dieser Polarisierung in der historischen Epoche zu finden sind, in der, ausgehend von Westeuropa, kapitalistische Produktionsverhältnisse und Tauschbeziehungen sich über den Globus ausgebreitet haben und in diesem Prozess politische Einheiten in „moderne Staaten" transformierten und existierende soziale Standards ausformulierten.

In den Debatten über die Entstehung des gegenwärtigen Weltsystems herrscht Unstimmigkeit über den diesbezüglich entscheidenden Faktor. Hat der Kapitalismus seine Wurzeln in getrennten nationalen gesellschaftlichen Ordnungen (und bleibt die nationale Ebene der entscheidende Faktor, der den Gang der Ereignisse bestimmt), oder können die Ursprünge des kapitalistischen Systems in der Struktur der Weltwirtschaft gefunden werden? Der ersten Position liegen sowohl die traditionelle Entwicklungstheorie (*Theorie der Modernisierung*) als auch der sogenannte klassische Marxismus zugrunde (So 1990; Warren 1980). Die zweite Position trifft den Kern der *Dependenztheorie* sowie der *Weltsystemtheorie* (u. a. Frank 1975; Wallerstein 1974). Im Folgenden wird diese Zweiteilung überwunden und gezeigt, dass beide Elemente in einer umfassenderen Sicht der Dynamiken der globalen Politischen Ökonomie zusammengeführt werden können.

Kurz gesagt ist dieses Lehrbuch in zweierlei Hinsicht charakteristisch:

- Es geht sowohl über den staatenzentrierten Bias als auch über die Intern/extern-Dichotomie hinaus, die für die meisten Theorien der Internationalen Beziehungen charakteristisch sind, indem eine *transnationale Perspektive* gewählt und systematisch entwickelt wird.   Transnationale Perspektive
- Dies geschieht aus einer ausdrücklich historischen Perspektive heraus, die behilflich ist, die vielfältigen und komplizierten Wechselbeziehungen zwischen der Tätigkeit (*agency*), den gesellschaftlichen Kräften, Institutionen sowie tieferen sozialen Strukturen und den unbeabsichtigten Ergebnissen dieser Tätigkeit (*agency*) zu verstehen.   Historische Perspektive

Was genau meint *transnational*? Der Begriff transnational wird sehr häufig verwendet, aber niemals erschöpfend definiert: Teilweise wird er synonym mit dem Begriff international verwendet, teilweise mit supranational, oder er wird als ein Begleitbegriff zu global angesehen. Hier wird davon ausgegangen, dass transnationale Prozesse in einem sozialen Raum begründet sind, der nationale Grenzen überschreitet. Das heißt, dass ihre Dynamiken nicht ausreichend durch die Existenz nationaler Grenzen definiert sind: In den Worten von Samuel Huntington (1991) finden sie in relativer Missachtung nationaler Grenzen statt. Sie zeigen sich weiterhin gleichzeitig in subnationalen, nationalen und internationalen Arenen. Transnational meint nicht die Negation des „Nationalen", sondern schließt es ein. Dementsprechend sind transnationale Akteure solche, die in einem sozialen Raum „jenseits nationaler Grenzen" begründet sind und die zugleich in sub-

Konzept des Transnationalismus

nationalen, nationalen und verschiedenen internationalen Arenen operieren. Transnationale Prozesse werden infolgedessen nicht einfach neben „nationale" Prozesse gestellt. Stattdessen wird hier argumentiert, dass subnationale, nationale und internationale Prozesse mittlerweile so eng miteinander verflochten sind, dass nationale Grenzen nicht länger von entscheidender Bedeutung sind für ein Verständnis der Dynamiken dieser Prozesse und auch nicht hinsichtlich der vielen Akteure, die in diese Prozesse involviert sind. Diese Begriffsbildung bestreitet nicht, dass das „Nationale" weiterhin in vielerlei Kontexten existiert, so z. B. im politischen, institutionellen und kulturellen Raum. Weit entfernt davon, einfach „nationale" durch „transnationale" Ebenen zu ersetzen, zwingt ein gründlicheres Verständnis von „transnational" dazu, zunehmend komplexere und Mehrebenenanalysen durchzuführen.

Transnationale Analyseebene

Die zentralen Konzepte, um die dieses Lehrbuch aufgebaut ist, sind zurückzuführen auf transnationale Ansätze über die uns umgebende Welt. Die in diesem Kurs empfohlene Literatur leistet ihren Beitrag zur Überwindung der traditionellen Trennlinie zwischen nationalen und internationalen Analyseebenen. Übergreifende Schlüsselbegriffe für solch einen Ansatz sind *Klasse* und *Klassenbildung* (van der Pijl), *Kapitalakkumulation*, *Arbeitsteilung* (Wallerstein), *Hegemonie* (Cox) und *Informationszeitalter* (Castells).

Systemische Analyseebene

Außerdem gibt es einige Kernkonzepte, die in der Analyse der Dynamiken der globalen politischen Ökonomie auf dem systemischen Level herangezogen werden: *Weltsystem*, *internationale Arbeitsteilung*, *Kern-Peripherie-Strukturen*, *hegemoniale Zyklen* (Wallerstein), *Weltmarkt* (Schwartz), *Weltordnung* (Cox) sowie *Globalisierung* und *Regionalisierung* (Castells).

Nationale Analyseebene

Auf der Ebene der nationalen Einheiten innerhalb des globalen Systems sind die hauptsächlichen Konzepte die des *Staates* und der *Staatsform* (Cox). Weiterhin wird die Aufmerksamkeit auf die Dynamiken und Bedingungen der (industriellen) Entwicklung im Rahmen der globalen politischen Ökonomie gerichtet, ebenso auf die verschiedenen Vorteile und Nachteile, der sich die frühen Industrialisierer (*first comers*) und die späten Industrialisierer (*late comers*) erfreuen (Schwartz).

Subnationale Analyseebene

Für die Analyse der inneren Prozesse verschiedener Staaten (oder die inneren Dimensionen von Prozessen, die im Wesentlichen transnational sind) werden als Schlüsselkonzepte die der Klassenbildung, der Klasse sowie der gesellschaftlichen Kräfte und die gramscianischen Konzepte der *Hegemonie* und der *historischen Blöcke* herangezogen (van der Pijl; Cox).

Diese Konzepte werden im zweiten Kapitel des Lehrbuches systematisch entwickelt.

1.2 Untersuchungsgegenstände

1.2.1 Elend trotz Prosperität: immer größere weltweite Ungleichheit

Vor rund zehntausend Jahren lebte die gesamte Weltbevölkerung als Jäger und Sammler. Bis Christi Geburt hatten Bauern und Viehzüchter sie auf zumindest der Hälfte der Erde verdrängt; in Europa verbreitete sich landwirtschaftliche

Produktion zwischen 5000 und 2000 v. Chr. Rechnet man für eine Generation die Zeitspanne von rund 25 Jahren, so trennen ca. 150 Generationen jeden Europäer von seinen jagenden Vorfahren. Gegen Ende des 15. Jahrhunderts waren immer noch rund 15 Prozent der Erdoberfläche Gebiete, in denen Jäger und Sammler lebten. Obwohl Europa immer noch reich an Wild war, hatten sich zu dieser Zeit bereits alle europäischen Völker der Landwirtschaft zugewandt. In Russland standen die letzten nach Europa vorgedrungenen jagenden Nomaden der asiatischen Steppen kurz vor der Niederlage; 1553 und 1554/56 nahm Iwan IV. ihre Hochburgen Kasan und Astrachan ein. Heute sind sogar die letzten Reste isolierter Jäger-und-Sammler-Gesellschaften in den entlegensten Weltgegenden vom Aussterben bedroht (vgl. Murdock 1973, 13; eine hervorragende kurze Einführung liefert Cipolla 1978).

Während der Übergang zur agrarischen Gesellschaft vor Tausenden von Jahren in jener Weltgegend begann, die heute als Naher Osten bezeichnet wird, begann der Übergang von der Landwirtschaft zur Industrie vor nur 200 Jahren im Nordwesten Europas. Bis dahin waren die Ungleichheiten innerhalb eines politischen Gemeinwesens wesentlich größer als die Ungleichheiten zwischen den einzelnen Gesellschaften. Die Zeit des Übergangs von der Landwirtschaft zur Industrie ist geprägt von Ungleichheiten zwischen den Gesellschaften – sowohl in Bezug auf ihre Fähigkeit zur Wohlstandsbildung als auch in Bezug auf ihren allgemeinen Lebensstandard –, die in der Geschichte innerstaatlicher Ungleichheit ohne Parallele sind. Das ist einer der Gründe dafür, warum die Lehre der internationalen Beziehungen innerstaatlichen Ungleichheiten kaum Beachtung geschenkt hat (siehe für die Folge dieser Vernachlässigung Smith 2004). Dieser neue Typus der Ungleichheit ist auch daran zu erkennen, dass in der Mitte des 20. Jahrhunderts – außer einer Elite von rund 20 Prozent – die Masse der Weltbevölkerung in einer Armut lebte, die sich kaum von derjenigen der vorindustriellen Zeit unterschied, wenn sie nicht sogar schlimmer war. 1850 lebten schätzungsweise 26 Prozent der Weltbevölkerung in Ländern, die in der Industrialisierung begriffen waren, und verdienten dabei rund 35 Prozent des Welteinkommens, während 74 Prozent in vorindustriellen Gesellschaften mit etwa 65 Prozent des Welteinkommens auskommen mussten. 1960 entfielen rund 28 Prozent der Weltbevölkerung mit einem Anteil von 78 Prozent am Welteinkommen auf die industrialisierten Länder, wogegen sich 72 Prozent der Weltbevölkerung in den vorindustriellen Ländern etwa 22 Prozent des Welteinkommens teilen mussten (vgl. Patel 1964, 119 ff.; ähnliche Daten können auch in anderen Langzeitstudien gefunden werden wie bei Maddison 2006).

Die Entwicklung der Ungleichheit im globalen System hat seit der Mitte des 20. Jahrhunderts neue Richtungen angenommen. Einfach gemessen in Begriffen des durchschnittlichen Bruttosozialproduktes pro Kopf (BSP/Kopf) (= *ungewichtete internationale Ungleichheit*), zeigen die verfügbaren Daten, dass die internationale Ungleichheit zwischen 1938 und 1952 stark angestiegen ist, in den Jahren zwischen 1952 und 1978 leicht zurückging und nach 1978 (z. B. in der gegenwärtigen Welle der Globalisierung) einen mäßigeren Anstieg annahm (Milanovic 2007, 29).

Die gewichtete internationale Ungleichheit (das durchschnittliche Einkommen der Länder korrigiert anhand der Bevölkerungsgröße) zeigt, dass die Ungleichheit beständig bis in die frühen 1950er Jahre zugenommen hat und sich im folgenden halben Jahrhundert stabilisierte (ebd., 30-31; diese Daten stimmen mit den Befunden von Dikhanov (2005) überein).

Schlussendlich sind wir nicht in erster Linie daran interessiert, etwas über die Ungleichheit zwischen Ländern, sondern über die Ungleichheit in der Weltbevölkerung im Ganzen zu erfahren. Dies ist bedeutsam für den Kontext der vergangenen Dekaden der Globalisierung, von denen wir wissen, dass ein schnelles Anwachsen der Einkommen in einigen Entwicklungsländern mit großer Bevölkerung (Indien, China) dazu führt, die internationale Ungleichheit in dem Maße zu reduzieren (besonders in der gewichteten Variante) wie ihr durchschnittliches BSP/Kopf langsam dasjenige der reichen Länder einholt, während die heimische Ungleichheit deutlich ansteigt.

Unter der Bezugnahme auf Daten aus weltweit durchgeführten Haushaltsbefragungen kommt Branko Milanovic zu dem Schluss, dass diese Form der Ungleichheit, die er als *globale Ungleichheit* bezeichnet, die bei weitem ausgeprägteste Form ist. Gemessen in Dollar PPP (der US Dollar korrigiert durch die Kaufkraftparität) verdienen die oberen reichsten 5 Prozent 33 Prozent des Welteinkommens, während die ärmsten 5 Prozent auf der Welt nur 0,2 Prozent des Welteinkommens verdienen (was ein Verhältnis von 165:1 ergibt) (Milanovic 2007, 39).

Mit anderen Worten: Am Beginn des 21. Jahrhunderts ist die Menschheit als Ganzes in ihrer Fähigkeit, Wohlstand zu schaffen und das Leistungsvermögen der Menschen auszubilden, ungleicher geworden als je zuvor.[1]

Weltwohlfahrtsgemeinschaft? Fortbestand der Dichotomie

1.2.2 Befriedung im Zentrum – zunehmende Häufigkeit von Kriegen in der Peripherie

Neben dem Wohlstand gibt es noch einen weiteren wichtigen Bereich, in dem sich die Staaten auseinanderentwickelt haben, nämlich den Bereich der Kriegführung.

Vor dem Zweiten Weltkrieg war Europa mehr als fünf Jahrhunderte lang das Zentrum der Kriegführung. Allerdings nahm die Zahl der Jahre, in denen Großmächte gegeneinander Krieg führten, nach dem Siebenjährigen Krieg (1756-1763) drastisch ab. Seither hat sich in jedem Jahrhundert die Zahl der Jahre, in denen Großmächte einander nicht bekämpften, rapide erhöht. Im 20. Jahrhundert kam es „nur" noch zu Weltkriegen, kleine Kriege zwischen Großmächten fanden jedoch nicht mehr statt.

Militärische Konflikte in der Peripherie Frieden im Zentrum

Die Staatengemeinschaft der reichen Länder hat trotz ihres hohen Rüstungsniveaus vergleichsweise friedliche Verhältnisse entwickelt, und zwar intern wie auch in ihren Beziehungen zueinander. Und trotz des zweiten Golfkrieges (1991) nahm auch die Häufigkeit militärischer Interventionen westlicher Staaten in Konflikten in der Dritten Welt ab. Die Befriedung der Beziehungen in und

---

1 Das Thema der globalen Ungleichheit hat kürzlich durch die Veröffentlichung zweier Berichte von UNDP und Weltbank wieder Aufmerksamkeit erfahren (UNDP 2005; World Bank 2006). Siehe auch: Held/Kaya 2007, Hurrell/Woods 1999, Maddison 2006, Milanovic 2005, Pasha/Murphy 2002, Payne 2005, Rapley 2004 und Sutcliffe 2001.

1.2 Untersuchungsgegenstände

zwischen reichen Ländern geht einher mit gesellschaftlicher Konvergenz. Reiche Länder sind sowohl in ihren Arbeitsformen und ihrem Konsumverhalten als auch im Lebensstil und in den Lebenszielen ihrer Bürger einander ähnlicher geworden. Die sozialen Probleme ebenso wie die Jugendkulturen, der ethnische Aufbau, die Sprachmuster und religiösen Praktiken haben sich einander angeglichen. In ein anderes Land zu reisen ist in Westeuropa oder Nordamerika längst nicht mehr das Abenteuer, das es vor hundert Jahren noch war. Heute müssen Europäer oder Amerikaner weit reisen, um eine soziale Landschaft zu sehen, die sich radikal von ihrer heimatlichen unterscheidet. Wachsende Konvergenz in sozialen Strukturen fällt mit Befriedung zusammen; die Erwartung eines dauerhaften Friedens in den Beziehungen zwischen den entwickelten kapitalistischen Ländern ist inzwischen tief verwurzelt. Bewaffnete Aufstände oder deren drohende Gefahr sind seit dem Ersten Weltkrieg ebenso verschwunden wie Staatsstreiche. Die Tragweite dieser sozialen Veränderungen zeigt sich in der Schwierigkeit der heutigen Bewohner der reichen Länder, sich an ein Ereignis wie den Ersten Weltkrieg zu erinnern. Er wird als Katastrophe wahrgenommen, die vor Jahrhunderten stattfand.

Zwischen den armen Ländern hingegen bestehen sehr große Unterschiede: in ihrer ethnischen Zusammensetzung, in Sprache und Religion, in den Lebensstilen und den Zielen ihrer Bewohner. Diese Verschiedenartigkeit schafft gemeinsam mit der verstärkten kapitalistischen Durchdringung Voraussetzungen für weitere Kriege in und zwischen den armen Ländern (vgl. Siegelberger 1991, Kap. 1). Eine Folge dieser ungleichen Entwicklung besteht darin, dass diejenigen am häufigsten kämpfen, die es sich am wenigsten leisten können. Anders als bei den reichen und starken Staaten tickt innerhalb der armen und schwachen Staaten eine Zeitbombe: Die Legitimität der Herrschenden ist zunehmend strittig, und die Anwendung des Rechtes auf Selbstbestimmung auf die Beziehungen zwischen den verschiedenen ethnisch-nationalen Gruppen innerhalb der eigenen Grenzen wird zunehmend eingefordert.

<small>Krieg im Süden</small>

Diese Sachverhältnisse in der Dritten Welt sind historisch zu begründen. Insbesondere ist es wichtig, ein Verständnis für die Bedeutung der kolonialen Geschichte zu entwickeln. Die Reichsgründer der Generation unserer (Ur-)Großeltern um die Jahrhundertwende (1900) konnten sich keine europäischen Staaten ohne Kolonialbesitz vorstellen. Damals nahmen die Europäer den Status quo als natürliche Weltordnung freudig hin, nicht zuletzt angesichts ihrer gigantischen militärischen, technologischen und produktiven Überlegenheit gegenüber ihren Kolonien. Fern wie die Steinzeit mag heutigen Europäern der Gedanke erscheinen, die Herrschaft über Territorien und farbige Bevölkerungen auf der anderen Seite des Globus könnte in ihrem Interesse liegen oder sie könnten Überseegebiete zum Feilschen zwischen Großmächten verwenden, als Bezahlung für Bündnisse oder als Kompensationsleistung für Niederlagen. Dabei kauften und verkauften westliche Mächte in den zwanziger Jahren des letzten Jahrhunderts noch bewohnte Territorien. Dänemark etwa verkaufte 1916 seine Westindischen Inseln für 25 Millionen Dollar an die Vereinigten Staaten, und in den dreißiger Jahren versuchten die Briten Hitler mit Gebieten in Afrika zufriedenzustellen.

<small>Vermächtnisse der Kolonialreiche</small>

Schwache Staaten   Die Vermächtnisse der Kolonialreiche in der Dritten Welt sind nicht ganz verschwunden. Sie zeigen sich in schwachen Nachfolgestaaten, die zerstückelte Gesellschaften beherrschen und Militär einsetzen, um „aufständische Gegenden" zu „befrieden" – manchmal in genau denselben Regionen wie früher die Kolonialherren, manchmal auch mit denselben verbotenen Waffen: So verwendeten die Briten im Sommer 1920 unter General Haldane, Oberbefehlshaber der britischen Streitkräfte und De-facto-Herrscher über den Irak seit dessen Eroberung durch die Alliierten im Ersten Weltkrieg, Giftgas gegen die kurdischen Stämme des Euphrats. 1922 übernahm das Luftwaffenministerium die militärische Kontrolle, und in den folgenden zehn Jahren führten die Briten im ölreichen und gebirgigen Nordosten fast ununterbrochen einen Bombenkrieg gegen die Kurden, denen vorher Selbständigkeit versprochen worden war (vgl. Omissi 1992). Nach der Unabhängigkeit des Irak im Jahr 1932 setzte die von den Briten ausgerüstete irakische Luftwaffe die Bombardierung fort. Der Kolonialsekretär Churchill hatte stets darauf gedrängt, die Royal Air Force solle Senfgas einsetzen. Einer der beteiligten Offiziere übrigens war Arthur Harris, später Oberkommandierender der britischen Luftwaffe im Zweiten Weltkrieg (zur Verwendung von Giftgas der Spanier und Franzosen in Marokko und der bedeutenden Rolle Deutschlands als Entwickler vgl. Kunz/Müller 1990).

„New Wars"   Seit den 1980er Jahren hat die Zahl „neuer Kriege" in der sogenannten Dritten Welt deutlich zugenommen. Diese neuen Kriege weisen einige Charakteristika auf: Sie sind nicht mehr länger hauptsächlich zwischenstaatlich, sondern beziehen eine große Bandbreite nichtstaatlicher und substaatlicher Akteure ein; dadurch, dass Rivalitäten um Ressourcen im Mittelpunkt stehen, sind sie mit der Weltwirtschaft verknüpft, und sie werden zunehmend durch private militärische Firmen (PMC's – Private Military Companies) ausgetragen (vgl. Duffield 2001; Kaldor 2006; Klare 2002; Singer 2003). Die Zeit der neuen Kriege ist nach dem Ende des Kalten Krieges außerdem durch eine starke Zunahme neuer Formen der Intervention des Westens in Konfliktzonen gekennzeichnet. Diese Interventionen sind immer mehr darauf ausgerichtet, Einfluss auf die sozialen Verhältnisse in den Ländern zu nehmen, um die internen Krisen zu überwachen und um den dortigen Entwicklungsprozess den Anforderungen neoliberaler globaler Governance unterzuordnen (vgl. insbesondere Duffield 2001).

1.2.3 Häufung von Entwicklungsmustern auf der Ebene von Weltregionen

Regionale Entwicklungsmuster   Das Bemerkenswerte an der zuvor erwähnten weltweiten räumlichen Ausdifferenzierung menschlicher Gesellschaften ist, dass sie ein spezifisch regionales Verteilungsmuster aufweist. Staaten und ihre Bevölkerungen unterscheiden sich nicht zufälligerweise. Folglich ist es für einen Staat wichtig, in welcher Weltregion er sich befindet: Es gibt ebenso wenig einen der Schweiz ähnlichen Staat in Afrika, wie es in Westeuropa oder Nordamerika eine Gesellschaft gibt, die Gemeinsamkeiten mit Mosambik hat. Staaten scheinen für etwas bestraft oder belohnt zu werden, das nicht ihr Verdienst ist: die Weltregion, in der sie sich befinden. Stehen hinsichtlich des Pro-Kopf-Einkommens die Mitgliedstaaten der OECD an der Spitze, also die reichen industrialisierten Demokratien Westeuropas, Nordamerikas, Australasiens und Japans, so befinden sich am Ende die meisten der sehr armen und sehr schwachen Staaten im südlich der Sahara gelegenen Teil Afrikas: Dort gab es zwischen 1980 und 1989 ein negatives Einkommenswachstum von jährlich minus 1,5 Prozent; zwischen 1990 und 2003 stabilisierte sich der Rückgang des Pro-Kopf-Einkommens in Subsahara Afrika (+ 0,2 Prozent Jahresdurchschnitt (Weltbank 1992; 2005). Die am schnellsten wachsende Weltregion sind Ost- und Südostasien mit China. Hinsichtlich Wachstum und Einkommensniveau entfernt sich diese Weltregion vom Rest der armen Welt. Die asiatische Wachstumsregion umfasst auch einige kleine, dichtbesiedelte, neuindustrialisierte Staaten. Dennoch sind die meisten dieser Länder und die meisten Asiaten immer noch sehr arm, wenn auch etwas weniger arm als die Länder in Afrika. Die meisten Länder Lateinamerikas, des Mittleren Ostens und Nordafrikas fallen in die nächsthöhere Einkommensstufe. Von dünnbesiedelten ölexportierenden Ländern abgesehen, ist die Einkommenskluft zwischen den wenigen sehr reichen und diesen „zweitrangigen" Nationen immens. Übersicht 1.1 zeigt die wachsenden Unterschiede innerhalb der Dritten Welt. Die zunehmenden Wachstumsdifferenzen zwischen den Ländern der Dritten Welt vermindern die Trennschärfe dieses Begriffes (vgl. Kapitel 3). Die Häufung bestimmter Strukturmerkmale in den verschiedenen Weltregionen gibt wertvolle Hinweise für das Verständnis der skizzierten Unterschiede zwischen armen und reichen Gesellschaften. Die Vermutung liegt nahe, dass die Gründe für die angegebenen Differenzen nicht auf der Ebene der einzelnen staatlich verfassten Gesellschaft zu suchen sind. Offensichtlich ist die Regierung eines armen Landes ohne Wachstum nicht in der Lage, die eigene Gesellschaft weit über das Niveau der jeweiligen Weltregion anzuheben. Anders ausgedrückt: In einer Weltregion wirken machtvolle Faktoren, die allen ihren Nationen gemeinsam sind und die den entwicklungspolitischen Möglichkeiten von Regierungen und substaatlichen Akteuren Grenzen setzen.

Übersicht 1.1: Einkommen und Exporte der Entwicklungsländer nach Regionen (durchschnittliche jährliche Wachstumsraten) 1965-1999 in Prozent

	BSP pro Kopf			Exporte	
	1965-1990	1980-1998	1965-1980	1980-1990	1990-1999
Sub-Sahara Afrika	0,2	– 1,1	6,1	0,2	4,4
Ostasien/Pazifik	5,3	7,2	8,5	9,8	12,6
Südasien	1,9	2,9	1,8	6,8	9,6
Naher Osten und Nordafrika	1,8	– 0,3	5,7	– 1,1	n.a.
Lateinamerika und Karibik	1,8	0,3	– 1,0	3,0	8,7

Quellen: World Bank 1992, 1997, 2000/1

Es gibt gute Gründe für die Annahme, dass die Art und Weise, wie die verschiedenen Weltregionen in die moderne Welt eingegliedert wurden, ein wichtiger Faktor ist, ihre unterschiedlichen Leistungen in der Gegenwart zu erklären (vgl. Unterkapitel 1.2 und 1.3). Genauso können die Anreize, die die reichen Länder und ihre Regierungen aus ihrer Weltregion empfangen haben, dazu beitragen, die Akkumulation von Reichtum für ihre Bürger zu erklären.

Die Weltsystemtheorie offeriert eine spezielle theoretische Antwort auf die Erkenntnis, dass sich bestimmte gesellschaftliche Strukturmerkmale in den einzelnen Weltregionen häufen. Natürlich geht es beim Studium der Internationalen Beziehungen um die Beziehungen zwischen den Staaten. Aber die Determinanten staatlicher Verfasstheit und staatlichen Handelns häufen sich auf einer umfassenderen Ebene als der des Staates.

Interdependenzen zwischen den Entwicklungsmustern der Weltregionen

Weltregionen sind keine autonomen, selbstgenügsamen Einheiten; sie interagieren miteinander. Heute sind die Weltregionen durch Produktion und Handel, Investitionen, Wanderungsbewegungen und die gemeinsame Umwelt miteinander verflochten. Sie wurden erst in der frühen Neuzeit (1450-1750) durch die von Europa ausgehenden „Entdeckungen" miteinander in einer qualitativ vertieften internationalen Arbeitsteilung verbunden. Durch Eroberung und Handel stellten westeuropäische Seefahrer zum ersten Mal dauerhafte Kontakte zwischen allen Kontinenten der Erde her. Verschiedene Weltregionen kamen auch dadurch in Kontakt zueinander, dass sie zum Kriegsschauplatz wurden. So kämpften etwa während des Siebenjährigen Krieges England und Frankreich auf der ganzen Welt: in Europa, Nord- und Südamerika und im heutigen Indien. Heute erinnert das Öl des Mittleren Ostens die Europäer daran, dass ihre Fabriken, Verkehrsmittel und Verteidigungssysteme und damit die Lebensfähigkeit ihrer Gesellschaften in der heutigen Form von Energiequellen abhängen, die sich weitgehend außerhalb der eigenen Weltregion befinden. Drei der vier weltweit am stärksten industrialisierten Gebiete, nämlich Japan einschließlich der kleineren ostasiatischen Volkswirtschaften, Westeuropa und die USA, sind in hohem Maße auf Ölimporte angewiesen; der Zerfall des vierten Gebietes, der früheren Sowjetunion, hat die Ölabhängigkeit bei den meisten Nachfolgestaaten verstärkt.

Damit sind trotz der erheblichen Konzentration von Produktion, Konsumtion, Spareinlagen und Investitionen in den reichen Ländern Beziehungen zwischen diesem Teil der Erde und der Dritten Welt lebensnotwendig für die reichen Länder. Andererseits reduziert eine Wirtschaftsflaute im reichen Teil der Welt die Exportchancen der Rohstofflieferanten in der Dritten Welt drastisch. Die Rezession Anfang der 1980er Jahre hatte zu einem enormen Verfall der Rohstoffpreise geführt. Erst im Konjunkturaufschwung Ende der 1980er Jahre erholten sich die Rohstoffpreise. Die weltweite Depression in der ersten Hälfte der 1990er Jahre hat wiederum eine Abschwächung der Rohstoffpreise zur Folge gehabt.

Somit sind die generellen Punkte, die die Arbeit an diesem Lehrbuch inspiriert haben, skizziert worden. Im nächsten Kapitel werden die notwendigen konzeptionellen Instrumente für das Vorhaben, nämlich eine historisch begründete transnationale Analyse der Entwicklung der globalen politischen und ökonomischen Verhältnisse, die unsere gegenwärtige Welt prägen, entwickelt.

Zusammenfassung

1. Im Zeitraum 1850 bis Mitte des 20. Jahrhunderts ist die zwischenstaatliche Ungleichheit größer als die innerstaatliche.
2. Seit 1850 beschleunigte sich das Wachstum der zwischenstaatlichen Ungleichheit; seit 1978 ist die innerstaatliche Ungleichheit bedeutsamer geworden.
3. Die gegenwärtige Zahl der Armen ist beispiellos.
4. Es gibt keine Weltregierung, die Abhilfe schaffen könnte.
5. Weltregionen besitzen ähnliche Entwicklungsmuster. Ihre interne Differenzierung ist geringer als jene zwischen den Regionen.

2 Struktur und Funktionsbedingungen ungleicher Entwicklung im Weltsystem – theoretische Grundbegriffe

2.1 Einleitung

Unser gegenwärtiges Weltsystem ist im Laufe eines langen historischen Prozesses entstanden. Dies war kein Prozess einer schrittweisen Entwicklung. Er ist vielmehr gekennzeichnet von mehreren relativ kurzen und plötzlichen Transformationen, gefolgt von längeren Abschnitten der Konsolidierung und hin und wieder sogar der teilweisen Wiederherstellung. In diesem Kapitel liegt das Augenmerk auf der Vorstellung des konzeptionellen Rahmens und dem allgemeinen geschichtlichen Zusammenhang. Dies wird uns in den folgenden Kapiteln helfen, die Wurzeln der heutigen Strukturen detaillierter zurückzuverfolgen. Dabei wird es ein Hauptanliegen sein, ein umfassendes Verständnis des Staates zu präsentieren. Wie bereits gezeigt wurde, betrachtet der Mainstream der Theorien der Internationalen Beziehungen den Staat als den Hauptakteur in der internationalen Politik, wobei interne Strukturen und Dynamiken als nicht besonders relevant angesehen werden. Demgegenüber stellen zwar auch Theorien nationaler politischer Systeme den Staat als den zentralen Akteur in den Mittelpunkt, sehen ihn aber auch als im Wesentlichen bestimmt durch endogene Faktoren (ob diese sich nun auf den Kampf um das Gewaltmonopol konzentrieren oder auf die Klassenstruktur des Staates). In diesen Ansätzen findet sich nur eine knappe Beachtung der „externen" Faktoren, die das Aufkommen des modernen Staates geprägt haben.

Das Ziel dieses Kapitels (wie auch des gesamten Lehrbuches) ist, deutlich zu machen, dass der historische Prozess der Staatenbildung tatsächlich ein Prozess war, der gleichzeitig „interne" *und* „externe" Determinanten aufwies. Dennoch sollte klar sein, dass diese Begriffe keine wirkliche Bedeutung besitzen. Denn der historische Prozess der Staatenbildung in Europa war von Beginn an ein transnationaler Prozess, der gleichzeitig durch Faktoren und Dynamiken von lokaler, regionaler, nationaler, europäischer und globaler Bedeutung bestimmt wurde. Diese verschiedenen Dimensionen bedingten sich gegenseitig, das heißt, dass man sie nicht allein betrachten oder auch nur einzeln sich vorstellen kann.

Weiterhin möchte dieses Kapitel – und wiederum auch das gesamte Lehrbuch – zeigen, dass Staatenbildung und Klassenbildung Hand in Hand gehen. Bei der Staatenbildung handelt es sich um die Herausbildung eines Monopols zur Legitimierung der Gewaltanwendung (das Herzstück jeder traditionellen Definition des Staates). Dies geschieht aber nicht in einem sozialen Vakuum, sondern im Kontext der Entwicklung einer bestimmten Klassenstruktur: Unterschiedliche Typen von Klassengesellschaften gehen einher mit unterschiedlichen Staatsformen. Aber, um unsere intellektuelle Aufgabe noch etwas komplizierter zu gestalten, auch Klassenbildung ist ebenso wie Staatenbildung ein historischer Prozess, der im Wesentlichen die Grenzen des „Nationalen" überschreitet und in einem transnationalen sozialen Raum stattfindet (siehe Kapitel 1).

Der Mainstream der Theorien der Internationalen Beziehungen stellt die „internationalen" (in unserem Fall europäischen und globalen) Dimensionen isoliert dar und präsentiert sie als das „Staatensystem" oder das „zwischenstaatliche System". Viele Theorien der Internationalen Beziehungen sind lediglich an der Genese dieses Systems interessiert und betrachten seine Dynamik als in sich geschlossen. Dieses Lehrbuch folgt einem anderen Weg, was aber nicht bedeutet, dass die Genese des Staatensystems für uns nicht von Interesse ist oder dass es nicht gewisse Charakteristika besitzt, die nicht einfach nur auf Prozesse der Klassen- und Staatenbildung reduziert werden können. Daher bilden die Entstehung und die Tätigkeiten des Staatensystems das dritte Standbein unseres konzeptionellen Rahmens.

Tatsächlich kann man erkennen, dass die historische Entwicklung des gegenwärtigen Systems das Ergebnis der fortlaufenden Interaktion zwischen drei anteiligen (aber transnationalen) Prozessen ist: Klassenbildung, Staatenbildung und Herausbildung des zwischenstaatlichen Systems. Eine vereinfachte Darstellung dieser Struktur sähe folgendermaßen aus:

Übersicht 2.1:   Entwicklung des gegenwärtigen Systems

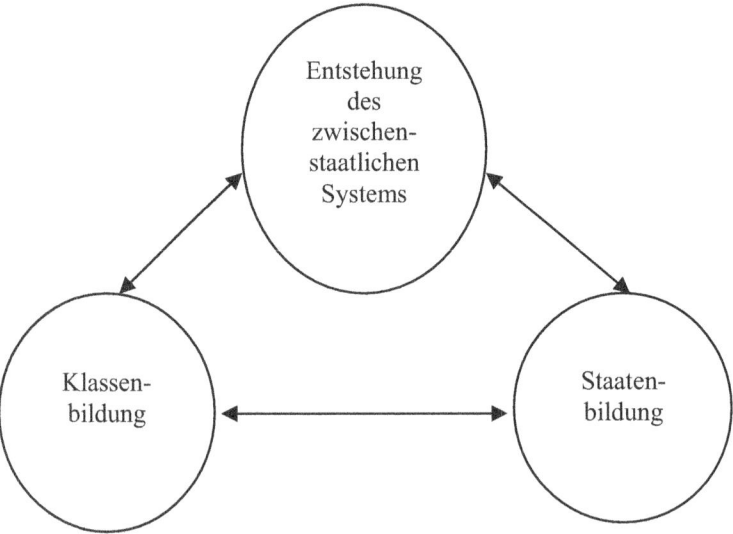

In Abschnitt 2.2 wird der Schwerpunkt auf den gesellschaftlichen Grundlagen des Staates und des Weltsystems liegen. Im darauffolgenden Abschnitt (2.3) wird die Aufmerksamkeit auf die systemische Ebene übergehen, und es werden mit relativ abstrakten und ahistorischen Begriffen die Dynamiken des Weltsystems untersucht. Abschließend (Abschnitt 2.4) wird gezeigt, inwiefern die in den vorangegangenen Abschnitten entwickelten Konzepte für eine gründliche Analyse des Wesens und der Bedingungen der gegenwärtigen Globalisierung notwendig sind.

2.2 Die gesellschaftlichen Grundlagen des modernen Staates

2.2.1 Staatenbildung als historischer Prozess

Der späte Feudalismus in Westeuropa ist geprägt durch den Niedergang des Heiligen Römischen Reiches sowie durch instabile und schnell wechselnde Machtverhältnisse zwischen den verschiedenen politischen und gesellschaftlichen Schichten: Die Monarchie, der Adel, die Kirche, Kaufleute und das Bauerntum sind hier als die wichtigsten zu nennen. Staatenbildung war im Laufe der Geschichte ein gemeinsames Projekt im Zuge der aufkommenden absoluten Monarchien, die an der Etablierung und Unterstützung ihrer externen Souveränität (gegenüber anderen Monarchien) und ihres internen Gewaltmonopols (gegenüber dem Adel) interessiert waren, und der entstehenden Handelsklassen, die an staatlicher Unterstützung für ihre externen kommerziellen Spekulationen im Austausch mit finanzieller Unterstützung der Monarchien interessiert waren (vgl. Tilly 1985, 1992; Schwartz 2000; Gerstenberger 1973). Der Kontext, in dem diese Entwicklung aufkam, war die Krise, die das spätfeudale Europa vom 14. Jahrhundert an durchlief.

Die lange Reihe der als „Staatenbildung" bekannten Geschehnisse wurde um die Mitte des 14. Jahrhunderts durch zwei Katastrophen beschleunigt, die das Feudalsystem in seinen Grundfesten erschütterten. Die erste war der „Schwarze Tod": Die Beulenpest, deren erste Welle zwischen 1348 und 1352 auftrat und der zwischen einem Drittel und der Hälfte der Bevölkerung Europas erlag. Sie war natürlichen Ursprungs und stammte aus Asien (Indien). Das Genueser Handelsschiff Fedosia schleppte sie im Oktober 1347 bei der Rückkehr von Kaffa auf der Krim nach Europa ein. Handelsrouten bildeten ihre Verbreitungswege innerhalb Europas. Die Krankheit war so tödlich, dass manch einer gesund zu Bett ging und den nächsten Morgen nicht erlebte und dass sich Ärzte am Lager ihrer Patienten ansteckten und noch vor ihnen starben (vgl. Tuchman 1978, Kap. 5). Diese demographische Katastrophe löste eine agrarische Krise aus (Slicher van Bath 1980 [1960], 118), schwächte den Adel Westeuropas entscheidend und führte zu geistiger Unsicherheit, wodurch die religiösen Fundamente der mittelalterlichen Ordnung erschüttert wurden (über die Folgen der Pest für die Gesellschaft Europas vgl. Zinn 1989).

Pest und Agrarkrise

Die gesellschaftlichen Umbrüche, die dem Schwarzen Tod folgten, führten zu dem zweiten großen historischen Bruch des späten Feudalismus: dem Hundertjährigen Krieg (1339-1453) zwischen dem englischen und dem französischen Königshaus, zwischen deren Adligen und zwischen der adligen und der bäuerlichen Gesellschaft. Die Bauernaufstände brachen 1323 in Flandern aus, also vor dem Beginn des Hundertjährigen Krieges, doch wurden sie später eines seiner Elemente. In Frankreich wurde die Bauernerhebung 1358 durch englische und französische Truppen ausgelöst, die in der Isle de France, der Agrarregion rund um Paris, gegeneinander kämpften. Die Bauern weigerten sich, den Zehnten zu zahlen, ermordeten Adlige und brandschatzten deren Burgen.

Hundertjähriger Krieg

Nach Hay

> „widersetzten sich diese Männer der feudalherrschaftlichen Besteuerung und weigerten sich dann, den Zehnten zu zahlen. Ziel war, dem Pachtherren, ob weltlichen oder kirchlichen, sein früheres Einkommen zu versagen, und der niedere Adel sammelte sich zur Selbstverteidigung" *(1966, 35f.).*

In England führten 1381 neue Steuern zu Bauernaufständen. In Mitteleuropa sind die Unruhen als Hussitenkriege (1436) bekannt.

Aus diesem Chaos von Krieg und Pest gingen die Könige als Gewinner hervor. Die Unverwundbarkeit der Lanzenphalanx der Infantristen gegenüber dem Kavallerieangriff, die Fähigkeit des Langbogens, den Schild des adligen Reiters zu durchdringen, und die Verwendung von Kanonen, die in der zweiten Hälfte des 15. Jahrhunderts größere Bedeutung erlangten, begünstigten die königliche Armee gegenüber dem Bauernaufgebot der Adligen. So gingen aus diesem Krieg zulasten der vom landbesitzenden Adel aufgestellten Feudalheere die Könige mit einem stehenden, aus Steuermitteln finanzierten Heer als Sieger hervor.

Um die feudalen Beschränkungen der Rekrutierung lehensabhängiger Ritter zu umgehen, hatten die Könige seit dem Hundertjährigen Krieg Söldner in ihre Dienste genommen. Bis zur Französischen Revolution konnten die kriegführenden Höfe ihre Söldner auf einem europaweiten Markt wehrfähiger Männer anwerben und in ihren Diensten so lange beschäftigen, wie sie dafür zahlen konnten. Seit Mitte des 17. Jahrhunderts wurden die deutschen Staaten Hauptlieferanten für Söldnerheere: Fast 40 Jahre lang wurde die Armee von Hessen-Kassel von Holländern und Engländern subventioniert, bevor sie 1727 ganz von den Briten übernommen wurde. 1707 diente die württembergische Armee den Holländern, während Hessen, Baden, Hannover und Braunschweig Hauptlieferanten für Söldner nach England waren (vgl. Thompson 1989). Der letzte Krieg, in dem die Engländer ein Heer aus rund 16.000 Legionären aufstellten, war der Krimkrieg. Danach wurden die Soldaten nur noch aus Ländern innerhalb des Empires rekrutiert.

In Westeuropa kam das Ende der militärischen Funktion des Adels dem König und den Bauern zugute, wobei sich die Städter auf die Seite des Königs schlugen. Im 16. Jahrhundert jedoch ließ sich durch neue Befestigungsanlagen der Schutz der Städte gegen Kanonen verbessern; allerdings konnten sich nur größere Orte die aufwendigen Anlagen leisten. Somit wurde die Staatenbildung zu einer langwierigen Auseinandersetzung zwischen königlichen und adligen Kämpfern. In England entmilitarisierte das Haus Tudor (1485-1603) die Großherzöge, in Frankreich war Ludwig XIII. (1610-1643) der große Burgenzerstörer.

Ursachen moderner Staatlichkeit

Der moderne Staat entwickelte sich im Rahmen eines Staatensystems. Die Strukturmerkmale moderner Staatlichkeit bildeten sich daher in mehreren Staaten Europas nahezu gleichzeitig heraus. Dafür gab es interne und externe Gründe. Von großer Bedeutung war der zwischen den sich zentralisierenden Monarchien ausgefochtene militärische Wettstreit. Da kein Staat in der Lage war, alle anderen zu erobern, kann das zwischenstaatliche System Europas als ein „autonomes System" bezeichnet werden, um Modelskis Ausdruck zu verwenden (ich werde zu diesem Punkt im Abschnitt 2.3 zurückkehren). Anders als in traditio-

2.2 Die gesellschaftlichen Grundlagen des modernen Staates

nellen Weltreichen erkennt hier jedes Mitglied des Systems die anderen Mitglieder jenseits der eigenen Grenzen als Gleiche an, und zwar in dem Sinn, dass sie keiner konstitutionell legitimierten höheren Autorität unterstehen. Die politisch-militärische Seite der Staatsbildung ist nach außen der Krieg und nach innen die Unterdrückung heimischer Konkurrenten. Mit der Konzentration der militärischen Gewaltmittel in der Hand des Monarchen setzte sich die Auffassung durch, dass die Kriegführung ausschließliches Recht des Staates sei. Nunmehr wurden private Fehden gegen den Monarchen zur Rebellion erklärt. Um die Mitte des 17. Jahrhunderts gab der Politologe Pufendorf eine schöne Zusammenfassung dieser Zentralisierung privatisierter politisch-militärischer Macht in einem Staatsmonopol, das von öffentlichen Amtsträgern wahrgenommen wird:

„Das Recht auf Krieg, das mit dem Naturzustand einhergeht, wird in einem Gemeinwesen dem Einzelnen genommen. Und damit können Einzelne nicht länger ihnen angetanes Unrecht durch die ihnen selber zur Verfügung stehenden Mittel auf ihre Art wiedergutmachen, noch können sie sich durch eigene Anwendung von Gewalt das nehmen, was ihnen versagt wird, sondern müssen sich an einen Magistrat wenden, dessen Aufgabe es ebenso ist, den Geschädigten Wiedergutmachung für ihren Schaden und Garantien für die Zukunft zuzusichern, wie es jedermann zu ermöglichen, seine Rechte wahrzunehmen... Und obwohl es manchmal dem Einzelnen im Staate erlaubt ist, sich durch eigene Kraft zu verteidigen, kann dies doch nicht wirklich als Recht bezeichnet werden, Krieg zu führen" *(zit. in: Holzgrefe 1989, 16).*

Den Staatsgründern in Europa, die aus dem Regierungsgeschäft, das im Feudalismus eine Privatangelegenheit des Königs und seiner Vasallen war, eine öffentliche Aufgabe der Staatsverwaltung und Ordnungssicherung machten, kamen die überseeischen Entdeckungen zugute. Anfangs waren die Rechtsverhältnisse in den entdeckten Gebieten dem Feudalismus noch sehr nahe; auch der Staat selbst wurde fast noch wie das Privateigentum des Königs verwaltet. Durch die Entdeckungen erweiterte der König die Jurisdiktion seines Hofes, indem er einzelnen Privatpersonen Rechte auf Land, Handel oder Exploration gewährte. Diese Personen sahen es als ihre Aufgabe an, mehr aus diesem Recht herauszuholen, als sie dafür dem König gezahlt hatten. Der portugiesische Pfefferhandel etwa wurde auf der Basis des königlichen Monopols, Privilegien zu verleihen, durch private Händler weitergeführt. An dem Unternehmen, das den Gewürzhandel von den Arabern eroberte, nahmen vom Staat gestellte Militärkräfte teil. In Brasilien hatten portugiesische Siedler Regierungsaufgaben auszuführen. Die Krone teilte die Region, in der Zuckerplantagen errichtet werden sollten, unter zwölf Eigentümern auf, deren Aufgabe darin bestand, Plantagen einzurichten. Sie hatten aber auch die Aufgabe, in den Gewässern zu patrouillieren, um die Franzosen fernzuhalten, und Steuern zu erheben. Werden Organisationen, die um des Profites willen Waren auf einem Markt erstehen, um mit deren Hilfe marktfähige Produkte zu erzeugen, der Sphäre der Ökonomie zugerechnet und werden Organisationen, die um der Macht willen mithilfe militärischer Gewalt, polizeilicher Aktionen und der Gesetzgebung eine politische Ordnung errichten, der Sphäre der Politik zugerechnet, dann ist es schwer, die frühen Übersee-Eroberungen als entweder „politisch" oder „wirtschaftlich" einzuordnen (vgl. Lane 1950). Zu-

Übersee-Entdeckungen

nächst einmal besaßen die in der Eroberung der Ozeane aktiven Expeditionen Eigenschaften beider Sphären.

In der Frühphase der Kolonisierung lagen die militärischen, polizeilichen und ökonomischen Aktivitäten in Händen jeweils einer Organisationseinheit. Diese Organisationen bildeten die politischen und ökonomischen Stützpunkte der sich gerade in Westeuropa herausbildenden Staaten in Übersee. Nachdem die Kolonien einmal gut etabliert waren und an Größe und Reichtum wuchsen, wurde die gleichzeitig ordnungsichernde und wirtschaftlich aktive Kolonialverwaltung in zwei spezialisiertere Organisationen aufgegliedert: Die eine bot gegen Steuerzahlungen den Siedlern und Händlern Schutz, schuf Gesetz und Ordnung und war für das Gerichtswesen und die Polizei verantwortlich, die andere wurde zu einem profitorientierten Unternehmen, zuständig für Produktion, Kauf und Verkauf. Mit anderen Worten: Die Trennung von „Staat" und „Markt", die im Feudalismus nicht bekannt war, hat ihre Ursprünge zu einem gewissen Teil in dieser Entwicklung.

Grenzkosten des Regierungsschutzes

Damit die jungen Regierungen ihre Leistungen erbringen konnten, mussten die Kosten – insbesondere die Kosten für den Schutz der Siedler – aus Steuermitteln aufgebracht werden. Nimmt man pro Kopf abnehmende Schutzkosten an, wenn die Anzahl und der Reichtum der Unternehmen wachsen, dann setzte die Lebensfähigkeit einer Kolonialregierung einen Mindestumfang wirtschaftlicher Aktivitäten voraus. Die Regierungen der Mutterländer, die es verstanden, durch die Schaffung von Ordnung in Übersee Profite zu machen, konnten auch zuhause einen Zugewinn an Macht verzeichnen. Die Kolonisierung in Übersee und der Fernhandel vergrößerten den Umfang politisch-militärischer Operationen und führten vermutlich zu einem Sinken der Pro-Kopf-Kosten für den Erhalt von Ordnung. Hier findet man das Gegenstück zu dem oben behandelten Gesetz der abnehmenden Grenzproduktivität der Arbeit auf einem Stück Land: Wenn die Anzahl der zu beschützenden Individuen und ihr Wohlstand zunehmen, sinken die Grenzkosten des Regierungsschutzes, wodurch der Prozess der Differenzierung zwischen staatlichen Institutionen und wirtschaftlich aktiven Unternehmen gefördert wird.

Merkantilismus

Der mit der Landnahme in Übersee zunehmende Handel hatte unmittelbare Auswirkungen auf den Prozess der Staatsbildung. Der Zusammenhang ergab sich durch die sogenannte merkantilistische Wirtschaftspolitik der sich herausbildenden Staaten. Wegen der strukturbildenden Bedeutung dieser Wirtschaftspolitik wird auch von der „Epoche des Merkantilismus" gesprochen. Als „merkantilistisch" wird eine Politik bezeichnet, die sich durch einen Überschuss der Handelsbilanz einen möglichst großen Anteil des Weltvorrates an Gold zu sichern versucht. Zu jener Zeit war Gold die einzige Geldquelle; sein Zufluss brachte der Gesellschaft Reichtümer, die der Staat mit Steuern belegen konnte. Deswegen spielte der Wettbewerb der Staaten um die Kontrolle der Handelsgeflechte eine bedeutende Rolle bei den Erwerbungen in Übersee. Anders als bei der Entstehung der traditionellen Weltreiche bildeten die Einkünfte aus dem Außenhandel einen wichtigen Anreiz, die staatlichen Institutionen zu stärken. Dies geschah u. a. durch den Aufbau eines staatlich abgesicherten Wirtschaftszweiges, der für den Export produzierte, sowie durch die Einrichtung eines Zollsystems und einer entsprechenden Zoll- und Finanzverwaltung.

2.2 Die gesellschaftlichen Grundlagen des modernen Staates

Die Entstehung des Nationalstaates und der damit verbundene institutionelle Wandel waren Vorbedingungen eines dauerhaften Wirtschaftswachstums. Ein befriedigendes Modell zur Erklärung des europäischen Wirtschaftswachstums muss nach dieser Auffassung auch den Aufstieg des Nationalstaates erklären. Diese Überlegungen erlauben die These, dass die heutigen Wirtschaftsreformen in der Dritten Welt ihr Ziel nicht erreichen werden, wenn sie nicht zum Aufbau starker staatlicher Institutionen führen. Staatenbildung scheint eine Voraussetzung für stabiles Wachstum und für gesellschaftliche Entwicklung zu sein (für weitere Angaben siehe Kapitel 3).

Aufstieg des Nationalstaates

2.2.2 Die sozialen Grundlagen des Staates

Im vorangegangenen Abschnitt ist deutlich geworden, dass der moderne Staat seinen Ursprung in den Prozessen historischer Umgestaltung hat, die Europa in der Zeit vom 14. bis zum 16. Jahrhundert verändert haben. Diese Umgestaltung hatte ein kompliziertes Wechselspiel von Klassenbildung, aufkommenden staatlichen Institutionen und sich formierendem zwischenstaatlichen System zur Folge. In diesem Abschnitt soll nun der Begriff der Klassenbildung näher unter die Lupe genommen werden, das heißt, dass deutlich gemacht werden soll, welche Klassen in diesem Prozess die entscheidenden waren und was die Grundlage ihrer Existenz war. Zu diesem Zweck wird zunächst die Bedeutung des Begriffes soziale Klasse erläutert.

Der angemessene Ausgangspunkt für eine gründliche Untersuchung der sozialen Welt, in der wir leben, sollte die Art und Weise sein, in der Menschen die Produktion und Reproduktion ihres materiellen Lebens organisiert haben. Das ist im Übrigen das, was Marx unter dem Begriff sozial versteht: die Totalität aller von Menschen zur (Re-)Produktion ihrer Existenz unternommenen Aktivitäten.

Produktionsverhältnisse und soziale Kräfte

Dies wird sehr deutlich in ‚Die Deutsche Ideologie':

> „Die erste Voraussetzung aller Menschengeschichte ist natürlich die Existenz lebendiger menschlicher Individuen. (...) Sie selbst fangen an, sich von den Tieren zu unterscheiden, sobald sie anfangen, ihre Lebensmittel zu produzieren. Die Produktion des Lebens, sowohl des eignen in der Arbeit wie des fremden in der Zeugung, erscheint nun schon sogleich als ein doppeltes Verhältnis – einerseits als ein natürliches, andrerseits als gesellschaftliches Verhältnis – gesellschaftlich in dem Sinne, als hierunter das Zusammenwirken mehrerer Individuen, gleichviel unter welchen Bedingungen, auf welche Weise und zu welchem Zweck, verstanden wird" *(Marx und Engels, 1845-1846, 207, 220).*

Unter den primitivsten Bedingungen ist der Prozess der sozialen Reproduktion ein ausbeuterischer Prozess, in dem einige sich die Früchte der Arbeit anderer aneignen. Diese Ausbeutung und soziale Differenzierung basiert auf zwei grundlegenden Prinzipien, nämlich Verwandtschaft und sozialer Klasse. In weniger komplexen Gesellschaften bilden verwandtschaftliche Beziehungen (oder Blutsbande) die Grundlage der gesellschaftlichen Ordnung. Verwandtschaftliche Beziehungen sind grundlegende, persönliche, direkte Beziehungen. Die Komplexität von Gesellschaften steigt mit einer zunehmenden Arbeitsteilung, der zunehmenden Ausdifferenzierung menschlicher Arbeit in mehrere verschiedene Akti-

Prozess der sozialen Reproduktion

vitäten, die Abhängigkeiten über die Reichweite verwandtschaftlich begründeter Gemeinschaften hinaus ausdehnen. In solchen Gesellschaften transformiert der Prozess der Sozialisation (womit der Prozess angesprochen wird, bei dem die Kreise gegenseitiger Abhängigkeit zwischen Menschen sich erweitern) persönliche, verwandtschaftsbezogene soziale Beziehungen in unpersönliche, klassenbezogene Beziehungen (Wolf 1982, 88ff.). Das so verstandene Konzept von Klasse bezieht sich auf die Stellung, die Menschen (oder eine Gruppe von Menschen) in dem gesamten Prozess der sozialen Reproduktion einnehmen.[2] Es handelt sich hierbei um ein umfassendes und inklusives Konzept, welches alle Bereiche der menschlichen Existenz umfasst, nicht nur die Einbeziehung von Individuen in das Marktgeschehen. Im Besonderen umfasst Klasse sowohl den Bereich der „Produktion" als auch den der „Reproduktion" (obwohl in den meisten klassenbezogenen sozialen Theorien ein starker Hang hin zur Konzentration auf „Produktion" vorherrscht, der fast zum Ausschluss des Bereichs der „Reproduktion" führt).

Eine ähnliche materialistische Position dient als Ausgangspunkt für Robert Cox' zukunftweisenden Beitrag zur politischen Ökonomie globaler Politik. In seinem 1987 erschienenen Buch präsentiert er eine umfassende Diskussion der „concrete historical forms of the ways in which production has been organised – into modes of social relations of production" (Cox 1987, 1). Cox unterscheidet zwölf verschiedene Modi, die in drei Kategorien unterteilt sind – einfache Reproduktion, kapitalistische Entwicklung und redistributive Entwicklung.[3]

Einfache Reproduktion

Im Einklang mit der vorherrschenden Meinung in der Marxforschung kann *einfache Reproduktion* als die Form gesellschaftlicher (Re-)Produktion definiert werden, in welcher das Ziel des Produktionsprozesses der Erhalt der Existenz ist, mithin die Befriedigung solcher Bedürfnisse, die sich auf das unmittelbare Überleben und die Reproduktion der Bevölkerung zu irgendeiner gegebenen Zeit beziehen. Unter den Bedingungen einfacher Reproduktion gibt es keine Vorstellung von generationenübergreifenden Beziehungen, von dem Bedürfnis, für spätere Generationen zu sorgen oder strukturell mehr zu produzieren, als für die unmittelbare Reproduktion notwendig ist. Jeder Überschuss fließt in die unmittelbare Verwertung ein oder in die Steigerung persönlichen Wohlstandes in Form von Luxusgütern (die persönliche Anhäufung von Gold- und Silberobjekten, Edelsteinen, Seide usw.).

Expandierte Reproduktion

Wenn Gesellschaften beginnen, den Umfang ihrer produktiven Aktivitäten auszuweiten, um ihren Lebensstandard über das Existenzminimum hinaus anzuheben, und in, in einen größeren Wohlstand für zukünftige Generationen zu *investieren*, spricht man von *expandierter Reproduktion*. Historisch betrachtet, hat sich das Aufkommen des Kapitalismus in der Epoche der expandierten Reproduktion bereits angekündigt. Ihre Ausbreitung über den Globus zwischen dem 15. und 19. Jahrhundert hat den Bereich der einfachen Reproduktion beständig an den Rand der Weltökonomie zurückgedrängt. Im 20. Jahrhundert konnte das

---

2 Dies ist offensichtlich eine sehr vereinfachende Lösung für einen Streitpunkt, der Hunderte von Theoretikern beschäftigt und ganze Bibliotheken gefüllt hat. Weiterführende Literatur hierzu: Bottomore (1966); Giddens (1973); Poulantzas (1975 a, b); Wright (2000).
3 Zur damit verbundenen Fragestellung der Debatte über „Produktionsmodi" siehe Abschnitt 2.3.

2.2 Die gesellschaftlichen Grundlagen des modernen Staates 43

Aufkommen gesellschaftlicher Systeme beobachtet werden, die nicht kapitalistisch, aber dennoch auf eine expandierte Reproduktion ausgerichtet waren: zentral gelenkte sozialistische Systeme oder in Cox' Terminologie parteigesteuerte redistributive Systeme.[4]

Vier Formen sozialer Produktionsbedingungen (vier verschiedene Wege, den Produktionsprozess in verschiedenen Arbeitsbereichen zu organisieren) sind als Formen *einfacher Reproduktion* kategorisiert: *Subsistenzlandwirtschaft, Landwirtschaft im Bauer-Lehnsherr-Verhältnis*, der *primitive Arbeitsmarkt* und *Haushaltsproduktion*. In Gesellschaften, die auf Subsistenzlandwirtschaft gründen, bestimmen verwandtschaftliche Beziehungen die kommunale gesellschaftliche Ordnung, während größere staatliche Strukturen fehlen (Cox 1987, 37-39; siehe auch Wolf 1982). Mit dem Übergang von der Subsistenzlandwirtschaft zur Landwirtschaft im Bauer-Lehnsherr-Verhältnis sind verwandtschaftliche Beziehungen klassengeprägten Beziehungen gewichen. Der Bauer ist aufgrund seiner Bindung an das Land an den Lehnsherrn gebunden, was auch durch physischen Druck eingefordert wird: Der Bauer ist nicht frei darin, das Land zu verlassen, sondern ist dazu verpflichtet zu bleiben, wo er geboren wurde (wozu er wiederum aber auch das Recht hat). Im Gegenzug für diesen „Schutz" ist der Bauer dazu verpflichtet, den größten Teil des Ertrages des Landes dem Lehnsherrn zu übergeben. Diese klassengeprägte Beziehung zwischen dem tatsächlichen Produzenten, hier: der Bauer, und dem Landbesitzer, hier: der Lehnsherr, ist mithin konstitutiv für soziale Beziehungen im weiteren Sinn. Diese Klassenstruktur impliziert schließlich die Existenz einer gewissen Form von staatlicher Struktur, die die Macht des Lehnsherrn garantiert. Unpersönliche Formen der Autorität ersetzen die in einer von Verwandtschaftsbeziehungen geprägten Gesellschaft vorherrschenden familiär bestimmten Autoritätsformen (Cox 1987, 39-44).

Werden Bauern, aus welchen Gründen auch immer, aus der landwirtschaftlichen Produktion hinausgedrängt (hierbei ist es unerheblich, ob es sich um Subsistenzlandwirtschaft oder ein Bauer-Lehnsherr-Verhältnis handelt) und sind gezwungen, ihre Existenz durch extralegale Aktivitäten zu erhalten (was heutzutage als der „informelle Sektor" bezeichnet wird), entsteht ein primitiver Arbeitsmarkt außerhalb der geordneten Gesellschaftsstrukturen (Cox 1987, 44-48). In vornehmlich landwirtschaftlichen Gesellschaften, z. B. solchen, die durch ein Bauer-Lehnsherr-Verhältnis dominiert sind („Feudalgesellschaften"), sind derartige primitive Arbeitsmärkte immer nur marginale Phänomene und nicht bestimmend für die hauptsächlichen sozialen Produktionsverhältnisse.

Subsistenzlandwirtschaft

Bauer-Lehnsherr-Verhältnis

Primitiver Arbeitsmarkt

---

[4] Cox unterscheidet darüber hinaus noch nach einer dritten Entwicklungsform, abgesehen von einfacher Reproduktion und kapitalistischer Entwicklung, nämlich *redistributiver Entwicklung*. Dies ist die Form, die zuerst in der Sowjetunion entwickelt wurde. Nach Cox war diese Form charakterisiert durch zwei verschiedene Formen sozialer Produktionsverhältnisse, nämlich *kommunale Produktion* (in der Art kollektivierter Landwirtschaft) und *zentrale Planung* in der Industrie. Im Folgenden werden wir diese Formen eingehender betrachten, auch wenn wir im nächsten Abschnitt die Gelegenheit haben werden, kurz zum Wesen des real *existierenden Sozialismus* zurückzukehren. An dieser Stelle soll es ausreichen, die Schlussfolgerung zu ziehen, dass sowohl Cox' Behauptung, dass die redistributive Form sich nicht aus der kapitalistischen Entwicklung heraus gebildet hat (Cox 1987, 86), als auch seine implizite Erwartung, dass die redistributive Form noch eine möglichst lange Zukunft vor sich hat (idem, 88), schlecht begründet waren.

Haushaltsproduktion   Haushaltsproduktion schließlich ist ein abhängiger Modus: Er existiert in der einen oder anderen Form über die Zeit hinweg und in allen Gesellschaften, notwendigerweise in Kombination mit anderen Formen (Subsistenzlandwirtschaft, Bauer-Lehnsherr-Landwirtschaft, aber auch zeitgenössischen industriellen Formen der Produktion); er ist zwar nicht vorherrschend, aber doch unerlässlich. Der Familienhaushalt ist der Ort der Reproduktion menschlichen Lebens und der Schlüssel zum Verständnis der Grundlagen der geschlechtsbasierten Natur aller sozialen Produktionsverhältnisse (Cox 1987, 48-50; Peterson 2003).

Jede Gesellschaft ist durch einen spezifischen, hierarchisch strukturierten Aufbau dieser Modi charakterisiert; einige sind vorherrschend, einige zurückhaltend, und wieder andere verbleiben in den Anfängen. Solch ein Aufbau begründet eine „soziale Struktur der Akkumulation", begleitet von einer bestimmten Zusammensetzung der sozialen Kräfte, die wiederum die Form des Staates und den Einbezug des nationalen Aufbaus in die internationale Arbeitsteilung und das globale Staatensystem bestimmt (und im Gegenzug dadurch bestimmt wird). Cox betont, dass die involvierten Beziehungen (z. B. in und zwischen den Produktionsverhältnissen, den Staatsformen und der Weltordnung) allesamt materielle, institutionelle *und* ideologische Dimensionen aufweisen und dass darüber hinaus keine vorbestimmte Hierarchie zwischen diesen Dimensionen besteht: Produktionsverhältnisse mögen, aus einer logischen Perspektive betrachtet, zuerst da gewesen sein, in einer geschichtlichen Perspektive sind sie das nicht. „Indeed, the principal structures of production have been, if not actually created by the state, at least encouraged and sustained by the state" (Cox 1987, 5).

Die Merkmale der durch ein Bauer-Lehnsherr-Verhältnis bestimmten Produktion definieren in solchen Gesellschaften in weiten Teilen den Charakter des Staates. In allen klassenbasierten Gesellschaften erfordert die bestehende Ordnung eine Form von Staat, das heißt eine Form der politischen Autorität, welche die Reproduktion der sozialen Ordnung sicherstellt. In vornehmlich landwirtschaftlich geprägten Gesellschaften, in denen einfache Formen der Reproduktion vorherrschen, fallen „politische" und „ökonomische" Autoritäten zusammen. Wie bereits dargestellt, wird die grundlegende Klassenbeziehung durch nichtökonomische Mittel verstärkt, was erklärt, warum die „politische" und die „ökonomische" Ordnung zwangsläufig synonym sind: Tatsächlich ist die bloße Vorstellung getrennter „politischer" und „ökonomischer" Räume in solchen Gesellschaften nicht wahrnehmbar.

Kapitalismus   Erst mit dem Aufkommen des Kapitalismus erfolgt die allmähliche Trennung des ökonomischen vom politischen Raum. Daher ist es erst unter kapitalistischen Bedingungen möglich, von der Entstehung des „modernen Staates" zu sprechen, das heißt vom Staat, wie er heute verstanden wird. Warum dies so ist, soll später deutlich werden. Zunächst soll die Betrachtung verschiedener Formen sozialer Produktionsverhältnisse mit einem Blick auf diejenigen Formen fortgesetzt werden, welche die verschiedenen Stufen der kapitalistischen Entwicklung charakterisieren, die, historisch betrachtet, zumindest in Europa dem Feudalismus folgten.

Cox unterscheidet zunächst nach den Formen, die charakteristisch sind für Konkurrenzkapitalismus (oder frühen Kapitalismus), und solchen, die charakteristisch sind für monopolistischen (oder späten) Kapitalismus.

2.2 Die gesellschaftlichen Grundlagen des modernen Staates

> *Kapitalismus*: eine ökonomische Ordnung, die durch die Vorherrschaft der Produktion von Gebrauchsgütern zum Verkauf auf dem Markt gekennzeichnet ist *und* durch die Konzentration des Besitzes von Produktionsmitteln in den Händen einer sozialen Klasse (der „Bourgeoisie"), während die tatsächlichen Produzenten (Arbeiter und Kleinbauern) dazu gezwungen werden, ihre Arbeitskraft auf dem Markt im Austausch für Arbeitslöhne zu verkaufen, um sich und ihre Familien zu ernähren und zu versorgen.
>
> *Konkurrenzkapitalismus*: eine kapitalistische Ökonomie, in der die hauptsächlichen Sektoren der Ökonomie durch eine Situation vielfältiger miteinander konkurrierender Produzenten gekennzeichnet sind, die die Marktpreise nicht bestimmen können, sondern akzeptieren müssen, dass diese durch das Verhältnis von Angebot und Nachfrage geregelt werden.
>
> *Monopolistischer Kapitalismus*: eine kapitalistische Ökonomie, in der ein oder einige wenige Produzenten gemeinsam jeden der Hauptsektoren dominieren und diese marktbeherrschende Stellung dazu benutzen, das Preisniveau relativ unabhängig von der Nachfrage zu bestimmen.
>
> Konkurrenz und Monopol sind keine stabilen und sich gegenseitig ausschließenden Zustände. Das primäre Ziel kapitalistischer Konkurrenz ist immer, Monopole zu schaffen und zu verteidigen (auf der Ebene einzelner Firmen), auch wenn das Ergebnis dieses Prozesses bestenfalls ein temporäres und und instabiles Monopol hervorbringt, da hohe Gewinne, die in einem monopolisierten Sektor aus Monopolen resultieren, eine hohe Attraktivität für neue Konkurrenten haben.

Im Konkurrenzkapitalismus sind die zentralen Formen der sozialen Produktionsverhältnisse der *betriebliche Arbeitsmarkt* und der *Bipartismus*. Der betriebliche Arbeitsmarkt entsteht aus dem primitiven Arbeitsmarkt (und kapitalistische Reproduktion aus der einfachen Reproduktion), sofern einige Bedingungen erfüllt sind:

Konkurrenzkapitalismus

- die Akkumulation von (monetärem) Wohlstand in den Händen Einzelner, die bereit sind, in die Produktion für den Markt zu investieren;
- das Entstehen eines Marktes für grundlegende Bedürfnisse;
- die Kommerzialisierung von Grund und Boden;
- die Trennung einer wachsenden Gruppe direkter Produzenten von den Produktionsmitteln, was sie dazu veranlasst, ihre Arbeitskraft auf dem expandierenden Arbeitsmarkt zu verkaufen;
- das Entstehen eines modernen Staates, der privates Eigentum garantiert und den Abschluss von Verträgen unterstützt (womit auch Verträge über Arbeitsverhältnisse gemeint sind).

Diese Bedingungen wandeln den primitiven Arbeitsmarkt als ein marginales und außersystemisches Phänomen um in einen entscheidenden Faktor der neuen, frühen kapitalistischen Ordnung, in der Arbeitskraft zu einem generell verfügbaren Gebrauchsgut wird, welches auf dem Markt gekauft und verkauft werden kann wie jedes andere Gebrauchsgut auch (z. B. landwirtschaftliche Produkte und Fabrikerzeugnisse). Die Bedeutung dieser Entwicklung kann nicht überbewertet werden. Die Ausbeutung der tatsächlichen Produzenten unter vorkapitalistischen Bedingungen findet, wie oben deutlich wurde, mittels nicht-ökonomischer Zwangsmaßnahmen statt: Die ausbeuterische Beziehung, durch die sich der Landbesitzer (zumindest zum Teil) die Früchte der Arbeit „seiner" Bauern aneignet, basiert auf einem nichtökonomischen Zwang, der erklärt, warum „Politik" und „Wirtschaft" wesentliche Bestandteile sind. Unter vollentwickelten kapitalistischen Bedingungen schreitet der Prozess der Aneignung des durch die tatsächlichen Produzenten (die Arbeiter) produzierten Wertes durch Tauschprozesse auf dem Markt weiter voran. Der Arbeiter ist aus ökonomischer Notwendigkeit heraus gezwungen, seine Arbeitsdienste auf dem Arbeitsmarkt im Austausch für Lohn anzubieten. Dieser Tausch erweckt den Anschein eines ebenbürtigen Vorganges, da es sich um einen freiwillig eingegangenen Vertrag zwischen frei handelnden Personen handelt. Die formale Gleichheit dieses freiwilligen Vertrages verschleiert die materielle Ungleichheit dieses Tausches: Die Entlohnung gibt nicht den Wert der durch den Arbeiter produzierten Güter wieder, sondern lediglich die Kosten zur Wiederherstellung seiner Arbeitskraft. Genau hier ist die Quelle kapitalistischen Profites zu finden, in der einzigartigen Qualität menschlicher Arbeitskraft, die dazu fähig ist, mehr an Wert zu produzieren, als es kostet, diese Arbeitskraft wiederherzustellen. So kommt es, dass auf einem sehr grundlegenden Level die kapitalistische Ordnung die ausbeuterische Natur der kapitalistischen Produktionsverhältnisse verschleiert.[5]

Diese „Vermarktung" der zentralen Klassenbeziehungen im Kapitalismus bestimmt auch die Natur des Staates. Das Element des Zwanges wird externalisiert und in einem getrennten Bereich verortet, nämlich in dem des Staates. Der Staat ist weiterhin die Institution, deren grundlegende *raison d'être* die Reproduktion der bestehenden sozialen Ordnung ist. Aber die soziale Ordnung gründet nun in einer Trennung zwischen der „ökonomischen" Sphäre des Marktes und der „politischen" Sphäre. Aufgrund dieser Trennung erscheint der moderne kapitalistische Staat als „neutral", als stünde er außerhalb oder über den Klassenkonflikten, die in „der Wirtschaft" auftreten. Dieser Anschein der Neutralität des Staates ist offensichtlich ein doppelschneidiges Schwert: Solch ein Anschein weist die Tendenz auf, teilweise zur Realität zu werden, und so ist der Staat in weiter vorangeschrittenen kapitalistischen Gesellschaften tatsächlich „relativ autonom" geworden. Dies erklärt, wie der Staat seinerseits zu einem Austragungsort, einer Arena werden konnte, in welcher der Klassenkonflikt politisch weitergeführt wird. Und dies bedeutet auch, dass eine nicht angepasste instrumentalistische Auffassung des Staates im Kapitalismus (der Staat als ein Instrument der Unterdrückung durch die herrschende Klasse) unhaltbar geworden ist (siehe Abschnitt 2.2.3 für weitere Ausführungen).

In jedem sozialen Verband, der ein deutliches Marktgeschehen aufweist und damit sicherlich auch kapitalistische Ausprägungen, findet sich eine Gruppe von ökonomisch aktiven Menschen, die weder Arbeitgeber noch Lohnarbeiter sind.

---

5 Zu beachten ist, dass der Begriff Ausbeutung keinerlei normative Qualifizierung impliziert. Dass nicht alles, was der tatsächliche Produzent erzeugt, auch von ihm konsumiert wird, ist der Kern jeglicher Form von expandierter Reproduktion. Das charakteristische Element des Kapitalismus ist nicht die teilweise Enteignung der tatsächlichen Produzenten, sondern die private Aneignung des „überschüssigen Produktes" durch den Eigentümer der Produktionsmittel.

2.2 Die gesellschaftlichen Grundlagen des modernen Staates

Es handelt sich hierbei um die Gruppe der Selbständigen: kleine Handwerker, Freiberufler, Ladenbesitzer usw. Zwar unterliegt ihr Anteil an der ökonomisch aktiven Bevölkerung einigen Schwankungen, er bleibt jedoch immer relativ gering und ist oftmals sogar rückläufig.[6]

Mit der Etablierung kapitalistischer Verhältnisse in der Industrialisierung kam eine dritte Form sozialer Beziehungen auf, nämlich der *Bipartismus*. Schritt für Schritt innerhalb der Grenzen des betrieblichen Arbeitsmarktes war ein Teil der Arbeitskraft erfolgreich darin, durch Organisation und Verhandlungen seine Arbeitsbedingungen zu stabilisieren und seine Lebensbedingungen zu verbessern. Dies traf vor allem für den fachlich ausgebildeten Bereich zu.[7] So entwickelte sich in der europäischen Industrie des 19. Jahrhunderts (und in den 1920er und 1930er Jahren in den Vereinigten Staaten) schrittweise ein System zweiseitiger Beziehungen zwischen etablierten Arbeitern, die durch ihre Gewerkschaften vertreten wurden, und Arbeitgebern und begründete auf diese Weise das, was Cox als *Bipartismus* bezeichnet. Die Rolle des Staates im Aufkommen des Bipartismus darf nicht unterbewertet werden. Obwohl der Staat darauf verzichtete, selbst zu einer Partei im Verhandeln zwischen Kapital und Arbeit zu werden, griff er in den Prozess durch die Gewährleistung entsprechender Bedingungen zur friedlichen Lösung des Konfliktes ein und institutionalisierte ihn auf diese Weise (Cox 1987, 68).

Bipartismus

Mit der „Großen Depression" der Jahre 1873-1896 beginnt sich das Wesen des industriellen Kapitalismus zu ändern. Der Umfang der Produktion dehnt sich aus und führt zur Entstehung eines *Monopolsektors* in entwickelten kapitalistischen Ökonomien und zu einer zunehmenden Bedeutung der Rolle der Banken und oftmals des Staates bei der Beschaffung und Konzentration der benötigten Menge von Kapital für den ausgeweiteten Umfang der Produktion. Gleichzeitig wird die Kontinuität der Produktion und der Akkumulation entscheidender in Anbetracht der Höhe der Investitionen in die moderne Industrie. Schließlich sieht man in dieser Entwicklungsphase das Aufkommen und die rapide Zunahme internationaler Aktivitäten in der Rohstoffgewinnung und der Produktion, was die bestehende internationale Arbeitsteilung grundlegend verändert hat. Ausgehend von der frühen Form des Bipartismus, führen die Merkmale des Monopolkapitalismus (herangezogen hier von Cox 1987, 69, mit deutlichem Verweis auf Hilferding 1910 und Lenin 1917) schließlich zu drei weiteren Formen sozialer Produktionsverhältnisse: *Unternehmenskorporatismus*, *Tripartismus* und *staatlichem Korporatismus*.

---

[6] Es besteht offensichtlich nur eine sehr schmale Linie zwischen der üblichen Definition von Selbständigkeit (was bei Cox in seiner Liste der zwölf Formen sozialer Produktionsverhältnisse enthalten ist) und dem primitiven Arbeitsmarkt, der natürlich weder Ärzte noch Anwälte enthielte, dafür aber sicherlich Schuhputzer, Zimmerleute, Klempner usw., die ihre Dienste stundenweise bzw. nach Auftragslage auf der Straße verkauften.

[7] Diese Zweiteilung der Arbeiterschaft in besser ausgebildete, besser bezahlte und besser geschützte Arbeiter auf der einen Seite und schlechter ausgebildete, schlechter bezahlte und ungeschützte Arbeiter auf der anderen Seite neigt immer dazu, sich entlang der Linien von Ethnizität, Geschlecht und Alter auszuprägen, wodurch die Aufteilung der Arbeiterschaft nach Charakteristika, die nichts mit dem Produktionsprozess zu tun haben, bekräftigt und eine verworrene Ausformulierung klassen-, gender- und rassenbezogener Hierarchien hervorgebracht wird (Cox 1987, 63).

Korporatismus Korporatismus wird allgemein als eine Form der Interessenvermittlung verstanden, innerhalb derer gegensätzliche sozioökonomische Interessen durch besondere Formen der Repräsentation, die durch den Staat geschützt oder aktiv organisiert werden, miteinander ausgesöhnt werden (Schmitter 1974). Historisch betrachtet, entstand der Korporatismus als Antwort auf die zunehmende Macht der Gewerkschaften in großen Körperschaften. Die körperschaftliche industrielle Organisation liefert die Basis für diese neuen Formen, da sie dazu neigt, eine Art der sozialen Integration mit vielfältigen gegenseitigen Abhängigkeiten hervorzubringen. Einerseits weiten der Umfang und die Komplexität des Produktionsprozesses die Bedeutung von Kontinuität aus und erhöhen den Preis für eine Störung des Produktionsprozesses, was die Unternehmensführung davon abhängig macht, die Unterwerfung der Arbeiterschaft unter die Disziplin der Fabrik sicherzustellen. Andererseits werden die Industriearbeiter durch den Prozess der voranschreitenden Urbanisierung schrittweise völlig von allen anderen Einkommensquellen abgeschnitten, sodass sie für ihr direktes Überleben in eine immer ausschließlichere Lohnabhängigkeit geraten. Diese erhöhte gegenseitige Abhängigkeit bringt in der einen oder anderen Art soziale Produktionsverhältnisse hervor, die den neuen Erfordernissen des Produktionsprozesses angepasst sind.

Unternehmenskorporatismus *Unternehmenskorporatismus* ist, historisch betrachtet, die erste und auch die logischste Antwort auf die zunehmenden Widersprüche des Bipartismus: Er hat den Austausch privilegierter Arbeitsbedingungen (sichere Verträge, Rentenansprüche, Krankenversicherung usw.) für friedliche Arbeitsbeziehungen sowie ein symbiotisches Verhältnis zwischen Management und Unternehmensgewerkschaft nach sich gezogen. Der Staat bleibt ein Außenseiter zu dieser Beziehung: Er garantiert die Institutionalisierung der körperschaftlichen Vereinbarungen auf der Ebene der Körperschaft und bleibt den Verhandlungen der organisierten Arbeiterschaft auf der nationalen Ebene fern (Cox 1987, 70-74). Unternehmenskorporatismus ist heute noch die Hauptform der Organisation der Unternehmensbeziehungen in den Vereinigten Staaten und auch in Japan (wenn auch in einer etwas anderen Form), und es scheint, dass er auch das logischste Ergebnis der Einführung des industriellen Kapitalismus in weiten Teilen der ehemals sozialistischen Welt darstellt.

Tripartismus In Westeuropa war die vorherrschende Form der sozialen Produktionsverhältnisse der *Tripartismus*. Hier hat der zunehmende Umfang der Produktion in Kombination mit den Konsequenzen aus der Reorganisation der Wirtschaft während des Ersten Weltkrieges zu einer zunehmenden Einbeziehung des Staates in die Ausbildung des Bipartismus geführt. Der Staat übernahm eine führende Rolle in der Ausformung kooperativer Beziehungen zwischen Management und Arbeiterschaft. Frühe Beispiele beinhalten so prominente Fälle wie den deutschen und den britischen, und auch in den Vereinigten Staaten wurde der Tripartismus in den 1930er Jahren durch den „New Deal" eingeführt. Cox identifiziert zwei politische Bedingungen für die Stabilität des Tripartismus: eine gutorganisierte Arbeiterklasse, die durch eine einflussreiche politische Partei repräsentiert wird, und das Vorhandensein eines breiten gesellschaftlichen Konsenses über die Legitimität und die Annehmbarkeit der kapitalistischen sozialen Ordnung (womit *Hegemonie* gemeint ist) (Cox 1987, 78; siehe den nächsten Abschnitt für weitere Ausführungen dieses Konzeptes). Das Fehlen der ersten Bedingung erklärt, wie der Tripartismus es in den Vereinigten Staaten nicht vermochte, zur vorherrschenden Organisationsform der Arbeitsbeziehungen nach dem Zweiten Weltkrieg zu werden; die Abwesenheit der zweiten Bedingung – wie einer frühen kapitalistischen Entwicklung in gewissen Gesellschaften – brachte die dritte Form des Korporatismus hervor.

Staatlicher Korporatismus ist typisch für solche Länder, die hinter dem Prozess der kapitalistischen Entwicklung zurückblieben. Das typische Beispiel bietet Italien in den Anfangsjahren des 20. Jahrhunderts. In den Nachwirkungen des Ersten Weltkrieges war das industrielle Bürgertum, geschwächt durch den Krieg und unfähig, die revolutionäre Bewegung zu überwinden, abhängig von den Faschisten, um die kapitalistische Ordnung insgesamt bewahren zu können. Das Bürgertum überließ es dem faschistischen Staat, die soziale Ordnung wiederherzustellen. Hier „the state through fascism assumed the tasks that a nonhegemonic bourgeoisie could not perform on its own" (Cox 1987, 80). Staatlicher Korporatismus ist also jene Form von Korporatismus, in der der Staat in Abwesenheit eines industriellen Bürgertums, welches stark genug wäre, diese Rolle selbst zu übernehmen, über die wesentlichen industriellen Klassen herrscht und die Bedingungen für eine kapitalistische Großindustrie schafft. Elemente des staatlichen Korporatismus waren z. B. maßgebend in späteren Fällen wie dem peronistischen Argentinien in den 1950er Jahren oder dem autoritären Südkorea in den 1960er und 1970er Jahren.
Staatlicher Korporatismus

Auf der Basis dieser kurzen Erläuterung der historischen Entstehung der hauptsächlichen Formen sozialer Produktionsverhältnisse im Kapitalismus muss nun über die Art und Weise nachgedacht werden, in der soziale Produktionsverhältnisse politisch artikuliert werden (2.2.3), sowie über die Staatsformen, zu denen die Entwicklung des Kapitalismus Anlass gegeben hat (2.2.4).

2.2.3 Die politische Artikulation von Klasseninteressen

Die Grundlagen des gegenwärtigen Verständnisses über die Quellen und Formen politischer Macht können bis zum Aufkommen der Theorien über Elitenherrschaft in der klassischen Soziologie gegen Ende des 19. Jahrhunderts zurückverfolgt werden (Pareto, Mosca, Michels). Michels und Pareto argumentierten, dass eine Organisation (eine Gewerkschaft, eine politische Partei) unweigerlich von einer *Elite*, einer kleinen Gruppe leitender Individuen, geführt wird, die die Macht monopolisieren und die sich selbst reproduzieren (sowohl durch Fortpflanzung als auch durch Kooptation). Dieselbe Tendenz (Michels nennt dies das *eherne Gesetz der Oligarchie*) gilt für politische Systeme (Michels 1989 [1911]). Diese elitebasierten Ansichten sind einflussreich geblieben, z. B. in der Arbeit von Post-1945-Elitetheoretikern wie C. Wright Mills (Mills 1956) und G. Domhoff (Domhoff 1967).
Eliten

Gaetano Mosca entfernte sich durch sein besonderes Verständnis des Konzeptes der *elite circulation* von dieser monolithischen Ansicht Michels' und Paretos. Mosca argumentierte, dass das System der Elitenherrschaft nicht durch die Reproduktion von ein und derselben Elite über die Zeit hinweg bestand, sondern durch den Wechsel zwischen verschiedenen Eliten, was, über die Zeit gesehen, dem Aufkommen neuer gesellschaftlicher Interessen Ausdruck verlieh.
Elite Circulation

Seiner Meinung nach war es gerade diese Zirkulation von Eliten, die dem System der Elitenherrschaft seine anhaltende Macht verlieh (Mosca 1939; als eine nützliche Einführung zu Elitentheorien Bottomore 1964).

Beide Versionen der Elitentheorie gehen also davon aus, dass politische Herrschaft in modernen Gesellschaften in den Händen einer kleinen Minderheit liegt. Der österreichische Sozialtheoretiker Joseph Schumpeter betrachtete die politische Apathie der Mehrheit der Bevölkerung nicht als eine schlechte Sache. Wie schon andere elitistisch geprägte Denker vor ihm, die durch den Beginn der Arbeiterbewegung in der zweiten Hälfte des 20. Jahrhunderts alarmiert worden waren, war er der Meinung, dass Massenmobilisierung nur zu einer Torheit der Masse, zu irrationalem und gefährlichem Verhalten, führen könne. Schumpeter betrachtete den Schutz von Minderheitenrechten als das Wesen der Demokratie und sah die Befolgung dessen, was er die demokratische Methode nannte, als die beste Garantie für diese Rechte an. Seine Definition von Demokratie war konsequenterweise strikt prozedural, nämlich

> „die demokratische Methode ist das institutionelle Arrangement, um zu einem politischen Entschluss zu gelangen, durch welchen Einzelpersonen aufgrund eines Konkurrenzkampfes um die Stimme des Volkes die Macht, Entscheidungen zu treffen, gewinnen" *(Schumpeter 1942, 269)*.

Pluralismus

Das Konzept der *elite circulation* und der prozeduralen Definition von Demokratie legte den Grundstein für die nach 1945 in der Politikwissenschaft dominant werdende Theorie der Demokratie, den *Pluralismus*. Robert Dahl beobachtete beispielsweise, dass sogar in „demokratischen" politischen Systemen nur ein geringer Teil der Bevölkerung politisch interessiert ist und ein noch geringerer Teil der Bevölkerung politisch aktiv, und gab so die Worte Michels' wieder. Das demokratische Wesen dieser Systeme liegt somit nicht in der Beteiligung der Masse an der Politik, sondern in der repräsentativen Natur des politischen Prozesses und der entsprechenden Einstellung von Parteien und Politikern. Diese werden garantiert durch das regelmäßige Abhalten allgemeiner Wahlen, die regelmäßig zu einem Machtwechsel führen (vgl. Schumpeter). Für Dahl bedienen politische Parteien jeweils verschiedene Wählerschaften, die ihnen unterschiedliche, aber möglicherweise in der Wirksamkeit gleiche Machtressourcen bieten (diese können sich hinsichtlich Geld, Ideologie oder Mitgliederzahl unterscheiden) (Dahl 1956, 1961).

Diese vorherrschende pluralistische Sichtweise von Demokratie ist durch Theoretiker der partizipatorischen Demokratie infrage gestellt worden (z. B. Pateman 1970) oder in letzter Zeit auch durch Theoretiker der kosmopolitischen Demokratie (z. B. Held 1995) und ebenso durch marxistisch inspirierte Klassentheoretiker.

Marxistische Kritik am Pluralismus

Die marxistische Kritik am Pluralismus tendierte am Anfang dazu, entweder einen elitistischen oder einen strukturalistischen Ansatz einzunehmen. Die elitistische Richtung in der marxistischen Theorie hat als ihren Ausgangspunkt eine instrumentalistische Interpretation des *Kommunistischen Manifestes* gewählt, in dem Engels und Marx den modernen Staat als „nur einen Ausschuss, der die gemeinschaftlichen Geschäfte der ganzen Bourgeoisklasse verwaltet" (Marx und

2.2 Die gesellschaftlichen Grundlagen des modernen Staates

Engels 1848), beschreiben. Ralph Miliband (1973) war einer der ersten westlichen Marxisten, die die Debatte über die Natur des Staates im Kapitalismus wiederanregten. Seine Analyse mit der Betonung der Kontrolle aller relevanten Aspekte politischer, ökonomischer und kultureller Macht durch die kapitalistische Klasse und der effizienten Art und Weise der sowohl auf erblicher Weiterleitung als auch auf Kooptation neuer Talente beruhenden Reproduktion erinnert stark an die klassischen (Pareto, Michels) und neoklassischen (Mills) Elitentheorien.

Seine Ansichten wurden vor allem von Nicos Poulantzas (1968) kritisiert, der (Althusser in dieser Hinsicht folgend) eine strukturalistische Position entwickelte, indem er argumentierte, die Macht der herrschenden Klasse sei nicht abhängig von der Inbesitznahme der Schlüsselpositionen durch Mitglieder der herrschenden Klasse selbst. Sie basiert vielmehr auf dem *Klassencharakter* des Staates. Der Staat ist kein „neutraler Apparat", dessen Klassencharakter durch den persönlichen Hintergrund der Menschen, die spezielle Funktionen ausüben, geprägt wird. Der Klassencharakter des kapitalistischen Staates wird vielmehr durch die dem Kapitalismus zugrunde liegende Klassenstruktur bestimmt. Für Poulantzas bedeutet dies, dass die Funktionäre des Staates, die Beamten, dem Kapitalismus nicht notwendigerweise dienen, weil sie aus bürgerlichen Familien kommen, sondern dass ihre Position im sozialen Machtgefüge dies erforderlich macht. Gleichzeitig argumentiert Poulantzas aber auch, der Staat sei im Kapitalismus das Sammelbecken kapitalistischer Klassenverhältnisse, oder, mit anderen Worten, der *Klassenkampf* (der grundlegende Interessenkonflikt zwischen den hauptsächlichen Klassen im modernen Kapitalismus) werde tatsächlich innerhalb des Staates reproduziert. Dies befähigt den Staat zu seiner berühmten „relativen Autonomie" gegenüber individuellem Vermögen, gewährt aber gleichzeitig oppositionellen sozialen Kräften einigen Raum, den Staat für ihre eigenen Absichten zu nutzen. Kurz vor einer tatsächlichen sozialen Revolution aber ist dieser Raum eingeengt durch die zugrunde liegende kapitalistische Klassenstruktur, die die Grenzen des Möglichen definiert.

<small>Klassencharakter des Staates</small>

Miliband und Poulantzas waren jeder auf seine eigene Weise in ihrer Debatte sehr deterministisch und erlaubten auf politischem und ideologischem Gebiet eine nur geringe Autonomie. An dieser Stelle wurde die Rezeption des Werkes von Antonio Gramsci außerordentlich wichtig.[8] Gramsci als Anführer der italienischen Marxisten war darum bemüht, politische Strategie neu zu denken, und

<small>Gramsci</small>

---

[8] Für eine hilfreiche Biographie und Einführung siehe Ransome (1992). Gramscis Arbeit wurde in Frankreich „wiederentdeckt", vor allem nach 1968. In der anglophonen Welt publizierte die New Left Review in den Jahren 1964-1965 eine Artikelserie von Tom Nairn und Perry Anderson, die von Gramscis Arbeit für eine neue Interpretation der britischen Geschichte Gebrauch machten. Eine größere Verbreitung von Gramscis Gedanken fand aber nicht vor dem Erscheinen der Übersetzung der Gefängnishefte (vgl. Gramsci 1971) statt (siehe auch Anderson 1977). Es ist natürlich nicht möglich, in diesem Lehrbuch die Debatten, die die „Entdeckung" von Gramsci hervorgerufen hat und auf die sich Germain und Kenny (1998) ausführlich in ihrer kritischen Bewertung des Beitrages der „Neo-Gramscianer" zur Theorie der Internationalen Beziehungen beziehen, wiederzugeben (Bieler/Morton 2001, 3; Bieler/Morton 2003, 2006; siehe auch Jacobitz 1991). Anhand dieser Verweise können die Leser ihren eigenen Zugang zu der Art und Weise, wie die "Neo-Gramscianer" Gramsci verstehen, finden.

Zivilgesellschaftliche Hegemonie

zwar im Licht der sehr unterschiedlichen Erfahrungen der russischen und der west-europäischen Revolutionen von 1917 bis 1919. Im Westen ruht die politische Macht der herrschenden Klasse nicht (ausschließlich oder in erster Linie) auf der Kontrolle des Zwangsapparates des Staates, sondern sie ist diffus und in einer Unzahl von Institutionen und Beziehungen der *civil society* verortet. Diese Form der Klassenherrschaft, *hegemony*, basiert auf Konsens, letzten Endes nur gestützt durch den Zwangsapparat des Staates. Ideologische und moralische Elemente spielen eine bedeutende Rolle in der Zementierung des *historic bloc* (in Cox' Worten handelt es sich hierbei um „a configuration of social forces upon which state power rests" [Cox 1987, 105; auch 6, 409 n. 10]) und seiner Hegemonie in weiten Teilen der Gesellschaft (Gramsci 1971, 161, 168). *Organic intellectuals* (Intellektuelle, die mit den dominanten sozialen Gruppen verbunden sind) formulieren und verbreiten diese intellektuellen und moralischen Ideen und wandeln sie in „universale" Ideen um, die untergeordnete Gruppen in die bestehende soziale Ordnung einbinden (z. B. Gramsci 1971, 181-182).

Historischer Block (marginal note)

Die nächste Frage, die es zu beantworten gilt, ist die, was die Aussage der hegemonialen Ideologie oder zumindest die der allgemeinen strategischen Orientierung des historischen Blockes zu einer bestimmten Epoche ausmacht. Der systematischste Versuch, ein Verständnis der Beziehung zwischen der Substanz hegemonialer Ideen und den zugrunde liegenden Dynamiken der Kapitalakkumulation von einem nichtdeterministischen Standpunkt aus zu entwickeln, ist der „capital fractions approach".[9] Der Ausgangspunkt für diese Analyse lässt sich in Band 2 des *Kapitals* finden, in dem Marx die verschiedenen funktionalen Formen betrachtet, die das Kapital in den Kreisläufen, die den übergreifenden reproduktiven Kreislauf des Kapitals ausmachen, annehmen kann: Warenkapital, Geldkapital, produktives Kapital. In Begriffen konkreter Firmen ausgedrückt, nähern sich Handelshäuser, Finanzfirmen und die Industrie dieser Gliederung an.[10]

Umgekehrt formt dieser Prozess der Zerlegung des Kapitals Klassengruppen, die gemeinsame Orientierungen, Interessensdefinitionen und kollektive Erfahrungen aufweisen. Diese Konzepte unmittelbarer Interessen von Klassengruppen liefern die Bestandteile für eine Interessenskoalition, die vorgibt, das „Allgemeininteresse" zu repräsentieren, sodass auf dem „ethisch-politischen Level" möglicherweise eine umfassende soziale Hegemonie errichtet werden kann, die untergeordnete Klassen und soziale Kräfte in sich zusammenführt. Diese Formulierungen des „Allgemeininteresses" werden auch als umfassende Herrschaftskonzepte bezeichnet (van der Pijl 1984, 1989, 1996; Overbeek 1990). Ries Bode definierte diese ursprünglich als „comprehensive political responses to the question as to how social contradictions (between the classes, between the

---

9 Siehe van der Pijl 1989 und Overbeek 1993 für einige Aufsatzsammlungen, die diese Perspektive übernehmen. Siehe auch van Apeldoorn (2004).

10 Siehe van der Pijl 1984, 0; idem 1998, 43; auch Overbeek 1990, 29, 1781. Eine noch grundlegendere Unterscheidung (zumindest in bestimmter Hinsicht) ist die zwischen *fixem* konstanten Kapital, *zirkulierendem* Kapital (Geld, Waren und zirkulierendem konstantes Kapital) und *variablem* Kapital (i. e. die Summe des Lohnes der Arbeitskraft). Für Erläuterungen hinsichtlich der Bedeutung des Unterschiedes zwischen fixem und zirkulierendem Kapital siehe Shortall 1986.

2.2 Die gesellschaftlichen Grundlagen des modernen Staates

various segments of the bourgeoisie, between domestic and foreign bourgeoisies) must be controlled", und als Darstellungen eines ausgerufenen „Allgemeininteresses" (formuliert aus einer gruppenspezifischen Sichtweise) (Bode 1979, 20; Übersetzung H. O.).

Herrschaftskonzepte wurden hinsichtlich zweier Prototypen gebildet, die mit den strukturellen Eigenschaften von fixem Kapital und zirkulierendem Kapital zusammenhängen. Sie führen zu dem, was van der Pijl als „Konzept des produktiven Kapitals" und „Konzept des Geldkapitals" bezeichnet. Das erste Konzept gibt die Besonderheiten des Produktionsprozesses und seinen sozialen Kontext wieder, in welchem die tatsächliche Unterordnung der Arbeit unter das Kapital Gestalt annimmt. Das besondere Wesen des Geldkapitals als Kapital im Generellen und seine indirekte Beziehung zur Arbeit versieht das letztere Konzept dagegen mit einem Makel. Diese umfassenden Konzepte dienen als Sammelpunkt für solche (Verbindungen von) bürgerlichen Gruppen und deren Verbündete, die um die politische Führerschaft wetteifern. Für gewöhnlich stellen sich hierbei diejenigen Gruppen am wirkungsvollsten in den Vordergrund, deren spezifisches Gruppeninteresse an irgendeiner Stelle stark mit dem vorherrschenden Stand der Kapitalakkumulation und des Klassenkampfes korrespondiert (van der Pijl 1984, 33-34).

Anders ausgedrückt, geben Herrschaftskonzepte die ideologische und in Gramscis Sinn hegemoniale Struktur bestimmter historischer Anordnungen von Kapital wieder und dienen dazu, die bürgerliche Hegemonie zu organisieren und zu leiten. Die Begrifflichkeit Herrschaftskonzepte bietet somit einen Schlüssel für das Verständnis der Natur der Beziehung zwischen Struktur und Tätigkeit. Struktur ist hier definiert durch den Prozess der Akkumulation von Kapital, Tätigkeit ist diejenige der sozialen Kräfte, die dem Bereich der Produktionsverhältnisse entstammt und die unaufhörlich um die Richtung dieses Akkumulationsprozesses, die Rolle und Natur des Staates und die Weltordnung kämpft. Noch anders formuliert, ergreifen Herrschaftskonzepte Besitz vom strategischen Element innerhalb der Konstruktion des historischen Blockes, indem die Konstruktion politisch-ideologischer Projekte in einer nicht-reduktionistischen Art und Weise verbunden wird mit der strukturellen Untermauerung der sozialen Ordnung.[11]

Dieser Abstecher ist ja ganz schön, könnte man einwenden, aber wie hilft er uns in der Analyse internationaler Politik? Diese Frage führt uns wieder zu dem Vorhaben von Robert Cox. In zwei bedeutenden Artikeln, die in der Londoner Zeitschrift *Millennium* (Cox 1981, 1983) erschienen sind, liefert Cox die geistige Grundlage für sein Vorhaben. In dem Artikel aus dem Jahr 1981 argumentiert

---

11 Peter Burnham hat diese Behauptung kritisiert: „The neo-Gramscian analysis [...] simply offers a pluralist analysis of global capitalism which overemphasises the role of ideology in economic policy and regime formation, illegitimately invokes the dominant ideology thesis and fails to specify its implicit fractionalist theory of the state" (Burnham 1991, 91; siehe auch Clarke 1978 mit einer früheren Kritik des Fraktionalismus). Anstatt Gramsci zu extrapolieren, sagt uns Burnham, dass wir verstehen müssen, dass „the culmination of 'scientific political economy" is to be found in a critical reading of the work of Marx" (Burnham 1994, 222). Der Beginn einer Antwort auf Burnham wäre zu zeigen, dass seine theoretische Alternative wahrscheinlich in die Falle des orthodoxen Marxismus liefe, wie ihn Laclau und Mouffe identifiziert haben (1985).

Cox, dass, um globale Politik zu verstehen, die zentrale Vorstellung des klassischen Paradigmas Internationaler Beziehungen, dass der Staat die hauptsächliche Analyseeinheit darstellt, aufgegeben werden muss. Cox bietet eine eindrucksvolle Kritik der ontologischen Grundlage dieses Paradigmas. Aus einer materialistischen Position heraus argumentiert er, dass die sozialen Produktionsverhältnisse das Hauptelement sind und dass daher die grundlegende Analyseeinheit vielmehr der Komplex Staat-Gesellschaft sein sollte als der als Black Box begriffene Staat. Weiterhin kritisiert er die erkenntnistheoretische Position des Mainstreams innerhalb der Internationalen Beziehungen als ahistorisch. Stattdessen schlägt Cox die Methode der, wie er es nennt, *historical structures* vor, die *gleichzeitig* angesehen werden als Produkt menschlicher sozialer Aktivität *und* als Einschränkung der Menschen in ihrer sozialen Tätigkeit.[12] In dem 1983 erschienenen Artikel erweitert Cox die Reichweite seines Vorhabens, indem er Gramscis Vorstellungen von Hegemonie und Zivilgesellschaft in seine Arbeit integriert. Weiterhin stellt er die entscheidende Behauptung auf, dass Gramscis Kernideen tatsächlich angewandt werden können in Bezug auf die Analyse eines globalen *internationalen* Kapitalismus, auch wenn Gramsci selbst zuvorderst mit der Analyse von Politik in *nationalen* Kontexten befasst war.[13] Um die Präsentation des konzeptionellen Rahmens zu vervollständigen, wird zu Cox' Darlegung der Dialektik zwischen den sozialen Verhältnissen, Staatsformen und Weltordnungen zurückgekehrt.

2.2.4 Staatsformen

In einem früheren Abschnitt dieses Kapitels (2.2.1) wurde gezeigt, dass der moderne Staat seine Wurzeln in den Prozessen der historischen Transformation hat, die Europa in der Zeit vom 14. bis zum 16. Jahrhundert verändert haben. Diese Transformation hatte ein kompliziertes Wechselspiel zwischen der Klassenbildung, dem Aufkommen staatlicher Institutionen und der Ausformung eines zwischenstaatlichen Systems zur Folge. In diesem Abschnitt wendet sich unsere Aufmerksamkeit den Staatsformen zu, die sich in diesem Kontext entwickelt haben. Das Ziel ist dabei nicht, eine chronologisch vollständige Übersicht zu präsentieren. Zunächst wird untersucht, wie die Konzepte, die in den vorhergehenden Abschnitten (vor allem das Konzept der *Hegemonie*) vorgestellt worden sind, es uns ermöglichen, nicht nur verschiedene Staatsformen aus der gesamten Zeit der neueren Geschichte zu klassifizieren, sondern, viel wichtiger noch, auch die Dynamiken, die den Wechseln und Transformationen in der Vergangenheit zugrunde lagen, zu verstehen. Dieser Abschnitt wird damit enden, wiederum die Bedeutung des globalen Kontextes und das dialektische Verhältnis zwischen den drei miteinander verbundenen Prozessen der Klassenbildung, der Staatenbildung und der Weltordnung geltend zu machen. Dies wird den Hintergrund für den nächsten Teil des Kapitels (2.3) abgeben, in welchem das Aufkommen der gegenwärtigen Welt aus der Perspektive des Weltsystems betrachtet wird.

---

12 Obwohl Cox darauf bedacht ist, seinen eigenen konzeptionellen Rahmen zu entwickeln, verbleibt seine Epistemologie jedoch im historischen Materialismus.
13 Diese Kritik ist tatsächlich einer der Hauptaspekte bei Germain und Kenny (1998).

2.2 Die gesellschaftlichen Grundlagen des modernen Staates

Keine soziale Gruppe kann durch Gewalt allein regieren. Die Macht der herrschenden Klasse basiert letztlich auf der Kontrolle über die Produktionsmittel, auf die jedermann für seinen Lebensunterhalt angewiesen ist. In jeder Klassengesellschaft, das heißt in jeder bekannten Form menschlicher Gesellschaft, abgesehen von den primitivsten kommunalen Mikrogesellschaften, organisiert, reproduziert und verstärkt die herrschende Klasse, das heißt die soziale Gruppe, die die letztendliche Kontrolle über die wichtigsten Produktionsmittel hat, ihre Position der „ökonomischen" Macht durch einen komplexen Mix „nichtökonomischer" Mechanismen. Diese beinhalten ideologische oder religiöse Macht, institutionelle Formen und letztendlich die (Androhung der) Anwendung von Gewalt. Was die kapitalistische Gesellschaft von früheren Entwicklungsformen unterscheidet, ist die formale Trennung zwischen „ökonomischen" und „nichtökonomischen" Bereichen. Aufgrund der Organisierung des Arbeitsprozesses über den Markt, auf dem, formal gesehen, unabhängige Parteien ihren Tausch verhandeln (Arbeitskraft für Lohn), setzt die Unterordnung des Arbeiters unter den Besitzer der Produktionsmittel eine unpersönliche und juristisch gleichwertige Form voraus. Andererseits ermöglicht diese Entwicklung die Trennung der Politik von der Ökonomie, was wiederum neue Möglichkeiten für die Organisation der Macht der herrschenden Klasse eröffnet, aber gleichzeitig auch deren Anfechtung durch untergeordnete soziale Gruppen ermöglicht. Und dies ist der Punkt (wie im vorangegangenen Abschnitt deutlich wurde), an dem Gramscis Begriff von Hegemonie und seine Diskussion der Beziehung zwischen dem Staat und der Zivilgesellschaft ins Spiel kommen.

> Kapitalistische Gesellschaft
> Kontrolle über die Produktionsmittel

Anhand Gramscis Diskussion der Hegemonie ist es möglich, eine Skala, ein Kontinuum zu erstellen, auf dem die verschiedenen Staatsformen platziert werden können, in Abhängigkeit davon, ob Konsens oder Zwang in der Aufrechterhaltung und Reproduktion der sozialen Ordnung vorherrschend ist. Bürgerliche Hegemonie, das heißt die Herrschaft des historischen Blockes vor allem durch Konsens, ist am typischsten für hochentwickelte, komplexe, kapitalistische soziale Formationen mit einer starken Zivilgesellschaft. In Gesellschaften, in denen die sozialen Produktionsverhältnisse nicht so komplex sind, basiert die Macht viel stärker auf Zwang und wird direkt durch den Staat ausgeübt. Robert Cox legt die idealen Typen, die die beiden Pole dieses Kontinuums ausmachen, als hegemoniale und nicht-hegemoniale Staats- bzw. Gesellschaftskomplexe fest.

> Hegemonie

In „hegemonialen Staats-/Gesellschaftskomplexen" basiert die politische Macht hauptsächlich auf Konsens. Die ökonomische Basis des Staates ist ein selbst-regulativer Markt, soziale Beziehungen sind Gegenstand der Herrschaft des Rechtes, und der Staat spielt eher eine erleichternde denn eine führende Rolle im sozialen und ökonomischen Leben. Van der Pijl nennt diesen Typus einen Locke'schen Staats-/Gesellschaftskomplex (van der Pijl 1996, 18).[14] Der erste hegemoniale Staats-/Gesellschaftskomplex entstand in England mit der Glorrei-

> Hegemonialer Staats-/ Gesellschaftskomplex

---

14 Mit Locke und Hobbes wird natürlich auf die politischen Philosophen John Locke und Thomas Hobbes verwiesen. Hobbes" *Leviathan* (1652) zeichnet das Bild eines starken zentralisierten Staates, der seinen Willen der Gesellschaft aufzwingt (der einzige Weg, einen Kampf aller gegen alle zu verhindern). Geschrieben kurz nach der Glorreichen Revolution, sang Lockes *Two Treatises of Government* (1690) im Gegensatz dazu ein Loblied auf die sich selbst regierende Zivilgesellschaft.

chen Revolution von 1688. Von Anfang an war er im Wesentlichen transnational: Die Reichweite seiner bestimmenden Merkmale war nicht auf das eigentliche Territorium Englands beschränkt, sondern wurde durch die transnationale Ausweitung des englischen historischen Blockes durch Emigration und Kolonisierung vergrößert.

<small>Nichthegemonialer Staats-/Gesellschaftskomplex</small>

In nichthegemonialen Staaten basiert der Staats-/Gesellschaftskomplex auf der Mobilisierung einer einzigen dominanten Klasse. Der Hobbes'sche Staats-/Gesellschaftskomplex ist charakterisiert durch eine Fusion der herrschenden und der regierenden Klasse in eine einzige „Staatsklasse", die in ihrer Fähigkeit der Artikulation ihrer Interessen im transnationalen Raum, der durch die angelsächsische herrschende Klasse dominiert wird, eingeschränkt ist (vgl. van der Pijl 1996, 18-19). Hobbes'sche Staaten sind somit zu einer ständigen Aufholjagd durch eine Revolution von oben gezwungen. Gramscis Konzept einer Revolution von oben (und der passiven Revolution, welche als die schrittweise Anhäufung nicht intendierter sozialer Transformationen, die aus der Revolution von oben resultieren, gesehen werden kann) ist in der Tat entscheidend für das Verstehen des Prozesses der späten Entwicklung in der kapitalistischen Ära (vgl. Cox 1983; van der Pijl 1998, 78-83; siehe auch die Kapitel 3 und 4).

Während des späten 18. Jahrhunderts haben diese Staatsformen in Westeuropa Gestalt angenommen. Der hegemoniale Locke'sche englische Staats-/Gesellschaftskomplex wurde durch den Hobbes'schen französischen Staat herausgefordert.[15]

<small>Hegemoniale Weltordnungen und nichthegemoniale Weltordnungen</small>

Zudem muss darauf hingewiesen werden, dass das internationale System oder die Weltordnung abwechselnd einerseits Episoden des Liberalismus, der Vorherrschaft eines hegemonialen Staats-/Gesellschaftskomplexes und des kooperativen Verhaltens unter führenden Staaten (hegemoniale Weltordnungen) und andererseits Perioden der Spannung, Rivalität und konflikthaften Wechselwirkung, besonders im Zentrum des Systems (nichthegemoniale Weltordnungen), aufweist. Diese besondere Dynamik von Hegemonie und Rivalität im Herzen des globalen Systems wird ausführlicher in Kapitel 4 dieses Lehrbuches untersucht werden.

<small>Pax Britannica Bonapartistischer Staat</small>

Die Jahrzehnte nach den napoleonischen Kriegen, in denen Großbritannien die Bedingungen für die Ausweitung seiner Hegemonie gesichert hatte, sind als Pax Britannica bekannt geworden, eine hegemoniale Weltordnung, in der Großbritannien die Weltmeere beherrschte, zur Werkstatt der Welt wurde und ausgleichend im europäischen System des Kräftegleichgewichtes wirkte, wie es nach dem Wiener Kongress wiederhergestellt worden war. Der britische Staats-/Gesellschaftskomplex entwickelte die vollständigen Merkmale einer Locke'schen Konfiguration: eine starke und weitgehend sich selbst regulierende Zivilgesellschaft, ein effizienter, aber „kleiner" Staat, dessen Hauptaufgabe die Gewährleistung der Bedingungen für die Akkumulation von Kapital ist (erste Eigentumsrechte), ein liberales politisches Klima, in dem Bürger den Schutz durch das Gesetz genießen, schrittweise sich ausweitendes Wahlrecht usw. Im Gegensatz

---

15 Ihre Vorboten waren nach Cox der englische Inselstaat, welcher den Handelskapitalismus hervorbrachte, und der absolutistische „continental power state", in welchem die herrschende Klasse für ihr Einkommen noch in erster Linie von Abgaben und Mieten abhängig war (Cox 1987, 1119).

2.3 Weltsystem: Dynamik und Entwicklungstendenzen

dazu war in Frankreich die Trennung zwischen der Zivilgesellschaft und dem Staat nur schwach ausgebildet: Das französische Bürgertum war unfähig, auf dem Weltmarkt zu konkurrieren, und ebenso unfähig, eine soziale Hegemonie im Inland zu etablieren; der Staat als zentralisierende Macht, welche den Versuch auf sich nahm, die sozialen Strukturen zu modernisieren, war jedoch relativ erfolglos darin, die Revolution von oben durchzusetzen (Cox nennt dies den bonapartistischen Staat; Cox 1987, 140-141).

Hegemoniale Weltordnungen sind, wie in Kapitel 4 gezeigt wird, kurzlebig. Seit den 1860er Jahren veränderte sich die Weltordnung in eine Ordnung rivalisierender Imperialismen. In dieser Ära entstanden drei neue Staatsformen. Die Locke'sche Konfiguration war gezwungen, unter dem Einfluss zunehmender internationaler Rivalität sich nach innen zu wenden, und brachte auf diese Weise den nationalistischen Wohlfahrtsstaat hervor (Cox 1987, 164-189). Dieser Staats-/Gesellschaftskomplex kann am besten als eine interne Hegemoniekonfiguration innerhalb eines feindlichen und konkurrierenden globalen Kontextes beschrieben werden. Die interne Hegemonie wird gestärkt durch die schrittweise Entwicklung eines Wohlfahrtssystems, welches es ermöglicht, die privilegierteren Teile der Arbeiterklasse in den aufkommenden neuen historischen Block einzubeziehen.

Der nationalistische Wohlfahrtsstaat sieht sich einer zunehmend bedrohlichen Konfrontation durch zwei Ausprägungen des Hobbes'schen Staats-/Gesellschaftskomplexes, in denen der Staat um eine Revolution von oben bemüht ist, gegenüber, nämlich dem faschistischen korporativen Staat oder Kartellstaat (Italien, Deutschland, einige Länder Lateinamerikas; siehe Cox 1987, 189-198) und dem neu aufkommenden bolschewistischen Staat (oder dem umverteilenden parteiengelenkten Staat, wie Cox ihn nennt; Cox 1987, 198-209).

Nationalistischer Wohlfahrtsstaat
Korporativer Staat
Bolschewistischer Staat

Mit dieser Dialektik des Wechsels von hegemonialen und nichthegemonialen Weltordnungen und deren Einfluss auf Staatsformen hat unsere Analyse die Ebene des Weltsystems erreicht. Dieses Weltsystem weist bestimmte systemische Charakteristika und Regelmäßigkeiten auf. Um diese Analyse in das umfassendere Verständnis internationaler Beziehungen zu integrieren, welches in den Kapiteln 3, 4 und 5 entwickelt werden soll, wendet sich Kapitel 2.3 nun kurz den Beiträgen, die die Weltsystemtheorie hierzu geleistet hat, zu.

2.3 Weltsystem: Dynamik und Entwicklungstendenzen

Das Anliegen dieses Abschnittes ist, in die zentralen Begriffe der Weltsystemanalyse einzuführen, mit der die Dynamiken der globalen kapitalistischen politischen Ökonomie untersucht werden sollen. Das bedeutet nicht, dass ich eine erschöpfende historische Analyse des globalen Systems präsentieren werde; dies wird im Laufe der nächsten Kapitel stattfinden. Auch werde ich nicht versuchen, eine umfassende Zusammenstellung der verschiedenen Beiträge zur Weltsystemtheorie hervorzubringen. Diejenigen, die an einer ausführlichen Einführung in die Weltsystemtheorie interessiert sind, seien verwiesen auf die verschiedenen Quellen, die im Folgenden zitiert werden. An dieser Stelle ist unser Vorhaben begrenzt: Es sollen diejenigen Konzepte und theoretischen Aussagen innerhalb der Weltsystemtheorie (in einer weitläufigen Definition) hervorgehoben werden, die uns in den folgenden Kapiteln helfen, die konkrete historische Entwicklung des globalen Systems zu analysieren.

2.3.1 Der Ursprung des Systems und die Kontroverse über die Definition des Kapitalismus

Weltsystemtheorie — Den Wissenschaftlern, die sich mit der Weltsystemtheorie befassen, geht es nicht um die Entdeckung neuer Tatsachen oder um eine neue Wiedergabe historischer Ereignisse. Weltsystemtheoretiker – von ihrer Ausbildung her meist Soziologen und Politologen – verwenden das historische Material aus der europäischen frühen Neuzeit, um das Nord-Süd-Gefälle der Gegenwart in seinem Ursprungsstadium zu erfassen. Sie interessieren sich für die Geschehnisse in der frühen Neuzeit in Westeuropa, um herauszufinden, warum diese Weltregion das Sprungbrett zu einer weltweiten Expansion bildete und welche Auswirkungen diese Expansion auf die betroffenen Weltregionen hatte. Weltsystemwissenschaftler nehmen an, dass der Zusammenbruch des Römischen Reiches die Voraussetzungen für den Aufstieg des europäischen Weltsystems von seinem prähistorischen Zeitalter zur Weltrolle schuf. Aus der Asche des zerfallenen Römischen Reiches erstand ein auf anderen Strukturmerkmalen aufgebautes neues europäisches System. Eine Vielzahl konkurrierender Staaten war für die Konsolidierung dieses Systems im 16. Jahrhundert wichtig (Wallerstein 1974, 348).

Bedeutet dies aber auch, dass vor dem 16. Jahrhundert die Welt aus regional begrenzten Systemen und Reichen ohne einen gemeinsamen, in der Tendenz globalen Zusammenhang bestand? Wallerstein nimmt an, die im 16. Jahrhundert geschaffene europäische Weltökonomie habe eine in der Geschichte einzigartige Struktur. Trifft das aber auch zu?

Periodischer Wechsel hegemonialer Verhältnisse — Ein neuerer Zweig der Weltsystemtheorie hält es für „möglich, die ganze internationale oder Weltgeschichte als eine Kette periodischer Wechsel hegemonialer Verhältnisse, die mit Verlagerungen des Akkumulationsortes der Weltökonomie einhergehen, zu begreifen" (Gills 1993a, 9).

Kritik — Hier wird das Weltsystem als „untereinander verbundene Hierarchie von Akkumulationszentren im Gegensatz zur einfachen Hierarchie von Staaten und ihrer Macht" (ebd., 12) begriffen. Mit dieser Auffassung verbinden sich zwei Kritikpunkte:

- Grundlage dieser Sichtweise ist die Kritik am Eurozentrismus, der in der Annahme, das Weltsystem sei im 16. Jahrhundert in Westeuropa geschaffen worden, enthalten ist. Aufbauend auf der Studie von Janet Abu-Lughod (1989), vermuten Frank und Gills, der Aufstieg Westeuropas sei nur einer in einer Reihe von Verlagerungen des hegemonialen Zentrums der Akkumulation von Ost nach West (Frank/Gills 1992, 1993; Gills 1993b; Frank 1998).
- Auch die aus vielen marxistischen Werken zur Weltgeschichte bekannte Vorstellung einer Abfolge bestimmter Produktionsweisen geben sie auf. Kapitalakkumulation sei schon seit spätestens 1700 v. Chr. das treibende Motiv der Geschichte des Weltsystems (Frank/Gills 1992, 1993). Sie versuchen zu zeigen, dass es schon wesentlich länger „Kapitalismus" gibt, als Wallerstein postuliert (Frank 1991). Nach Frank ist die Vorstellung der Ab-

folge von Produktionsweisen ein ideologisches Konstrukt zum Beweis der Behauptung, der „Kapitalismus" werde unausweichlich vom „Sozialismus" abgelöst.

Der erste Einwand ist eine berechtigte Kritik an der Weltsystemtheorie: Sie betrachtet die ganze Weltgeschichte seit 1500 im Wesentlichen aus der europäischen Perspektive. Es ist, als ob die nichteuropäische Welt keine eigene Geschichte hat, wie Eric Wolf es so schön sagt (Wolf 1982). Aber ist dies eine ausreichende Begründung dafür, die Vorstellung aufzugeben, dass die Welt einen fundamentalen Wandel in der Zeit erlebte, die Wallerstein das lange 16. Jahrhundert nannte? Um dies zu überdenken, ist es nötig, eine der grundlegensten Kontroversen um die Weltsystemansätze näher zu betrachten: die Definition von Kapitalismus.

Diese Kontroverse weist in Wirklichkeit zwei Dimensionen auf, die nun nacheinander kurz vorgestellt werden sollen. Definition von Kapitalismus

Wallerstein und Frank und Gills definieren Kapitalismus, grob betrachtet, auf dieselbe Art und Weise: Kapitalismus ist das ökonomische System, in welchem die Produktion für den Markt zur Verfolgung privaten Profites überwiegt. Der Punkt, an dem sie sich unterscheiden, ist die Frage, ob die historische Periode des langen 16. Jahrhunderts einen grundsätzlichen Bruch darstellt oder nicht. Frank und Gills behaupten, das sei nicht der Fall. Die Suche nach Profit auf den Märkten resultierte in ihren Augen vor mindestens 5000 Jahren aus einem integrierten Weltsystem (Frank/Gills 1993). Es ist nichts Einzigartiges an dem Aufstieg Europas im 16. Jahrhundert zu entdecken: Tatsächlich handelt es sich um eine vorübergehende Abweichung von der Vorherrschaft Asiens und im Besonderen Chinas über die Welt für den größten Teil der vergangenen 50 Jahrhunderte (Frank 1998). Wallerstein argumentiert andererseits, dass die Geschehnisse in Westeuropa im langen 16. Jahrhundert, das Aufkommen und die Stabilisierung einer Weltökonomie, eines integrierten sozialen Systems, das größer ist als irgendeine der es ausmachenden politischen Einheiten, allerdings eine einzigartige historische Entwicklung waren (siehe 2.3.2 und 2.3.3). Frank und Gills

Die zweite Debatte über Kapitalismus im Kontext der Weltsystemtheorie war diejenige zwischen Wallerstein und Brenner über die Definition von Kapitalismus als einer Form der Produktion.[16] Wallersteins (und ebenso auch Franks und Gills') Definitionen von Kapitalismus als Produktion für den Markt sind von Brenner hinsichtlich der Schwerpunktsetzung auf Handelsbeziehungen und der Verneinung der Produktionsverhältnisse kritisiert worden (siehe 2.3.4). Wallerstein und Brenner

2.3.2 Weltreich versus Welt-Ökonomie

Ein Schlüsselelement in Wallersteins Ansatz ist das Konzept des sozialen Systems. Ein solches System besitzt „boundaries, structures, member groups, rules of legitimation, and coherence. ... life within it is largely self-contained, and [...]

---

16 Vgl. Brenner 1977, ebenso Denemark und Thomas 1988. Diese Debatte hat ihre Wurzeln in der älteren und bekannteren Diskussion über den Übergang vom Feudalismus zum Kapitalismus in Westeuropa; siehe z. B. Anderson 1974 und Dobb 1973 [1947].

the dynamics of its development are largely internal" (Wallerstein 1974, 347). Aber, abgesehen von Minisystemen hat die Welt immer nur zwei Arten von Systemen gekannt, nämlich das Weltreich und die Welt-Ökonomie. Die Variablen, die die Kriterien für die Unterscheidung dieser beiden Systeme bestimmen, sind der Grad der Arbeitsteilung in Teilen bzw. Komponenten des Systems, der Grad der Arbeitsteilung zwischen verschiedenen Teilen und schließlich der Grad der Zentralisierung der politischen Struktur des Systems.

Weltreich — In einem Weltreich weisen die verschiedenen Teile des Systems sehr wenige ökonomische Beziehungen untereinander auf. Ökonomische Transaktionen zwischen den einzelnen Komponenten sind weitestgehend reduziert auf die Leistung einer gewissen Form von Tribut an das politische Zentrum, es existiert keine Arbeitsteilung und mithin auch keine Form der Spezialisierung und kaum Handel zwischen den Teilen. Sofern Handel existiert, bezieht er sich auf Luxusgüter. Die Einheit des Systems als Ganzes ist hauptsächlich definiert durch die politische Struktur.

Welt-Ökonomie — In einer Welt-Ökonomie ist das genaue Gegenteil der Fall. Dort ist ein hoher Grad der Spezialisierung unter den verschiedenen Komponenten anzutreffen, wodurch die Grundlage für intensive Handelsbeziehungen zwischen den Teilen des Systems gelegt wird. Dieser Handel betrifft unentbehrliche Güter, sodass die Bevölkerungen in den verschiedenen Teilen voneinander abhängig werden hinsichtlich der Versorgung mit wichtigen Gebrauchsartikeln. Es gibt keine zentrale politische Struktur. Die Arbeitsteilung zwischen den Teilen definiert daher die Einheit des Systems. Den Begriff Welt-Ökonomie hat Wallerstein (inklusive Bindestrich) von dem französischen Historiker Fernand Braudel übernommen, der ihn zuerst in seiner berühmten Studie des Mittelmeerraumes benutzte (Braudel 1972-1973). Eine Welt-Ökonomie ist eine Ökonomie, die eine Welt für sich darstellt, ein einzelnes und integriertes soziales System, das wie ein Organismus funktioniert, größtenteils unabhängig von seiner Umwelt.

Wallersteins Ansicht nach ist es ganz selbstverständlich und hat so immer wieder im geschichtlichen Ablauf stattgefunden, dass ein Weltsystem zu einem Weltreich transformiert wird, und zwar durch den stärksten Staat (politische Einheit) innerhalb des Systems.[17] Es gab in der Geschichte nur eine Ausnahme: das Aufkommen der europäischen Welt-Ökonomie in der Zeit zwischen 1450 und 1650 (Wallerstein 1974). Aufgrund einer historisch einzigartigen Konstellation politischer und sozialer Kräfte brachte die Auflösung des Feudalsystems im Europa des Mittelalters eine Situation hervor, in der viele politische Zentren miteinander konkurrierten. In ihrer Rivalität weiteten sie das neue kapitalistische System aus und bauten es zu einem stabilen Weltsystem aus, welches mehr durch das Schema der Arbeitsteilung denn durch die Grenzen seiner politischen Struktur definiert war. Wallersteins Modern World System Vol. 1 (hier bezeichnet als MWS I; Wallerstein 1980, Kapitel 4, 164-223) erzählt die Geschichte des gescheiterten Versuchs der Habsburger, Europa erneut in ein Weltreich zu verwandeln, und des zufälligen Ergebnisses dieser Episode in Form der Festigung

---

17 Mit dieser Erwartungshaltung hat Wallerstein seine realistische und staatenzentrierte Grundhaltung im Denken über zwischenstaatliche Beziehungen offengelegt; wir werden in Kapitel 4 Gelegenheit haben, diese Beobachtung im Detail zu bestätigen.

2.3 Weltsystem: Dynamik und Entwicklungstendenzen

des Zustandes, in dem die internationale Arbeitsteilung (z. B. das Schema der internationalen Spezialisierung und des Handels) zunehmend auch die Grenzen sogar der größten politischen Einheit überschreitet, in der der Wettbewerb zwischen den politischen Einheiten in einem gewissen Sinn ein dynamisches Gleichgewicht schafft: die europäische Welt-Ökonomie.

2.3.3 Arbeitsteilung und geographische Differenzierung

Arbeitsteilung ist ein historischer Prozess, der eine Reihe von Dimensionen aufweist. In Wallersteins Auffassung bezieht sich dieser Prozess hauptsächlich auf das Aufkommen eines integrierten ökonomischen Raumes, in dem verschiedene Bereiche einander ergänzende Rollen aufweisen. Wenn es der Fall ist, dass wie in Wallersteins Sicht diese Bereiche geographische Einheiten darstellen, dann produziert die sich vertiefende internationale Arbeitsteilung eine intensivierte Differenzierung zwischen geographischen Regionen innerhalb der Welt-Ökonomie.[18] Es können drei Haupttypen geographischer Zonen in der Welt-Ökonomie identifiziert werden; jede ist charakterisiert durch eine spezifische Kombination eines Import-Export-Musters, Formen der Arbeitskontrolle und eines Staatstyps: Zentrum, Semiperipherie und Peripherie.

Arbeitsteilung

Das Zentrum der Welt-Ökonomie, das sich im 17. Jahrhundert vor allem aus den Niederlanden, England und Frankreich zusammensetzte, war das kraftvolle Herz der neuen Ordnung. Die Wettbewerbsvorteile dieser Regionen (höhere Produktion als Spanien, niedrigere Löhne als in den italienischen Stadtstaaten Venedig und Genua, Vorteile im Schiffsbau) befähigten sie, die Kontrolle über die wichtigen Handelsrouten (zunächst die baltischen, dann die atlantischen Routen) zu übernehmen, die zur Steigerung der Profite beitrugen, da Kapital von Spanien und Portugal abgezogen wurde. Die relative Freiheit (religiös, politisch und ökonomisch) zog fachlich gebildete Auswanderer und wohlhabende Flüchtlinge aus dem Süden und dem Osten an, die so weiter zum Aufstieg Nordwesteuropas beitrugen. Bezüglich der vorherrschenden Form sozialer Produktionsverhältnisse – oder was Wallerstein die Form der Arbeitskontrolle nennt – war die Schlüsselentwicklung die Bildung eines „freien" Arbeitsmarktes. Dies nahm seinen Anfang in Abgrenzungen, die in England zum ersten Mal die Trennung der Arbeit von den Produktionsmitteln hervorriefen und eine Klasse von Lohnarbeitern hervorbrachten, die gezwungen waren, ihre Arbeitskraft für Lohn auf dem Markt anzubieten, um ihr Überleben (und das ihrer Familie) zu sichern. Diese erste Phase der Industrialisierung und Urbanisierung ließ die Nachfrage nach bestimmten Zufuhren für die Industrie (wie Balken für den Schiffsbau) sowie unentbehrlichen Nahrungslieferungen (Weizen) unvermittelt ansteigen. Gerade

Zentrum der Welt-Ökonomie

---

18 Weniger bekannt innerhalb Wallersteins Auffassung, aber vielleicht von einer mehr grundlegenden Bedeutung ist die Arbeitsteilung (Entwicklung komplementärer Fähigkeiten, Spezialisierung), die *innerhalb* eines Produktionsprozesses stattfindet. Diese Arbeitsteilung wiederum „becomes objectified in knowledge, machinery, and organisation" und schafft auf diese Weise Netzwerke unpersönlicher, vergegenständlichter Beziehungen der gegenseitigen Abhängigkeit von Einzelpersonen. Dieser Prozess wird als Vergesellschaftung bezeichnet (vgl. van der Pijl 1998,). Wir werden in Kürze darauf zurückkommen.

diese steigende Nachfrage gewährleistete die Stoßkraft für die Herausbildung einer beständigen Form der Spezialisierung in Europa, wodurch Osteuropa und das Baltikum, insbesondere Polen, Zulieferer für einige der grundlegenden Lebensnotwendigkeiten für das sich verstädternde Nordwesteuropa wurden. Für Wallerstein ist dies die Essenz einer Welt-Ökonomie: nicht dass es Handel gibt (Handel als solcher ist so alt wie die Menschheit selbst), sondern dass bei Handel mit Lebensnotwendigkeiten gegenseitige Abhängigkeit besteht. Osteuropa wurde so zu einer peripheren Zone der aufkommenden europäischen Welt-Ökonomie.

Peripherie

Die zweite Peripherie der europäischen Welt-Ökonomie im 17. Jahrhundert war Südamerika. Südamerika lieferte Silberbarren, die eine wichtige Rolle (nicht direkt, aber indirekt) in der weiteren Differenzierung innerhalb Europas spielten (siehe MWS I, Kapitel 2). Die Karibik sowie die Südstaaten Nordamerikas wurden zunehmend in die periphere amerikanische Region der europäischen Welt-Ökonomie eingegliedert. Sie produzierten Produkte wie Zucker und Baumwolle, die gleichermaßen bedeutsam für die aufkommenden urbanen Zentren in Westeuropa waren. Dazu können auch die Küstengebiete Westafrikas gezählt werden, von denen aus Sklaven über den Atlantik gebracht wurden, um eine ständige Versorgung der Bergwerke und der Plantagen zu gewährleisten.

Beziehung zwischen Zentrum und Peripherie

Die Beziehung zwischen Zentrum und Peripherie in der Welt-Ökonomie ist eine der gegenseitigen Abhängigkeit, aber eine, die auf Ungleichheit und Ausbeutung gründet. In seinem Verständnis der ausbeuterischen Beziehung stimmt Wallerstein dem Konzept des ungleichen Tausches zu, wie es zuerst von Arghiri Emmanuel in die Diskussion über Entwicklung eingeführt wurde (Emmanuel 1972).

> Die Theorie des ungleichen Tausches kann als gestaltgebend für die in Lateinamerika in den 1950er und frühen 1960er Jahren durch Singer und Prébisch entwickelten Begriffe gelten, die auch von frühen Autoren der *dependencia* aufgegriffen wurden (z. B. Frank 1963, 1975). Die grundlegende Idee hierbei ist die einer systematischen Neigung innerhalb einer kapitalistischen Welt-Ökonomie in der Struktur des internationalen Handels selbst, welche das fortschrittlichere Land bevorzugt und das weniger entwickelte Land benachteiligt. Im Gegensatz zu den allgemein akzeptierten Vorstellungen des komparativen Vorteils (was wir alle in der Schule lernen), die auf David Ricardo zurückgehen, argumentiert die Theorie des ungleichen Tausches, dass es von Nachteil für ein Entwicklungsland ist, sich auf (oftmals landwirtschaftliche) Produkte zu spezialisieren, bei denen es einen komparativen Vorteil besitzt, und in einem Handel mit mehr entwickelten Ländern zu treten. Es ist genau diese Handelsbeziehung, die den Prozess der *Unterentwicklung* durch einen Transfer von Überschüssen von Arm zu Reich aufrechterhält (vgl. Emmanuel 1972; auch Busch 1974; Neusüss 1972).

Semiperipherie

Wallerstein argumentiert, dass die kapitalistische Welt-Ökonomie noch eine dritte geographische Region aufweist: die Semiperipherie. Von einem systemischen Standpunkt aus betrachtet, funktioniert die Semiperipherie als ein Stabilisator. Sie ermöglicht die Aufwärts- und Abwärtsbewegung von Ländern, ohne die umfassende Struktur des Systems zu beeinflussen, und trägt somit entscheidend zum Erhalt dieses Systems bei. Die Semipheripherie ist definiert als „a midway point on a continuum running from the core to the periphery. This is, in particular, true of the complexity of economic institutions, the degree of economic reward (both in terms of average level and range), and most of all in the form of labor control" (Wallerstein 1974, 102 f.).

Diese Definition ist, allgemein gesprochen, nicht sehr befriedigend: Die Bezeichnung eines Mittelpunktes ist für gewöhnlich nicht anhand eigener Charakteristika definiert, sondern viel eher anhand der Charakteristika der beiden gegensätzlichen Positionen, in deren Mitte er liegt. Die wichtigste Unterscheidung, so hält Wallerstein fest, ist die zwischen Zentrum, Semiperipherie und Peripherie im Modus der Arbeitskontrolle. Wie gezeigt wurde, ist das Zentrum durch das Aufkommen eines Arbeitsmarktes charakterisiert, auf welchem „freie" Arbeit gegen Lohn getauscht wird, der im Prinzip die Reproduktionskosten der Arbeitskraft deckt. Freie Lohnarbeit ist die zweckmäßigste Form der Arbeitskontrolle für relativ komplexe Produktionsprozesse, in denen der Grad der Vergesellschaftung relativ hoch ist. In solchen produktiven Systemen investieren Arbeitgeber so viel in die Ausbildung ihrer Arbeitskräfte, dass dies bescheidene Gehälter notwendig macht, um die Investitionen nicht zu verlieren.

In der Peripherie liegen die Dinge anders: Die Produktion ist konzentriert auf landwirtschaftliche Erträge, was eine ausreichende Versorgung mit ungelernten Arbeitskräften erfordert. Hier gibt es keinen Grund, Ressourcen in die Ausbildung der Arbeitskräfte zu investieren; jeder Arbeiter ist sofort ersetzbar. Solange eine stetige Versorgung mit frischen Arbeitern gewährleistet ist, kann eine Produktion dieses Typs (wie Tagebau oder Zuckerrohr) mit Gewinn unterhalten werden. Solche Systeme sind dann besonders einträglich, wenn unfreie Arbeitsformen genutzt werden, wie Leibeigenschaft, Sklaverei oder Vertragsarbeit.

Die Semiperipherie (z. B. Italien, Spanien) stellt nach Wallerstein landwirtschaftliche Produkte her, die einen dazwischenliegenden Grad an Ausbildung und Dauerhaftigkeit erfordern, und das mittels einer Form von Arbeit, die teilweise frei ist: das Pachtwesen. Diese Art und Weise befindet sich auf dem halben Weg zwischen dem feudalen System der Leibeigenschaft (in dem der unmittelbare Produzent im Prinzip alle Produkte dem Landbesitzer übergibt bis auf das, was er zum unmittelbaren Überleben braucht) und kapitalistischer Landwirtschaft, bei der der Boden entweder Eigentum des Bauern ist, der das Land bearbeitet, oder von diesem für eine fixe Pacht gemietet wird, was den Bauern somit zum alleinigen Nutznießer einer Steigerung des Ertrages macht. Im Rahmen der Pacht teilen sich der Bauer und der Landbesitzer den Ertrag, den das Land abwirft, zu fixen Teilen (wobei die genauen Anteile das Kräfteverhältnis zwischen beiden zu jedem Zeitpunkt widerspiegeln).

Die Behandlung dieser unterschiedlichen Formen der Arbeitskontrolle ist vielleicht zum strittigsten Punkt in Wallersteins Theorie geworden. Wallerstein weist die Auffassung, dass der Einsatz von Sklavenarbeit in Südamerika eine sklavenbasierte Ökonomie ähnlich früheren sklavenbasierten Ökonomien (wie im europäischen Altertum) hervorgebracht hat, nachdrücklich zurück. Ebenso verneint er, dass das Aufkommen von Leibeigenschaft in Polen, als es zum Getreidelieferanten für Westeuropa wurde, das Aufkommen des feudalen Systems bedingt hat. Diese Systeme, so argumentiert er, seien inhärente Bestandteile der kapitalistischen Welt-Ökonomie, die ihren Kern in Westeuropa hat, und müssten daher als kapitalistische Formen betrachtet werden.

Formen der Arbeitskontrolle

2.3.4 Hierarchie von Produktionsweisen

Brenner-Wallerstein-Debatte

Die Kontroverse hinsichtlich der Charakterisierung der verschiedenen Formen der Arbeitskontrolle hat eine berühmte Debatte entfacht, die Brenner-Wallerstein-Debatte. Wie bereits angedeutet, ist die Position Wallersteins die, dass seit dem Wiederauftauchen der Leibeigenschaft („Second Serfdom" – Zweite Leibeigenschaft) in Polen als einer Antwort auf die Einnahme Polens durch die kapitalistische Welt-Ökonomie die neue Form der Arbeitskontrolle in Polen als im Wesentlichen kapitalistisch angesehen werden muss, auch wenn es sich dabei um eine Art erzwungener Arbeit handelte. Die Welt-Ökonomie ist kapitalistisch, und Produktion in Polen zu jener Zeit muss als kapitalistisch angesehen werden, da es sich um Produktion für den Markt mit dem Ziel, Gewinn zu machen, handelte. Die Form der verwendeten Arbeit zur Erreichung dieses Zieles ist für Wallerstein immateriell. Die Welt-Ökonomie ist kapitalistisch in dem Sinn, dass sie durch einen Weltmarkt, auf welchem Produkte für Gewinn gehandelt werden, konstituiert wird.

Kapitalistische Produktionsweise

Brenner übernahm in seinem Artikel in der New Left Review (1977) die klassische Position und argumentierte, dass das, was in Polen als Reaktion auf den Export von Getreide in den Westen passierte, eine Rückkehr zum Feudalismus war: Die Landeigentümer sahen eine Gelegenheit, ihr Einkommen zu vergrößern, indem sie die Produktion von Getreide ausweiteten, und taten dies mit Maßnahmen, die typisch für ein feudales System sind: Sie erhöhten den Druck auf die Bauern und zwangen sie, mehr Stunden zu arbeiten und mehr Land (von schlechterer Qualität) zu bewirtschaften, sodass sie den, wie Marx es nannte, absoluten Mehrwert erhöhen konnten. Was das Wesen der sozialen Produktionsverhältnisse in jeder Ökonomie determiniert, ist die Art und Weise, in der der Überschuss gewonnen wird: Sklaverei, Leibeigenschaft, Lohnarbeit sind bestimmende Charakteristika für eine Sklavenökonomie, eine feudale Ökonomie bzw. eine kapitalistische Ökonomie.

Rückkehr zum Feudalismus

Tatsächlich haben beide Seiten der Debatte ihre Erklärungskraft. Es ist naiv zu behaupten, wie Brenner es getan hat, dass die Dynamiken der polnischen Ökonomie hauptsächlich intern bestimmt waren: Es ist absolut klar, dass die Rückkehr zum „feudalen" System in Reaktion auf externen Druck erfolgte. Aber macht es gleichzeitig Sinn, das neue System in Polen ein „kapitalistisches" System zu nennen? Es handelt sich hier nicht einfach um eine semantische Fragestellung, bei der zwei Seiten über die Definition eines Wortes, welches sowohl in der einen wie der anderen Bedeutung benutzt werden könnte, uneinig sind. Brenner benennt einen wichtigen Aspekt, wenn er feststellt, dass unter typischen kapitalistischen Produktionsverhältnissen die Steigerung des relativen Mehrwertes durch den Einsatz besserer Technologie und die dadurch erhöhte Arbeitsproduktivität an erster Stelle steht (für eine ausgezeichnete Übersicht über Details und Bedeutung der Debatte vgl. Denemark/Thomas 1988).

Soziale Formationen und Produktionsweisen Amin, Mandel, Wolf

Die Lösung zu dieser Diskussion kann in der Arbeit von Autoren wie Samir Amin (1976), Ernest Mandel (1972) und Eric Wolf (1982) gefunden werden. Jeder hat auf seine eigene Weise dargelegt, dass es wichtig ist, zwischen speziellen Produktionsweisen einerseits (was Cox Formen der sozialen Produktionsverhältnisse nennt) und sozialen Formationen andererseits (ein Begriff, der von

2.3 Weltsystem: Dynamik und Entwicklungstendenzen

Amin eingebracht wurde) zu unterscheiden. Produktionsweisen sind Abstraktionen und existieren niemals isoliert. Jede tatsächlich existierende Gesellschaft oder soziale Formation ist charakterisiert durch das gleichzeitige Bestehen einer gewissen Zahl von Produktionsweisen, die in historisch spezifischer Art und Weise ausformuliert werden. So kann man von einer kapitalistischen sozialen Formation sprechen, wenn in einer Gesellschaft die kapitalistische Produktionsweise vorherrschend ist und es dieser gelungen ist, die anderen Formen unterzuordnen (ohne diese vollständig zu verdrängen). Ähnlich argumentiert Mandel, wenn er behauptet, dass man von einem Weltmarkt dann als einem kapitalistischen Weltmarkt sprechen kann, wenn ein Großteil der Waren, die auf diesem Markt gehandelt werden, unter kapitalistischen Produktionsverhältnissen produziert worden ist. Auch wenn nicht-kapitalistische soziale Formationen Produkte auf dem kapitalistischen Weltmarkt tauschen, werden sie nicht zu „kapitalistischen Gesellschaften", weil sie am internationalen Handel teilnehmen. Gesellschaften werden nur dann kapitalistisch, wenn die kapitalistische Produktionsweise zur in dieser Gesellschaft vorherrschenden, die sozialen Produktionsverhältnisse bestimmenden Form wird.

Betrachtete man Wallersteins „Historischen Kapitalismus", wie er die von Europa dominierte Welt-Ökonomie nannte, die sich im 17. Jahrhundert herauszubilden begann, aus dieser Perspektive, wäre es möglich, den Stillstand zu überwinden und die grundlegenden Einsichten beider Seiten zu bewahren, sofern man die Welt-Ökonomie als einen kapitalistischen Markt in Mandels Sinn verstünde, welcher verschiedene soziale Formationen (kapitalistische und nichtkapitalistische) zusammenführt, wobei das spezifische Wesen der vorherrschenden Produktionsweise innerhalb jeder Formation in einem großen Ausmaß bestimmt, wie genau auf Veränderungen in der Struktur des Weltmarktes reagiert wird.

2.3.5 *Expansionsweisen des Kapitalismus*

Zurück bleibt ein wichtiger Aspekt in Wallersteins Theorie, der im weiteren Verlauf des Lehrbuches wieder aufgegriffen werden wird: seine Identifizierung des Mechanismus, mittels dessen sich der Kapitalismus, historisch betrachtet, über den Globus ausgebreitet hat – er tendiert tatsächlich dazu, aufgrund seines Wesens zu expandieren. Wie gezeigt wurde, erstreckte sich die Startphase der Konsolidierung auf den größten Teil Europas (aber nicht Russlands), auf den größten Teil Amerikas (aber nicht Asiens) und zu einem gewissen Teil auf die Küstenregionen Westafrikas (aber nicht auf den Rest des Kontinents). Später hat sich die kapitalistische Welt-Ökonomie als ein Zyklus von Wachstum und Expansion, abgewechselt von Episoden der Konsolidierung und sogar des Rückzugs, ausgebreitet.

Es ist keine Überraschung, dass Wallerstein im Allgemeinen die Verfolgung gesteigerten Profites (und den Wettbewerb zwischen Kapitalisten und Kernstaaten um höheren Profit) als die ultimative treibende Kraft ansieht, welche zur Expansion des Systems führt. Er erkennt drei Hauptmechanismen, durch die dies vonstatten geht.

Der erste ist die geographische Expansion: Wann immer der Kapitalismus in eine Krise gerät, wird er versuchen, diese Krise durch die Einnahme neuer

Geographische Expansion

Bereiche in die Welt-Ökonomie zu bewältigen. Diese neuen Bereiche können von Interesse sein, weil sie dringend benötigte Ressourcen liefern können oder weil sie zu neuen Absatzmärkten für Produkte aus dem Zentrum werden können. Historisch betrachtet, kann festgehalten werden, dass im Rahmen einer solchen Arbeitsteilung im 19. Jahrhundert viele der Kolonien in Asien von Handelsposten, die im Wesentlichen außerhalb der Welt-Ökonomie waren, zu peripheren Wirtschaften transformiert wurden. Dementsprechend kann in Erinnerung gerufen werden, dass zu Beginn der Krise in den 1970er Jahren die Einnahme praktisch aller sozialistischen Staaten beobachtet werden konnte (was nicht weniger als ein Drittel der Weltbevölkerung umfasste).

Suche nach halb-proletarischen Ressourcen

Zum Zweiten, sagt Wallerstein, nimmt die Expansion die Form einer Suche nach halbproletarischen Ressourcen der Arbeiterschaft an. Im Gegensatz zu dem, was man denken könnte, so Wallerstein, sucht das Kapital nach Arbeitskräften, die nicht proletarisiert sind (das heißt nicht abhängig von einem monetären Lohn für die eigene Reproduktion). Dies erklärt, warum Formen unfreier Arbeit für den Kapitalismus von Bedeutung bleiben: Sie sind kostengünstiger als eine völlig proletarisierte Arbeiterschaft, und somit ergibt sich ein dauernder Antrieb aufseiten des Kapitals, eine völlig proletarisierte Arbeiterschaft durch eine nur teilweise proletarisierte zu ersetzen. Tatsächlich jedoch vertieft die Suche nach einer halbproletarisierten Arbeiterschaft den Prozess der völligen Proletarisierung, da fortschreitend Gemeinschaften und Gesellschaften, die bisher außerhalb der kapitalistischen Ökonomie waren, zerstört werden und eine Dynamik freigesetzt wird, die unweigerlich zu einer weiteren Proletarisierung weltweit führt.

Entwicklung neuer Sektoren

Der dritte Hauptmechanismus der Expansion ist schließlich die Entwicklung neuer dynamischer Sektoren, was den technologischen Wettbewerb zwischen den Kernstaaten erklärt. In neuen Sektoren können mehr Gewinne gemacht werden: Technologische Innovation ist somit in Wallersteins Augen vor allem das Ergebnis der Suche nach neuen Produkten.

Innovation von Produktionstechnologie

Es existiert ein weiterer, die Expansion vorantreibender Mechanismus, der nur sehr wenig Aufmerksamkeit von Wallerstein erfährt. Dabei handelt es sich um die Innovation von Produktionstechnologie im Zuge der Suche nach einer höheren Arbeitsproduktivität. Historisch gesehen, war dies tatsächlich die wichtigste einzelne Ursache für Wachstum im Kapitalismus, die die phänomenale Steigerung des Wohlstandes in den Kernwirtschaften im 20. Jahrhundert erklärt. Dieses Versehen auf Wallersteins Seite hat vor allem mit seiner „neo-smithianischen" Definition von Kapitalismus eher als Zirkulations- denn als Produktionsbeziehungen zu tun. So wird schlussendlich deutlich, warum der Unterschied zwischen Brenner und Wallerstein mehr als nur semantischer Natur ist.

In den folgenden Kapiteln wird dieser Punkt wiederholt aufgegriffen werden und in konkreten historischen Zusammenhängen untersucht, wie die benannten Mechanismen die Konturen der Welt-Ökonomie, wie wir sie heute kennen, geformt haben. Im nächsten Abschnitt (2.4) soll in mehr allgemeinen Begriffen erklärt werden, was die Bedeutung des Konzeptes ist, das auf den vorhergehenden Seiten zum Verständnis der gegenwärtigen Welt als Blockbildungen vorgeschlagen worden ist (hauptsächlich Cox' und Wallersteins Perspektiven); dieser Abschnitt wird sich hauptsächlich mit dem, was als „historische Globalisierung" bezeichnet werden kann, beschäftigen.

> Wichtige Unterschiede zwischen traditionellen Theorien der Internationalen Beziehungen und der Weltsystemtheorie:
>
> - Die traditionellen Theorien haben die zwischenstaatlichen Beziehungen zum Gegenstand, die Weltsystemtheorien berücksichtigen darüber hinaus auch die internationale Arbeitsteilung. Sie sieht beide Elemente als Bestandteile eines funktionierenden sozialen Systems auf Weltebene an.
> - Der historische Zeitraum, auf den sich beide Theorieansätze beziehen, ist unterschiedlich groß: Die Weltsystemtheorie datiert die Entstehung des Staatensystems in die Periode der frühen Neuzeit (1450-1659). Traditionelle Theorien sehen das Staatensystem hingegen als gegeben an und versuchen Regelmäßigkeiten seines Funktionierens und seiner Organisation zu ergründen.
> - Weltsystemtheorien verbinden auf die eine oder andere Weise die internationale Arbeitsteilung mit der Wirkungsweise des zwischenstaatlichen Systems und umgekehrt. Traditionelle Theorien konzentrieren sich auf den Staat und betrachten das Staatensystem und seine Charakteristiken als wichtigste Quelle für das Verhalten seiner Mitgliedstaaten.
> - Traditionelle Theorien konzentrieren sich auf die Beziehungen der Zentrumstaaten des europäischen Staatensystems; die Weltsystemtheorien konzentrieren sich auf den Einfluss der europäischen Staaten auf die Welt außerhalb Europas.

2.4 Historische Globalisierung und internationale Beziehungen

2.4.1 Einleitung

In den vorangegangenen Abschnitten wurde die konzeptionelle Grundlage entwickelt, die uns in den kommenden Kapiteln nützlich sein wird. Die folgenden Kapitel werden eins nach dem anderen drei Themen ansprechen.

In Kapitel 3 werden zunächst die Dynamiken innerhalb des globalen Systems im Mittelpunkt stehen, die die Unterscheidung in Zentrum, Semiperipherie und Peripherie erklären. Die Ursachen von Ungleichheit in der Welt sollen dabei im Detail und aus einem historischen Blickwinkel, der der grundlegenden Rahmengebung von Weltsystemtheorie und kritischer internationaler politischer Ökonomie folgt, betrachtet werden.

Zum Zweiten werden in Kapitel 4 die Dynamiken im Zentrum des globalen Systems detailliert analysiert, das heißt die Dynamiken von Hegemonie und Konkurrenz, von Integration und Konflikt zwischen den größeren entwickelten Mächten des Systems.

In Kapitel 5 schließlich laufen die beiden Stränge der Untersuchung in der Analyse der letzten Jahrzehnte, der Zeit seit Beginn der globalen ökonomischen Rezession in der 1970er Jahren, zusammen. Seitdem hat das globale System eine fundamentale Transformation durchlaufen, die noch lange nicht abgeschlossen ist und daher nur in bedachtsamen und vorläufigen Begriffen analysiert werden kann. Nichtsdestotrotz, einige Interpretationen erscheinen unberührt. Im Mittelpunkt steht hierbei wahrscheinlich die Behauptung, dass das globale System seit den 1970ern durch die Globalisierung umgestaltet worden sei.

Viele der bestimmenden Entwicklungen der letzten Jahrzehnte sind zur Globalisierung in Beziehung gesetzt, oftmals ihr sogar zugeschrieben worden. Nun ist das Konzept der Globalisierung kein unproblematischer Begriff und kann tatsächlich auf verschiedene Weisen verstanden werden. Dieser letzte Abschnitt des Kapitels soll dem Versuch gewidmet werden, das Konzept von Globalisierung im Kontext der bisher entwickelten Konzepte, die als Rahmen für den Rest des Lehrbuches festgesetzt worden sind, zu ergründen. Dies ist notwendig, weil, wie sofort deutlich werden wird, Globalisierung tatsächlich als ein historischer Prozess verstanden werden muss, dem viel ältere Ereignisse zugrunde liegen, als in den meisten fachlichen Diskussionen für gewöhnlich anerkannt wird. Wird Globalisierung auf diese Art und Weise verstanden als ein historischer Langzeitprozess, dann muss die historische Globalisierung im Mittelpunkt eines jeden Versuches stehen, internationale Politik in der Moderne zu theoretisieren. Somit ist historische Globalisierung in der Tat ein Konzept, welches unerlässlich ist für die Themenstellung dieses Lehrbuches.

2.4.2 Definition historischer Globalisierung

Nur wenige Worte haben eine solche Flut an Interpretationen produziert wie der Begriff Globalisierung. Mindestens drei Bereiche waren bestimmend in dieser Debatte. Der erste betrifft die Natur des Phänomens: Was genau ist global an der Globalisierung, und ist es hauptsächlich eine ökonomische „Angelegenheit", oder ist es ebenso oder sogar mehr noch politisch, kulturell, ideologisch? Zweitens wird viel über die Ursachen der Globalisierung debattiert, sowohl hinsichtlich sehr allgemeiner Begriffe als auch in Bezug auf spezifische Erklärungen der gegenwärtigen Episode. Ein letztes Thema, das kurz angesprochen werden soll, ist die Frage historischer Einmaligkeit: Ist die gegenwärtige Globalisierung ohne Präzedenzfall, oder handelt es sich nur um eine Wiederholung früherer (und vielleicht sogar „globalerer") Episoden in der Weltgeschichte?

Das Wesen von „Globalität"

Frühe (und auch jüngere) Verfechter haben immer betont, dass alle Länder und Völker an den „Früchten der Globalisierung" teilhaben können, sofern ihre Regierungen den neoliberalen Maximen des Internationalen Währungsfonds (IWF) und der sieben führenden Industrienationen (G 7) folgen. Die Erfahrung bis heute hat jedoch zwei Dinge gezeigt, die dem zuwiderlaufen: Beide sind umfassend durch die meisten Kritiker der sogenannten ökonomischen These der Globalisierung dargestellt worden (z. B. Hirst und Thompson 1999; Ruigrok und van Tulder 1995; auch Krätke 1997), was uns nach der Besprechung von Wallersteins Ansichten im letzten Abschnitt auch nicht überraschen sollte. Zum Ersten ist der große Umfang grenzüberschreitender Transaktionen, welche einen Schlüsselbereich für das Konzept der Globalisierung darstellen (Handel, Finanzflüsse, direkte Investitionen), innerhalb einer begrenzten Anzahl von Kernregionen der Weltökonomie konzentriert (Nordamerika, Westeuropa, Nordost- und Südostasien). Zum Zweiten – und damit in Beziehung stehend – scheinen gewisse Regionen der Weltökonomie von dem Quantensprung in der ökonomischen Internationalisierung größtenteils umgangen worden zu sein: Teile Asiens, Südamerikas und Osteuropas, große Teile Zentralamerikas und der Karibik ebenso wie bedeutende Teile der früheren Sowjetunion und der größte Teil Subsaharaafrikas. Diese Regionen sind aufgrund ihrer schrumpfenden Anteile am Welthandel und am Kapitalfluss an den Rand gedrängt worden.

2.4 Historische Globalisierung und internationale Beziehungen

Unglücklicherweise haben diese Kritiker oftmals versucht, die Globalisierungsthese mit Argumenten zurückzudrängen, die den Behauptungen ihrer Hauptakteure in Bezug auf die Quantität sehr ähnlich sind. So wird zum Argument, dass der Grad der Internationalisierung in Wirklichkeit übertrieben sei und dass frühere Episoden in der Geschichte der Weltökonomie viel globaler gewesen seien als die gegenwärtige (z. B. Hirst/Thompson 1996). Aber „Globalisierung" ist nicht „Internationalisierung". Solch eine quantitative Konzeptualisierung verneint im Wesentlichen die qualitative Natur des Prozesses. Die Marginalisierungskritiker ignorieren im Besonderen, wie tiefgreifend die infrage stehenden „marginalisierten" Regionen durch den Prozess der Globalisierung betroffen sind: Die Tatsache, dass Subsaharaafrikas Anteil am Welthandel unbedeutend ist, sagt nichts darüber aus, wie das Leben und die Existenz des afrikanischen Volkes in seinem ureigenen Sinn durch den Einfluss der Veränderungen in der Weltökonomie in Bezug auf Kommunikation und Kultur, hinsichtlich des Übergangs von der Subsistenzlandwirtschaft und staatlicher Beihilfen hin zur Landwirtschaft für den Weltmarkt, hinsichtlich des Einflusses von HIV/AIDS-Krisen usw. wesentlich umgestaltet worden sind. Es ist möglich, dass Afrika aus der Perspektive der Weltökonomie absolut „unbedeutend" geworden ist, die Weltökonomie jedoch durchdringt jeden Aspekt des täglichen Lebens der afrikanischen Bevölkerung.

Das Wesentliche der Transformation in der Weltökonomie, die hier mit dem Begriff Globalisierung bezeichnet werden soll, ist zuallererst qualitativer Natur. Globalisierung beinhaltet grundlegende Veränderungen in zumindest drei Schlüsselbereichen. Wir werden zunächst Zeugen einer Transformation der hauptsächlichen Produktions- und Kapitalumlaufbeziehungen durch die Expansion des globalen Handels und globaler Investitionen: Dies wird normalerweise als „ökonomische" (manchmal auch „soziale") Globalisierung bezeichnet. Zweitens kann eine Revolution in der Rolle und Bedeutung von Zeit und Raum beobachtet werden, was Harvey als die Zeit-Raum-Verdichtung bezeichnet hat (Harvey 1990): eine technologische Revolution, die alle Hindernisse durch Zeit und Raum in Bezug auf Kommunikation durchbricht („technologische" und „kulturelle" Dimension). Diese ökonomischen, sozialen, kulturellen und technologischen Revolutionen werden schließlich begleitet von einer radikalen Veränderung in den Strukturen des Regierens und der Konfiguration staatlicher Macht („politische" Globalisierung).

Alle diese grundlegenden Veränderungen beziehen sich irgendwie auf die Transzendenz „des Nationalen" als der primären konstitutiven Dimension sozialer Verhältnisse. Ein überwölbendes und zunehmend dominantes, den Globus umspannendes Netzwerk sozialer Beziehungen vereinigt lokale, nationale, internationale und regionale Strukturen, Dynamiken und Realitäten. Hier liegt die tatsächliche Bedeutung des „Globalen", nicht in irgendeiner vermutlichen universellen Homogenisierung, sondern in diesen komplexen Prozessen der Transnationalisierung und Entterritorialisierung (vgl. Scholte 2005).[19]

---

[19] In dem Ausmaß, in dem der Begriff „Globalisierung" kontaminiert ist mit den unbegründeten und oftmals rechtfertigenden Merkmalen der Universalität und Homogenität, mag es besser sein, den Begriff insgesamt zu verwerfen und ihn durch das Konzept der Transnationalisierung zu ersetzen.

Ursachen Aber was genau ist die Ursache dieses Prozesses?

Revolutionäre technologische Innovationen, Wettbewerb zwischen Firmen, zielgerichtete politische Entscheidungen, amerikanischer Imperialismus – all dies ist identifiziert worden, einzeln oder in Kombination, als die Ursachen der Globalisierung. Diese Faktoren haben sicherlich alle ihre Bedeutung, entweder als Unterstützer (z. B. Technologie) oder als Begleitphänomene (z. B. die oft missbrauchte „McDonaldisierung").

Aber wenn man die Literatur zusammenfasst, ist die Schlussfolgerung unvermeidlich, dass auf einem tieferen (oder besser: abstrakteren) Level „Globalisierung" Kommodifizierung meint, das heißt den Prozess, in dem Objekte und Aktivitäten in Produkte und Dienstleistungen umgewandelt werden, die auf dem Markt für Profit verkauft werden, also eine Umwandlung in Waren. Die Jahrzehnte seit den späten 1970ern haben einen plötzlichen und unvorhergesehenen Prozess vertiefender Kommodifizierung gezeigt, der sich im Folgenden ausdrückt:

- dem quantitativen Wachstum existierender Formen der Kommodifizierung (z. B. dem Wachstum des internationalen Handels und des Finanzwesens),
- der Expansion des Marktes in vorherige marktfremde Sektoren in den kapitalistischen Ökonomien (z. B. der Privatisierung staatlicher Firmen),
- dem Einbezug neuer politgeographischer Regionen in den kapitalistischen Weltmarkt und seine Netzwerke der kommodifizierten Interaktion (dem Übergang der sozialistischen Planwirtschaft),
- der Unterordnung von Bereichen menschlicher Aktivität und Existenz unter Marktkräfte, die bisher nicht im geringsten Sinn des Wortes kommodifiziert waren (menschliche Reproduktion, intellektuelle Fähigkeiten, traditionelle Medizin usw.).

Nach Jahrzehnten der Privatisierung und Vermarktlichung sind nur wenige Aspekte des Lebens auf diesem Planeten verschont geblieben von dem Streben nach privatem Profit. In den Worten von Stephen Gill handelt es sich bei der Globalisierung um die Verbreitung der Marktzivilisation (Gill 1995).

Alter Wein? Dieser Prozess wird schließlich vorangetrieben durch die unermüdliche Suche nach Profit: die Suche nach billigen Quellen für Rohmaterial und Arbeitskräfte, nach neuen Märkten, nach unterschiedlichen Profitgrößen, nach einer Möglichkeit der Flucht vor den inneren Widersprüchen der Kapital-Lohnarbeit-Beziehung (was bereits bei der Untersuchung von Wallersteins Idee im vorhergehenden Abschnitt gezeigt wurde). Technologische Durchbrüche erleichtern eher diesen Prozess als dass sie seine Intensivierung verursachen; sie sind oftmals sogar selbst das Produkt dieser Widersprüche.

Dies scheint wie auch immer eine Strategie zu sein, die dazu verurteilt ist zu scheitern: Globalisierung ist mittlerweile einfach zu fest verankert, als dass wir in der Lage wären, den Begriff zu ersetzen. Daher werden wir, wann immer es geeignet erscheint, auf unserem spezifischen Verständnis des Begriffes bestehen.

2.4 Historische Globalisierung und internationale Beziehungen

Die Identifizierung der durch das Streben nach privatem Profit vorangetriebenen Kommodifizierung als harter Kern der Globalisierung befähigt uns, über eine weitere entkräftende Sackgasse in der Globalisierungsdebatte hinauszugehen: die nutzlose Diskussion, ob die Globalisierung ein neues Phänomen ist oder ob es sich auf der anderen Seite um das wiederbelebte 19. Jahrhundert handelt. Das Phänomen der Kommodifizierung ist nicht neu für die Welt. Einige Autoren haben kürzlich argumentiert, dass globale Ökonomie, Handel, kommerzielle Unternehmen und sogar Kapitalakkumulation eine ununterbrochene Geschichte von zumindest fünftausend Jahren aufweisen (z. B. Frank/Gills 1993; Frank 1998). Vertrauter ist die Behauptung, dass der Beginn der Epoche der allgemein verbreiteten Warenproduktion bis zur Krise des Feudalismus in Europa und der Schaffung des kapitalistischen Weltmarktes nach der sogenannten Entdeckung der beiden Amerikas am Ende des 15. Jahrhunderts zurückverfolgt werden kann (z. B. Frank 1975; Wallerstein 1974).[20] Die nachfolgende Expansion des kapitalistischen Weltmarktes war ein uneinheitlicher Prozess, charakterisiert durch Unterbrechungen, Perioden der rapiden Intensivierung, abgelöst von Perioden der Stagnation und sogar des Rückschritts, verbunden mit Widersprüchen und abgelenkt durch oftmals selbstverursachte Hindernisse. In den letzten fünfhundert Jahren lassen sich drei Zeitspannen einer verstärkten Expansion des Marktes und einer vertieften Kommodifizierung identifizieren, nämlich die Episode des Beginns des Weltmarktes, die als die Periode der merkantilen Globalisierung bezeichnet werden kann (1492-1648), die Expansion industriellen Kapitals und das Aufkommen des Imperialismus in der zweiten Hälfte des 19. Jahrhunderts, was als die Episode der Laissez-faire-Globalisierung bezeichnet werden kann (1840er Jahre – 1914); und schließlich die gegenwärtige Episode neoliberaler Globalisierung, die durch die globale Expansion transnationalen Kapitals gekennzeichnet ist (1980er Jahre bis heute).[21] Die beste Art und Weise, diese drei Episoden zu betrachten[22], ist, sie als verschiedene, durch verstärkten Wandel charakterisierte Perioden innerhalb eines historischen Prozesses von viel längerer Dauer zu sehen, nämlich des Prozesses der Entfaltung des Kapitalismus, der den Globus seit dem 15. Jahrhundert umfängt.

Episoden der Globalisierung

---

20 Im Allgemeinen tendiere ich dazu, mit Wallersteins Position in seiner Debatte mit Frank und Gill übereinzustimmen, dass nämlich das, was die Post-15.-Jahrhundert-Welt-Ökonomie von der vorangegangenen Weltökonomie (ohne Bindestrich) unterscheidet, die internationale Arbeitsteilung ist, welche eher den Handel mit grundlegenden Waren (wie Bauholz, Getreide usw.) als den für frühere Zeiten charakteristischen Handel mit Luxusgütern (Seide, Gewürzen) berührt (Wallerstein 1993). Diese Position bedeutet nicht (zumindest nicht für mich), dass vom *Kapitalismus* als einer Produktionsweise behauptet werden kann, innerhalb aller sozialen Formationen, die Teil dieser Welt-Ökonomie waren, fest verankert gewesen zu sein. Mandels Position, die zwischen „kapitalistischem Weltmarkt" und „kapitalistischer Produktionsform" unterscheidet, ermöglicht es uns, der nutzlosen Diskussion, in welche Frank und Wallerstein sich haben hineinziehen lassen, aus dem Weg zu gehen (vgl. Mandel 1972).
21 Diese Periodisierung ist hergeleitet von verschiedenen anderen Periodisierungen in der Literatur, wie denjenigen von Mandel im Spätkapitalismus (1972) oder Zürn (1995), welche annähernd ähnlich, aber gewiss nicht gleich sind.
22 Ich versuche Begriffe wie Zyklen, Stufen oder Phasen zu vermeiden, die alle mit sehr spezifischen Konnotationen behaftet sind und die zu Debatten führten, die unserem gegenwärtigen Anliegen nicht dienlich wären.

2.4.3 Governance im Staatensystem

In der Geschichte der Moderne gab es nur relativ wenige kurze Perioden, in denen die Geschwindigkeit und die Intensität von Kommodifizierung und Sozialisierung dramatisch zugenommen haben. Die Zeit nach den 1970er Jahren ist definitiv eine solche Periode. Mit den Krisen des Fordismus und des keynesianischen Wohlfahrtsstaates als Katalysatoren und dem Aufkommen neuer Technologien in den Bereichen Transport, Kommunikation und Information als begünstigenden Faktoren wurde ein Prozess der schnellen Internationalisierung in Gang gesetzt. Dieser Internationalisierungsschub wurde durch eine sukzessive staatengelenkte Liberalisierungs- und Deregulierungsoffensive, die ausdrücklich darauf abzielte, die globale Ökonomie wie auch die verschiedenen nationalen Ökonomien der Disziplin „des Marktes" unterzuordnen, vorangetrieben. Die ideologische Legitimierung dieser Entwicklungen war in dem begründet, was als Neoliberalismus bezeichnet werden kann (vgl. Overbeek und van der Pijl 1993). Auf der Ebene der Nationalstaaten haben diese Entwicklungstendenzen zu der Umwandlung des keynesianischen Wohlfahrtsstaates in den Schumpeterschen „Workfare state" (Jessop 2002) oder den „Wettbewerbsstaat" (vgl. Palan und Abbott 1996) geführt. Hinsichtlich der Struktur des globalen Systems und des Wesens von Governance ist es wichtig, zwei miteinander in Beziehung stehende Tendenzen zu erkennen. Eine ist das Aufkommen neuer Formen von Governance in der globalen politischen Ökonomie, die charakterisiert sind durch Informalisierung und Transnationalisierung sowie durch eine Politik, deren Reformen des Marktes durch das Einmeißeln und tiefe Verankern in den rechtlichen Systemen der meisten Länder unumkehrbar sind.[23]

Neue Formen von Governance

Der Einfluss der Prozesse der Globalisierung auf den Staat hat eine Debatte über die Frage entfacht, ob der Staat weiterhin eine Rolle spielt. Einige Autoren neigen dazu zu argumentieren, dass das Ende des Nationalstaates gekommen sei, während andere betont haben, dass tatsächlich der Staat einer der wesentlichen „Urheber" der Globalisierung sei (vgl. Panitch 1996, 84-85). Der Aspekt der „Souveränität" des Staates ist in beiden Fällen ein zentraler Punkt.

Der souveräne Staat

Nun, der territorial definierte „souveräne" Staat in Europa entstand im 17. Jahrhundert: Er ist ein *historisches* Phänomen, bezogen auf Raum und Zeit. Und im Widerspruch zu den Behauptungen der meisten Herrscher (und der realistischen Theorie) war Souveränität niemals absolut und unteilbar. Der souveräne Staat entstand aus einer Situation, in der die Souveränität über Territorium und Bevölkerung zwischen Kaiser, Kirche und Adel aufgeteilt war. Von genau dem Moment an, als der europäische Raum nach dem Westfälischen Frieden von 1648 in verschiedene und ausschließende Souveränitäten (Staaten) aufgeteilt worden war, akzeptierten diese Staaten und ihre Herrscher, dass ihre Souveränität nicht absolut war. Sie wurde bestimmt von internationalen Verpflichtungen, die als notwendig für das Überleben und die Festigung des Staatensystems erachtet wurden (wie heute durch die Charta der Vereinten Nationen). Von daher ist die Vorstellung, dass Souveränität absolut ist und das unveräußerliche ewige

---

23 Stephen Gill hat dies „New Constitutionalism" genannt; siehe Gill 1998.

2.4 Historische Globalisierung und internationale Beziehungen

Recht eines jeden Staates darstellt, ein Mythos; die Souveränität des Staates ist ein historisches Konstrukt, das sich über die Zeit verändert und niemals absolut und unteilbar ist.

> „Das Konzept der Souveränität wird in Zukunft wahrscheinlich noch mehr an Unschärfe hinzu gewinnen, als es heute schon aufweist. Dieser Begriff ist nach dem Auseinanderbrechen des feudalen Systems des Mittelalters aufgekommen, um die von den Staaten geforderte und auch ausgeübte Unabhängigkeit der Autorität, die nicht einmal die formale Herrschaft des Imperiums anerkannte, zu bezeichnen. Er war nie mehr als eine passende Bezeichnung; und als Unterscheidungen zwischen politischer, rechtlicher und wirtschaftlicher oder zwischen interner und externer Souveränität gemacht wurden, war es klar, dass diese Bezeichnung nicht länger die geeignete Funktion eines Unterscheidungsmerkmals für eine einzige Kategorie an Phänomenen ausüben konnte." *(Carr 1939, 230f.)*

In der Tat kann durch das Einbringen der Innendimension von Souveränität die Kritik an der realistischen Konzeption des Begriffes noch ein Stück weiter getrieben werden. Der Staat ist keine Black Box, sondern ein komplexer Satz an Institutionen, der hervorgegangen ist aus, eingebettet ist in und integraler Bestandteil ist einer größeren sozialen Struktur. Die *raison d'état* ist keine ewige geschichtsübergreifende Gegebenheit, sondern ein soziales Konstrukt, das durch einen bestimmten *historic bloc* untermauert wird (eine Konfiguration von Klassenkräften), dessen vereinigende Ideologie die allgemeine Stoßrichtung staatlicher Eingriffe (Cox 1987) oder sein „soziales Vorhaben" definiert (Ruggie 1998, *passim*).

Der Staat als soziales Konstrukt

Mit dem Aufkommen des Kapitalismus erleben die Beziehungen zwischen Staat und Markt sowie zwischen öffentlichem und privatem Sektor eine entscheidende Umwandlung. Innerhalb des neuen Systems nehmen die sozialen Verhältnisse einen grenzüberschreitenden, transnationalen Charakter an, der in der vorkapitalistischen Welt, in der, wie oben gezeigt wurde, der öffentliche und der private Sektor eins waren, so nicht möglich war.

> „Der historische Aufstieg des souveränen Staates ist somit ein Aspekt einer umfassenden Neuorganisation der Formen sozialer Macht. [...] während die Beziehungen von Staatsangehörigkeit und Rechtsprechung Staatsgrenzen definieren, erfahren alle Aspekte des sozialen Lebens, die durch Tauschbeziehungen geregelt werden, unter diesem neuen Arrangement im Prinzip nicht länger eine politische Definition (obwohl sie immer noch in vielerlei Hinsicht vom Staat beaufsichtigt werden) und mögen sich deshalb über diese Grenzen hinaus ausdehnen." *(Rosenberg 1994, 129)*

Das bedeutet, dass von Beginn an die Frage nach der (möglichen) Inkongruenz von Staat und Markt gestellt ist. Tatsächlich repräsentiert das, was momentan „Globalisierung" genannt wird, eine neue Stufe in der Trennung von öffentlich und privat, in der Tauschbeziehungen und Marktmechanismen auf Bereiche ausgeweitet werden, die bisher von Staatsorganen verwaltet worden sind. Da die Ökonomie und damit auch die sozialen Produktionsverhältnisse zunehmend von transnationalen Prozessen bestimmt werden, müssen die Funktionen des Staates, die sich mit solchen Prozessen beschäftigen, auch zunehmend transnational geprägt sein, um wirksam sein zu können (van der Pijl spricht in dieser Hinsicht von ‚quasistaatlichen Strukturen' [van der Pijl 1989]).

Der öffentliche Bereich entwickelt sich zu einer Machtstruktur mit zahlreichen Dimensionen und Funktionen, von denen nicht alle notwendigerweise mit der ausschließenden Territorialität des „souveränen" Staates verbunden sind. John Ruggie nennt dies das Auseinanderbrechen („unbundling") von Territorialität:

> „In der modernen internationalen Politik dient eine institutionelle Negation exklusiver Territorialität als Mittel zur Aufstellung und des Umgangs mit solchen Dimensionen kollektiver Existenz, die territoriale Herrscher als unveränderlich transnational anerkennen. Nichtterritorialer funktioneller Raum ist der Ort, an dem die internationale Gesellschaft verankert ist." *(Ruggie 1993, 165)*

Das Auseinanderbrechen von Territorialität schafft eine Vielzahl funktioneller Systeme auf verschiedenen Ebenen, die die ausschließende und einheitliche staatenzentrierte Form territorialer Souveränität, die zur Definition genau unseres Konzeptes staatlicher Souveränität geworden ist, ersetzen.[24]

Internationalisierung des Staates

Für den Mainstream innerhalb der Ansätze der Internationalen Beziehungen stellt diese Erkenntnis ein wirkliches Problem dar. Für den transnationalen historischen Materialismus schon weniger: Er hat immer daran festgehalten, dass Beziehungen zwischen Staaten in den größeren Kontext sich entwickelnder transnationaler sozialer Verhältnisse eingebettet sind.[25] Das Erkennen des Einflusses sozialer Kräfte auf zwischenstaatliche Beziehungen ist ein Hauptelement dieses Ansatzes. Das Konzept, das möglicherweise die beste Herangehensweise für die Analyse von Governance im Staatensystem anbietet, ist dasjenige der Internationalisierung des Staates. In „Social Forces, States and World Orders" (1981) führt Robert Cox in das Konzept der „Internationalisierung des Staates" ein, um die Mechanismen zur Aufrechterhaltung der Hegemonie in der Zeit der *Pax Americana* zu erklären. Der „Überwachungsmechanismus" für diesen Zweck war vor allem. aus den Bretton-Woods-Institutionen zusammengesetzt und wurde durch Strukturen der Harmonisierung nationaler Politiken in Bereichen wie Verteidigung (durch das jährliche Review-Verfahren in der NATO) und makroökonomischer Politik (durch die OECD) ergänzt.

In einer späteren und umfassenderen Ausarbeitung (Cox 1987, 2565) vermerkt er, dass „the nation state becomes part of a larger and more complex po-

---

24 Nirgendwo ist dieses Auseinanderbrechen weiter vorangeschritten als in der Europäischen Union (EU), in der die Einheitliche Europäische Akte (1986) und die Verträge von Maastricht (1991) und Amsterdam (1997) eine bewegliche und vielschichtige Governance-Struktur mit spezifischen (aber auch wechselnden) Rollen für supranationale, intergouvernementale, nationale und regionale Institutionen und Autoritäten geschaffen haben. In anderen regionalen Kontexten und ebenso auf der globalen Ebene sind ähnliche Entwicklungen sichtbar geworden. Institutionen wie der Internationale Währungsfonds (IWF) und die Welthandelsorganisation (WTO) haben von den nationalen Regierungen, die deren Exekutiven dem Namen nach kontrollieren, einen beachtlichen Grad an Autonomie übertragen bekommen, während eher informelle Organisationen wie z. B. die G7 eine bedeutende Rolle in der Formulierung langfristiger strategischer Ausrichtungen der Politik spielen.
25 Das hat auch Gramsci deutlich ausgesprochen: „Do international relations precede or follow (logically) fundamental social relations? There can be no doubt that they follow" (Gramsci 1971, 176).

2.4 Historische Globalisierung und internationale Beziehungen

litical structure that is the counterpart to international production" (ebd., 253). Der Prozess kann mittels dreier Punkte verdeutlicht werden:

- Ein Prozess zwischenstaatlicher Konsensbildung hinsichtlich der Bedürfnisse oder Erfordernisse der Weltökonomie, der innerhalb eines gemeinsamen ideologischen Rahmens stattfindet.
- Die Beteiligung in dieser Konsensbildung ist hierarchisch strukturiert.
- Die internen Strukturen der Staaten werden so angepasst, dass jeder auf die für ihn beste Weise den globalen Konsens in nationale Politik und Praxis umsetzen kann, wobei die „Struktur des Staates" sich sowohl auf den Mechanismus Regierung als auch auf den *historic bloc* (verstanden als die Angleichung dominanter und anpassungswilliger sozialer Gruppen, auf die sich der Staat stützt) bezieht (Cox 1987, 254).[26]

Kees van der Pijl hat in etwa eine ähnliche Vorstellung entwickelt, wenn er von „quasi-staatlichen Strukturen" spricht (van der Pijl 1989). Bedeutsam ist in van der Pijls Ansicht von der Internationalisierung des Staates sein Konzept eines „Locke'schen Kernlandes". Der erste Locke'sche Staats-/Gesellschaftskomplex entstand in England; er war jedoch in seinem Wesen transnational. Emigration und Kolonisation projizierten die „englische" Zivilgesellschaft über die Meere, und der Zusammenhalt dieser entstehenden transnationalen Zivilgesellschaft wurde durch das Aufkommen kosmopolitischer Bankiersfamilien wie der Rothschilds und transnationaler Elitenetzwerke wie der Round Table Society zementiert. Durch diese graduelle Ausweitung entstand ein hegemonialer „Kern" des Staatensystems oder ein „Locke'sches Kernland". Die Infrastruktur dieses Kernlandes hat zwei entscheidende Merkmale: die transnationale Ausdehnung der Zivilgesellschaft und die Etablierung eines einzigen Staates oder einer Gruppe von Staaten mit quasistaatlichen Strukturen, die als die Bankiers der Welt fungieren und die Macht zum Schutz der kapitalistischen Produktionsverhältnisse rund um den Globus bereitstellen.

Das „Locke'sche Kernland" ist der Bereich, in dem umfassende Konzepte der Kontrolle im Umlauf sind: „Locke'sches Kernland"

> „Der Kampf um Hegemonie zwischen Teilen des Bürgertums, durch den sich die allgemeine Tendenz der transnationalen herrschenden Klasse auf nationaler Ebene selber behauptet, und zwischen verschiedenen Staaten innerhalb wie außerhalb des Locke'schen Kernlandes ersetzt die traditionellen Formen der Weltpolitik immer mehr durch globale Innenpolitik." *(van der Pijl 1989, 19)*

Die Ausdehnung dieses Kernlandes hat historisch in Konfrontation mit einer Vielfalt „hobbesianisch" sich bekämpfender Staaten stattgefunden, die, wie bereits gezeigt wurde (Kap. 2.2.4), zu einer kontinuierlichen Aufholjagd gezwun-

---

26 Picciotto (1991) argumentiert, dass transnationale Konzerne schwache transnationale regulative Strukturen starken Strukturen vorziehen und sie das Vorhandensein unterschiedlicher nationaler Steuerungssysteme instrumentalisieren. Die beiden Positionen schließen sich nicht gegenseitig aus, als die eine in Begriffen von Zielen gefasst ist, während die andere (zu einem gewissen Teil zumindest unabsichtlich) Ergebnisse analysiert.

gen sind, die meist in Misserfolg, Kollaps oder einer gewaltsamen Niederlage durch das „Locke'sche Kernland" endet. Eine solche Niederlage wird entweder gefolgt von einer schrittweisen Einbindung in das Kernland (wie Deutschland nach 1945) oder einer Desintegration (wie im Fall der Sowjetunion). Van der Pijl nennt diese Einbindung „hegemoniale Integration", und zwar im Kontext einer Analyse, wie die Dynamiken von Kapitalakkumulation, institutionellen Entwicklungen und ideologischen Prozessen sich verbinden, um eine wahrhaft transnationale Gesellschaft hervorzubringen (van der Pijl 1998, 73).

2.4.4 Schluss

Das Anliegen dieses Kapitels war, hervorzuheben, dass der historische Prozess der Staatenbildung von Beginn an ein transnationaler Prozess war, der von Faktoren und Dynamiken mit gleichzeitig lokalen, nationalen und globalen Dynamiken bestimmt war. Es wurde gezeigt, dass sich diese Dimensionen wechselseitig bestimmen und nicht unabhängig voneinander betrachtet werden können.

Zum Zweiten wurde gezeigt, dass Staatenbildung und Klassenbildung Hand in Hand gehen. Bei der Staatenbildung handelt es sich um die Etablierung eines Monopols zur legitimen Anwendung von Gewalt (der Kern einer jeden traditionellen Definition des Staates), was aber nicht in einem sozialen Vakuum geschieht, sondern im Kontext der Ausbreitung einer spezifischen Klassenstruktur: Unterschiedliche Typen von Klassengesellschaften weisen unterschiedliche Staatsformen auf. Auch die Klassen- sowie die Staatenbildung überschreiten grundlegend die Grenzen des „Nationalen" und finden in einem transnationalen sozialen Raum statt.

Nun kann zu einer detaillierteren Analyse der globalen politischen Ökonomie im Zeitalter der Moderne übergegangen werden.

3 Historische Globalisierung: Aufstieg und Zerfall der Dritten Welt

3.1 Historische Globalisierung: Wurzeln und Wirkungsweisen ungleicher Entwicklung

Im ersten Kapitel wurde deutlich, dass die heutige Welt von ungeheuren und noch zunehmenden Ungleichheiten gekennzeichnet ist. Es gibt in unserer Welt sehr ungleiche Entwicklungsstufen zwischen (und auch innerhalb) verschiedenen Teilen der Welt.

In Kapitel 2 wurde das Konzept der historischen Globalisierung vorgestellt. Dieses Konzept ist in zwei Schritten definiert worden. Zunächst wurde mit abstrakten Begriffen erläutert, was unter Globalisierung verstanden werden kann. Im Kontext der Expansion des kapitalistischen Weltmarktes vertieft die Globalisierung im Wesentlichen die Kommodifizierung. Dieser Prozess bringt fundamentale Veränderungen in zumindest drei Schlüsselbereichen mit sich: eine Umgestaltung der vorherrschenden Produktions- und Verteilungsverhältnisse durch die Ausbreitung von Handel und Investitionen im Weltmaßstab, eine Revolution der Rolle und Bedeutung von Raum und Zeit, die alle Hindernisse für eine Kommunikation niederreißt, und eine radikale Umwälzung der Strukturen von Governance und der Ausgestaltung von Staatsmacht. Zweitens ist gezeigt worden, dass es sich dabei um einen ungleichen Prozess handelt: Es existieren drei Episoden intensivierter Marktexpansion und sich vertiefender Kommodifizierung, begleitet von grundlegenden ökonomischen, sozialen und politischen Umgestaltungen. Diese werden als der Zeitabschnitt der merkantilen Globalisierung (1492-1648), die Periode der Laissez-faire-Globalisierung (1840er-1914) und schließlich als die gegenwärtige Episode der neoliberalen Globalisierung, die durch die globale Ausbreitung des transnationalen Kapitals gekennzeichnet ist (1980er bis heute), identifiziert.

In den vorangegangenen Kapiteln ist ebenfalls argumentiert worden, dass im 16. Jahrhundert die Grundlage für die ungleiche Arbeitsteilung zwischen und innerhalb verschiedener Weltregionen gelegt wurde.

Die gegenwärtigen globalen Ungleichheiten haben allerdings nicht immer existiert. Es gibt eine Unmenge historischer Forschungen, die zeigen, dass bis zum Ende des 18. Jahrhunderts globale Unterschiede sehr gering waren, wenn es sie überhaupt gab. Frank legt eine umfangreiche Untersuchung dieser Forschungen vor und kommt zu dem Schluss, dass in der Periode zwischen dem 15. und dem 19. Jahrhundert die Unterschiede in der Welt gering waren und dass Asien (Indien und insbesondere China an erster Stelle) einen höheren Lebensstandard und ein höheres Produktionsniveau aufweisen als Europa (Frank 1998, Kap. 4, v. a. 1774; für die östlichen Wurzeln von Europas Entwicklung siehe das exzellente Buch von Hobson 2004). Dies deutet darauf hin, dass erst mit dem Aufkommen des industriellen Kapitalismus von Beginn des 18. Jahrhunderts an (das heißt in der zweiten Welle der Globalisierung) sich die Entwicklungsstufen im globalen

Maßstab auseinanderzuentwickeln begannen und Westeuropa nach vorn drängte. In derselben Zeit erlebte die Art der Beziehung zwischen Westeuropa und den peripheren Regionen der Welt eine qualitative Umgestaltung in dem Sinn, dass sich das Eindringen der Kolonialmächte in die nichteuropäischen Ökonomien und Gesellschaften beträchtlich vertiefte und intensivierte (vgl. Schwartz 2000, 31). Diese breiter werdenden Abstände sind nicht zwangsläufig und unweigerlich unüberbrückbar, noch weiten sie sich immer weiter aus. Unter bestimmten Bedingungen hat es auch Fälle von Angleichung gegeben, in denen Länder oder Regionen die Leiter hinauf- oder hinabgestiegen sind: von einem peripheren zu einem Kernstatus wie im Fall der Vereinigten Staaten, vom Status eines externen Gebietes zu dem einer Kernmacht wie im Fall Japans oder vom Kernstatus zu einem (semi)peripheren Status wie im Fall Portugals.

Bevor die Entwicklung der vergangenen 500 Jahre weiter historisch analysiert wird, soll hier zunächst einmal besprochen werden, welche Prozesse der Polarisierung und Angleichung eigentlich mit einer intensiven internationalen Arbeitsteilung verbunden sind und wie diese Prozesse theoretisch gedeutet werden.

Widerstreitende theoretische Annahmen

Die Debatten in der Entwicklungstheorie drehen sich um zwei Hauptaspekte: die Diskussion zwischen Vertretern eines liberalen Freihandels und den Vorkämpfern eines Handelsschutzes sowie die Diskussion zwischen denjenigen, die betonen, dass die internen Faktoren einen bestimmenden Einfluss auf die relativen Entwicklungsstufen haben, und denjenigen, die eine solch elementare Rolle den externen Faktoren zuschreiben. In späteren Phasen der globalen Entwicklung hat eine andere Richtung die Debatte bestimmt.[27]

- Die ursprüngliche Debatte war diejenige zwischen Liberalismus und Merkantilismus, die einen Großteil der frühen industriellen Periode bestimmte. Dies war hauptsächlich eine Debatte zwischen frühen („first comers") und späten („late comers") Industrialisierern, in welcher der Merkantilismus eine Waffe der Schwachen und Rückständigen gegen die Überlegenheit der Industrie der „first comer" darstellte.
- Chronologisch betrachtet, war die zweite Debatte die Debatte innerhalb des Marxismus, beginnend mit der klassischen Debatte über den Imperialismus in den frühen Jahrzehnten des 20. Jahrhunderts. Hier werden die beiden Aspekte (der Handelspolitik und der internen versus externen Determination) miteinander verbunden.
- Die dritte Debatte, die im Wesentlichen in der Zeit nach dem Zweiten Weltkrieg aufkam und verbunden war mit dem Prozess der Kolonialisierung, ist die erste eigentliche „Entwicklungsdebatte". In dieser Debatte ist der Hauptaspekt der Punkt der Determination. Die Modernisierungstheorie argumentiert, dass die internen Faktoren den Grad der Entwicklung oder Unterentwicklung bestimmen, die Dependenztheorie argumentiert, dass es

---

27 Ein hervorragender Überblick über die Debatte der Entwicklungstheorie kann in Blomström und Hettne 1984; Chazan et al. 1999; Martinussen 1997; Migdal 2001; Mittelman und Pasha 1997; Nederveen Pieterse 2001; Randall und Theobald 1998; Schuurman 1993, 2001; So 1990 gefunden werden.

3.1 Historische Globalisierung

die externen Faktoren sind, die Unterentwicklung hervorbringen (was ursächlich mit Entwicklung anderswo in der Welt verbunden ist). Man kann sagen, dass diese Debatte im Aufkommen der Weltsystemtheorie als ein kohärentes Beispiel, welches die Befunde der Dependenztheorie aus den 1970er und frühen 1980er Jahren verallgemeinerte, ihren Höhepunkt fand, während das Modernisierungsparadigma in der Zeit der 1970er zeitweilig zu verblassen schien.

- Seit den frühen 1980ern mit der Intensivierung der neuesten Welle der Globalisierung erfuhr die Entwicklungsdebatte mehrere heftige Erschütterungen (Schuurman 2005). Diese neuesten Entwicklungen sollen Gegenstand von Kapitel 5 sein. In diesem Kapitel liegt unser Fokus auf dem Verständnis der ersten drei Debatten und ihrer Verortung im entsprechenden historischen Kontext.

Klassische sowie neoklassische Volkswirtschaftler waren sich darüber einig: Die internationale Arbeitsteilung führt zu einer Nivellierung des Wohlstandsgefälles zwischen verschiedenen Regionen; die Lücke schließt sich. *Die erste Debatte: Freihandel versus Protektionismus*

Die klassische Theorie der internationalen Arbeitsteilung hat die These vertreten, dass internationaler Handel für beide Seiten vorteilhaft sein kann. In seinem Werk *The Wealth of Nations* (1776) verbreitete Adam Smith die Idee des Freihandels auf der Basis dieses Prinzips des absoluten Vorteils. Es ist vorteilhafter für ein Land, solche Produkte von auswärts zu importieren, deren Herstellung im eigenen Land teurer wäre. *Klassische Theorie*

David Ricardo (1817) ging einen Schritt weiter, indem er argumentierte, dass es sogar von Vorteil sein könnte, Güter zu importieren, die im eigenen Land billiger hergestellt werden könnten. Er hat zur Illustration dieser Theorie der komparativen Kostenvorteile das berühmte Beispiel des Handels zwischen England und Portugal herangezogen. Obwohl sowohl Tuch als auch Wein in Portugal billiger hergestellt werden könnten als in England, sei es doch vorteilhafter, wenn Portugal sich auf die Weinproduktion konzentriere und England auf die Herstellung von Tuchen, da der Kostennachteil von England auf diesem Gebiet kleiner sei. Durch den Handel könne (auch ohne Vorteile der Massenproduktion) in den beteiligten Ländern Arbeit eingespart werden, die für die Vermehrung des Wohlstandes eingesetzt werden könne. Damit trage der Handel zum Wirtschaftswachstum bei. Ricardo sagt freilich nichts darüber, ob dieses Wachstum in den beteiligten Ländern zu ähnlichen Wirtschaftsstrukturen führt. *Komparativer Kostenvorteil*

Die neoklassische Theorie geht hier einen Schritt weiter. Heckscher (1949) und Ohlin (1933) haben die Theorie vom Faktorproportionenausgleich formuliert. Sie gehen davon aus, dass für die Herstellung verschiedener Güter unterschiedliche Mengen von Produktionsfaktoren (Arbeit, Kapital, Boden) notwendig sind, die in verschiedenen Ländern in unterschiedlichem Maße vorhanden sind. Jedes Land sollte sich Heckscher und Ohlin zufolge auf diejenigen Produkte spezialisieren, für deren Herstellung sie besonders reichlich mit den hierfür erforderlichen Produktionsfaktoren ausgestattet sind. Da in Australien z. B. viel Land zur Verfügung stehe, eigne sich das Land besonders für die Schafzucht und die Wollproduktion. Arbeitsintensive Produkte dagegen sollten eher in dichtbe- *Neoklassische Theorie* siedelten Gebieten hergestellt werden. Die kapitalintensive Produktion solle sich auf die Länder konzentrieren, in denen reichlich Kapital vorhanden sei.

Faktorproportionausgleich

Heckscher und Ohlin gründeten ihre Theorie auf der Annahme, dass die Produktionsfaktoren Kapital und Arbeit nicht über die Landesgrenzen hinweg mobil seien. Trotzdem nahmen sie an, dass sich die Preise für die einzelnen Produktionsfaktoren in den verschiedenen Ländern einander anglichen. Die Nachfrage nach arbeitsintensiven Produkten aus Ländern mit einer dichten Bevölkerung lasse auch dort die Preise für Arbeit (die Löhne) steigen, bis kein Lohnvorteil mehr gegenüber anderen Ländern bestehe. Dementsprechend führe in den besser mit Kapital ausgestatteten Ländern die Nachfrage nach Kapital dazu, dass die Zinsen dasselbe Niveau wie in Ländern mit einer größeren Kapitalknappheit erreichten. Auf die Dauer werde sich damit die Nachfrage nach Arbeit und Kapital in den verschiedenen Ländern auf dem gleichen Niveau einpendeln, und die Wirtschaftsstrukturen glichen sich weitgehend einander an.

Die klassische Freihandelstheorie fand ihre ersten Kritiker auf dem damals noch hinter England industriell zurückgebliebenen europäischen Kontinent.

List

Friedrich List argumentierte, dass die Freihandelstheorie durchaus auf Gesellschaften von vergleichbarem Entwicklungsniveau anwendbar sei, aber nicht auf Gesellschaften unterschiedlichen Entwicklungsgrades.[28] Das Theorem der komparativen Kosten setzt voraus, dass die Arbeitsteilung den beteiligten Ländern kurzfristig einen Gewinn verschafft. Es lässt jedoch die langfristigen Folgen einer bestimmten Spezialisierung außer Acht. Die Konzentration auf die Rohstoffförderung bringt langfristig andere Wachstumsimpulse mit sich als die Maschinenproduktion. Ich komme später ausführlicher auf dieses Thema zurück. Wie kommt es, dass sich reich mit Rohstoff ausgestattete Länder häufig nicht entwickeln konnten, während ein rohstoffarmes Land wie Japan (und die südostasiatischen Newly Industrializing Countries) sich stürmisch entwickelt haben? Johan Galtung (1971) hat dies einmal treffend zusammengefasst: Was bleibt einem Rohstoffe exportierenden Land nach der Ausfuhr? Ein Loch im Boden und eine verzerrte Infrastruktur (Eisenbahnlinien von den Gruben zum Hafen). Was bleibt einem Land nach der Ausfuhr von Maschinen? Eine gutausgebildete Bevölkerung mit Werkzeugen, die sich auch zur Herstellung von zahllosen weiteren Produkten eignen.

Sideri

Gegen das Theorem der komparativen Kostenvorteile ist immer wieder vorgebracht worden, dass es sich um eine statische Theorie handele. Es wird nicht gefragt, welche „konkreten Auswirkungen auf Produktionsstruktur, Einkommensverteilung, Konsumprofile, Arbeitsmarkt und allseitige Infrastruktur" eine bestimmte Spezialisierung mit sich bringt (Senghaas 1977, 77). Eine solche dynamische Theorie des internationalen Handels existiert im Grunde bis heute nicht.

Wie es um diese Auswirkungen bestellt ist, hat Sandro Sideri in dem Buch *Trade and Power* (1970) an dem konkreten Beispiel des Handels zwischen Eng-

---

28 List standen dabei die Entwicklungsunterschiede zwischen England einerseits und Ländern wie Frankreich, den USA und Deutschland andererseits vor Augen. Für die Länder der Südhalbkugel sah er nicht die gleichen Entwicklungschancen (vgl. Senghaas 1977, 79, 85). Siehe F. List, Das nationale System der politischen Ökonomie, Stuttgart/Tübingen 1841. Hier findet sich die digitalisierte Ausgabe: http://www.wlym.de/klassiker/List_National system1841.pdf.

3.1 Historische Globalisierung

land und Portugal untersucht. Er hat sich das fiktive Beispiel vorgenommen, mit dem Ricardo das Theorem der komparativen Kosten illustriert hat. Sideri stellt dabei die Frage, wie den beiden Ländern ihre jeweilige Spezialisierung auf Textilien (im Fall Großbritanniens) und Wein (im Fall Portugals) geschichtlich bekommen ist. Er zeigt, welche sozialen und politischen Auswirkungen die Spezialisierung in den beiden Ländern gehabt hat. In Großbritannien wurde die Textilmanufaktur verstärkt, von der zahlreiche Spin-off-Effekte (z. B. für den Maschinenbau) ausgegangen sind. Damit wurden die Kräfte gefördert, die die industrielle Revolution hervorgebracht haben. In Portugal wurde dagegen der Großgrundbesitz gestärkt, dessen gesellschaftliche Machtposition durch die Industrialisierung nur Gefahr laufen konnte. Damit gewann eine Klasse an Gewicht, die sich der Modernisierung von Wirtschaft und Gesellschaft eher widersetzte. Diese sozialen und politischen Folgen von unterschiedlichen Spezialisationsmustern finden in den Wirtschaftswissenschaften wenig Beachtung. Sie neigen darum zu einseitigen Aussagen über die Folgen des internationalen Handels.

Diese Überlegungen stellen gewissermaßen die Brücke zwischen der ersten und der dritten Debatte her, mehr im Speziellen den Ursprung der Dependenztheorie. Ich werde in Kürze zu diesen Themen zurückkehren. Zunächst muss aber kurz die marxistische Debatte über ökonomische Entwicklung betrachtet werden.

Marxistische Wirtschaftstheoretiker hatten schon immer Probleme, zu einer entschiedenen Position über die „richtige" Interpretation von Marx' Arbeiten zu gelangen. In vielerlei Hinsicht haben ihre Diskussionen und Meinungsverschiedenheiten parallele Diskussionen in der „bürgerlichen" Theorie widergespiegelt.

Die zweite Debatte: marxistische Theorie

Die folgende Passage aus dem *Kommunistischen Manifest* (1848) mag als ein Ausgangspunkt dienen:

„Die Bourgeoisie hat durch ihre Exploitation des Weltmarktes die Produktion und Konsumption aller Länder kosmopolitisch gestaltet. ... Die Bourgeoisie reißt durch die rasche Verbesserung aller Produktionsinstrumente, durch die unendlich erleichterten Kommunikationen alle, auch die barbarischen Nationen in die Zivilisation... Sie zwingt alle Nationen, die Produktionsweise der Bourgeoisie sich anzueignen, wenn sie nicht zugrunde gehen wollen; sie zwingt sie, die sogenannte Zivilisation bei sich selbst einzuführen, d. h. Bourgeois zu werden. Mit einem Wort, sie schafft sich eine Welt nach ihrem eigenen Bilde." *(Marx und Engels, 1972, 466):*

Laut einer Interpretation, die auf die Ansichten von Bernstein und die menschewikische Strömung im revolutionären Russland zurückgeht und die später unter anderen von Shlomo Avineri (1969) und Bill Warren (1980) unterstützt wurde, sind Marx und Engels davon überzeugt gewesen, dass die Ausbreitung des Kapitalismus auf andere Erdteile die archaischen Produktionsstrukturen dort zerstören werde. Damit werde der Weg freigemacht für eine Entwicklung nach europäischem Vorbild. Diese Erwartungen wurzeln in der Auffassung, dass alle Gesellschaften im Prinzip dem gleichen Entwicklungsweg folgten, der von der antiken Sklavenhaltergesellschaft über Feudalismus und Kapitalismus zum Sozialismus führen werde.

Sehr nachdrücklich wurde diese marxistische Tradition in der jüngeren Diskussion von Bill Warren (1980) hochgehalten. Er behauptet, dass die Ausbreitung des Kapitalismus in vorkapitalistischen Entwicklungsländern dort im Wesentlichen eine progressive Rolle spiele: Mit zunehmender Industrialisierung wachse auch eine starke Arbeiterklasse heran, die schließlich eine tonangebende Position erwerbe. In dem Maße, in dem sich der Kapitalismus in Entwicklungsländern durchsetze, werde der Imperialismus (das heißt die verschiedenen Formen der Domination der weniger entwickelten durch die entwickelteren Länder) abnehmen. Laut Warren könnte die Befreiung der Peripherie nur ein Ergebnis einer sozialen Revolution sein, die von einem durch eine kapitalistische Entwicklung geschaffenen industriellen Proletariat angeführt werde. Jeder Versuch einer Revolution, bevor die Zeit reif dafür sei, werde bestenfalls in einem unbedeutenden bürgerlichen Kapitalismus enden. Warren beschuldigt Lenin, den „wahren" Marxismus entstellt zu haben, indem er die Möglichkeit aufgeworfen habe, dass eine sozialistische Revolution in kolonialen oder halbkolonialen, frühen oder vorkapitalistischen Ländern möglich sei. Warrens Standpunkt basiert auf einer Zahl von Zitaten von Marx über das Wesen des britischen Kolonialismus in Indien und Irland (veröffentlicht in der New York Tribune) aus dem *Kommunistischen Manifest* und dem Vorwort zu *Das Kapital*.

Wie dem auch sei, es kann überzeugend nachgewiesen werden, dass dies bestenfalls eine einseitige, eine realistischerweise falsche Interpretation von Marx' Ansichten über dieses Thema ist. Über die englische Kolonialherrschaft in Irland zum Beispiel schrieb Marx am 10. Dezember 1869 an Engels:

„Für eine lange Zeit habe ich geglaubt, dass es möglich wäre, die englische Obrigkeit durch das Übergewicht der englischen Arbeiterklasse zu stürzen. Ich habe diesen Standpunkt immer in der New York Tribune vertreten. Tiefer gehendes Studium hat mich jetzt vom Gegenteil überzeugt. Die englische Arbeiterklasse wird **niemals irgendetwas erreichen** bis sie sich von Irland losgesagt hat. Der Hebel muss in Irland angesetzt werden." *(Hervorhebung durch Marx, Marx 1869, 218)*

Allgemein gesprochen war Marx viel aufgeschlossener, als sowohl seine Kritiker als auch seine Anhänger jemals bereit waren zuzugeben. Und was für unseren Themenbereich relevant ist, die Anwendung seiner Methode des dialektischen Materialismus brachte Marx später in seinem Leben dazu, insbesondere in seinen Schriften über Russland und Irland, Positionen vorwegzunehmen, die später repräsentativ für die Dependenztheorie werden sollten: Er kam zu der Erkenntnis, dass der Kapitalismus dazu neigt, Entwicklung und materiellen Fortschritt in den kapitalistischen Ländern Europas hervorzubringen, aber zu Zerstörung, Elend und Stagnation in vielen Kolonien zu führen (für eine ausführliche Darlegung siehe Melotti 1977).

Wenn man sich Melotti anschließt, muss unsere Schlussfolgerung sein, dass Warrens Interpretation von Marx falsch ist und dass es keinen Bruch zwischen Marx und Lenin gibt: Marx hielt nicht an der Ansicht fest, dass es nur in den industrialisierten kapitalistischen Ländern zu einer Revolution kommen könne; tatsächlich argumentiert er, dass eine Revolution in den Kolonien eine Vorbedingung für die Emanzipation der Arbeiterklasse von den ‚Mutterländern' sei.

Spätere Debatten des Marxismus konzentrierten sich direkter auf diese Beziehung zwischen kapitalistischen und nichtkapitalistischen Gebieten. Nach Ansicht Karl Kautskys (1913-1914) und besonders Rosa Luxemburgs (1912) müssen kapitalistische Ökonomien von Natur aus nichtkapitalistische, landwirtschaftliche Gebiete dominieren und sich einverleiben, um die inhärente Tendenz zur Unterkonsumtion zu überwinden (vgl. Box 3.1). In einer kapitalistischen Ökonomie tendieren die Löhne in Richtung Existenzminimum, während die gesamte Produktion beständig zunimmt. Dieses Ungleichgewicht führt unausweichlich zu einem Defizit in der Nachfrage, welches nur durch den Verkauf von Teilen der Produktion auf externen, nichtkapitalistischen Märkten oder durch eine unproduktive Konsumtion dieses Überschusses überwunden werden kann. Für Luxemburg erklärt dies die Tendenz des Kapitalismus, nichtkapitalistische Länder und Völker zu unterwerfen, und es erklärt ebenso die Tendenz in Richtung Bewaffnung und Kriegführung (die „effektivste" Form der unproduktiven Konsumtion).

> **Box 3.1**
> Theorien der Unterkonsumtion sind im Marxismus einflussreich geblieben. In den 1950erJahren belebten Paul Baran und Paul Sweezy Luxemburgs Erbe (Baran 1957; Baran und Sweezy 1966), und ihr Einfluss kann ebenso in der Arbeit zur Neuen Internationalen Arbeitsteilung (Fröbel, Heinrichs und Kreye 1977) nachverfolgt werden. Auch in Wallersteins Verständnis der kapitalistischen Welt-Ökonomie gibt es eine starke Hinwendung zum Thema Unterkonsumtion,
> Die grundsätzlichen Probleme mit dem Begriff Unterkonsumtion sind zweierlei Art. Zunächst einmal neigt er dazu, die Rolle des technologischen Fortschritts zu ignorieren: Sein Grundargument wird im Sinne einer immer größer werdenden physischen Menge von Produkten, die verkauft werden müssen, ausformuliert. Er ignoriert die Tatsache, dass eine gesteigerte Produktivität den Wert der einzelnen Einheit und den Preis dieser Produkte reduziert; größere Produktionsmengen können mithin für die gleiche Geldmenge gekauft werden (oder zum selben allgemeinen Lohnniveau).
> Zum Zweiten ist es nicht notwendig, dass die Gesamtproduktion der kapitalistischen Industrie durch Arbeiter konsumiert wird; sie kann ebenso vom Staat oder Kapitalisten anderer Sektoren ‚konsumiert' werden, nicht in Form eines Endverbrauchs, sondern in Form von Investitionen in weitere Produktionsmittel (für eine ausführlichere Erläuterung vgl. Mandel 1962, Kapitel 1, und Mandel 1972, Kapitel 9).

Diese Auffassungen sind von Bucharin (1917) und Lenin (1917) kritisiert worden, deren Imperialismustheorien weniger ausschließlich auf den Aspekt der Verteilung und mehr auf die Beziehungen zwischen Kapital und Arbeit im Produktionsprozess selbst fokussieren sowie auch auf das Phänomen der Konzentration und Zentralisierung des Kapitals, das heißt die Bildung von Kapitalgesellschaften und das Phänomen von Fusionen als Wege, durch welche individuelles Kapital zu größeren Einheiten mit einem größeren Potenzial für eine weitere Akkumulation fusioniert. Dabei bezogen sie sich teilweise auf die Arbeit von Rudolf Hilferding (1910). Lenin stützte sich auch zu weiten Teilen auf die Kritik der britischen Liberalen am Kapitalismus, wie John Hobson (1902), der die Rolle parasitärer Kapitalisten hervorhob, die zuviel Profit machten, als dass sie ihn in die heimische Industrie investieren könnten, was sie zu imperialistischen Abenteuern veranlasste. Lenin addierte dazu die korrupten Effekte des Imperialismus auf die Anführer der Bewegung der Arbeiterklasse (ein Element, das auch schon in der Arbeit von Marx und Engels auftauchte). Seine Theorie ist tatsächlich eine eher weiterentwickelte und facettenreiche Erklärung des Imperialismus, in welcher er bei der Interpretation des Beweggrundes führender kapitalistischer Staaten, den Rest des Globus zu unterwerfen, dem Zusammenspiel von ökonomischen und geopolitischen Rationalitäten besondere Aufmerksamkeit widmet.[29] Schließlich sah Lenin den Imperialismus nicht einfach als die Außenpolitik bestimmter Staaten an, sondern als eine bestimmte Stufe des Kapitalismus in einem transnationalen politisch-ökonomischen System. In diesem Sinn kann seine Arbeit immer noch Inspiration für die Interpretation mehr gegenwärtiger Formen des transnationalen Kapitalismus sein.

Ein Element, das in Lenins Ansatz fehlte, war eine vollständige Ausarbeitung der Mechanismen, die dem Vorgehen des Kapitalismus eigen sind (andere Mechanismen als politische Herrschaft und Auslandsinvestitionen) und die die fortgesetzte Ausbeutung untergeordneter Regionen und den Transfer von Überschüssen aus den Kolonial- und Halbkolonialländern in die Kernländer erklären. Diese Problematik gelangte zu mehr zentraler Bedeutung in den Diskussionen über Entwicklung und Unterentwicklung in der Zeit der Entkolonialisierung.

Die dritte Debatte: Modernisierung versus Abhängigkeit[30]

In den Jahren nach dem Zweiten Weltkrieg haben verschiedene Ausarbeitungen das Aufkommen eines neuen Paradigmas in der Theoretisierung der Beziehungen zwischen Kernstaaten und Staaten an der Peripherie sowie zwischen Ursachen von und Heilmitteln für die Armut und den Mangel an Entwicklung in den „rückständigen" Ländern beschrieben. Die Vereinigten Staaten traten aus den Erschütterungen der Großen Depression und des Krieges als neuer Welthegemon hervor, und sie fingen an, die Weltökonomie entsprechend ihren eigenen Präferenzen und Prioritäten zu reorganisieren. Die Vereinigten Staaten bemühten sich in diesem Prozess u. a., die Kolonialreiche der hauptsächlichen europäischen Kolonialmächte (Großbritannien, Frankreich, Niederlande) aufzulösen. Die neuen „souveränen" Staaten in Asien und Afrika sahen sich der Aufgabe gegenüber, ein schnelles ökonomisches Wachstum für ihre Bevölkerungen zu bieten. Die Vereinigten Staaten stellten hierfür ein Modell zur Verfügung, das des liberalen freien Marktes, aber seine Rolle wurde durch die Sowjetunion herausgefordert. Zwischen den 1930er und 1970er Jahren brachte die Sowjetunion ein schnelleres ökonomisches Wachstum hervor als die kapitalistischen Länder. Und dieses Modell war für die herrschenden Staatsklassen in den neuen unabhängigen Ländern attraktiv, da das stalinistische Modell ihnen eine privilegierte Rolle in diesem Prozess zusprach.

Vor diesem Hintergrund entstand in den USA in den 1950er und 1960er Jahren eine neue Denkrichtung über das Problem der Rückständigkeit, wie es ursprünglich genannt wurde. Dieser neue Ansatz, der als Modernisierungstheorie bekannt wurde, wählte als seinen Ausgangspunkt die Dichotomie zwischen traditioneller Gesellschaft und Modernität. In traditionellen Gesellschaften gibt es einen geringen Grad der Arbeitsteilung und der gegenseitigen Abhängigkeit zwischen sozialen Gruppen; Beziehungen werden bestimmt durch Verwandtschaft, Tradition und Partikularinteressen; in der Wirtschaft herrschen technolo-

---

29 Für eine weitere Ausarbeitung klassischer Theorien des Imperialismus sei der Leser/die Leserin auf das nachfolgende Kapitel 4 verwiesen.
30 Für ausgezeichnete Übersichten vgl. Martinussen 1997, Randall und Theobald 1998 und So 1990.

gische Stagnation, das Fehlen von Unternehmertum und ein Mangel an Rücklagen für Investitionen.

Moderne Gesellschaften sind demgegenüber charakterisiert durch einen relativ hohen Grad an Arbeitsteilung und gegenseitiger Abhängigkeit; Beziehungen werden bestimmt durch Vernunft und Universalismus; die Wirtschaft ist dynamisch dank unternehmerischer Initiative, hoher Rücklagen für Investitionen und technologischen Fortschritts (für eine mehr ausgearbeitete Darlegung der Charakteristika der Modernisierungstheorie vgl. So 1990, 17). Armut und Rückständigkeit sind in dieser Sichtweise der normale Zustand traditioneller Gesellschaften. Bevor eine traditionelle Gesellschaft den Übergang zur Modernität vollziehen könne, müsse sie eine Reihe von Schritten durchlaufen, argumentiert das bekannteste Buch über Modernisierung (Rostow 1960). Um das Stadium des „take-off" zu erreichen, den Punkt, an dem der Fortschritt hin zur Modernität unumkehrbar wird, muss es einen Schock geben (in der Art einer politischen Revolution), um die Schlüsselinstitutionen zu transformieren, muss es einen technologischen Durchbruch geben (wie die Entdeckung der Dampfkraft) oder muss es zu einer günstigen internationalen Konstellation kommen: Wenn diese Bedingungen zusammenkommen, kann eine Gesellschaft ihre Sparquote von unter fünf Prozent (auf diesem Level kann die Stagnation nicht überwunden werden) bis über zehn Prozent des nationalen Einkommens (die Schwelle für ein sich selbst tragendes Wachstum) anheben.

Für den Modernisierungsansatz ist Rückständigkeit also der natürliche Ausgangspunkt jeder Gesellschaft; sie ist ein Zustand der Stagnation und des Mangels an Dynamik, während die Bedingungen für seine Überwindung jedoch absolut im Inneren einer Gesellschaft selbst liegen. Jede Gesellschaft muss dem gleichen Weg in die Modernität folgen.

Externe Kräfte können nur insoweit eine Rolle spielen, als sie intern erzeugte Veränderungen, die zur Modernisierung führen, aktivieren und aufrechterhalten können. Konkret gesagt, ist dies offensichtlich der Ursprung der Idee der ‚Entwicklungshilfe': Durch das Bereitstellen einer Entwicklungsfinanzierung sollte es möglich sein, die Höhe der Investitionen auf über zehn Prozent des Nationaleinkommens anzuheben. Schließlich, wie Rostow in seinem „antikommunistischen Manifest" vorausgesagt hat, führe der Prozess der Modernisierung zur letzten Stufe des Massenkonsums, wie er zu der Zeit, als er seine Studie schrieb, von den Vereinigten Staaten erreicht worden war.

Die Modernisierungstheorie verband sich ohne Probleme mit den neoklassischen Theorien des internationalen Handels, die auf dem Theorem des komparativen Vorteils basieren, welches ursprünglich von Ricardo formuliert worden war (siehe oben). Zusammen bildeten diese theoretischen Aussagen die Grundlage für die Strategie, die von den Vereinigten Staaten gegenüber den neu entstehenden post-kolonialen Regimen befürwortet wurde. Trotz einer recht grundsätzlichen Kritik ist sie immer einflussreich geblieben, wie es z. B. Fukuyamas Feier des Triumphes des liberalen Kapitalismus am Ende des Kalten Krieges erkennen ließ (vgl. Fukuyama 1992).

Die erste Kritik am Modernisierungsansatz kam in den frühen 1950er Jahren in Lateinamerika auf. Volkswirtschaftler, die für die UN Commission for Latin America (ECLA) arbeiteten (vor allem ihr langjähriger Direktor Raúl Prebisch), waren zunehmend frustriert aufgrund der Tatsache, dass die lateinamerikanischen Länder, die den Vorgaben des komparativen Vorteils folgten, eine (entgegen den Voraussagen der Theorie) kontinuierliche Verschlechterung der „terms of trade" (Handelsbedingungen) erfuhren: Sie mussten immer größere Mengen an Nahrungsmitteln und Rohstoffen exportieren (in welchen sie einen anzunehmenden komparativen Vorteil besaßen) im Austausch für einen abnehmenden Zufluss an industriellen Produkten.

„terms of trade"

> **„terms of trade"**
> Die „terms of trade" geben das Verhältnis zwischen dem Index der Ausfuhrpreise und dem Index der Einfuhrpreise an. Sie sagen etwas aus über die Menge der Waren, die für den Erlös einer bestimmten Exportmenge eingeführt werden können, bzw. über die Menge der Exportprodukte, die zur Finanzierung eines bestimmten Imports ausgeführt werden müssen. Wenn Tansania z. B. zur Bezahlung einer Schweizer Uhr Anfang der 1960er Jahre 7,5 kg Kaffee exportieren musste, Anfang der 1970er Jahre dagegen 14,2 kg, dann haben sich für Tansania die „terms of trade" im bilateralen Handel zwischen Tansania und der Schweiz in dieser Periode verschlechtert.
> Die historische Entwicklung der „terms of trade" im Handel zwischen Rohstoff- und Industrieländern spielt in der Entwicklungsökonomie eine wichtige Rolle. Da die Entwicklung von Indizes jedoch stark vom jeweils gewählten Basisjahr abhängt, liegen sehr verschiedene Aussagen über die Entwicklung der „terms of trade" der abhängigen Länder vor.

Zu dieser Verschlechterung trägt das unterschiedliche Tempo des technologischen Fortschritts in Industrie und Landwirtschaft bei. Obendrein kämen die Früchte des technologischen Fortschritts im Norden den Produzenten, im Süden dagegen deren Abnehmern (im Norden) zugute. Denn die Produktivitätsfortschritte, die sich durch den technologischen Wandel erzielen lassen, fänden im Norden nur zum Teil ihren Niederschlag in niedrigeren Preisen. Die Monopolsituation der Erfinder der neuen Technologien helfe den Produzenten, die Preise hochzuhalten. Durch die starke Konkurrenz zwischen den landwirtschaftlichen Produzenten führe der technische Fortschritt in der Landwirtschaft direkt zu einem Preisverfall. Nutznießer seien darum die Käufer, nicht die Produzenten der Agrarprodukte.

Später hat Prebisch noch ein weiteres Argument hinzugefügt. Das höhere Preisniveau in den Industrieländern führte er auf die höheren Löhne zurück, die die Gewerkschaften in diesen Ländern durchgesetzt hätten. In den weniger entwickelten Ländern dagegen sei das Angebot an Arbeitskräften so groß, dass höhere Löhne kaum durchsetzbar seien (vgl. Harris 1986, 15f.). Diese Argumentation kommt derjenigen sehr nahe, die später von anderen Autoren entwickelt wurde, die über den „ungleichen Tausch" (vgl. Emmanuel 1972) geschrieben haben.

Raúl Prebisch schlug eine neue Strategie für Lateinamerika vor, die auf drei Elementen fußt (von denen zwei die liberalen Vorgaben verletzen): Importtarife für Industrieprodukte und Importsubstitution als Hauptform von Industrialisierung, fortgesetzter Export von Rohstoffen, um die notwendige Einfuhr benötigter

Maschinengüter zu finanzieren, und eine aktive Rolle für die Regierung im Entwicklungsprozess (vgl. So 1990, 94; auch Harris 1986, 18).[31] Die Arbeit von Prebisch und seinem Mitarbeiter Singer hat zum Teil die intellektuelle Begründung für eine Politik geliefert, die bereits in lateinamerikanischen Ländern während der 1930er Jahre als Antwort auf die Große Depression und den Zusammenbruch des Welthandels ins Leben gerufen worden war. Man kann das ECLA-Programm tatsächlich als ein Mitte des 20. Jahrhunderts stattfindendes Wiederaufleben der Ideen von List, die zu Beginn dieses Kapitels erläutert wurden, betrachten.

Bald jedoch rückte das kritische Denken über die engen Grenzen des ECLA-Programms hinaus. Beeinflusst durch das Aufkommen dessen, was allgemein als „Neo-Marxismus" definiert wird (z. B. Baran 1957), entstand ein neues Paradigma, welches – mit Bezug auf seine lateinamerikanischen Wurzeln – als Dependenztheorie (nach der spanischen ‚dependencia') bekannt wurde. Die Dependenztheorie weist die Vorstellung zurück, dass Tradition und Modernität, Entwicklung und Unterentwicklung Phänomene sind, die unabhängig voneinander sind und stabile Zustände, Bedingungen repräsentieren. Entwicklung und Unterentwicklung werden eher als dynamische Prozesse angesehen, die überdies in Wechselbeziehung stehen. Daher postulierte André Gunder Frank, einer der Gründerväter der Denkschule der Dependenztheorie, die Vorstellung von der „development of underdevelopment" (Frank 1967). Unterentwicklung ist in dieser Sichtweise nicht einfach ein Bestandteil von Rückständigkeit, sondern ein dynamischer Prozess sich verschlimmernder Armut und Abhängigkeit: Er verschlechtert sich mit der Zeit immer weiter.

Unterentwicklung kann daher nicht als die Manifestation uralter traditioneller Muster, als ein sozialer Atavismus gesehen werden, sondern sie ist vielmehr ein Prozess, der einen integralen Bestandteil von „modernity" und der Gegenwart darstellt. Aus seiner Studie über die Unterentwicklung in Lateinamerika zieht Frank den Schluss, dass die grundlegende Ursache für diesen Prozess genau die Einbindung der „underdeveloping region" in die globale Wirtschaft ist, beginnend mit der Ankunft der Europäer im 15. und 16. Jahrhundert und was sich bis zum Zeitpunkt des Schreibens fortsetzte. Die einzigen Zeitabschnitte, in denen die Dynamik der Unterentwicklung sich scheinbar (teilweise) umkehrt, argumentiert Frank, sind solche Perioden, in denen die Verbindungen zum Weltmarkt einen Bruch erleiden, wie zur Zeit der Großen Depression in den 1930er Jahren. Gerade dann finden sich Formen erfolgreicher Industrialisierung und wirtschaftlichen Wachstums.

Der Hauptmechanismus, der für die fortgesetzte Unterentwicklung Lateinamerikas verantwortlich ist, ist also die Integration in den kapitalistischen Weltmarkt: Handel und Investitionen saugen den in lateinamerikanischen Ökonomien erzielten Überschuss ab und übertragen diesen Überschuss in die reichen entwi-

---

31 Ich werde ausführlicher auf den historischen Kontext dieser Entwicklungen in den nächsten Abschnitten dieses Kapitels zurückkommen. An dieser Stelle hebe ich die theoretischen Schlüsselkonzepte der wichtigsten Ansätze hervor, die notwendig sind, um eine Skizze für eine Periodisierung der historischen Beziehungen zwischen Zentrum und Peripherie (oder zwischen Nord und Süd oder der Ersten und der Dritten Welt) am Ende dieses Abschnittes entwickeln zu können.

ckelten Länder. Wie in Kapitel 2 erläutert, erklärt die Theorie des ungleichen Tausches zu weiten Teilen, wie dieser Prozess funktioniert. Im Gegensatz zu den allgemein akzeptierten Vorstellungen des komparativen Vorteils argumentiert diese Theorie, dass es genau die Handelsbeziehung zwischen armen und reichen Ländern ist, die den Prozess der Unterentwicklung durch einen Werttransfer von Arm zu Reich aufrechterhält (vgl. Emmanuel 1972).

Die am besten ausgearbeiteten Beiträge zur Schule der Dependenztheorie sind von Samir Amin (1976), der den Begriff des ungleichen Tausches ausgeweitet hat auf das, was er ungleiche Spezialisierung nennt (was sich nicht nur in den Handelsbeziehungen manifestiert, sondern auch in der Art und Weise, wie diese in Form einer ‚missartikulierten' politisch-ökonomischen Struktur internalisiert werden), und von Dieter Senghaas (1974, 1977, 1982) entwickelt worden. Beide identifizieren die Probleme für eine erfolgreiche Entwicklung im Zusammenhang mit der Exportorientierung und der vorherrschenden Rolle auswärtiger Finanzinteressen der Entwicklungsländer.

Hartmut Elsenhans hat in einem nur wenig beachteten Buch (Elsenhans 1991) mit einer sehr nuancenreichen Darlegung der Prozesse der Peripherisierung aufgewartet. Er weist darauf hin, dass die Eingliederung des Südens in die kapitalistische Weltwirtschaft tatsächlich den Prozess der Unterentwicklung verursacht hat (welchen er auch eher als einen dynamischen Prozess sieht denn als einen statischen Naturzustand, wozu Modernisierungstheoretiker neigen). Er unternimmt jedoch zwei wichtige Einschränkungen: Erstens hebt er hervor, dass Abhängigkeitsstrukturen auf lokaler Ebene internalisiert und reproduziert werden. Insbesondere das Aufkommen einer spezifischen „Staatsklasse" ist förderlich in der Reproduktion von Abhängigkeit (Elsenhans 1991, 1).[32] Zweitens weist Elsenhans die Idee zurück, dass die Ausbeutung der Dritten Welt beträchtlich zur Bereicherung der Ersten Welt beigetragen hat. Er argumentiert vielmehr, dass Entwicklung und Kapitalanhäufung im Norden zunächst einmal eher intern durch technologischen Fortschritt als durch Raubhandel und ungleichen Tausch (Elsenhans 1991, 10; vgl. unsere Diskussion von Wallerstein in Kapitel 2) hervorgebracht wurden.

Die gegenwärtige Situation in der Entwicklungsdebatte (Nederveen Pieterse 2001; Schuurman 2001, 2005) ist die einer fortgeführten Debatte. Die beiden groben Versionen der Modernisierungstheorie und der Dependenztheorie sind angesichts ernster Kritik verfeinert worden, aber sie sind nicht verschwunden oder verdrängt worden. Und der Einfluss jüngerer Theoretisierungen des Phänomens der Globalisierung ist in beiden beherrschend gewesen. Als ein Ergebnis ist das Feld der Dependenztheorie vielfältiger als jemals zuvor (siehe Kapitel 5).

Auf dem Weg zu einer Periodisierung der internationalen Arbeitsteilung

Nun kann vor dem Hintergrund dieses Kontextes ausführlicher betrachtet werden, wie sich die Herausbildung der internationalen Arbeitsteilung in verschiedenen Etappen vollzogen hat und welche Mechanismen die Dynamik bestimmt haben. Für diese Einteilung bieten sich verschiedene Kriterien an. Zeiträume lassen sich z. B. unterscheiden anhand

---

32 Für ein ähnliches Argument mit Bezug auf Subsaharaafrika vgl. Bayart 1993. Über die Rolle des Staates in der (Unter-)Entwicklung siehe auch die klassische Studie von Evans, Rueschemeyer und Skocpol 1985.

3.1 Historische Globalisierung

- der Entwicklung der Weltkonjunktur (Zeiträume mit starkem oder weniger starkem internationalen Wirtschaftswachstum),
- der dominierenden Produktionszweige und Kapitalfraktionen in den Zentren der Weltwirtschaft, von denen die Expansion ausgeht,
- der paradigmatischen Operationsebene dieser Kapitalfraktionen (für eine Ausarbeitung vgl. Overbeek und van der Pijl 1993),
- der vorherrschenden Austauschbeziehungen zwischen Nord und Süd (Handel, Investitionen, Kreditvergaben) und
- für das 19. und 20. Jahrhundert der Art der Investitionen in Entwicklungsländern (in Rohstoffförderung, Industrieproduktion für den lokalen Markt bzw. industrielle Exportproduktion).

Diese verschiedenen Kriterien werden in Übersicht 3.1 kombiniert. Sie sollen im Folgenden etwas ausführlicher erläutert werden. Zugleich werden die Auswirkungen bestimmter Formen der Arbeitsteilung in bestimmten Epochen angesprochen. Vor allem interessiert uns dabei, welche Auswirkungen der Arbeitsteilung sich auf die staatliche Organisation feststellen lassen. Denn das Eingreifen des Staates entscheidet häufig, wie schon früher erwähnt, ob die Tendenzen zu internationaler Polarisierung überwiegen oder nicht.

Wallersteins Werk über die Entwicklung des kapitalistischen Weltsystems – die schon ausführlich in Kapitel 2 behandelt wurde und zu welcher hier kurz zurückgekehrt wird – liegt eine Einteilung in „A-" und „B-Phasen" zugrunde, in Phasen von relativ schnellem Wirtschaftswachstum und Phasen der Konsolidierung und der Stagnation. Dieser Unterschied ist für die Nord-Süd-Beziehungen wichtig, wenn die Hypothese zutrifft, dass die Zentren in Perioden wirtschaftlicher Expansion versuchen, ihre Herrschaft auf neue Gebiete auszudehnen bzw. die Zügel in bereits kontrollierten Gebieten anzuziehen. In Perioden der Stagnation dagegen kann man erwarten, dass sie sich mehr mit den eigenen Problemen beschäftigen und dass in der Peripherie mehr Freiräume für selbstbestimmte Entwicklungen entstehen.

Wallerstein beschreibt, wie auf die Krise des 14. Jahrhunderts die Expansionsphase des 15. und 16. Jahrhunderts folgt („A-Phase"), die nicht nur einen wirtschaftlichen Aufschwung brachte, sondern auch zu den Entdeckungsreisen führte, die die geographische Expansion des bis dahin europäischen „Welt"-Systems möglich machten. Durch die Vorherrschaft des Handelskapitals und sein vordringliches Mittel des Raubhandels, der den Sklavenhandel einschloss, war die Eingliederung in diesem Zeitabschnitt gleichzusetzen mit der Peripherisierung.

Perioden weltweiter Expansion und Stagnation

Wallersteins Periodisierung Expansion

Von 1600 (oder 1650) bis 1750 trat dann eine Phase der Konsolidierung ein („B-Phase") (vgl. Wallerstein 1980, Kap. 1). Das heißt nicht, dass die Ausweitung der internationalen Handelsbeziehungen überall stagnierte; der interkontinentale Handel von Afrika und Nordamerika z. B. nahm auch im 17. Jahrhundert weiter zu, aber weltweit hielt sich der Handel in etwa auf dem zuvor erreichten

Konsolidierung

Niveau.³³ Eine weitere weltweite Expansion wurde durch den fortdauernden Streit um die politische Vorherrschaft in Europa aufgehalten.

Übersicht 3.1: Perioden in den Nord-Süd-Beziehungen

	Welt-konjunktur	Dominante Kapitalfraktion	Paradigmatische Operationsebene	Wichtigste Austauschbeziehungen: Fertigwaren	Dominante Investitionsform
1500		Handelskapital	Weltweit	Raubhandel	
1550	Aufschwung				
1600				Kolonialer Tauschhandel	
1650					
1700	Stagnation				
1750		Industrielles Kapital	National	Rohstoffe gegen Fertigware	
1800	Aufschwung				
1850		Finanzkapital	Internnational		Portfolio
1900	Stagnation				Extraktive Monopole
1950			Atlantisch	Fertigware gegen Produktionsmittel	Import-Substitution
2000	Aufschwung	Transnationales Kapital	Weltweit		Weltmarktorientiert

Expansion Im 18. Jahrhundert überwogen dann wieder die Expansionstendenzen. Doch hat es sich dabei nicht um eine ununterbrochene Expansion gehandelt. André Gunder Frank (1978, 104) unterscheidet zwischen expansiven und depressiven Phasen (1670-1688 depressiv, 1689-1720 expansiv, 1720-1746/7 depressiv, 1747/8-1761 expansiv, 1762-1789 depressiv, 1790-1815 expansiv). Dabei wird die Depression in den Jahren 1762-1789 nicht nur als Auslöser der Französischen Revolution gesehen, sondern auch als eine wesentliche Ursache der Unabhängigkeit der USA (1787). In dieser Periode wurde unumwundener Raubhandel schrittwei-

---

33 Vgl. die in Wallerstein (1980, 18) wiedergegebene Tabelle über die Entwicklung des interkontinentalen Handels in verschiedenen Erdteilen im 16., 17. und 18. Jahrhundert, die sich stützt auf Frédéric Mauro (1961).

3.1 Historische Globalisierung

se durch den Kolonialhandel ersetzt (welcher ein Handel von ungleichen, aber beiderseits unbekannten Werten war), der zur weiteren Peripherisierung der neueingebundenen Regionen beitrug.

Mit der Durchsetzung der industriellen Revolution[34] setzt dann eine Phase anhaltenden wirtschaftlichen Wachstums ein, wie sie vorangegangene historische Epochen noch nie erlebt hatten. Die Unterschiede zwischen den Kontinenten im Lebensstandard der meisten Menschen waren bis zum Ende des 18. Jahrhunderts sehr gering. Erst mit dem exponentiellen Wirtschaftswachstum des 19. Jahrhunderts trat eine entscheidende Veränderung ein. Dem Historiker Eric Hobsbawm (1968, 13) zufolge markiert die industrielle Revolution „die fundamentalste Veränderung menschlichen Lebens in der Weltgeschichte, soweit sie uns in geschriebenen Dokumenten überliefert ist". Dies ist der Grund, warum z. B. Ekkehart Krippendorff (1975) seine Einführung in die internationalen Beziehungen mit dieser Epoche beginnt, in der die Globalisierung gesellschaftlicher Beziehungen eine Art „Quantensprung" erlebt. Zu dieser Zeit ändert der Handel zwischen Nord und Süd seinen Charakter: Er wird schrittweise zu einem ungleichen Tausch zwischen Rohstoffen und Nahrungsmitteln auf der einen und Industrieprodukten auf der anderen Seite. Die Saat für die ungleiche Spezialisierung wird in dieser Zeit gelegt (Amin 1976).

Im Laufe des 19. Jahrhunderts wurde in der Periode des „Hochimperialismus" dann auch der Rest der Welt unter den Kolonialmächten aufgeteilt. Der Berliner Kongress, auf dem 1885 die Grenzen der Kolonialreiche in Afrika gezogen wurden, bestimmt noch heute die politische Landkarte des Kontinents. Die weitere Expansion der kolonialen Herrschaft ins Inland wurde durch den Aufbau von Eisenbahnsystemen erleichtert, die durch Ersparnisse europäischer Rentiers finanziert wurden. Das Entstehen der extraktiven Monopole (z. B. Rio Tinto Zinc, Billiton) ergänzte den Prozess der sich vertiefenden Integration, der nun zum ersten Mal innere soziale und ökonomische Strukturen in grundlegender Weise beeinflusste und umwandelte. Die europäische Unterwerfung anderer Erdteile hatte ihren Höhepunkt erreicht.

Die erste Hälfte des 20. Jahrhunderts dagegen kann als eine einzige Krisenperiode betrachtet werden. In ihrem Verlauf wurde ein großer Teil der europäischen Kolonien unabhängig (vgl. Barraclough 1967, 93ff.). Die Politik in Europa selbst wurde nach dem Zweiten Weltkrieg in großem Maße durch die „Flügelmächte" USA und Sowjetunion bestimmt, die früher einmal Teil der Peripherie gewesen waren. Mit dem Aufstieg der USA zu einer Großmacht in Verbindung mit dem Aufkommen amerikanischer multinationaler Gesellschaften begann sich

---

[34] Wallerstein weist die Vorstellung einer industriellen Revolution zurück; er argumentiert, dass aus der Perspektive der Welt-Ökonomie als Ganzem der Übergang zum Industriekapitalismus nur ein schrittweiser Vorgang war, und zwar einer, der nicht wirklich viel an der grundsätzlichen Natur des Systems änderte. Nur bei der Betrachtung auf einer Ländervergleichsebene wäre es möglich, von industriellen Revolutionen im Sinne einer relativ plötzlichen Transformation zu sprechen. Vgl. Wallerstein 1989, 3-53, für eine ausführliche Diskussion. Im weiteren Verlauf des Kapitels werde ich dem geläufigeren Argument folgen, dass der Übergang vom kommerziellen zum Industriekapitalismus tatsächlich das Auslaufen des Kapitalismus anzeigt, in welchem eine erweiterte Reproduktion die primitive Akkumulation als die Hauptform von Akkumulation und ökonomischem Wachstum ersetzt (vgl. die Diskussion von Cox in Kapitel 2).

das Geschäftsvolumen der vorherrschenden Kapitalfraktionen einmal mehr zu internationalisieren (nach der Beendigung der Periode von 1870 bis 1945). Diese multinationalen Gesellschaften begannen, zu Anfang der 1930er Jahre, aber mit Beschleunigung in den 1950ern, in einer Reihe von Ländern in produktive Aktivitäten zu investieren, deren Märkte für interessant erachtet wurden, welche aber durch Zollmauern geschützt waren (vor allem Europa und Lateinamerika).

Es zeigt sich also im Großen und Ganzen, dass die Perioden wirtschaftlichen Wachstums zu einer verstärkten Abhängigkeit der Peripherie geführt haben, während die Krisenperioden der Weltwirtschaft zugleich auch den Spielraum der kolonialisierten Gebiete erweitert haben.

Im weiteren Verlauf dieses Kapitels wird noch einmal zurückgeschaut auf die letzten 500 Jahre, um zu begreifen, zu welchen Polarisierungs- und Angleichungsprozessen die internationale Arbeitsteilung geführt hat. Dabei geht es vor allem um die Frage, unter welchen Umständen sich entweder die Polarisierung oder die Angleichung durchgesetzt hat. In der Analyse wird deutlich, dass die Politik hierbei eine sehr wesentliche Rolle gespielt hat. Darum soll für die verschiedenen historischen Perioden genauer betrachtet werden, welche politischen Strukturen mit verschiedenen Formen der Weltmarktintegration einhergingen. Diese Aspekte werden in der rein wirtschaftswissenschaftlichen Analyse der internationalen Arbeitsteilung gewöhnlich außer Acht gelassen. Wenn man sie jedoch nicht einbezieht, dann lässt sich nicht begreifen, wie manche Regionen dem Peripherisierungsdruck erlegen sind, während sich andere ihm früher oder später entziehen konnten. Eine Reihe von Entwicklungsländern ist aus der traditionellen Arbeitsteilung ausgebrochen und hat einen schnellen Entwicklungsprozess durchgemacht. Der Differenzierungsprozess innerhalb der sogenannten Dritten Welt wurde hierdurch beschleunigt. Dieser Differenzierungsprozess ist ein weiterer Hauptgegenstand des vorliegenden Kapitels. Er hat das „Ende der Dritten Welt" (vgl. Harris 1986) mit sich gebracht. Das entscheidende Ereignis (mit dem dieses Kapitel endet) war die Schuldenkrise der frühen 1980er Jahre. Wie später gezeigt wird, hatte sie ihre Wurzeln in den strukturellen Problemen der vorangegangenen Dekade und repräsentierte auf diese Weise den Höhepunkt der krisenhaften Tendenzen, die sich im globalen System seit Jahren aufgebaut hatten. Zur selben Zeit setzte sie eine Reihe von Ereignissen und Entwicklungen in Gang, die gemeinsam den Anfang einer neuen Ära, der Ära der Globalisierung, markierten. Was diese neue Ära auszeichnet, wird Gegenstand des letzten Kapitels dieses Buches sein, des Kapitels 5.

3.2 Peripherisierung und Widerstand im Weltsystem

Wie in Kapitel 2 gezeigt wurde, muss das Entstehen der europäischen Welt-Ökonomie im 16. Jahrhundert im Kontext von sowohl externen als auch internen Entwicklungen gesehen werden. Extern gab es das seit langer Zeit bestehende europäische Handelsdefizit mit Ostasien und den Wunsch, einen direkten Seeweg nach Asien zu entdecken, um das Monopol der über weite Entfernungen aktiven Händler aus dem östlichen Mittelmeerraum sowie West- und Zentralasien auszuschalten. Die Verlagerung der Bedeutung von den Mittelmeerhäfen

3.2 Peripherisierung und Widerstand im Weltsystem

(z. B. Venedig) hin zu den atlantischen Häfen (von Genua bis Sevilla und Lissabon) war bezeichnend für diese Entwicklung. Intern ging mit der europäischen Expansion des 16. Jahrhunderts, wie schon früher beschrieben, die Entwicklung absolutistischer Staaten in Westeuropa einher. Die Rivalität untereinander und die dominante Form der Kriegführung (Söldnerheere) führten zu steter Sorge um ausreichend gefüllte Kriegskassen.

Entwicklung und Unterentwicklung sind also keine ausschließlich ökonomischen Prozesse. Es wurde schon früher unterstrichen, dass das Eingreifen des Staates ganz wesentlich darüber entscheidet, ob die internationale Arbeitsteilung zu internationaler Angleichung und Entwicklung beiträgt oder ob der Peripherisierungsdruck überwiegt und Unterentwicklung die Folge ist. Zweierlei Arten Staatsintervention sind in diesem Zusammenhang relevant: die Intervention der Kolonialmacht, die eine bestimmte Arbeitsteilung durchzusetzen versucht, und die Intervention des peripheren Staates, der sich der Einbeziehung in eine ungleiche Arbeitsteilung widersetzt. Der folgende Abschnitt illustriert auch anhand einiger Beispiele, wie sehr die „Mutterländer" bei der Entstehung der kolonialen Arbeitsteilung nachgeholfen haben. Schließlich behandelt dieser Abschnitt den beginnenden Widerstand gegen diese Arbeitsteilung bis zum Zweiten Weltkrieg.

3.2.1 Merkantilismus

In verschiedenen historischen Perioden standen unterschiedliche Austauschbeziehungen im Vordergrund. In den Jahren der Entdeckungsreisen überwogen der Handel mit kostbaren Gütern (aus Asien, Afrika) und der Raubhandel (Lateinamerika). Europäische Herrscher hatten einen unstillbaren Durst nach Gold und Silber, um ihre Armeen zu unterhalten und ihre Defizite mit Ostasien zu begleichen. Die zufällige Eroberung Lateinamerikas steht in engem Zusammenhang mit diesem Goldhunger der Europäer, die sich die Edelmetalle erst durch Raub und dann durch die Organisation der Zwangsarbeit in den Minen verschafften. Dieser Raubhandel ließ sich nicht in friedlichem Einvernehmen mit den Einwohnern des amerikanischen Kontinents durchführen und erforderte deswegen die frühe Kolonialisierung.

Raubhandel

Die unmittelbaren Träger der europäischen Expansion waren in den ersten Jahrhunderten meist Handelsgesellschaften. Die großen Handelsgesellschaften wie die holländische Vereenigde Oost-Indische Compagnie (VOC) und die britische East India Company waren monopolistische Institutionen, die Hoheitsfunktionen erfüllten und auf der Basis staatlich sanktionierter Statuten funktionierten, auch wenn sie durch privates Kapital finanziert wurden. Sie verfügten über eigenes Militär; im Konfliktfall wurden sie obendrein von der jeweiligen Krone unterstützt. Diesen Gesellschaften ging es vor allem um Handelsstützpunkte und Militärbasen zum Schutz der Handelswege, nicht so sehr um die Kolonialisierung anderer Länder. Dabei spielte natürlich auch eine Rolle, dass die Unterwerfung dieser Länder angesichts der geringen Unterschiede in der Waffentechnik im 16. Jahrhundert wenig Aussicht auf Erfolg bot.

Staatsgewalt bei der Durchsetzung ungleicher Arbeitsteilung

Um die Preise (von Gewürzen, Zucker und anderen landwirtschaftlichen Produkten) niedrig zu halten, wurden bald Plantagen errichtet. Zu deren Bewirtschaftung wurden in Lateinamerika in großem Umfang Sklaven aus Afrika ein-

Sklavenhandel

geführt. Der Sklavenhandel war eine zentrale Komponente des Dreieckhandels zwischen Europa, Afrika und Amerika, der sich bis ins 19. Jahrhundert hinein erstreckte (siehe Williams 1944; die Abschaffung des Sklavenhandels in den englischen Kolonien fand 1807 statt). Anfang des 19. Jahrhunderts wurden noch jährlich etwa 135.000 Sklaven über den Atlantik verschifft (vgl. Griffiths 1984, 40). In den 400 Jahren, in denen der Sklavenhandel blühte, wurden 15 bis 20 Millionen Sklaven in die „Neue Welt" verschleppt. Berücksichtigt man, dass für jeden Sklaven, der in Amerika ankam, vier bis fünf andere in den Sklavenkriegen, bei der Überfahrt oder durch Selbstmord umkamen, dann lässt sich ein Aderlass für den afrikanischen Kontinent von 100 Millionen Menschen errechnen (vgl. Ki-Zerbo 1979, 228f.). Der Sklavenhandel unterstreicht, dass die europäische Expansion nach anderen Kontinenten dort nicht nur Entwicklungspotenziale abgeschnitten, sondern auch zu bleibenden Verwerfungen geführt hat, die die Entwicklung noch immer behindern.

Merkantilismus

In der Periode des Merkantilismus waren die europäischen Fürsten daran interessiert, der eigenen (Manufaktur-)Industrie Exportmärkte zu erschließen, aber so wenig wie möglich zu importieren, um die Überschüsse in die Staatskasse fließen zu lassen. Freier Marktzugang war die Gegenleistung, die Länder für politische und militärische Unterstützung zu gewähren hatten. Der oben erwähnte Vertrag von Methuen, der England den Zugang zum portugiesischen Markt sicherte und den Weg zu einer ungleichen Arbeitsteilung der beiden Handelspartner bereitete, ist ein gutes Beispiel hierfür.

Den neuerworbenen Kolonien in Amerika wurde darum die Herstellung vieler Güter untersagt, um so einen Markt für Produkte der Mutterländer zu schaffen. In den entwickelteren Ländern Asiens war das nicht möglich. Vor der industriellen Revolution hatte Europa keine Waren zu bieten, für die in Asien ein Markt bestanden hätte. Anders als in Lateinamerika erfolgte die Expansion der europäischen Metropolen in Asien zunächst nicht durch die Besetzung von Land, sondern durch den Erwerb von Handelsrechten. Die Durchsetzung von Handelsmonopolen gegenüber den Händlern der Region wie gegenüber europäischen Konkurrenten geschah meist mit Gewalt. Damit waren zwar Handelsmonopole zu schützen, aber keine Absatzmärkte zu erschließen.

Tauschhandel

Die Handelsbeziehungen zu asiatischen Ländern entwickelten sich also zunächst ganz anders als die zu Lateinamerika und Afrika. In Europa begehrt waren vor allem asiatische Produkte (Gewürze, Stoffe, Porzellan). Europa hatte jedoch wenige Erzeugnisse, die sich in Asien absetzen ließen. Darum mussten diese Waren mit Edelmetallen bezahlt werden (was den Druck auf Lateinamerika vielleicht noch verstärkt hat).

Früher Staatskapitalismus

Aber auch der friedliche Außenhandel mit anderen Kontinenten verfolgte aus der Sicht der Merkantilisten das gleiche Ziel, einen Überschuss an Edelmetallen zu erwirtschaften. Die ersten Ansätze zur Manufakturproduktion fanden dann auch häufig unter staatlicher Regie statt. Die Anfänge kapitalistischer Entwicklung trugen deutliche Züge des Staatskapitalismus und waren nicht allein das Ergebnis freier Unternehmerinitiative.

Zwischen der Knappheit an internationalen Zahlungsmitteln (Gold und Silber) in der zweiten Hälfte des 18. Jahrhunderts, der damit verbundenen Rezession und der industriellen Revolution besteht möglicherweise ein Zusammen-

3.2 Peripherisierung und Widerstand im Weltsystem 95

hang.³⁵ Die Krise hat wahrscheinlich die Entwicklung neuer Technologien stimuliert, die die Grundlage für die industrielle Revolution gelegt haben. Mit der industriellen Revolution wird der Handelskapitalismus durch den Industriekapitalismus abgelöst.

3.2.2 Industriekapitalismus

Der Industriekapitalismus brachte ganz andere Folgen für das Verhältnis zwischen Europa und den Gebieten in Übersee mit sich. Wie Schwartz angemerkt hat, existierte bereits ein deutlicher Unterschied zwischen portugiesischen und niederländischen Praktiken in den Kolonien und wiederum zwischen Niederländern und Engländern. Jeder Hegemon festigte die Herrschaft über den ökonomischen Tausch zwischen Europa und Asien und ebenso innerhalb Asiens. Portugal verhängte einfach eine Steuer über den wichtigsten Handel, den Handel mit Gewürzen: Eine völlig externe Macht nahm hier ihren Anteil von den regionalen ökonomischen Aktivitäten, ohne jedoch deren Beschaffenheit grundlegend zu beeinflussen. Die Niederländer weiteten ihre Kontrolle über die Produktion der Gewürze selbst aus, was ihnen zu größerer Kontrolle über den gesamten Gewürzhandel verhalf. Wie dem auch sei, ihr Interesse war vor allem kommerzieller Art: Sie machten ihren Profit, indem sie billig in Asien einkauften und teuer auf den europäischen Märkten verkauften (Schwartz 2000, 38). Die Engländer verdrängten schließlich die Niederländer durch die Spezialisierung in Produkten, die ein größeres Potenzial für den Massenmarkt aufwiesen, nämlich Textilien, Tee und Kaffee; ihr Interesse wandelte sich schrittweise dahingehend, für ihre Unternehmen billig Rohstoffe aus Asien zu importieren (ebd., 30).

In dieser Periode bildeten sich also die typischen ungleichen Tauschverhältnisse von Rohstoffen gegen Fertigwaren aus. Wenn sich die Arbeitsteilung in dieser Zeit als sehr unvorteilhaft für die kolonialisierten Länder erwies, dann auch gerade deshalb, weil ihnen die Staatsmacht genommen worden war, die bessere Tauschbedingungen hätte durchsetzen können.

Der Druck zur formellen Unterwerfung der Gebiete in Übersee nahm also aus zwei Gründen zu. Zum einen stieg der Bedarf an landwirtschaftlichen Rohstoffen (wie Baumwolle) und an billigen Grundnahrungsmitteln wie Zucker und Tee für die wachsende Arbeiterschaft mit der Zunahme der industriellen Produktion stark an.³⁶ Um die Produktion in den tropischen Herkunftsländern entspre-

Industrielle Revolution

Ungleiche Tauschverhältnisse

Unterwerfung und Kolonisierung

---

35 Frank unterstreicht diesen Zusammenhang, Wallerstein tendiert eher zu einer skeptischen Einschätzung. Ihm zufolge war die industrielle „Revolution" eher ein evolutionärer Vorgang. Für einen Prozess, der sich über eine Periode von 150 Jahren hinzieht bei noch nicht einmal 150 Jahren Vorbereitungszeit, müsste Heaton zufolge, den Wallerstein zitiert, eigentlich ein anderer Begriff geprägt werden. Vgl. Herbert Heaton, Industrial Revolution, in: Encyclopedia of the Social Sciences, Vol. VIII, New York (Macmillan) 1932, 3ff., zit. in Wallerstein 1989, 31.
36 Statt weiter Tuche zu importieren, wurden Textilien in großem Maßstab nach Asien exportiert. Die indischen Tuchimporte z. B. stiegen von 1 Million Yards im Jahr 1814 auf 13 Millionen im Jahr 1820, 51 Millionen im Jahr 1830, 995 Millionen um 1870 und 2050 Millionen gegen 1890. Die einheimische indische Textilindustrie wurde niederkonkurriert. (Desai, M., 1971, Demand for Cotton Textiles in Nineteenth-Century India, in: The Indian Economic and Social History Review, Vol. 8, Nr. 4, Dezember 1971, 337ff., zit. in: Bairoch 1980, 34.)

chend steigern zu können, war eine Veränderung der Produktionsstruktur nötig, die sich nur durch direkte Beherrschung erreichen ließ. Die Niederländer verpflichteten 1830 z. B. alle Grundbesitzer in Indonesien (vor allem auf Java), ein Fünftel ihres Bodens für den Anbau von durch die Regierung angewiesenen Exportprodukten (Kaffee, Zucker, Indigo) zu verwenden (zu diesem sogenannten Cultuurstelsel siehe Wertheim 1978, 23). Zum anderen erforderte die steigende Produktion wegen der niedrigen Löhne in den Metropolen (und der darum beschränkten Nachfrage) neue Absatzmärkte. Diese Absatzmärkte ließen sich in Übersee nur erschließen, wenn den einheimischen Produzenten die Möglichkeit genommen wurde, ihren Markt gegen die neuen Konkurrenten zu schützen. Darum musste die Staatsgewalt in den betroffenen Gebieten übernommen werden. Ein weiterer Grund war die zur Marktausweitung erforderliche Infrastruktur. Um nicht wegen zu hoher Transportkosten aus dem Markt zu fallen, war den europäischen Produzenten viel an einer entwickelten Infrastruktur in den kolonialen Gebieten gelegen. Der bessere Schutz der hierzu notwendigen Investitionen war ein zusätzlicher Grund für die Übernahme der Staatsgewalt.

Nicht von ungefähr geht die industrielle Expansion des 19. Jahrhunderts darum mit der schnellen Ausbreitung der Kolonialreiche einher. Die indirekte Beherrschung durch Handelsgesellschaften genügte nicht mehr. Die traditionsreichen Gesellschaften wie die East India Company gingen unter dem Druck der Aufwendungen für die Ausbreitung des eigenen Einflussgebietes eine nach der anderen bankrott und mussten durch die Herkunftstaaten übernommen werden.[37] So wurde der größte Teil des indischen Subkontinents im Laufe des 19. Jahrhunderts dem britischen Kolonialreich einverleibt. Während die Annexion Ende des 18. Jahrhunderts in England noch als „a bad thing" betrachtet wurde, galt sie 50 Jahre später als erstrebenswert (vgl. Spear 1973, 131). Das bedeutet nicht, dass sich die englischen Absatzerwartungen auch erfüllten. Dies war oft nicht der Fall. Die unerfüllten Erwartungen haben den Expansionsdrang jedoch nicht gebremst, sondern eher noch gefördert: Brachten die bereits eroberten Gebiete nicht die erhoffte Nachfrage, dann richtete sich die Hoffnung auf angrenzende Gebiete.

Rechtfertigte der Handel mit Indien nicht die Unterwerfung des Landes, so diente der Handel mit China der Rechtfertigung: Die East India Company arbeitete in Indien selbst gegen Ende des 18. Jahrhunderts nicht mehr profitabel, sondern bezog ihren Gewinn vor allem aus dem Handel mit China. Chinesischer Tee wurde mit indischem Opium bezahlt. Der Schutz des Chinahandels war ein Grund für die Unterwerfung Indiens (vgl. Spear 1973, 113). Als die chinesische Regierung den Verkauf von Opium untersagte, wurde der chinesische Markt im Opiumkrieg (1840-1842) gewaltsam geöffnet.

Kapitalinvestitionen   Investiert wurde zunächst wenig in den Kolonien. Die Errichtung von Plantagen erforderte noch keine großen Investitionen von Kapital, sondern mehr von (Aufseher-)Arbeitskraft. Kapitalinvestitionen in größerem Umfang wurden erst mit der Anlage von Eisenbahnen und der systematischeren Erschließung von

---

37 Die East India Company wurde als letzte dieser Gesellschaften im Jahr 1858 aufgehoben. Die französische und die niederländische Gesellschaft waren bereits gegen Ende des 18. Jahrhunderts liquidiert worden.

mineralischen Rohstoffen getätigt. Der Verteilungskampf um die Kolonien im Zeitalter des „Hochimperialismus" (ca. 1880-1918) drehte sich dann auch nicht so sehr um Rohstofflieferungen als eher um Anlagesphären für Investoren aus den europäischen Ländern.

In der Zeit vor dem Ersten Weltkrieg handelte es sich dabei vor allem um Portfolioinvestitionen, das heißt um Anteile (z. B. an Eisenbahnlinien, der Suezkanalgesellschaft usw.), die kein Verfügungsrecht über die Investitionen mit sich bringen. Diese flossen aber nicht so sehr in die Kolonien, sondern mehr in formell unabhängige Gebiete (Osmanisches Reich, Russland, Ägypten). Erst nach dem Ersten Weltkrieg nahm die Bedeutung der Direktinvestitionen allmählich zu. Dabei geht es um Investitionen (z. B. in Tochterunternehmen oder Beteiligungen), die dem Investor Einfluss auf die Betriebsführung gestatten.

Wo sich im 19. Jahrhundert Ansätze zu einer unabhängigen Industrialisierung in Lateinamerika, Afrika und Asien entwickelten, wurde ihnen mit militärischen Mitteln der Garaus gemacht. So war den Versuchen von Mehmet Ali in der ersten Hälfte des 19. Jahrhunderts, Ägypten und den Sudan zu modernisieren und zu industrialisieren, wenig Erfolg beschieden (Wallerstein 1989, 151). In Lateinamerika begann Argentinien ab 1835 mit einer protektionistischen Förderung der eigenen Industrie zu experimentieren. Zehn Jahre später folgte eine Intervention englischer und französischer Kriegsschiffe, und die Kolonialmächte zwangen das Land mit einer Handelsblockade, die Maßnahmen aufzuheben. Auch Paraguay versuchte in der ersten Hälfte des 19. Jahrhunderts mithilfe von Staatsinterventionen (unter anderem in Form der Kontrolle des Außenhandels) eine schnelle wirtschaftliche Entwicklung in Gang zu bringen. In diesem Fall griff England nicht direkt ein. Es kam vielmehr zu einer Art „Stellvertreterkrieg", in dem Argentinien, Brasilien und Uruguay das Land eroberten und zerstückelten (vgl. Galeano 1973, 215ff.). Restparaguay wurde zu einem der am wenigsten entwickelten Länder Lateinamerikas. Unterentwicklung hat sich in diesem Fall nicht herausgebildet, weil andere Länder eher Entwicklungschancen nutzten, sondern wurde militärisch durchgesetzt und aufgezwungen.

Verhinderung einer Industrialisierung in der Peripherie

3.2.3 Widerstand gegen Peripherisierung

Politische Unterwerfung und ungleiche Arbeitsteilung haben nicht erst im 20. Jahrhundert Widerstand hervorgerufen. Als Erste konnten sich Siedlungskolonien der direkten Vorherrschaft entziehen. Anlass für den amerikanischen Unabhängigkeitskrieg (1775-1783) war vor allem die britische Steuer- und Zollgesetzgebung, die amerikanische gegenüber britischen Händlern benachteiligte.

Amerikanischer Unabhängigkeitskrieg

Die von dem erfolgreichen Unabhängigkeitskrieg in Nordamerika ausgehende Demonstrationswirkung und die Schwächung der Kolonialmächte Spanien und Portugal in der Zeit der Besetzung durch Napoleon ermöglichten die Unabhängigkeit der lateinamerikanischen Länder. Hier spielte die Revolution jedoch viel mehr eine Doppelrolle als in Nordamerika: Es ging nicht nur um die nationale Unabhängigkeit, sondern ebenso sehr darum, eine soziale Revolution von Schwarzen, Indianern und Mestizen zu verhindern (vgl. Wallerstein 1989, 239ff.). In den Erhebungen Mittel- und Südamerikas hat der Widerstand gegen die wirtschaftlichen Aspekte des Kolonialsystems nicht die gleiche Rolle gespielt

Unabhängigkeit in Lateinamerika

wie in Nordamerika, denn die Kolonialmacht Spanien (bzw. Portugal) verfügte selbst nicht mehr über eine wirtschaftliche Vormachtstellung. Diese wurde auch in spanischen und portugiesischen Kolonien in zunehmendem Maße durch Großbritannien ausgeübt. Die Unterstützung der Unabhängigkeitsbewegungen durch Großbritannien ebnete dann auch den Weg für eine weitere neokoloniale Durchdringung des Kontinents.

In Nordamerika endete der innenpolitische Streit um Freihandel und Schutzzölle zunächst mit einem prekären Kompromiss zwischen dem an Schutzzöllen interessierten industrialisierenden Norden und den am Freihandel orientierten Südstaaten, deren Plantagen den größten Teil des Exportes der USA erwirtschafteten. Mit dem Ausgang des Sezessionskrieges (1861-1865) setzten sich die Nordstaaten endgültig durch. Wäre den Südstaaten die Loslösung gestattet worden, verliefe die Grenze zwischen Industrie- und Entwicklungsländern heute vielleicht quer durch das gegenwärtige Gebiet der USA (siehe Schwartz 2000, Kap. 4-6).

Die Staatsintervention zugunsten der eigenen Industrie hat die schnelle wirtschaftliche Expansion der USA im 19. Jahrhundert möglich gemacht. In den lateinamerikanischen Ländern hat sich eine derartige Politik im 19. Jahrhundert nicht dauerhaft durchsetzen lassen. Die Folgen der Freihandelsorientierung waren zunächst noch nicht zu übersehen. Noch in den 1920er Jahren gehörten z. B. sowohl Argentinien als auch Australien zu den acht Ländern mit dem höchsten Pro-Kopf-Einkommen der Welt. Dabei wurden Argentinien noch um die Jahrhundertwende die besseren Entwicklungschancen zugebilligt. Eine unterschiedliche politische Weichenstellung hat jedoch in den ersten Jahren des 20. Jahrhunderts zu sehr verschiedenen Entwicklungspotenzialen in den beiden Ländern geführt. In Australien wurde bereits vor dem Ersten Weltkrieg eine Politik der nationalen Industrialisierung betrieben, während die wirtschaftliche Position der freihandelsorientierten Agraroligarchie in Argentinien nicht wesentlich angetastet wurde. Heute besitzt Australien ein Pro-Kopf-Einkommen, das fünfmal so hoch ist wie das in Argentinien (vgl. Senghaas 1982, 208ff.).

Die staatliche Unabhängigkeit wurde in den verbleibenden Kolonien als Voraussetzung gesehen, um Maßnahmen ergreifen zu können, die eine umfassende Industrialisierung ermöglichten. Die Periode der beiden Weltkriege schaffte nach 1945 die Voraussetzungen für die Auflösung der Kolonialreiche innerhalb von weniger als 20 Jahren.

3.3 Entstehung und Auflösung der Dritten Welt

Unterwerfung und Kolonisation beinahe der gesamten Erde haben nicht dazu geführt, dass die betreffenden Gebiete als eine „Einheit" wahrgenommen wurden – weder durch die Kolonialherren noch durch die Unterworfenen. Die Kolonisatoren betrachteten sich selbst trotz aller Konflikte untereinander als „christliches Abendland", das heißt als eine Einheit mit einer gemeinsamen Tradition und gemeinsamen Werten und Normen. Für die unterworfenen Völker gab es keinen Sammelbegriff (außer ‚Heiden', ‚Eingeborene'), schon gar keinen, der sowohl die Völker der formal unabhängigen Länder Lateinamerikas umfasste als auch

3.3 Entstehung und Auflösung der Dritten Welt

die kolonialisierten Völker Asiens und Afrikas. Das Bewusstsein, gemeinsame Interessen zu haben, entwickelte sich auch in den kolonialisierten Ländern erst im Prozess der Dekolonisation.

Zwei eng miteinander verbundene Prozesse haben zur Entstehung der Dritten Welt geführt: die Dekolonisation und der Kalte Krieg. Der Kalte Krieg beschleunigte die Dekolonisation, und die Dekolonisation schürte den Kalten Krieg (vgl. Abschnitt 3.3.1). Es entstand die Dritte Welt, nicht nur als geographischer Raum, der die ehemals unterworfenen Gebiete umfasste, sondern auch als ein politisches Programm (vgl. Abschnitt 3.3.2). Dieses Programm beinhaltete eine bestimmte Entwicklungsstrategie: Die meisten Entwicklungsländer strebten nach einer auf Importsubstitution aufbauenden Industrialisierung. Diese Strategie hat zwar nur bedingt zu dem erstrebten Resultat geführt, aber doch die Gesellschaften der betroffenen Länder tiefgreifend verändert. Im Zuge dieser Veränderung haben soziale Gruppen an Gewicht gewonnen, die an einem Wechsel der Entwicklungsstrategie interessiert sind (vgl. Abschnitt 3.3.3). Internationale und nationale Entwicklungen haben dazu geführt, dass die auf Importsubstitution gerichtete Entwicklungsstrategie in den meisten Ländern durch eine mehr auf den Weltmarkt orientierte Exportstrategie ersetzt wurde (vgl. Abschnitt 3.3.4). Damit wurden viele Entwicklungsländer zu direkten Konkurrenten untereinander.

3.3.1 Dekolonisation und Kalter Krieg

Der Zweite Weltkrieg hat eine wichtige Rolle zur Vorbereitung des Dekolonisationsprozesses geleistet, weil er ein großer Stimulus für das Selbstbewusstsein derjenigen gewesen ist, die mit den Alliierten gekämpft hatten, um den Faschismus zu schlagen. Tatsächlich stattgefunden hat die Dekolonisation jedoch erst während der Periode des Kalten Krieges. In der ersten Hälfte des 20. Jahrhunderts drohten die beiden „Flankenmächte", die USA und die Sowjetunion, bereits Westeuropa an weltpolitischer Bedeutung zu überflügeln (vgl. Barraclough 1967, 65ff.); der Zweite Weltkrieg besiegelte diese Entwicklung. Beide Supermächte waren Gegner des Kolonialstils. Beide repräsentierten eine Gesellschaftsordnung, die mit der Existenz der Kolonialreiche nicht vereinbar war. Dies gilt nicht nur für den Sozialismus, sondern auch für den modernen Kapitalismus amerikanischer Prägung. Den expandierenden amerikanischen Unternehmen war die einseitige Orientierung der Kolonien auf die Mutterländer ein Dorn im Auge. Neben der eigenen antikolonialistischen Tradition fußte die amerikanische Haltung damit auch auf handfesten eigenen Interessen.

Von der Sowjetunion wurden Befreiungsbewegungen in den Kolonien meist mehr rhetorisch als materiell unterstützt. Der Demonstrationseffekt der Veränderungen in der UdSSR hat wahrscheinlich viel stimulierender gewirkt als jede konkrete Hilfeleistung.

Die Konkurrenz der Supermächte hat sicher dazu beigetragen, dass in den nationalen Befreiungsbewegungen verschiedene politische Tendenzen angelegt waren – eher westlich orientierte Eliten, die zwar die koloniale Herrschaft, aber nicht unbedingt die kapitalistische Gesellschaftsordnung grundsätzlich infrage stellten, und radikalere Strömungen, für die der Imperialismus Ausfluss des Ka-

Konkurrenz der Supermächte

pitalismus war, den es darum zu beseitigen galt, um die Ursachen des Kolonialismus zu zerstören.

Systemkonkurrenz

Die Konkurrenz zwischen diesen Strömungen hat den Dekolonisationsprozess beschleunigt. Den USA (und letztlich auch den europäischen Kolonialmächten) ging es darum, die Macht westlich orientierten Eliten zu übertragen, statt eine weitere Radikalisierung abzuwarten. Die sogenannte Systemkonkurrenz (zwischen Kapitalismus und Sozialismus) hat damit das Tempo der Dekolonisation mitbestimmt und lässt die ‚Gleichzeitigkeit' der Dekolonisation verstehen: Innerhalb von nicht mehr als 15 Jahren wurden die meisten Gebiete der über mehrere Jahrhunderte aufgebauten Kolonialreiche selbständig.

3.3.2 „Die Dritte Welt": ein Programm

Die Machtübernahme in den meisten Entwicklungsländern durch die Träger der nationalen Unabhängigkeitsbewegungen bedeutete jedoch nicht, dass sich die Regierungen der neuen Staaten für das eine oder andere System entschieden. Die meisten von ihnen versuchten zumindest in ihrer Programmatik die Vorteile der verschiedenen Systeme miteinander zu verbinden, ohne deren Nachteile dabei in Kauf zu nehmen. Um dies besser verstehen zu können, muss man sich noch einmal die Zeit in Erinnerung rufen, in der diese Programme formuliert wurden. Sie spiegelten die Erfahrungen aus zwei Weltkriegen und der zwischen ihnen liegenden Weltwirtschaftskrise wider. Ein ungezügelter Kapitalismus schien zu unbeherrschbaren Konjunkturzyklen, zu Überakkumulation und eskalierenden internationalen Gegensätzen zu führen. Diese Einsicht dominierte auch die Diskussion in den Industrieländern in der Nachkriegszeit, die unter Stichwörtern wie ‚New Deal', ‚Planifikation' und ‚soziale Marktwirtschaft' geführt wurde. Der Sozialismus, wie er in der UdSSR gehandhabt wurde, hatte dagegen zwar zu einem schnellen Übergang von einer Agrar- zur Industriegesellschaft geführt, dies war jedoch nur unter unsäglichen Opfern unter einem diktatorialen Regime möglich gewesen, das sich ebenfalls nicht ohne weiteres zur Nachahmung empfahl.

Dritter Weg/ Dritte Welt

Die Regierungschefs der blockfreien Länder, die sich 1955 zum ersten Mal in Bandung (Indonesien) trafen[38], plädierten darum für einen ‚dritten Weg'. Der Ausdruck Dritte Welt brachte darum zunächst nicht so sehr das Phänomen des Hinterherhinkens der Entwicklungsländer hinter der Ersten Welt (den kapitalistischen Industrieländern) und der Zweiten Welt (den sozialistischen Ländern) zum Ausdruck, sondern stand für ein positives Programm, für eine beispielhafte Entwicklung ohne die tragischen Kosten, die Kapitalismus und Sozialismus mit sich gebracht hatten.

---

38 In Bandung haben die Teilnehmer (unter denen waren die wichtigsten Führer: Nehru aus Indien, Nasser aus Ägypten, Tito aus Jugoslawien und Nkrumah aus Ghana) die *Bewegung der Nichtgebundenen Länder* gegründet. Bemerkenswert ist, dass Japan damals noch als Beobachter an der Konferenz beteiligt war! S. http://www.nam.gov.za/.

3.3 Entstehung und Auflösung der Dritten Welt

Der Ausdruck Dritte Welt wurde 1952 zum ersten Mal von dem französischen Wirtschaftshistoriker Alfred Sauvy benutzt.³⁹ Er prägte ihn in Analogie zum Dritten Stand in der französischen Nationalversammlung vor der Revolution. Der Begriff lässt an Unterprivilegiertheit, zahlenmäßige Überlegenheit und revolutionäres Potenzial denken. Im Wortgebrauch der 1950er Jahre bedeutete er jedoch vor allem ‚dritte Kraft', eine Alternative zwischen den beiden verfeindeten Blöcken. Erst mit der politischen Entspannung im Ost-West-Verhältnis in den 1960er und frühen 1970er Jahren trat diese Bedeutung in den Hintergrund und rückte die Bedeutung, die Sauvy ihm gegeben hatte, mehr in den Mittelpunkt.

In der akademischen Literatur wurde der Ausdruck Dritte Welt erst in den 1960er Jahren verwendet und bürgerte sich erst in den 1970er Jahren allgemein als ein Sammelbegriff für „Entwicklungsländer" ein. Viele Autoren benutzten ihn, um damit das Problem zu umgehen, entweder über „unterentwickelte Länder" oder über ‚Entwicklungsländer' zu schreiben. ‚Unterentwickelt' klingt geradezu beleidigend und verweist auf die stark kritisierten Modernisierungstheorien, denen zufolge die verschiedenen Länder im Grunde alle denselben Weg zurückzulegen hätten, auf dem manche bereits weiter fortgeschritten, andere dagegen zurückgeblieben seien. Das Wort Entwicklungsländer wurde dagegen entweder als nichtssagend befunden (alle Länder entwickeln sich) oder als Schönfärberei angesichts der damals langsamen – und nicht immer positiven – Veränderungen in vielen Ländern Afrikas, Asiens und Lateinamerikas. Der Ausdruck Dritte Welt wurde auch zunehmend von Politikern aus Entwicklungsländern gebraucht, um eine gemeinsame Identität zum Ausdruck zu bringen. In erster Linie ging es in den 1950er Jahren jedoch um die Abgrenzung gegenüber den Blöcken und den dort vorherrschenden Ideologien des Kalten Krieges.

Die Entwicklungsstrategie, die die Länder der Dritten Welt befürworteten, war in erster Linie von ihren Erfahrungen mit den Mechanismen des ungleichen Tausches in der globalen Wirtschaft bestimmt. Diesem unvorteilhaften Tausch ließ sich nur durch die eigene schnelle Industrialisierung entrinnen. Um diese zu ermöglichen, waren hohe Zollmauern erforderlich. Mit protektionistischen Maßnahmen zum Schutz des eigenen Binnenmarktes ließ sich erzwingen, dass Waren, die bisher aus dem Ausland importiert wurden, zukünftig im Land selbst hergestellt wurden. Diese Politik der Importsubstitution, das heißt des Ersatzes eingeführter Produkte durch eigene Produktion, war ein zentrales Element der Industrialisierungsstrategie (Schwartz 2000, 180, 2441). Sie wurde nicht allein mit entwicklungsökonomischen Argumenten begründet, sondern auch mit politischen Argumenten. Besonders Regierungen, die durch erfolgreiche Befreiungsbewegungen an die Macht gekommen waren, suchten eine größtmögliche Unabhängigkeit, um sich gegen wirtschaftliche Druckmittel schützen zu können.

Um diese Strategie möglich zu machen, musste der Staat eingreifen, nicht nur in die Außenbeziehungen (durch protektionistische Maßnahmen), sondern auch im Inneren. Um die knappen Mittel nicht zu vergeuden, kam dem Staatsap-

---

39 Vgl. die Kontroverse in den ersten Nummern der Zeitschrift Third World Quarterly in den Jahren 1979 und 1980 und den zusammenfassenden Beitrag von Leslie Wolf-Phillips, „Why 'Third World'?: Origin, Definition and Usage", in: Third World Quarterly, IX, 4 (Oktober 1987), 1311ff.

parat eine zentrale koordinierende Rolle zu. Mithilfe von Lizenzen regelte er, welche Produktionskapazitäten errichtet werden sollten. Wo Kapital fehlte, musste der Staat selbst als Unternehmer oder als Kreditgeber einspringen. Ein starker Staat war auch notwendig, um eine Umverteilung der Einkommen zustande zu bringen, die die Nachfrage nach den Produkten der eigenen Industrie erhöhen sollte.

Entwicklungsstrategien:

Charakteristische Kennzeichen der
dominanten Entwicklungsstrategien
in den 1950er und 1960er Jahren

1. Nationalökonomie (nicht Weltmarkt) als Bezugsrahmen, Absage an den Freihandel (Importsubstitution statt internationaler Arbeitsteilung).
2. Betonung der Rolle der Industrie im Entwicklungsprozess (auf Kosten der Landwirtschaft).
3. Starke Rolle des Staates im Industrialisierungsprozess (Schutz gegen ausländische Konkurrenz, Koordination der Investitionen, Bereitstellung von Kapital).

Eliten

Allianz mit Bauern

Die Träger der nationalen Unabhängigkeitsbewegungen kamen häufig aus dem kolonialen Staatsapparat. Direkt oder indirekt war der Staat der einzige Arbeitgeber für gutausgebildete Intellektuelle. Die Träger der Unabhängigkeitsbewegungen kamen häufig aus der kleinen Gruppe derer, die eine gute Ausbildung (häufig an den Universitäten der Mutterländer) genossen hatten. Die meisten von ihnen fanden eine Anstellung im Staatsdienst und sahen ihren weiteren Aufstieg dort durch die kolonialen Machthaber versperrt. Da sich im Staatsdienst ein großer Teil des intellektuellen Potenzials des jeweiligen Landes konzentrierte, lag es auf der Hand, dem Staat eine zentrale planende Rolle im Entwicklungsprozess einzuräumen (vgl. Harris 1986, 127ff.). Diese Gruppe war jedoch viel zu klein, um der Unabhängigkeitsbewegung zum Erfolg verhelfen zu können. Sie musste sich verbinden mit dem zahlenmäßig größten Teil der Bevölkerung: den Bauern. Die Landbevölkerung jedoch ließ sich in den meisten Ländern Lateinamerikas und Asiens nur mobilisieren, wenn ihr eine Veränderung der Besitzverhältnisse in Aussicht gestellt wurde. Die Forderungen nach Landreform erhielten darum einen prominenten Platz in den politischen Programmen. Die Notwendigkeit, eine Koalition mit den Bauern einzugehen, erklärt die radikalen Formulierungen, durch die sich viele dieser Programme auszeichneten. Einmal an die Macht gekommen, veränderten sich die Interessen schnell. Die schnelle Industrialisierung erforderte, dass die Landwirtschaft Opfer brachte. Weitreichende soziale Experimente, die die landwirtschaftliche Produktion hätten beeinträchtigen können, standen nicht mehr auf der Tagesordnung.

Die neuen Regierungen in den unabhängig gewordenen Ländern standen von Anfang an vor einem Dilemma: Um an die Macht zu gelangen und sich an der Macht halten zu können, war eine radikale Rhetorik notwendig. Die Durchführung ihres eigenen Programms (schnelle Industrialisierung) verlangte jedoch, dass sie den Forderungen ihrer eigenen Anhänger nur wenig entgegenkamen. Die

Kluft zwischen Worten und Taten blieb darum bei vielen dieser Regierungen besonders groß.

3.3.3 Veränderung der Sozialstruktur im Zuge der auf Importsubstitution orientierten Industrialisierung

Der eingeschlagene Entwicklungsweg zeigte in vielen Ländern zunächst beeindruckende Erfolge. Für 44 Entwicklungsländer lag das Wirtschaftswachstum in den Jahren 1950-1975 über dem durchschnittlichen Anstieg des Pro-Kopf-Einkommens in den Industrieländern in einer vergleichbaren Periode.[40] Auf diese Länder entfiel etwa die Hälfte der Gesamtbevölkerung der Entwicklungsländer.[41] Für die höchsten Wachstumsraten sorgte die Industrie. Selbst in den Ländern mit vergleichsweise niedrigerem Pro-Kopf-Einkommen wuchs die Industrie jährlich um 5,4 Prozent, in den Ländern mit mittlerem Einkommen um 7,9 Prozent. Die Wirtschaft vieler Entwicklungsländer machte damit einen dramatischen Strukturwandel durch: Allein in den Jahren 1960-1975 verdoppelte sich beinahe der Anteil der Industrie am Bruttoinlandsprodukt in den Ländern mit niedrigem Einkommen (von 12 auf 23 Prozent), während er in den Entwicklungsländern mit mittlerem Einkommen von 23 auf 38 Prozent anstieg.[42]

Die Industrialisierung wurde durch Importbeschränkung unterstützt, die die Abhängigkeit vom Ausland vermindern sollte. Ironischerweise lockten die hohen Zollmauern jedoch gerade ausländische Unternehmen an. Wollten Unternehmen, die bisher ihre Waren in die betreffenden Länder exportiert hatten, diesen Markt nicht verlieren, waren sie gezwungen, im Land selbst Produktionsstätten zu errichten. Dieser Prozess ist vergleichbar mit den gegenwärtigen Anstrengungen japanischer Unternehmen, die Einfuhrbeschränkungen in den USA und Europa durch lokale Produktion in diesen Ländern zu umgehen. Da Kapital in den Entwicklungsländern knapp war, waren diese Investitionen meist gern gesehen. Dass damit häufig nur eine Abhängigkeit (von Importen) ausgetauscht wurde gegen eine andere (von internationalen Unternehmen), spielte in der Diskussion der 1950er Jahre nur eine untergeordnete Rolle. Ein großer Teil der im Zuge der Importsubstitution aufgebauten Industrie stand hierdurch unter ausländischer Kontrolle.[43] Erst gegen Ende der 1960er und in den 1970er Jahren nahmen die Versuche zu, die Rolle der ausländischen Unternehmen einzuschränken und ihre Aktivitäten der Kontrolle zu unterwerfen. Die Welle der Nationalisierung aus-

Penetration ausländischer Unternehmen

---

40 In dem mehr als 100 Jahre dauernden Industrialisierungsprozess, den die heutigen Industrieländer seit der Mitte des 19. Jahrhunderts durchlaufen haben, lag die durchschnittliche jährliche Wachstumsrate bei weniger als zwei Prozent (vgl. Weltbank, Weltentwicklungsbericht 1978, 3).
41 Achtundzwanzig andere Entwicklungsländer, in denen die andere Hälfte der Bevölkerung wohnt, erzielten in demselben Zeitraum allerdings Wachstumsraten von weniger als zwei Prozent (vgl. Weltbank, Weltentwicklungsbericht 1978, 3).
42 Vgl. Weltentwicklungsbericht 1978, 4. Eine Übersicht über den Ende der 1960er Jahre erreichten Stand der Industrialisierung gibt der Beitrag: Rasches, aber nicht zielkonformes Wachstum der Industrieproduktion, in: Die Weltwirtschaft, 1970, Heft 1, 107ff.
43 Vgl. für Brasilien z. B. die Tabellen in Schirm, Stefan A.: Brasilien: Regionalmacht zwischen Autonomie und Dependenz, Hamburg 1990, 163ff.; für Chile: Dagmar Schmieder, Auslandskapital und Entwicklungsstrategie, Meisenheim am Glan 1977, 117ff.

ländischer Unternehmen erreichte dann Mitte der 1970er Jahre ihren Höhepunkt (vgl. Biersteker 1992, 105).

Sozialer Strukturwandel

Mit dem wirtschaftlichen Strukturwandel ging ein tiefgreifender sozialer Strukturwandel einher. Dieser Wandel hatte eine Reihe von Komponenten:

- eine schnelle Urbanisierung (a),
- die Entstehung einer schmalen Mittelklasse (b),
- eine Zunahme der Zahl einheimischer Unternehmer (c).

Schnelle Urbanisierung

a) Schnelle Urbanisierung: Die Kehrseite der Förderung der Industrie war meist die Vernachlässigung der Landwirtschaft. Die Mittel, die für den beschleunigten Aufbau der eigenen Industrie benötigt wurden, konnten in Ländern, in denen der Agrarsektor dominierte, nur aus der Landwirtschaft (oder dem Ausland) kommen. Die Landwirtschaft musste den Aufbau der Industrie finanzieren – entweder direkt, z. B. durch Steuern auf landwirtschaftliche Exporte, oder aber indirekt durch ein niedriges Preisniveau. Niedrige Nahrungsmittelpreise erlaubten der Industrie ein niedriges Lohnniveau bzw. ließen zu, dass ein größerer Teil der Lohnsumme für die Nachfrage nach Industriegütern verwendet wurde.

Die Vernachlässigung der Landwirtschaft und die Verschlechterung der Tauschverhältnisse zwischen Stadt und Land trugen zu der schnellen Verstädterung bei, die in vielen Entwicklungsländern einsetzte. Dieser Prozess wurde zusätzlich beschleunigt durch die ‚grüne Revolution', das heißt den Einsatz verbesserten Saatgutes in Kombination mit besserer Bewässerung, mehr Kunstdünger und mehr Schädlingsbekämpfungsmitteln. Die grüne Revolution hat vor allem in (Teilen von) Lateinamerika und Asien die Produktivität in der Landwirtschaft erheblich gesteigert. Gleichzeitig brachte sie allerdings eine Abnahme des Bedarfs an landwirtschaftlichen Arbeitskräften mit sich. Dadurch nahm die Wanderungsbewegung in die Städte weiter zu.

Übersicht 3.2: Zunahme der städtischen Bevölkerung in Entwicklungsländern

	Anteil an der Gesamtbevölkerung in Prozent	
	1960	1975
Afrika (südlich der Sahara)	14	19
Nordafrika und Mittlerer Osten	32	44
Lateinamerika	49	61
Asien	17	22

Quelle: Weltentwicklungsbericht 1978, 6

Die Verstädterung steigerte nicht nur die Nachfrage nach inländischen Erzeugnissen, sondern erhöhte auch den Importbedarf, z. B. für die Installierung der entsprechenden Infrastruktur (Energieversorgung, Verkehrs- und Kommunikationswesen).

Ausbreitung der Mittelklasse

b) Entstehung einer schmalen Mittelklasse: In den Städten wuchs in Ansätzen eine Art Mittelklasse (Stichwort: Arbeiteraristokratie) heran aus all denen, die in

3.3 Entstehung und Auflösung der Dritten Welt

einem festen Arbeitsverhältnis standen. Die Politik der Importsubstitution war darauf gerichtet, die Kaufkraft dieser Gruppe zu stärken, um den Absatz der lokalen Industrie sicherzustellen. Darum waren Gewerkschaften in den 1950er und 1960er Jahren in vielen Ländern noch von der Regierung akzeptierte Diskussionspartner – eine Rolle, die sie im Laufe der 1970er Jahre in vielen Ländern verloren. Mit der Ausbreitung dieser Gruppe nahm jedoch gleichzeitig auch eine Schicht zu, der das relativ hohe Preisniveau der inländischen Industrieprodukte ein Dorn im Auge war und die daher ein latentes Interesse an der Liberalisierung der Einfuhr ausländischer Produkte hatte.

c) Zunahme der Zahl einheimischer Unternehmer: Die Politiker, die die nationalen Unabhängigkeitsbewegungen angeführt hatten, stammten zum größten Teil aus den städtischen Mittelschichten, meist aus dem Staatsdienst (Lehrer) und aus den freien Berufen (Rechtsanwälte). Im Zuge der Importsubstitution wuchs jedoch auch eine konkurrierende Elite von Unternehmern und Managern von Staatsunternehmen heran. Diese Gruppen hatten oft andere Vorstellungen von den Aufgaben des Staates im Entwicklungsprozess: Sie dachten dem Staat nicht dieselbe zentrale Rolle zu, wie sie ihm in der Wirtschaftsstrategie des ‚dritten Weges' zugeschrieben wurde. Mit einem allgemeinen Anstieg des Ausbildungsniveaus hatte der Staatsapparat nicht mehr dasselbe Wissensmonopol. In den Unternehmen selbst konzentrierte sich viel Sachverstand, und die Bereitschaft, sich von der Bürokratie „gängeln" zu lassen, nahm ab. Zwar war mit der Strategie der Importsubstitution auch eine Schicht von Unternehmern entstanden, die an einer Aufrechterhaltung des Protektionismus gegen ausländische Konkurrenz interessiert war, aber mit zunehmender Konzentration der Produktion ließ sich weiteres Wachstum immer weniger auf Kosten der Marktanteile inländischer Konkurrenten erzielen. Größere Unternehmen entwickelten darum ein zunehmendes Interesse an ausländischen Märkten.

Zunahme der Zahl inländischer Unternehmer

3.3.4 Von der Importsubstitution zur Exportorientierung

Die Strategie der Importsubstitution geriet in den meisten Ländern bereits im Laufe der 1960er Jahre in eine Krise. Für diese Krise waren sowohl die inneren Widersprüche dieser Strategie als auch Veränderungen im Weltwirtschaftssystem verantwortlich.

3.3.4.1 Die inneren Widersprüche der Importsubstitutionsstrategie

Mit der Abschirmung des eigenen Marktes durch protektionistische Maßnahmen stieg im Allgemeinen das Preisniveau für Industrieprodukte, da die Zölle in der Regel auf die Endpreise aufgeschlagen wurden. Aber nicht nur die Preise für Importgüter lagen hoch. Auch die Preise der inländischen Produkte fielen wegen der vergleichsweise hohen Fertigungskosten hoch aus.

Die Industrialisierung richtete sich zunächst vor allem auf die Herstellung derjenigen Produkte, die in der Vergangenheit eingeführt worden waren. Aufgrund der ungleichen Einkommensverteilung hatte sich jedoch nur ein kleiner Teil der Bevölkerung die eingeführten Industrieprodukte leisten können. Durch

Inflationstendenz

die Aufnahme der Produktion derselben Güter für die kleine kaufkräftige Ober- und Mittelschicht richtete sich die Industrialisierung auf einen beschränkten Markt, in dem kaum Massenproduktionsvorteile zu erzielen waren. Die Produktion in kleinen Serien führte selbst bei Anwendung derselben Technologien wie in den Industrieländern zu hohen Fertigungskosten und damit zu hohen Preisen.

Versuche, die inländische Kaufkraft im Rahmen einer populistischen Strategie anzuheben, setzten eher eine Lohn-Preis-Spirale in Gang. Zu den inflationären Tendenzen trug auch die schnelle Zunahme der Staatsausgaben für die Verbesserung der Infrastruktur, des Erziehungs- und Gesundheitswesens usw. bei. Diese Ausgaben mussten entweder durch höhere Steuern finanziert werden, die den Preisanstieg weiter anheizten, oder durch eine zunehmende Staatsverschuldung, die ein Krisenpotenzial für die Zukunft schaffte.

Import von ausländischen Produktionsmitteln

Ein Hauptmotiv für die Inlandsproduktion bisher importierter Güter war die Einsparung von Devisenreserven gewesen. Die Politik der Importsubstitution führte jedoch zunächst einmal zu einer Zunahme der Einfuhr, da die für die Produktion erforderlichen Maschinen und Halbfabrikate beinahe ausschließlich eingeführt werden mussten. Auch die Rohstoffe mussten zu einem großen Teil importiert werden. Zwar gelten die Entwicklungsländer als Rohstoffländer, im Zuge der einseitigen Eingliederung in die internationale Arbeitsteilung sind jedoch häufig nur wenige besonders reichhaltige Rohstofflager erschlossen worden, auf die sich ein großer Teil der Ausfuhr konzentrierte (wie Kupfer in Chile, Sambia und Zaire). Für andere Rohstoffe sind diese Länder meist selbst dann auf Importe angewiesen, wenn entsprechende Lagerstätten im eigenen Land vorhanden sind.

Auslandsverschuldung

Viele Länder verfügten Mitte der 1950er Jahre noch über erhebliche Währungsreserven, zu denen vor allem die hohen Rohstoffpreise in den Jahren des Koreakrieges beigetragen hatten. Die Zunahme der Importe ließ die eigenen Währungsreserven jedoch schnell dahinschmelzen und trug zu einer Erhöhung der Auslandsverschuldung bei (vgl. Übersicht 3.4). In dem Maße, in dem die Rohstoffpreise danach langfristig sanken, wuchs der Druck, nach anderen Exportmöglichkeiten Ausschau zu halten. Diese Möglichkeiten ließen sich häufig nur in Kooperation mit multinationalen Konzernen (MNKs) realisieren. Deren Kooperationsbereitschaft hing jedoch oft davon ab, ob die betroffenen Länder bereit waren, den Zugang zu ihren eigenen Märkten zu liberalisieren. In die gleiche Richtung wirkte der Druck des Internationalen Währungsfonds (IWF), von dem viele Entwicklungsländer bei zunehmender Auslandsverschuldung immer abhängiger wurden (vgl. Kapitel 3.5).

3.3 Entstehung und Auflösung der Dritten Welt

Übersicht 3.3: Von der Importsubstitution zur Exportorientierung

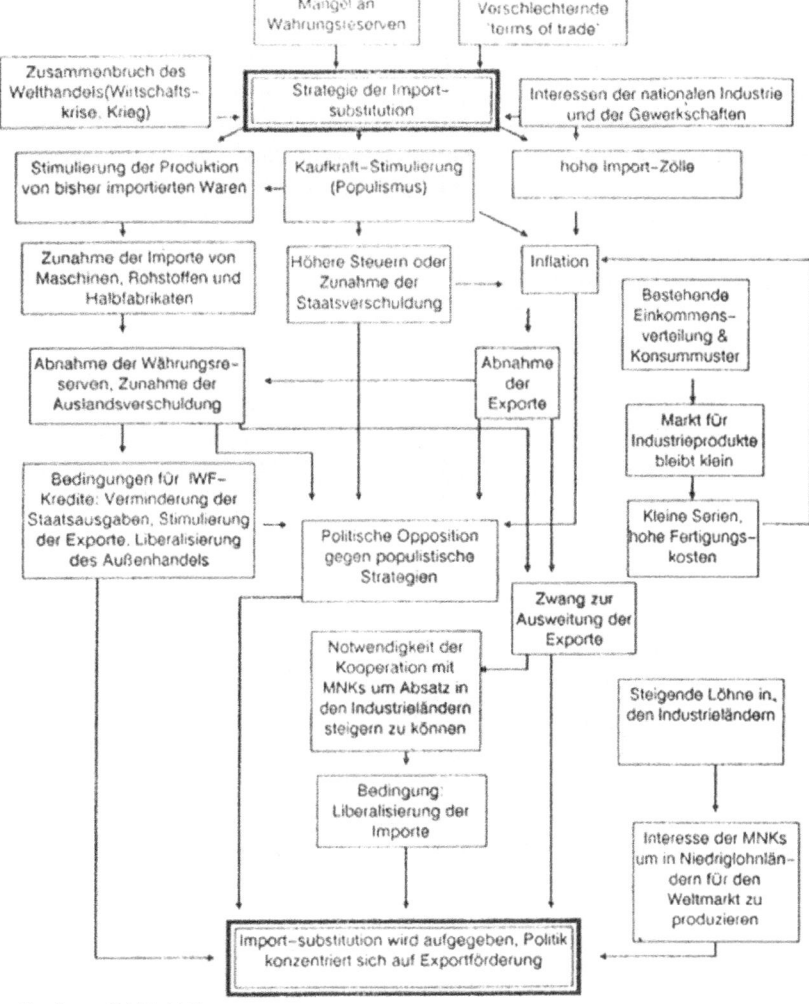

Quelle: Junne (2004, 115)

Das hohe Preisniveau, der erschwerte Zugang zu ausländischen Produkten, die bürokratische Lizenzvergabe, die hohe Steuerlast, die zunehmende Staatsverschuldung – dies alles sind Elemente, die die Strategie der Importsubstitution gerade bei den bessersituierten Teilen der Bevölkerung auf immer mehr Opposition stoßen ließen. Viele Regierungen suchten ihr Heil in dieser Situation im Inneren in einer zunehmenden Repression und nach außen, in dem Streben nach einer ‚Neuen Internationalen Wirtschaftsordnung'.

3.3.4.2 Veränderungen in der Weltwirtschaft

Nicht nur die internen Widersprüche haben dazu beigetragen, dass die auf Importsubstitution gerichtete Industrialisierung einer anderen Orientierung gewichen ist. Eine ebenso wichtige Rolle haben internationale Veränderungen gespielt. Diese Veränderungen in der globalen Wirtschaft sind durch den Ausbruch der ökonomischen Krise im Kern des Systems ausgelöst worden. Das schnelle wirtschaftliche Wachstum der Nachkriegszeit, welches auf der Einführung neuer Produktionstechnologien und dem stetigen Zufluss relativ billiger Arbeitskräfte von der Landwirtschaft in die Industrie beruhte, neigte sich Ende der 1960er Jahren seinem Ende entgegen. Dies führte zur ersten übergreifenden Rezession in den westlichen Ökonomien (Mandel 1972). Verschiedene Faktoren führten darauf zu abnehmenden Profiten in führenden kapitalistischen Sektoren: Nachlassen in der Produktivitätssteigerung, Erschöpfung in der Versorgung mit billigen Arbeitskräften aus der Landwirtschaft, institutionalisierte Lohnverhandlungen, die zu Lohnzuwächsen über das Wachstum der Produktivität hinaus führten, intensivierter internationaler Wettbewerb (Glyn und Sutcliffe 1972). Diese Krise der Akkumulation im Westen brachte zwei Reaktionsformen aufseiten der führenden Körperschaften hervor:

- die Suche internationaler Unternehmen nach billigen Arbeitskräften in Entwicklungsländern seit der zweiten Hälfte der 1960er Jahre,
- eine beschleunigte Einführung neuer (arbeitsparender) Technologien in den Industrieländern seit der zweiten Hälfte der 1970er Jahre.

Produktionsverlagerung in Niedriglohnländer

Entwicklungsländer als Niedriglohnländer

Der Wiederaufbau in den Industrieländern hatte nach dem Zweiten Weltkrieg eine Phase schnellen Wirtschaftswachstums eingeleitet, das vor allem in den 1960er Jahren zu erheblichen Lohnsteigerungen führte. Gleichzeitig nahm die internationale Konkurrenz erheblich zu. Die Wiederaufbauphase in Europa war abgeschlossen. Die Märkte für dauerhafte Konsumgüter (Autos, Fernsehgeräte, Waschmaschinen) waren zunehmend gesättigt. Die Zollschranken wurden in der Kennedy-Runde der internationalen GATT-Verhandlungen gesenkt und innerhalb der EG ganz abgebaut. Die zunehmende Konkurrenz zwang die Unternehmen, ihre Produktionskosten zu vermindern. Sie zeigten darum in zunehmendem Maße Interesse an einer Produktionsverlagerung in Niedriglohnländer. Dementsprechend ist bei der Fertigwarenausfuhr der Entwicklungsländer in der ersten Hälfte der 1970er Jahre ein erheblicher Sprung zu verzeichnen (vgl. Übersicht 3.4).

In dem Maße, in dem die Lohnkosten in den Industrieländern stiegen und neue Technologien die Transport- und Kommunikationskosten senkten, wurden die auf den Inlandsmarkt der Gastländer gerichteten Investitionen jedoch ergänzt und oft auch durch auf den Export gerichtete Investitionen ersetzt. Gegen Ende der 1960er Jahre und in den 1970er Jahren wurden immer mehr Weltmarktfabriken in Niedriglohnländern errichtet, deren Produktion vor allem in den hochindustrialisierten Ländern abgesetzt wurde.

Übersicht 3.4: Fertigwarenausfuhr der Entwicklungsländer (Anzahl der Länder, die einen bestimmten Ausfuhrwert überschreiten)

Ausfuhr von Fertigwaren im Wert von mehr als	1965	1970	1975
2 Mrd. US-$	0	2	9
1 Mrd. US-$	3	6	12
500 Mio. US-$	7	11	15
200 Mio. US-$	12	15	25
100 Mio. US-$	18	22	40

Die Anzahl der Länder innerhalb jeder Kategorie ist kumulativ. So erreichten zum Beispiel im Jahr 1975 die Ausfuhren von neun Ländern einen Wert von jeweils über 2 Mrd. US-Dollar; weitere drei erzielten Ausfuhren von über 1 Mrd. US-Dollar, was in dieser Kategorie eine Anzahl von insgesamt zwölf Ländern ergibt. Der Ausfuhrwert ist in Preisen von 1975 angegeben.
Quelle: Weltbank, Weltentwicklungsbericht 1978, 11

Mit den Absatzgebieten veränderten sich auch die Länder, die die meisten Direktinvestitionen anzogen. Es waren nicht mehr die Länder mit den großen Inlandsmärkten, sondern meist kleine Länder (Hongkong, Singapur, Taiwan), auf die sich ein überproportionaler Anteil an den Industrieexporten aus Entwicklungsländern konzentrierte. Fröbel, Heinrichs und Kreye (1977, 1986) sahen hier eine „neue internationale Arbeitsteilung" entstehen, in deren Rahmen die traditionelle Arbeitsteilung von Rohstoffen gegen Fertigwaren in zunehmendem Maße durch den Tausch von Produkten mit hoher Arbeitsintensität gegen Erzeugnisse von hoher Kapital- und Technologieintensität ersetzt werde.

In ihrem bekannten Buch „Die neue internationale Arbeitsteilung" (1977) haben sie analysiert, welche Faktoren dazu beigetragen haben, dass zahlreiche Unternehmen dazu übergingen, Fabriken in Entwicklungsländern für die Produktion für den Weltmarkt zu errichten. Sie unterscheiden dabei drei Entwicklungen. Faktoren, die die Produktionsverlagerung ermöglichten:

- die Aufteilung der Produktion in unterschiedliche Produktionsschritte, die an unterschiedlichen Orten stattfinden können,
- die Entstehung eines großen Reservoirs billiger Arbeitskräfte in den Städten der Entwicklungsländer, die wegen der ‚grünen Revolution' in der Landwirtschaft keinen Platz (mehr) finden, und
- die Entwicklung der Transport- und Kommunikationstechnologie.

Die neuen Telekommunikationstechnologien erlauben es, über Satellitverbindungen in ständigem direkten Kontakt zu Tochtergesellschaften in der ganzen Welt zu bleiben, sodass diese viel besser kontrolliert werden können als in der Vergangenheit. Fortschritte in der Transporttechnologie (vor allem die Containerisierung des Transportwesens) haben die Transportkosten erheblich verringert und die Transportzeiten verkürzt, sodass die Kostenvorteile einer Verlagerung der Produktion nicht länger durch hohe Transportkosten zunichte gemacht werden.[44]

„Neue internationale Arbeitsteilung"

Fröbel, Heinrichs und Kreye argumentierten, dass eine „neue internationale Arbeitsteilung" im Entstehen begriffen sei. An die Stelle der traditionellen Arbeitsteilung des Tausches von Rohstoffen aus den Kolonien gegen Fertigwaren aus den Industrieländern trete zunehmend eine neue internationale Arbeitsteilung, in deren Rahmen arbeitsintensiv produzierte Produkte oder deren arbeitsintensive Komponenten in den Entwicklungsländern hergestellt werden, die dann gegen Produkte aus den Industrieländern getauscht werden, deren Herstellung kapital- und technologieintensiv sei.

Vorteile der Industrieländer

Für die Produzenten aus den Industrieländern hatte diese Entwicklung eine Reihe deutlicher Vorteile. Durch die Errichtung von Produktionsstätten, die lediglich Komponenten für den Weltmarkt produzierten (und nicht wie Tochtergesellschaften multinationale Unternehmen im Rahmen der Importsubstitution Fertigprodukte für den nationalen Markt des Gastlandes), wurden die Unternehmen viel weniger anfällig für eine Nationalisierung ihrer Fertigungsstätten in Entwicklungsländern. Mit einer nationalisierten Komponentenfabrik konnte die Regierung des Gastlandes wenig anfangen, solange die Fertigung der Endprodukte und die Märkte unter der Kontrolle der Mutterunternehmen blieben.

Da der nationale Markt der Entwicklungsländer nicht mehr maßgebend war für die Investitionsentscheidungen, konnten die verschiedenen möglichen Gastländer verstärkt gegeneinander ausgespielt werden. Es entstand eine Art „Markt für Produktionsstandorte", auf dem Regierungen (von Ländern, Provinzen, Städten) miteinander konkurrierten. Um möglichst günstige Investitionsbedingungen zu schaffen, richteten immer mehr Länder „freie Produktionszonen" ein, in denen viele staatliche Gesetze (auf dem Gebiet des Arbeitsrechtes, der Zoll- und Steuergesetzgebung) keine Anwendung fanden. Dies war oft ein wichtiger Schritt in Richtung allgemeine Deregulierung.

Übersicht 3.5: Freie Produktionszonen nach Regionen: 1975

Region	Anzahl der Länder	Anzahl der Zonen
Asien	11	48*
Afrika	5	7
Lateinamerika	9	24**
Insgesamt	25	79* **

* Einschließlich Industriegebiete in Hongkong (7) und Singapur (14)
** Einschließlich Industriegebiete in der Grenzzone im Norden Mexikos (11)
Quelle: Fröbel/Heinrichs/Kreye 1977, 606

Fröbel, Heinrichs und Kreye argumentieren weiter, dass die neue internationale Arbeitsteilung nicht nur das Aufkommen eines Weltmarktes für Produktionsstät-

---

44 Vgl. Fröbel/Heinrichs/Kreye 1977. Die Autoren zeigen in diesem Band auf der Grundlage detaillierten empirischen Materials das Ausmaß der Verlagerung der Fertigung im Textil- und Bekleidungsgewerbe der Bundesrepublik, die Entwicklung der Auslandsbeschäftigung der deutschen Industrieunternehmen und die Ausbreitung „freier Produktionszonen" und Weltmarktfabriken in unterentwickelten Ländern.

3.3 Entstehung und Auflösung der Dritten Welt

ten mit sich brachte, sie kamen auch zu der Schlussfolgerung, dass „the coincidence of these three preconditions (...) has brought into existence a world market for labour and a real world industrial reserve army of workers" (ebd., p. 13). Auch wenn diese zweite Schlussfolgerung zur Zeit der Veröffentlichung kaum wahrgenommen wurde, erwies sie sich später als geradezu prophetisch (vgl. Kapitel 5).

Der Übergang zu einer exportorientierten Industrialisierungsstrategie fällt in vielen Ländern mit der Krise des „fordistischen Akkumulationsmodells" zusammen, in dessen Rahmen der Ausbau des Wohlfahrtsstaates in den Industrieländern stattgefunden hatte (vgl. z. B. Hirsch 1985; vgl. auch Kapitel 4). Dieses Wachstumsmodell beruhte auf der parallelen Entwicklung der Massenproduktion und der Massenkaufkraft. Die Löhne stiegen im Großen und Ganzen im gleichen Tempo wie die Produktivität. Ende der 1960er, Anfang der 1970er Jahre war es mit diesem Gleichschritt vorbei. In einer Reihe von Ländern waren die Löhne aufgrund der erreichten Vollbeschäftigung stärker gestiegen als die Produktivität. Dadurch nahm der Druck auf die Unternehmen zu, in Niedriglohnländer zu investieren. In dem Maße, in dem die internationale Infrastruktur für Weltmarktfabriken in Entwicklungsländern angelegt wurde, wurde auch das fordistische Wachstumsmodell untergraben: Mit der Möglichkeit, einen Teil der Produktion in Niedriglohnländer zu verlagern, hielt die Lohnentwicklung in den Industrieländern nicht mehr mit der Produktivitätsentwicklung Schritt. Die Kaufkraft blieb hinter der Produktion zurück, wodurch sich die Absatzkrise verschärfte. Diese Krise hat die Entwicklung der Auslandsproduktion zusätzlich stimuliert. Die Absatzprobleme zwangen die Unternehmen zu weiterer Kostensenkung und damit zum Einsatz möglichst billiger Arbeitskräfte.

Krise des „fordistischen Akkumulationsmodells"

Die Wirtschaftskrise der 1970er Jahre ist nicht direkt auf die zunehmende Konkurrenz aus Niedriglohnländern zurückzuführen. Die Einfuhr von Industrieprodukten aus den „Newly Industrializing Countries" hat in den 1970er Jahren lediglich einen kleinen Prozentsatz der totalen Einfuhr erreicht.[45] Es ist weniger diese direkte Konkurrenz um Marktanteile, die – neben anderen Faktoren – das Ende des Fordismus bedeutete, als vielmehr die Option, die Produktion in Niedriglohnländern fortzusetzen, die die Parallelität von Lohn- und Produktivitätsentwicklung, den Kern des fordistischen Akkumulationsmodells, untergraben hat. Die Produktionsverlagerung war also viel mehr Antwort auf die Krise als deren Ursache.

Die Wirtschaftskrise, die 1973 ausbrach, war viel mehr als nur eine Ölkrise. Sie hat Prozesse ausgelöst, die die Rahmenbedingungen für die Formulierung von Industrialisierungsstrategien in Entwicklungsländern entscheidend verändert haben.

Die Beschleunigung der Technologieentwicklung

---

45 Der Anteil von zehn „Newly Industrializing Countries" (NICs), nämlich vier asiatischen Ländern (Hongkong, Südkorea, Singapur und Taiwan), vier südeuropäischen Ländern (Griechenland, Jugoslawien, Spanien und Portugal) und zwei lateinamerikanischen Ländern (Brasilien und Mexiko), an der gesamten Fertigwareneinfuhr aller OECD-Länder erreichte 1963 2,8 Prozent, 1973 7,2 Prozent und 1977 8,2 Prozent. Vgl. OECD, The Impact of the Newly Industrializing Countries on Production and Trade in Manufactures, Report by the Secretary-General, Paris 1979, 29.

Langfristig waren andere Aspekte als die Verlagerung eines kleinen Teils der Weltmarktproduktion jedoch von größerer Bedeutung. Die Krise hat zahlreiche Probleme deutlich werden lassen, die das schnelle Wirtschaftswachstum nach dem Zweiten Weltkrieg mit sich gebracht hatte, z. B. mangelhafte Flexibilität der Produktion, hohen Energie- und Rohstoffverbrauch, Umweltverschmutzung. Eine Reaktion auf diese Probleme waren die Mitte der 1970er Jahre schnell zunehmenden Investitionen in neue Technologien. Von diesen Technologien wurde erwartet, dass sie eine Lösung der Akkumulationsprobleme mit sich brächten, u. a. Verminderung der Arbeitskosten, Zuwachs an Flexibilität, Einsparungen bei Rohstoffen, weniger Umweltverschmutzung (vgl. Roobeek 1990, 44ff.). In den OECD-Ländern nahmen die Ausgaben für Forschung und Entwicklung erheblich zu (vgl. OECD 1984). Auch Wirtschaftszweige mit ausgereifter Technologie wurden plötzlich in den Strudel technologischer Veränderung gezogen, vor allem durch die Anwendung der Mikroelektronik.

Die Beschleunigung der technologischen Entwicklung brachte für die Strategie der Importsubstitution grundsätzliche Probleme mit sich. Diese Strategie hatte den Aufbau eines kompletten Industriesektors zum Ziel, der das gesamte Produktionsspektrum umfasst. Die beschränkten Investitionsmittel erlaubten jedoch nicht die kontinuierliche Modernisierung des gesamten Anlagenparks. In Zeiten langsamer technologischer Veränderung ist das nicht problematisch. In Perioden schnellen technologischen Fortschritts dagegen hat dies zur Folge, dass ein großer Teil des eigenen Produktionspotenzials schnell veraltet. Selbst wenn die Beschränkung auf kleine Serien keinen Kostennachteil mit sich brächte, bedeutet dies, dass vergleichbare Produkte in den Ländern billiger zu haben sind, wo neue Produktionsmethoden eher eingeführt werden. Der Anreiz zur stärkeren Integration in die internationale Arbeitsteilung nimmt damit zu.[46] Wo diese Integration nicht stattfindet, veraltet der Produktionsapparat schnell und bedarf immer höherer Subventionen durch die eigene Regierung. Diese Tendenz hat vielen Entwicklungsländern in den 1980er Jahren zu schaffen gemacht und den Weg bereitet für die Verfolgung neoliberaler Strategien, die auf den Abbau von Protektionismus und staatlichen Subventionen gerichtet sind.

Die Entwicklungsländer wurden im Verlauf der neuen internationalen Arbeitsteilung eine weniger homogene Gruppe als jemals zuvor. Nicht nur zwischen den Industrie- und den Entwicklungsländern klafft eine große Lücke, auch zwischen den Entwicklungsländern untereinander werden die Unterschiede immer größer. Dies führt dazu, dass es ihnen immer schwerer fiel, gemeinsame Standpunkte zu formulieren. Dieser Diversifizierungsprozess steht im folgenden Unterkapitel im Mittelpunkt.

---

46 Multinationale Unternehmen haben einen ähnlichen Strategiewandel vollzogen: Die 1960er Jahre standen für viele Unternehmen im Zeichen der Diversifikation, d.h. der Ausweitung des Produktspektrums. Mit der Beschleunigung der technologischen Entwicklung seit Mitte der 1970er Jahre hat eine gegenläufige Tendenz eingesetzt. Unternehmen konzentrieren sich wieder mehr auf ihre Kernaktivitäten und stoßen andere Aktivitäten ab, da sie sich nur auf wenigen Gebieten an der Spitze des technischen Fortschrittes halten können. Sie integrieren sich stärker in eine Arbeitsteilung mit spezialisierten Zulieferern (vgl. van Tulder/June 1988).

3.4 Die Differenzierung zwischen Entwicklungsländern in den 1970er Jahren

Im ersten Kapitel wurde betont, dass die Polarisierung zwischen den zehn Prozent der Weltbevölkerung mit dem höchsten und den zehn Prozent mit dem niedrigsten Anteil am Welteinkommen noch nie so groß war wie gegenwärtig. Aber diese Polarisierung ist nicht die Polarisierung zwischen den Industrie- und den Entwicklungsländern. Die Vereinigten Arabischen Emirate haben ein höheres Pro-Kopf-Einkommen als Neuseeland, Kuwait das gleiche Pro-Kopf-Einkommen wie die Tschechische Republik. Hongkong übertrifft in derselben Rangfolge Großbritannien, und Singapur übertrifft Spanien. Südkorea weist ein höheres Pro-Kopf-Einkommen auf als Portugal; Brasilien übertrifft Bulgarien (vgl. UNDP 2006). Die Kluft zwischen Ländern mit hohem und Ländern mit niedrigem Durchschnittseinkommen verläuft also quer durch die Reihen der Entwicklungsländer.

Dieser Abschnitt zielt darauf ab, Klarheit über die Unterschiede innerhalb der Dritten Welt unmittelbar vor der entscheidenden Epoche der 1980er Jahre zu schaffen. Es ist nicht einfach, genau festzuhalten, ab wann von einem grundlegenden Wandel gesprochen werden kann. Wie dem auch sei, wenn man zwei oder drei Schlüsselentwicklungen zusammenfasst, bekommt man ein gutes Bild: Die Welt von 1990 unterscheidet sich stark von der Welt von 1979. Die Welt von 1979 ist die Welt, in welcher der zweite Kalte Krieg gerade ausgebrochen war und einem neuen Höhepunkt zustrebte (Afghanistan, Polen); es ist die Welt der Hoffnungen des Brandt-Berichtes (Independent Commission on International Development Issues 1980) auf eine – obgleich verwässerte und reformistische – *Neue Internationale Ordnung*; es ist die Welt, wie wir sie kannten, bevor die Schuldenkrise die Weltwirtschaft und insbesondere die Dritte Welt traf. Zehn Jahre später war die Berliner Mauer gefallen; die (Macht der) Sowjetunion zerfällt, der Kalte Krieg ist vorbei. Zehn Jahre später bedeutet auch fast zehn Jahre Schuldenkrise und strukturelle Anpassungen unter der Vormundschaft des IWF. Die Welt der 1990er Jahre unterscheidet sich wirklich von der Welt der 1970er: Eine neue Weltordnung ist entstanden, aber eine, die sich als sehr verschieden von derjenigen erweist, wie man sie sich im Brandt-Bericht vorgestellt hatte. Bevor ich den letzten Abschnitt des Kapitels dieser ereignisreichen, wenn nicht gar schicksalhaften Dekade widme und auf die Veränderungen schaue, zu denen sie führte, halte ich an dieser Stelle inne und schildere die Situation, wie sie kurz davor bestand. Ich werde mich vor allem auf Dritte-Welt-Länder konzentrieren, die zu der Zeit die hoffnungsvollsten Fälle darzustellen schienen, zumindest in Bezug auf ihr Pro-Kopf-Einkommen.

Zwei Ländergruppen fallen unter den genannten Ländern wegen ihres relativ hohen Pro-Kopf-Einkommens auf: die erdölexportierenden Länder im Nahen Osten und die „Newly Industrializing Countries" (NIC) in Südostasien. Diese Ländergruppen sollen im Folgenden etwas eingehender behandelt werden. Auch die erdölexportierenden Länder fallen in unterschiedliche Kategorien. Den kleinen, bevölkerungsarmen Wüstenstaaten mit hohem Pro-Kopf-Einkommen stehen die bevölkerungsreichen Erdölproduzenten gegenüber. Für diese Länder haben die Erdöleinkommen häufig dieselbe Funktion gehabt wie andere Monokulturen in anderen Entwicklungsländern.

Einen erfolgreicheren Entwicklungsprozess haben Länder durchlaufen, die über keine wesentlichen Rohstoffvorkommen verfügten. Dieser Nachteil konnte offensichtlich in den NICs in einen Vorteil verwandelt werden. Dabei stellt sich natürlich die Frage, inwiefern die Entwicklung der NICs ein Sonderfall ist bzw. ob sich deren Beispiel als ‚Modell' für die Entwicklung anderer Länder heranziehen lässt.

Der politische Spielraum einzelner Regierungen ist dabei offensichtlich beschränkt. Es macht viel aus, in welcher Weltregion sich ein Land befindet. Die stürmische Entwicklung in einigen südostasiatischen Ländern übt eine stimulierende Wirkung auf die gesamte Region aus, während Depression und Krise in großen Teilen Afrikas positive Entwicklungen in der Region erschweren.

Abkoppelung vom Weltmarkt

In den 1960er und 1970er Jahren wurden die Möglichkeiten der „Abkoppelung" einzelner Länder als Alternative zur Weltmarktintegration diskutiert (vgl. z. B. Senghaas 1977). Abkoppelung war die logische Konsequenz, die von eher radikalen Theoretikern aus ihrem Verständnis von Abhängigkeit und den dem kapitalistischen Weltsystem innewohnenden Mechanismen der Unterentwicklung gezogen wurde (besonders Gunder Frank und Samir Amin). Als Strategie einzelner Regierungen oder politischer Bewegungen erwies sich diese Politik als wenig aussichtsreich, obwohl sie vielleicht die Chance bietet, ein minimales Wohlstandsniveau aufrechtzuerhalten. Gegenwärtig scheint jedoch eine Art Abkoppelung vom Weltmarkt stattzufinden, aber nicht als Folge einer selbstgewählten Strategie, sondern als eine Art von außen auferlegter Abkoppelung. Denn entgegen allen durch den IWF empfohlenen Maßnahmen zur Öffnung der Märkte bleibt die Integration in den Weltmarkt beschränkt, weil die Nachfrage nach Produkten aus diesen Ländern ausbleibt. Viele der am wenigsten entwickelten Länder drohen wegen der erzwungenen Abkoppelung in einen Strudel von Armut, ökologischer Krise und Bürgerkrieg zu geraten, bei dem der Boden noch nicht in Sicht ist.

3.4.1 Die erdölexportierenden Länder

Wie stark sich die verschiedenen erdölexportierenden Länder und ihre Interessenlagen voneinander unterscheiden, wird regelmäßig bei den Verhandlungen der OPEC (der Organization of Petroleum Exporting Countries) über künftige Ölpreise und Fördermengen deutlich (siehe die Übersicht 3.6 über die OPEC-Staaten).

Differenzen über den Ölpreis

Die reichen und bevölkerungsarmen Staaten wollen eher eine Beschränkung der Produktion, ohne damit allerdings das Preisniveau so hochzutreiben, dass es die Wirtschaftsentwicklung in den Industrieländern beeinträchtigt. Dort haben sie schließlich ihre Einkünfte investiert, und die Gewinne, die diese Investitionen abwerfen, sind für sie beinahe ebenso wichtig geworden wie die Einnahmen aus dem Erdölexport. Die bevölkerungsreichen Exportländer dagegen wünschen höhere Preise und höhere Exportquoten, um ihren eigenen Devisenbedarf zu stillen.

3.4 Die Differenzierung zwischen Entwicklungsländern

In den Scheichtümern am Arabischen Golf wurden Wohlfahrtsstaaten aufgebaut, deren Leistungen sich durchaus mit denen europäischer Staaten messen können.[47] In unmittelbarer Nachbarschaft dagegen leben im Irak und im Iran Millionen Menschen mit einem viel niedrigeren Pro-Kopf-Einkommen und deutlich anderen Interessenlagen, die den Hintergrund formen für den jahrelangen Krieg erst zwischen Iran und Irak (um Ölfelder im Grenzgebiet) und dann für die Besetzung Kuwaits durch den Irak und den Golfkrieg im Winter 1991.

Die Fürstentümer Saudi-Arabien, Kuwait, Katar, Bahrein (VAE, Vereinigte Arabische Emirate) verfügen über beinahe die Hälfte der Erdölproduktion der OPEC-Länder (und ca. 45 Prozent der geschätzten weltweiten Erdölvorräte). Von den übrigen erdölexportierenden Ländern fällt Libyen in dieselbe Kategorie dünnbevölkerter Länder mit hohen Pro-Kopf-Einnahmen aus den Erdölimporten, die sich als Rentier-Staaten beschreiben lassen (vgl. Kasten zum „Rentier-Staat", S. 117). In den übrigen OPEC-Ländern spielen die Erdöleinnahmen jedoch nicht dieselbe Rolle. Sie sind in diesen Ländern eher vergleichbar mit den Einnahmen, die andere Länder aus dem Export anderer Grundstoffe beziehen.

In den bevölkerungsreichen erdölexportierenden Ländern hat der plötzliche Anstieg der Erdöleinnahmen problematische Auswirkungen gehabt. Die Aussicht auf langfristig hohe Ölpreise hat einige Länder in der zweiten Hälfte der 1970er Jahre zu hoher Verschuldung stimuliert. Die unerwartet hohen Zinssätze Anfang der 1980er Jahre haben zu einer hohen Schuldenlast geführt (siehe weiter Abschnitt 3.5). Die Erdöleinnahmen haben eine schnelle Ausweitung des Staatsapparates finanziert und damit zur Ausbreitung einer kleinen kaufkräftigen Schicht beigetragen, die ihre Bedürfnisse in erster Linie aus Importen deckt. Die hohen Erdöleinnahmen haben außerdem dazu geführt, dass andere mögliche Quellen von Exporteinnahmen nicht weiter gefördert wurden. Die Verfügung über ein reiches Deviseneinkommen hat obendrein zu hohen Nahrungsmittelimporten und einer Vernachlässigung der eigenen Landwirtschaft geführt.

Verlockung hoher Ölpreise

Das ausgeprägteste Beispiel ist Nigeria. Anfang der 1970er Jahre erreichten die Erdölexporte zwar bereits mehr als die Hälfte aller Exporte, aber die Bedeutung der Landwirtschaft war noch groß. Auf sie entfielen noch 42 Prozent des Warenexports und rund 70 Prozent der Beschäftigung. Ende der 1970er Jahre resultierten mehr als 90 Prozent der Exporteinnahmen und vier Fünftel der Staatseinnahmen aus der Erdölausfuhr. Der Kurs der Währung war so angestiegen, dass die landwirtschaftlichen Exporte bedeutungslos wurden. Die Einnahmen wurden nicht zur Steigerung der Produktivität in der Landwirtschaft eingesetzt, sondern für öffentliche Investitionen in nichtproduktive Bereiche. Als die Erdöleinnahmen in den 1980er Jahren rückläufig waren, sank der durchschnittliche Lebensstandard auf ein niedrigeres Niveau als vor dem Erdölboom.[48]

---

47 Selbst zwischen den sieben Mitgliedstaaten der Föderation der Vereinigten Arabischen Emirate (United Arab Emirates, UAE) bestehen erhebliche Unterschiede: Nur drei von ihnen sind wirklich reich (vor allem Abu Dhabi mit 79 Prozent Anteil an den Erdöleinnahmen der VAE), die anderen sind ärmer und für ihre Wohlfahrt von den reicheren Nachbarn abhängig (siehe Third World Guide 91/92, 550).
48 Vgl. Bienen 1988. Der Band, in dem der Beitrag von Bienen abgedruckt ist, enthält auch Fallstudien über die Auswirkungen des Erdölbooms in Algerien, Ecuador, Indonesien, Trinidad und Tobago und Venezuela. In Nigeria ist das Pro-Kopf-Einkommen von rund 1000 Dollar im Jahre 1980 auf

Übersicht 3.6: Unterschiede zwischen den OPEC-Ländern in US-Dollar

Land	Einwohner in Mio. (1991)	BSP pro Kopf in US-$	Ölproduktion in Mio. Tonnen	„Human Development Index"	Auslandsschuld in Mrd. US-$ (1991)
	(a)	(a)	(b)	(c)	(d)
Algerien	25,7	1980	56,4	0,528	26,6
Ecuador	10,8	1000	15,5	0,646	10,1
Gabun	1,2	3780	14,8	0,503	2,9
Indonesien	181,3	610	72,9	0,515	60,0
Irak	18,3*	1808	11,3	0,589	?
Iran	57,7	2170	162,0	0,557	2,7
Katar	0,3*		20,5	0,802	?
Kuwait	2,0*	9920*	4,4	0,815	?
Libyen	4,2	16380	72,2	0,658	?
Nigeria	99,0	*	93,6	0,246	33,6
SaudiAr.	15,4		419,4	0,688	-
VAE	1,5*	5410*	100,3e	0,738	?
Venezuela	19,8	340	135,7	0,824	28,8
		7820			
		18430			
		*			
		2730			

Quelle:
a) World Bank, World Development Report 1993 (1993b), 238f.
b) British Petroleum, BP Statistical Review of World Energy, Juni 1992, 4
c) UNDP, Human Development Report 1993, New York/Oxford 1993, 135ff. (die Berechnung des „Human Development Index" wird in derselben Veröffentlichung beschrieben: ebd., 104 ff.)
d) World Bank, World Development Report 1993 (1993b), 278f.
e) allein Abu Dhabi
*) Fischer Weltalmanach 1992

Kurzum, der plötzliche Reichtum hat sehr problematische Auswirkungen gehabt. Erschwerend kommt hinzu, dass das unmittelbare Nebeneinander von Bevölkerungsgruppen, die mit dem Erdölgeschäft reich geworden sind und sich in ihrem Konsumverhalten an westlichen Beispielen orientieren, und großen Teilen der Bevölkerung, die traditionellen Produktions- und Lebensweisen verhaftet bleiben, zu politischen Reibungsflächen und zur Ausbreitung fundamentalistischer Bewegungen führt (Iran, Algerien, Saudi-Arabien), die die politische Stabilität beeinträchtigen und ausländische Investitionen weniger wahrscheinlich machen.

---

etwa 300 Dollar im Jahr 1992 gesunken. (Financial Times Survey Nigeria, Financial Times, 1. April 1992, 1).

3.4 Die Differenzierung zwischen Entwicklungsländern

> Der Rentier-Staat
>
> Ölstaaten, die wie einige arabische Länder 90 Prozent ihrer Staatseinnahmen und 95 Prozent ihrer Ausfuhrerlöse aus dem Ölexport beziehen, sind zu Prototypen von Rentier-Staaten geworden. Renteneinkommen ist Einkommen, das nicht durch den Einsatz von Kapital und Arbeit entsteht, sondern eine Belohnung für den Eigentümer von Land bzw. Rohstoffen darstellt. Adam Smith hat bereits darauf hingewiesen, dass Renteneinkommen nicht wie die Kostenfaktoren Lohn und Zins die Höhe der Preise bestimmen, sondern vielmehr die Folge hoher Preise sind. Rentiers formen eine soziale Gruppe, die nicht selbst aktiv am Wirtschaftsprozess teilnimmt, die sich aber doch einen (oft erheblichen) Teil des Erlöses aneignen kann.
>
> In jeder Wirtschaft bestehen Renteneinkommen. Ein Rentier-Staat kann definiert werden als ein Staat, der hohe Renteneinkommen aus dem Ausland bezieht. (Würden sie von Inländern bezahlt, hieße das, dass die produktiven Aktivitäten, aus denen diese Einkommen erwirtschaftet werden, doch überwiegen.) In einem Rentier-Staat nehmen nur wenige an der Erwirtschaftung des Reichtums teil, viele hingegen an dessen Verteilung und Nutzung. Das Renteneinkommen fließt der Regierung zu, die über die Verteilung beschließt.
>
> In einem solchen sozialen Gefüge verbreitet sich auch eine Rentiermentalität. Gewinn/Einkommen ist nicht die Folge kontinuierlicher eigener Anstrengung, sondern kaum beeinflussbarer äußerer Umstände (Weltmarktpreise, Wetter, technologische Entwicklung). Die Aktivitäten der Staatsbürger richten sich mehr darauf, einen Teil des Renteneinkommens zu erwerben, als auf produktive Arbeit. Regierungsämter werden als eine Form der Teilhabe am Reichtum des Landes gesehen, nicht so sehr als zu erfüllende Aufgabe. Beschäftigungen als Mittelsmänner, Händler, Makler, Repräsentanten, Konsultanten, Geldwechsler überwiegen für die Einheimischen. Es besteht eine deutliche soziale Kluft zwischen ihnen und den Gastarbeitern, die für die produktiven Tätigkeiten angestellt worden sind.
>
> Durch die Überweisungen der Gastarbeiter aus den Nachbarländern, durch Wirtschaftshilfe (z. B. der Ölstaaten oder der OECD-Länder) und durch Einkommen aus Standortvorteilen (Einkommen aus dem Suezkanal, Lizenzgebühren für über eigenes Grundgebiet laufende Pipelines) breitet sich auch in den angrenzenden ärmeren Staaten der Region eine ähnliche Mentalität aus. Einkommen kommt von außen als eine Gunst, um deren Erhaltung man sich bemüht, und nicht so sehr aus produktiver Arbeit im Inland.
>
> Nach: Beblawi, H. (1990): The Rentier State in the Arab World, in: Luciani, G. (Hg.), The Arab State (London: Routledge), 88.

3.4.2 Die „Newly Industrializing Countries"

Die Länder, die Anfang der 1990er Jahre als Paradebeispiel erfolgreicher Entwicklung galten – neben Japan vor allem Hongkong, Singapur, Südkorea und Taiwan –, haben keine nennenswerten Rohstoffvorkommen aufzuweisen. Sie mussten darum andere Anstrengungen unternehmen, um auf dem Weltmarkt Fuß zu fassen. Dass ihnen das gelungen ist, hat direkte Auswirkungen auf die Theorieentwicklung im Bereich der internationalen Beziehungen gehabt. Die in den 1960er und Anfang der 1970er Jahre vor allem in Lateinamerika entwickelte ‚Dependenztheorie' konnte das schnelle Wachstum dieser Länder nicht gut erklären, weil sie einseitig die externen Faktoren betonte. Die Neigung war groß, die Erfahrung dieser Länder als Ausnahmen abzustempeln, die die Regel ledig-

(Marginalie: Semiperipherie)

lich bestätigten. Die Weltsystemtheorie Wallersteins war insofern ein deutlicher Fortschritt. Er führte die Kategorie der „Semiperipherie" zwischen Zentrum und Peripherie ein (vgl. Wallerstein 1974). Dieser Begriff bezog sich auf Gebiete, die zwar in Abhängigkeit von den Zentren stehen, aber doch über Entwicklungspotenziale verfügen, die es ihnen unter günstigen Bedingungen gestatten, selbst zum Teil des Zentrums zu werden. Die Umstände freilich, unter denen dies möglich ist, bleiben bei Wallerstein relativ offen.

Japan ist das erste nichteuropäische Land gewesen, das in der Lage war, in einem Prozess einholender Entwicklung mit den anderen Industrieländern gleichzuziehen. Die Gründe der japanischen Entwicklung wurden vielfältig untersucht (vgl. Landes 1999). Die Geschichte der Nachbarländer Korea und Taiwan ist nicht begreiflich, wenn sie nicht im historischen Zusammenhang mit der japanischen Entwicklung gesehen wird (vgl. Cumings 1984).

Taiwan, Korea und Japan

Im Frieden von Shimonoseki, der einen Konflikt zwischen Japan und China über die Oberhoheit in Korea beendete, wurde Taiwan 1895 von China an Japan abgetreten und blieb ein halbes Jahrhundert japanische Kolonie. Korea hatte sich bereits 1880 japanischem Einfluss öffnen müssen. 1905 wurde Korea ein japanisches Protektorat und 1910 schließlich durch Japan annektiert und die folgenden 35 Jahre als Generalgouvernement direkt von Tokio aus verwaltet (vgl. Dege 1978, 267f.). Die japanische Hinterlassenschaft in den ehemaligen Kolonien unterscheidet sich deutlich von der der europäischen Kolonialmächte. Beide Länder erhielten in der ersten Hälfte dieses Jahrhunderts eine moderne Infrastruktur und ein ausgebautes Erziehungssystem. Bereits in den Jahren zwischen 1910 und 1940 stieg die Industrieproduktion in Korea jährlich durchschnittlich um zehn Prozent. Am Ende des Zweiten Weltkrieges war ein Viertel der Beschäftigten in der Industrie tätig und arbeiteten mehr als eine Million Koreaner in Japan, wahrscheinlich eine weitere Million in den von Japan besetzten Gebieten in der Mandschurei (vgl. Harris 1986, 33f.).

Taiwan war in der Kolonialperiode von Japan systematisch zum Lieferanten von Nahrungsmitteln[49] für den Rest des Reiches aufgebaut worden. Die Insel hatte eine flächendeckende Infrastruktur erhalten (Straßen, Eisenbahnnetz, Elektrizitätsversorgung, Bewässerungssysteme), ein funktionierendes landwirtschaftliches Kreditsystem und Schulen, die 1945 von drei Vierteln der Kinder im Grundschulalter besucht wurden (vgl. Harris 1986, 47 u. 50; siehe auch Wynn 1982).

Landreformen

Sowohl in Korea als auch in Taiwan fanden nach dem Krieg drastische Landreformen statt, in Taiwan nach dem Rückzug der Kuomintang vom Festland, in dessen Rahmen die Insel mehr als eine Million Flüchtlinge aufnehmen musste, und in Korea unter dem Druck der amerikanischen Besatzungsmacht, die alle japanischen Besitztümer enteignet hatte und die Regierung drängte, den koreanischen Großgrundbesitzern ihr Land abzukaufen (vgl. Harris 1986, 34). In kaum einem anderen Land der Welt haben so weitgehende Landreformmaßnah-

---

49 Taiwan lieferte z. B. 75 Prozent von Japans Zuckerverbrauch und 30 Prozent seiner Reiseinfuhr (vgl. Harris 1986, 50).

men stattgefunden wie in Taiwan und Korea. Für die weitere industrielle Entwicklung hatten diese Maßnahmen außerordentlich positive Folgen:

- Der Großgrundbesitz, der in vielen Ländern (speziell natürlich in Lateinamerika) einen entwicklungshemmenden Einfluss ausübt, wurde aufgelöst.
- Die Einkommensverteilung wurde nivelliert. Damit wurde zugleich die Nachfrage „standardisiert" und auf Produkte ausgerichtet, die im Land selbst hergestellt werden konnten (bei großen Einkommensunterschieden richtet sich die Nachfrage der oberen Einkommensschichten meist auf importierte Güter).
- In Korea und Taiwan wurde die Intensivierung der Landwirtschaft stimuliert, die in Taiwan als Grundlage für die Exportorientierung diente und in Korea die Voraussetzung geschaffen hat, dass die eigene Landwirtschaft die schnell wachsende Industriebevölkerung ernähren konnte.

Die vier asiatischen NICs zeichnen sich auch dadurch aus, dass die Stadt-Land-Problematik in ihnen keine Rolle spielt: In den beiden Stadtstaaten Hongkong und Singapur war dies sowieso nicht der Fall. Aber auch in Taiwan und Korea konnte dieses Problem gelöst werden: In Taiwan ist die wirtschaftliche Aktivität über die gesamte Insel verteilt. Wegen der entwickelten Infrastruktur und einer Industrialisierung vor allem durch kleine Familienunternehmen, die häufig aus der Verarbeitung landwirtschaftlicher Produkte hervorgingen, hat sich hier kein Stadt-Land-Gegensatz entwickelt (vgl. Harris 1986, 48). Auch in Korea hielt die Einkommensentwicklung in der Landwirtschaft im Großen und Ganzen Schritt mit der Entwicklung in den Städten.

Fehlende Stadt-Land-Problematik

Allen vier Ländern blieb damit erspart, was vielen anderen Entwicklungsländern zu schaffen macht, in denen die Landflucht in die Städte zu einem stetigen Zustrom billiger Arbeitskräfte führt, die den Anreiz vermindern, die Produktion auf höherwertige Waren umzustellen.

Alle vier Länder zeichnen sich auch noch durch eine weitere Gemeinsamkeit aus: Ausländisches Kapital hat einen erheblichen Beitrag zu ihrer Entwicklung geleistet, allerdings nicht immer in Form von Direktinvestitionen:

Ausländisches Kapital

- In Hongkong wurde ein großer Teil der Textilfabriken mit dem Kapital finanziert, das aus China geflüchtete Unternehmer Ende der 1940er und Anfang der 1950er Jahre (vor allem aus der Handelsmetropole Shanghai) in die Kronkolonie mitgebracht hatten.
- Korea und Taiwan profitierten stark von der amerikanischen Militär- und Wirtschaftshilfe: Die amerikanische Hilfe für Korea belief sich in den Jahren 1953-1960 auf rund neun Prozent des Bruttosozialproduktes, 75 Prozent der Bruttoinvestitionen, 70% des Importvolumens und etwa die Hälfte des öffentlichen Haushaltes (vgl. Harris 1986, 44).
- Taiwan erhielt in den Jahren 1949-1967 insgesamt rund 4 Mrd. US-Dollar Unterstützung von den USA, – das heißt 425 Dollar pro Einwohner – bei einem Jahresdurchschnittseinkommen von 110 Dollar im Jahr 1960. Dies hat es der Insel ermöglicht, über Jahre hinweg mehr einzuführen als zu ex-

portieren. In den 1950er Jahren lagen die Importe häufig 60 Prozent über den Exporteinnahmen (vgl. Harris 1986, 49).
- Singapur ist das einzige der vier Länder, in denen Auslandsinvestitionen eine entscheidende Rolle beim Aufbau der Industrie spielten. Etwa ein Drittel aller ausländischen Direktinvestitionen in Südostasien konzentrierte sich in den 1980er Jahren auf Singapur.[50]

Übersicht 3.7: Übersicht über die vier asiatischen NICs

	Hongkong	Singapur	Taiwan	Südkorea
Einwohner	6 Mio.	3 Mio.	20 Mio.	42 Mio.
Anteil am Weltexport von Industrieprodukten (1998a)	2,2%	1,4%	2,1%	2,1%
wichtige Ausfuhrgüter	Textilprodukte	Elektronika	Elektronika	Schwerindustrie
Rolle des Staatsapparates	marginal	zentral	zentral	zentral
Herkunft der Investitionen	ursprünglich aus China	Auslandsinvestitionen	US-Hilfe, Inlandskapital	US-Hilfe, Inlandskapital

Quelle: Dicken 1992, 36

Rolle des Staates

Ein wichtiger Unterschied im Industrialisierungsmodell der vier Länder besteht in der unterschiedlichen Rolle des Staates. Einerseits stellte Hongkong den Inbegriff einer freien Marktwirtschaft dar, in der sich der Staat darauf beschränkte, die Randbedingungen für die wirtschaftliche Expansion zu garantieren (Ruhe und Ordnung, Infrastruktur, Geldwesen). Aber es ist wichtig anzuerkennen, dass diese Rolle des Staates in Hongkong nicht isoliert von der Beziehung von Hong Kongs Wirtschaft zum chinesischen Festland betrachtet werden kann: Es gab eine unaufhörliche Versorgung mit billigen Arbeitskräften, was die Rolle des Staates als Überwacher der Bedingungen für einen Niedriglohnexport einfach machte. In den anderen drei Ländern hat der Staat eine zentrale Rolle gespielt (vgl. Castells 1992 und die übrigen Beiträge in demselben Band; auch Castells 2000, 2506). In Korea ist die Rolle des Staates durchaus der in den osteuropäischen Planwirtschaften vergleichbar gewesen (vgl. Harris 1986, 42). In Taiwan war das Bankensystem wie in Korea in den Händen des Staates, aber der Staat griff nicht in demselben Maße und nicht im Detail in den Wirtschaftsablauf ein. Der geringere Interventionsgrad in Taiwan ist zum Teil bedingt durch die Industriestruktur, in der kleine Unternehmen ein viel größeres Gewicht haben als in Korea, wo wenige Großunternehmen die Wirtschaft dominieren. In Singapur hielt der Staat die Gesellschaft fest im Griff, ließ aber den (vor allem ausländischen) Unternehmen viel Spielraum. Wie bereits gezeigt wurde und wie Gerschenkron (1966) behauptet hat: je später der Industrialisierungsprozess eines

---

50 Z. B. Dicken 1992, 65 und 71.

Landes beginnt (weltgeschichtlich betrachtet), umso stärker muss die Rolle des Staates sein, um die Nachteile der späten Industrialisierer („late comer") zu überwinden. Nirgendwo wurde dies mit größerer Deutlichkeit gezeigt als im Fall Ostasien. Sogar die Weltbank hat dies in der Veröffentlichung ihrer bahnbrechenden Studie über die Entwicklung Ostasiens anerkannt (World Bank 1993a).

Können die ostasiatischen NICs nun für andere Entwicklungsländer ein nachahmungsfähiges Entwicklungsmodell abgeben? Oder beruht ihr Wirtschaftswachstum so sehr auf besonderen Umständen, dass sie anderen nicht als Vorbild dienen können? Die beiden Stadtstaaten Hongkong und Singapur spielen eine Sonderrolle und sind nicht ohne weiteres mit anderen Ländern zu vergleichen. Aber wie steht es mit Südkorea und Taiwan? Eine Reihe besonderer Umstände, die die Entwicklung der beiden Länder gefördert haben, wurde oben bereits erwähnt: der Einfluss der japanischen Entwicklung, die erfolgreiche Landreform, der hohe Mittelzufluss aus dem Ausland (vgl. Blomström/Hettne 1984, 134).

Eine populäre Vorstellung in der Literatur der 1990er Jahre von der Industrialisierung Ostasiens ist diejenige eines Modells fliegender Gänse: In dem Modell folgen jedem früheren Industrialisierer der Reihe nach zwei oder drei andere (wie Japan Taiwan und Südkorea folgten), sodass nach ein paar Runden Dutzende Länder abheben wie wandernde Gänse (siehe Bernard und Ravenhill 1995).

Bei der Diskussion des möglichen Modellcharakters ist übrigens nicht nur auf die besonderen Merkmale der betroffenen Staaten hinzuweisen, es müssen auch die Bedingungen des Weltmarktes berücksichtigt werden: Wäre der Weltmarkt überhaupt aufnahmefähig für die Fülle der Exportprodukte, die ihn überschwemmten, , wenn auch die bevölkerungsreichen Entwicklungsländer denselben Weg gingen? Dass dies nicht sehr wahrscheinlich ist, wird oft mit Vergleichen wie dem folgenden belegt: Hätte China 1981 die gleiche Exportintensität gehabt wie Korea, dann hätten Chinas Exporte auf das 2512fache ansteigen und ein Exportvolumen erreichen müssen, das 42 Prozent über dem aller Entwicklungsländer zusammen gelegen hätte. China und Indien zusammen bestritten dann die Hälfte des Weltexports (vgl. Harris 1986, 31). Übrigens, wie in Kapitel 5 weiter untersucht wird, schien das in 2006 nicht gar so unmöglich, wie es Harris zwanzig Jahre früher noch erschien.

3.5 Am Scheideweg: Übergang zur Ära der neoliberalen Globalisierung

Zwei (teilweise miteinander verbundene) grundlegende Veränderungen, die in den 1980er Jahren stattfanden, haben das Gesicht der Erde verändert. Zunächst, auf politischer Ebene, signalisierten die Niederlage der Bewegung für eine *Neue Internationale Wirtschaftsordnung* und später die Niederlage und der Zusammenbruch der Sowjetunion und ihrer alliierten „real existierenden" sozialistischen Staaten den Niedergang der Kräfte, die einer tiefgehenden neoliberalen Umgestaltung der globalen politischen Ökonomie im Weg standen. Diese Umstrukturierung und ihre politische und theoretische Auswirkung werden in Kapitel 5 behandelt. Die Schuldenkrise, auch wenn sie nur eine nachgeordnete Rolle in diesen weiterreichenden Veränderungen spielte, hat die Ökonomie und Politik der Dritte-Welt-Länder entscheidend beeinflusst, insbesondere in Lateinamerika und Afrika. Sie kann auf diese Weise als ein wesentlicher Katalysator angesehen werden, der diese weiterreichenden Veränderungen auslöste und den neoliberalen Kräften, die auf einen Wandel drängten, sowohl die Legitimation als auch die kritische Masse zur erfolgreichen Verfolgung ihrer Strategie lieferte. An dieser Stelle werden daher kurz die Schlüsselereignisse in den 1980er Jahren hinsichtlich der Schuldenkrise betrachtet. Was waren die Hauptursachen, wie ist sie überwunden worden, was waren die Auswirkungen dieser Lösung?

Die Schuldenkrise

Im Sommer 1982 gaben Argentinien und Mexiko bekannt, dass sie nicht länger in der Lage waren, ihren internationalen finanziellen Verpflichtungen nachzukommen, und unterbrachen die Zinszahlungen für ihre ausstehenden Schulden. Die Schuldenkrise war geboren. Die Ursachen der Schuldenkrise sind jedoch eher vielfältig, als dass sie auf ein einziges Ereignis zurück geführt werden können. In der Mitte von 1982 liefen verschiedene Entwicklungslinien zusammen. Dieses Zusammentreffen erklärt, warum die Schuldenkrise gleichzeitig ein erheblicher „Vorfall" war wie auch eine tiefe strukturelle Erschütterung innerhalb der globalen politischen Ökonomie. Nun sollen die Hauptstränge zur Entstehung der Schuldenkrise identifiziert werden.

Ein erster Satz von Entwicklungen, wie bereits weiter oben angedeutet wurde, bezieht sich auf die wirtschaftliche Rezession in den hauptsächlichen westlichen Ökonomien, die in den späten 1980er Jahren einsetzte. Diese Rezession brachte schließlich einen Anreiz für eine Verlegung arbeitsintensiver Produktionsprozesse in Niedriglohnländer, den Anstoß zu arbeitskraftsparenden Rationalisierungen im Westen und eine Tendenz auf der Seite multinationaler Firmen, eher Geldberge anzuhäufen als ihren Verdienst zu reinvestieren, mit sich.

Zweitens, ungefähr zur selben Zeit (späte 1960er Jahre), erreicht die Strategie der Industrialisierung durch Importsubstitution (Import Substitution Industrialization, ISI) die Grenzen ihrer Leistungsfähigkeit (siehe S. 114 ff.). Vor allem in Lateinamerika führte dies im Laufe der 1970er Jahre zu einer Neuanordnung der sozialen Kräfte um eine neue Kapitalbildungsstrategie, nämlich die der exportorientierten Industrialisierung (EOI), oftmals unter einer Militärdiktatur (Fröbel, Heinrichs und Kreye 1984).

Drittens gab es einen wichtigen Wandel im Bereich des internationalen Kapitalmarktes. Seit den 1950er Jahren waren die internationalen Kapitalmärkte angeschwollen mit Offshore-Dollars als einer Konsequenz aus dem strukturellen Zahlungsbilanzdefizit der USA. In den 1960ern beschleunigte sich dieser Prozess aufgrund des Vietnamkrieges. Nach der Rezession von 1967-68 ließ das internationale Vertrauen in die Fähigkeit der US-Regierung, weiterhin die Umrechenbarkeit des Dollars in Gold (die Basis für das Nachkriegssystem der fixen Wechselkurse) zu garantieren, nach, und einige Länder, vor allem Frankreich, begannen Teile ihrer Dollarreserven in Gold einzutauschen. 1971 wurde die Situation unhaltbar, und die Nixon-Administration stellte einseitig die Dollar-Gold-Umrechnung ein, wodurch das Bretton-Woods-Wechselkurssystem explodierte. Unter den veränderten Bedingungen wurden internationale Kapitalbewegungen flüchtiger, vor allem, nachdem nach der Ölkrise 1973-74 die Kapitalmärkte mit großen Summen von Petrodollars überschwemmt wurden. Die Banken waren auf der verzweifelten Suche nach Kreditnehmern, gerade zu einer Zeit, als ihre bevorzugten Kunden, die westlichen multinationalen Kapitalgesellschaften, selbst wegen fehlender profitabler Anlagemärkte von Bargeld umspült waren (Sampson 1983).

An diesem Punkt kamen die drei Tendenzen zusammen: Die internationalen Banken begannen in großem Umfang Darlehen an die Dritte Welt zu vergeben (an Regierungen, staatliche Unternehmen und private Firmen gleichermaßen). Das Phänomen der ‚verschuldeten Industrialisierung' („indebted industrialization") war geboren (Frieden 1981). Private Kredite von internationalen Bankenkonsortien wurden für den Kapitalfluss in die Entwicklungsländer wichtiger als der Zustrom öffentlicher Mittel. Die internationalen Banken schwammen durch die schnell gestiegenen Einlagen der Ölländer im Geld und vergaben zeitweilig Kredite zu (real) negativen Zinssätzen. Viele Entwicklungsländer verschuldeten sich stark, teils zum Ausbau der auf Importsubstitution gerichteten Industrie, teils zur Finanzierung einer Infrastruktur, die der Ausweitung der Exporte dienen sollte.

Am Ende der 1970er Jahre begann sich die positive Dynamik der niedrigen Zinssätze, günstigen Kredite, billigen Industrialisierung und des zunehmenden industriellen Exportes (wovon der langfristige Erfolg der EOI-Strategie offensichtlich abhängig war) in ihr Gegenteil zu verkehren. Hintergrund ist ein dramatischer Wandel im maßgeblichen hegemonialen Entwurf der globalen Ökonomie. Jahre der Stagnation und hohen Inflation hatten die Legitimität des keynesianischen Versprechens untergraben. Und 1979 fanden zwei Schlüsselereignisse statt. In den Vereinigten Staaten wurde der Monetarist Paul Volcker zum Vorsitzenden des Federal Reserve Board (der amerikanischen Zentralbank) ernannt, während in Großbritannien Margaret Thatcher die Wahlen gewann und ein monetaristisches Kabinett einberief. Ein Jahr später wurde Ronald Reagan zum Präsidenten ernannt, und eines seiner ersten Projekte war das Star-Wars-Rüstungsprogramm, welches das Budgetdefizit und das Handelsdefizit gewaltig steigerte, was den Bedarf der US-Regierung an Krediten deutlich erhöhte. Obendrein nahmen, ausgelöst durch den zweiten Ölpreisschock, die Importbestimmungen für viele Entwicklungsländer zu.

Von 1980 an führten die vom Federal Reserve Board aufgelegten Kreditbeschränkungen, um die Inflation zurückzufahren, zu einem dramatischen Anstieg des internationalen Zinsniveaus: Die realen Zinssätze auf dem internationalen Kapitalmarkt schossen innerhalb von zwei Jahren in die Höhe: von unter null auf über acht Prozent. Da die meisten internationalen Bankkredite zu variablen Zinssätzen abgeschlossen worden waren, die diesem Anstieg folgten, sahen viele Entwicklungsländer sich plötzlich mit unerwarteten Problemen konfrontiert. Der Schuldendienst fiel häufig so hoch aus, dass er nur durch neue Kreditaufnahmen aufrechterhalten werden konnte. Damit gerieten viele Länder in eine Kreditspirale, die einschneidende Maßnahmen erforderlich machte. Private Darlehen für Entwicklungsländer versiegten fast über Nacht. Von mehr als 30 Mrd. Dollar in 1981 fielen sie auf 11,8 Mrd. Dollar in den ersten sechs Monaten 1982 und brachen in der zweiten Hälfte von 1982 völlig zusammen (das heißt nach den Zahlungsversäumnissen Mexikos und Argentiniens) auf 0,1 Mrd. Dollar (BIS 1983).[51]

Die kurze Darlegung macht eines sehr deutlich: Der weitverbreitete öffentliche Glaube, dass die Schuldenkrise durch den zweiten Ölpreisschock von 1979/80 verursacht worden war, muss entschieden zurückgewiesen werden. Probleme mit der Zahlungsbilanz in den meisten lateinamerikanischen Ländern reichen weit bis vor die erste Ölkrise zurück. Defizite häuften sich schon am Ende der 1960er Jahre an und wurden zuvorderst durch Überweisungen ins Ausland für Service (Transport, Versicherung) und Zinszahlungen sowie die Auszahlung von Gewinnanteilen an ausländische Investoren und Banken verursacht. Die Aktivitäten multinationaler Firmen waren hierbei ein wichtiger Faktor (Magdoff 1982). Der Ölfaktor verschärfte sicherlich das Problem, aber er war nicht die eigentliche Ursache.

IWF-Umschuldungsbedingungen

Wie wurde die Krise „gelöst"? In gewisser Weise ist sie überhaupt nicht gelöst worden. Die Schulden der Dritten Welt sind 2006 viel höher, als sie in den 1980er Jahren waren (für Informationen über den gegenwärtigen Stand des Schuldenproblems siehe www.jubileeresearch.org). Das bedeutet jedoch nicht, dass die akuten Probleme durch den Zahlungsverzug und der sichtbar werdende Kollaps großer Teile des privaten Bankensektors in den USA nicht zu weiten Teilen überwunden wurden. Das Schlüsselereignis hier war die unvermeidliche Aufgabe der Refinanzierung der ausstehenden Anleihen Mexikos, Argentiniens, Brasiliens usw. Und damit wurde das Risiko von den privaten Banken auf den öffentlichen Sektor übertragen. Bedingung für die Umschuldung war in der Regel eine Übereinkunft mit dem IWF, die meist eine Reihe von Standardmaßnahmen enthielt, die eine Ausweitung der Exporte und einen Abbau der öffentlichen Verschuldung sicherstellen sollten. Diese Maßnahmen implizierten eine Abkehr von der Strategie der Importsubstitution und die verstärkte Reintegration in die internationale Arbeitsteilung. Die Umorientierung in der Industrialisierungsstrategie der Entwicklungsländer hat sich also über einen längeren Zeitraum erstreckt, von den 1960er Jahren, als die ersten inneren Widersprüche der Importsubstitution zutage traten, bis in die 1980er Jahre, in denen die Schuldenkrise eine definitive Neuorientierung erzwang.

Neoliberalismus

Eine Reihe langfristiger Entwicklungen – das Auslaufen des Modells der Importsubstitution, die Internationalisierung der Produktion, der schnelle technologische Wandel – schuf mit der akuten Weltwirtschaftskrise Anfang der 1980er Jahre einen fruchtbaren Boden für die Ausbreitung neoliberaler Ideen, die zunächst in den USA und Großbritannien formuliert worden waren und die die Grundlage bildeten für die Politik internationaler Institutionen wie des IWF und der Weltbank. Deren Politik stärkte und legitimierte diejenigen Gruppierungen in Entwicklungsländern, die an einem Strategiewechsel Interesse hatten, und erleichterte das Zustandekommen neuer Koalitionen, die einen anderen Kurs in der Wirtschaftspolitik einschlagen wollten.[52]

---

51 Gute Erläuterungen dieser Entwicklung können (u. a.) gefunden werden in Hoogvelt 1997; McMichael 1996; Ominami 1986 und Schwartz 2000.
52 Siehe die schematische Zusammenfassung der Erklärung des Triumphes der neoklassischen Wirtschaftstheorie in Entwicklungsländern in Biersteker 1992, 125.

3.5 Am Scheideweg: Übergang zur Ära der neoliberalen Globalisierung

In den osteuropäischen Planwirtschaften war die Strategie der Importsubstitution am konsequentesten. Selbst für die kleineren sozialistischen Länder war die in den 1920er Jahren in der Sowjetunion entwickelte Strategie des ‚Sozialismus in einem Land' zur maßgeblichen Richtschnur geworden. Zwar war im Rahmen des ‚Rates für Gegenseitige Wirtschaftshilfe' (RGW) versucht worden, eine ‚sozialistische internationale Arbeitsteilung' aufzubauen, aber diese Arbeitsteilung hat nie auch nur annähernd die Intensität der Verflechtung erreicht, wie sie etwa zwischen den westeuropäischen Ländern besteht. Wie einige Entwicklungsländer in Lateinamerika und Asien haben die sozialistischen Länder zunächst eine schnelle Industrialisierung erlebt, in den 1970er Jahren oft auch mit hohen Schulden belastet. Diese geriet jedoch nach der ersten „extensiven" Phase, in der das Wachstum vor allem durch den zunehmenden Einsatz von Produktionsfaktoren erzielt wurde, ins Stocken. Mangels einer gutfunktonierenden Arbeitsteilung (selbst im Inneren der einzelnen Länder) war es schwierig, mit dem beschleunigten Tempo der internationalen Technologieanwendung Schritt zu halten. Der Rückstand im Vergleich mit dem kapitalistischen System nahm zu, und damit vergrößerten sich auch die Legitimationsprobleme.

‚Sozialistische internationale Arbeitsteilung'

Ende des Kalten Krieges: Ende des dritten Weges

Mit dem Zusammenbruch des sozialistischen Blockes haben die Regierungen der Entwicklungsländer einen doppelten Identitätsverlust zu verarbeiten: Zum einen ist die Sowjetunion als erfolgreiches Beispiel und Vorbild für die Möglichkeit der schnellen Industrialisierung eines Entwicklungslandes bedeutungslos geworden. Zum anderen ist auch die Alternative zur westlichen Entwicklungshilfe verschwunden, an die man sich anlehnen konnte, wenn der Westen keine Unterstützung bot oder eigene Ziele durchzusetzen versuchte. Zugleich hat auch das Wirtschaftssystem des ‚realen Sozialismus' seine Referenzfunktion verloren, gegen die man sich wie gegen den Kapitalismus absetzen konnte, um die Besonderheit der eigenen Strategie zu unterstreichen. Mit dem Zusammenbruch der Zweiten Welt ist auch ein wesentlicher Teil der Gemeinsamkeit der Länder der Dritten Welt untereinander weggefallen.

Verlust an Gemeinsamkeiten

4 Das Zentrum des Weltsystems

4.1 Einleitung

Die ersten drei Kapitel dieses Lehrbuches konzentrierten sich auf die Erklärung der Ungleichheit im Weltsystem. Die Entwicklung des Weltkapitalismus hat eine Differenzierung der Peripherie des Systems und eine sich weitende Kluft zwischen der Peripherie einerseits und dem Zentrum andererseits verursacht. Innerhalb des Zentrums verursachte die Dynamik des Wettbewerbs einen Prozess verstärkter Angleichung, und die Zentrums-Staaten profitierten gemeinsam von den „firstcomer advantages". Im Laufe der ersten Jahrhunderte der Entwicklung des Weltkapitalismus häuften sich diese Vorteile in Europa, wurden dann aber durch die ständige Konkurrenz zwischen den starken Staaten des Zentrums abgeschwächt. Aus dieser Konkurrenz ergab sich ein Wechsel von Episoden, in denen einer der Kernstaaten eine relative Überlegenheit über seine Konkurrenten erreichte, und Episoden, in denen einige Kernstaaten von einem mehr oder weniger ausgeglichenen Standort aus um eine Vormachtstellung kämpften. Dieser Zyklus von Hegemonie und Rivalität ist das Thema einer Vorstellung der Hauptakteure in dieser Debatte.

Diese Vorstellung erhebt nicht den Anspruch auf Vollständigkeit. Aufstieg und Niedergang von Nationen und Zivilisationen wurden von Historikern und Philosophen spätestens seit dem 18. Jahrhundert analysiert, und es ist unmöglich, einen ausgewogenen und kompletten Überblick über die verschiedenen Sichtweisen zu geben.

Stattdessen werden hier vor allem die wichtigsten Ergebnisse der Weltsystem- und Weltführungsansätze referiert (vgl. Wallerstein 1974, 1979, 1980, 1983, 1984, 1989, 2000; Chase-Dunn 1981), und zwar hinsichtlich ihrer Interpretation der Hegemoniezyklen im Staatensystem des Zentrums und hinsichtlich ihrer Charakterisierung hegemonialer Strukturen.

Wie in Kapitel 2.3 gezeigt wurde, haben die letzten Jahre eine erneute Debatte über den Beginn der Dynamiken, die für das gegenwärtige Weltsystem charakteristisch sind, gebracht. Es wurde bereits aufgezeigt, dass das Lehrbuch Wallersteins Position in dieser Debatte folgt, das heißt, dass die Geburt der gegenwärtigen Weltökonomie in das „lange 16. Jahrhundert" datiert wird. Das bedeutet nicht, dass die Welt vor der Expansion Europas aus isolierten Gegenden bestand. Im Gegenteil, Autoren wie Frank und Gills liegen richtig darin, die Kontinuitäten hinsichtlich kultureller und Handelsverbindungen insbesondere zwischen dem Osten und dem Westen, die bereits vor dem 16. Jahrhundert bestanden, hervorzuheben. Wie auch immer, das Lehrbuch folgt Wallerstein in seiner Behauptung, dass das lange 16. Jahrhundert einen qualitativen Wandel darstellt: Von einem Planeten ausgehend, der eine gewisse Anzahl von Weltreichen wie auch zahlreiche Minisysteme beherbergt, wird die Erde nun zu einem Planeten, dessen Teile zunehmend in einer Welt-Ökonomie zusammengeschlossen werden. Diese Welt-

Ökonomie hat ihre Wurzeln in Europa und breitet sich von dort in einem mehrere Jahrhunderte umfassenden Prozess über den Globus aus.

Wie ebenfalls in Kapitel zwei gezeigt wurde, war die Rivalität zwischen mehreren souveränen Staaten von Bedeutung in der ursprünglichen Verdichtung der neuen Welt-Ökonomie und blieb bedeutsam in der Bestimmung von Dynamik und Rhythmus ihrer geographischen Ausdehnung. Während das vorhergehende Kapitel sich mehr auf die Art und Weise sowie die Auswirkungen der Einbindung neuer Gebiete in die Peripherie der kapitalistischen Welt-Ökonomie konzentriert hat, wird das vorliegende Kapitel detaillierter die Dynamik von Rivalität und Herrschaft im Kern des Systems betrachten. Jeder machtvolle Staat wird, so argumentiert Wallerstein, versuchen, seine Herrschaft über das gesamte System zu etablieren, um es so von einer Welt-Ökonomie in ein Weltreich umzuwandeln. Aufgrund der historisch bedingten politischen Zersplitterung Europas im langen 16. Jahrhundert waren starke Mächte nicht in der Lage, eine solche exklusive Rolle über das System wiederherzustellen. Stattdessen bot ein neues Phänomen eine (wenn auch nur zeitweise) gewisse Form von Ordnung, Hierarchie und Hegemonie.

Der soziale Charakter von Hegemonie wird Schwerpunkt unserer Interpretation sein. Nach Gramsci ist politische Hegemonie eine Form von Herrschaft, die mehr auf Konsens als auf Unterdrückung basiert. Internationale Hegemonie wird in derselben Weise interpretiert wie Vorherrschaft, die auf Konsens beruht und in der inneren Hegemonie der herrschenden Klasse des Hegemonialstaates verwurzelt ist. Dieser Ansatz, erstmalig dargestellt von Robert Cox im Bereich der Theorie der Internationalen Beziehungen, wird etappenweise vorgestellt durch die Analyse der Mängel der etablierten (neo)realistischen Ansätze. Dieser ‚neogramscianische' Ansatz wird später von Nutzen sein, wenn die amerikanische Hegemonie und die Gegenwartssituation des globalen Systems behandelt werden.

4.2 Hegemonie und Rivalität im Handelskapitalismus 1500-1750

4.2.1 Die Definition der Hegemonie in der Weltsystemtheorie

Wallersteins Definition

Die wohl bekannteste Analyse, die Hegemonie und Niedergang als integrale Bestandteile der Struktur des modernen Weltsystems sieht, findet sich in Immanuel Wallersteins „Das moderne Weltsystem". Er definiert Hegemonie als jenen

> „kurzen Zeitpunkt, an dem eine bestimmte Zentrumsmacht gleichzeitig produktive, kommerzielle und finanzielle Überlegenheit über alle anderen Zentrumsmächte erlangen kann" *(Wallerstein 1980, 38 f.)*.

Nach Wallerstein gab es in der Geschichte der kapitalistischen Weltwirtschaft drei kurze Perioden, in denen ein Staat eine hegemoniale Position einnahm: Die Vereinigten Provinzen der Niederlande zwischen 1620 und 1672, das Vereinigte Königreich (Großbritannien) zwischen 1815 und 1873 sowie die Vereinigten Staaten von Amerika zwischen 1945 und 1967 (vgl. Wallerstein 1984).

4.2 Hegemonie und Rivalität im Handelskapitalismus 1500-1750

Diese Mächte erlangten zunächst einen relativen Vorsprung in der landwirtschaftlichen und industriellen Produktion, dann im Handel und zuletzt bei den Finanzen. Somit besteht in diesen drei Wirtschaftsbereichen eine Analogie bei der „Abfolge des Erreichens von Vorteilen".

Die zweite Analogie findet sich in der ideologischen Einstellung der Hegemonialmacht, sowohl im Umgang mit anderen Mächten wie in der Innenpolitik: „Hegemonialmächte neigten dazu, Anwälte eines globalen ‚Liberalismus' zu sein" (Wallerstein 1984, 47).

Und drittens stützte sich in allen drei Fällen – wie zuvor auch schon bei Venedig und Portugal – die Militärmacht in erster Linie auf die Marine.

Hegemonie in der Weltsystemtheorie

- ist die Vorherrschaft einer Zentrumsmacht über alle Konkurrenten,
- ist zunächst von ihrer Natur her wirtschaftlich, muss notwendigerweise aber von militärischer Macht unterstützt werden,
- wird untermauert durch die systemweite Verbreitung einer liberalen Ideologie, die die Ausnutzung der Wettbewerbsvorteile der Hegemonialmacht fördert.

Die Bedingungen, die den Aufstieg eines bestimmten Landes zur Hegemonie in einem Staatensystem entscheiden, sind geographischer, ökonomischer und politischer Natur: Faktoren wie die geographische Lage und Größe, die Verfügbarkeit neuer Technologien, die dem betreffenden Land Wettbewerbsvorteile gegenüber den anderen Zentrumsmächten verschaffen, die Verfügbarkeit ausreichenden Investitions- und Humankapitals (Facharbeiter-, Handwerkerschaft) und ein produktiver Agrarsektor „tragen zur Fähigkeit einer aufsteigenden Macht des Zentrums bei, einen führenden Sektor in der Produktion des Zentrums zu entwickeln, der als Basis einer hegemonialen Position dienen kann" (Chase-Dunn 1981, 174). Bei den politischen Bedingungen nennt Chase-Dunn die Stärke gegenüber anderen Staaten, eine starke und geeinte Klassenkoalition als politische Basis des politischen Regimes und die Fähigkeit, über Ressourcen zu gebieten (ebd.). Ähnlich meinte schon Wallerstein, dass starke Staaten über Durchsetzungsfähigkeit sowohl gegenüber anderen Staaten der Welt-Ökonomie als auch gegenüber lokalen politischen Akteuren verfügen; ein starker Staat muss auch gegenüber jeder einzelnen sozialen Gruppe innerhalb des Staates stark sein (Wallerstein 1974, 355).

Bedingungen der Hegemonie

Einer der Haupteinwände gegen Wallersteins Ansatz ist dessen relative Vernachlässigung der Bedeutung der Autonomie des zwischenstaatlichen (politischen) Systems gegenüber der Weltwirtschaft.

Zyklischer Wechsel zwischen Weltführungsmächten

Den Kritikern zufolge bildet das internationale Staatensystem eine „analytisch autonome Ebene transnationaler Realität" (Skocpol 1979, 22; vgl. auch Skocpol 1977) und stellt den „Missing Link" in Wallersteins System dar (Zolberg 1981). Diese Darstellung kann nicht überzeugen; immerhin wertet Wallerstein die spezifische Struktur der zwischenstaatlichen Beziehungen (etwa ihre Fragmentation) im frühneuzeitlichen Europa als Vorbedingung der Herausbildung der modernen Welt-Ökonomie und als eines ihrer bestimmenden Charakteristika (vgl. Wallerstein 1974, 348f.). Die Funktionsweise des Staatensystems ist jedoch nicht nur eine Bedingung der Entstehung und Stabilisierung des Welt-

„Missing Link"

wirtschaftssystems, sie wird auch in großem Maße durch die Wettbewerbsdynamik des Weltmarktes und durch die Stellung von Ländern und Weltregionen innerhalb der sich entfaltenden internationalen Arbeitsteilung bestimmt.

Ein alternativer Ansatz, der auch viel stärker den traditionellen Themen der Theorie der Internationalen Beziehungen verpflichtet ist, findet sich in den Arbeiten George Modelskis (1978, 1981, 1983, 1987, 1988) und William R. Thompsons (1989), auch bei Modelski und Thompson (1996).

Modelskis Alternative

In seiner alternativen Weltsystemtheorie, die Wallersteins Betonung der Eigenständigkeit des in den letzten Jahrzehnten des 15. Jahrhunderts in Westeuropa entstehenden Weltsystems allerdings teilt, konzentriert sich der Politologe Modelski genau auf diesen Missing Link – also auf das zwischenstaatliche System. Dass dieses zwischenstaatliche System nicht über eine zentrale Autorität verfügt, so argumentiert er, bedeute nicht, dass es keine internationale Ordnung gebe. Die Struktur dieses Systems bestehe aus den langen Zyklen der Herrschaft von Weltführungsmächten, wobei die langen Zyklen sogar den „zentralen politischen Prozeß des modernen Weltsystems" (Modelski 1981, 123) darstellten.

Modelskis „langer Zyklus" besteht aus vier Phasen: der Phase des globalen Krieges zwischen den Großmächten des Systems, die zur Herausbildung einer die Führungsrolle übernehmenden Weltmacht führt; nach zwei oder drei Jahrzehnten beginnt in der Phase der Delegitimierung die Führung der Weltmacht schwächer zu werden, sodass schließlich in der Phase der Dekonzentration ein mächtiger Herausforderer aufsteigen kann, dessen Herausforderung in einen neuen globalen Krieg mündet. Nach Modelski lassen sich in der Geschichte des Weltsystems bis heute fünf solcher Zyklen erkennen (vgl. Übersicht 4.1).

Entscheidend für den Aufstieg zur Weltführungsmacht ist die „Fähigkeit zur globalen Reichweite": Die aufstrebende Macht muss geostrategisch sicher gelegen sein – vorzugsweise an einem Ozean; sie muss eine hochseetüchtige Seestreitmacht besitzen, die potenziell größer ist als die Hälfte aller global verfügbaren Seestreitkräfte.[53] Eine Führungsmacht muss auch über die nötigen finanziellen Ressourcen für den Erhalt ihrer Marine verfügen, und sie muss eine politische Struktur besitzen, die globalen Verpflichtungen Kohärenz verleiht (Modelski 1983, 117). Die wichtigsten Herausforderer waren stets Land-, keine Seemächte: Die Franzosen forderten die holländische Führungsposition heraus und mussten zusehen, wie die Engländer die Führung übernahmen, und ähnlich endeten die französischen bzw. deutschen Herausforderungen in der erneuten Führung Großbritanniens bzw. in derjenigen der USA. Erklärungsbedürftig ist noch, warum es immer Landmächte waren, die die globale Führerschaft herausforderten. Wenn Modelskis Bedingungen der Erlangung des Weltmachtstatus richtig sind (und sie scheinen deskriptiv durchaus plausibel), dann wären rivalisierende Seemächte glaubwürdigere Herausforderer als landgestützte Mächte.

---

53 In welchem Umfang die großen Fortschritte der Luft- und Raumfahrt die sicherheitspolitische Notwendigkeit einer so großen Marine vermindert haben, ist unsicher; außer Frage dürfte stehen, dass die Überlegenheit in der Luft die zur See ersetzt hat. Offensichtlich ist auch, dass viele Funktionen der Marine, wie etwa Aufklärung oder Kommunikation, der Luftwaffe oder der Raumfahrt übertragen werden können und auch schon übertragen wurden.

4.2 Hegemonie und Rivalität im Handelskapitalismus 1500-1750

Modelski und andere wie auch mehrere Weltsystemtheoretiker haben den Versuch unternommen, hegemoniale Zyklen mit den in den 1920er Jahren von dem sowjetischen Wirtschaftswissenschaftler Kondratieff beobachteten wirtschaftlichen Zyklen in Verbindung zu bringen. Kondratieff beobachtete eine zyklische Regelmäßigkeit in bestimmten Statistiken über die wirtschaftliche Entwicklung; im Besonderen beobachtete er in vierzig- bis fünfzigjährigen Abständen wiederkehrende Tendenzen in der Entwicklung von Preisen. Er erklärt diese Regelmäßigkeit mit Verweis auf den Lebenszyklus von Kapitalanlagen. Diese Zyklen (jeder mit einer expansiven „A"-Phase und einer Phase der Stagnation, einer in einer Krise endenden „B"-Phase) lassen sich mehr oder weniger deutlich in den Perioden 1800-1850, 1850-1890, 1890-1930 und 1930-1970 wahrnehmen.

Merkmale einer Weltführungsmacht

Übersicht 4.1:   Lange Zyklen der Weltführung

Zyklus Dauer	Globaler Krieg[a]	Globale Mächte[b]	Weltmacht[c]	Hauptherausforderer[d]
I 1494-1580	Italienische Kriege (1494-1516)	England, Portugal, Frankreich, Spanien	Portugal	
II 1581-1688	Spanische Kriege (1581-1609)	England, Frankreich, Vereinigte Niederlande, Spanien	Vereinigte Niederlande	Spanien
III 1689-1791	Kriege Ludwigs XIV. (1688-1713)	Großbritannien, Frankreich, Vereinigte Niederlande, Spanien, Russland	Großbritannien	Frankreich
IV 1792-1913	Revolutions- und napoleonische Kriege (1792-1815)	Großbritannien, Frankreich, Japan, Russland, USA, Deutschland	Großbritannien	Frankreich
V 1914-	Erster und Zweiter Weltkrieg	USA, UdSSR	USA	Deutschland

Quelle: Modelski (1983)
a) Hierbei handelt es sich um „systematische" Zyklen; sie beschreiben den Status eines globalen politischen Systems und beginnen mit der Phase des globalen Krieges, wohingegen die Weltmachtzyklen zwei Phasen vorher einsetzen und sich auf eine aufsteigende Weltmacht konzentrieren.
b) Nationalstaaten mit der „Fähigkeit zur globalen Reichweite", die nach der Phase des globalen Krieges des jeweiligen Zyklus entstehen.
c) Weltmächte mit einer entscheidenden Fähigkeit (50 Prozent und mehr) zur globalen Reichweite.
d) Weltmächte, die als Hauptkonkurrenzmächte in der Phase eines globalen Krieges agieren.

An dieser Stelle lässt sich schlussfolgern, dass der enge Zusammenhang zwischen langen Wellen wirtschaftlicher Entwicklung einerseits und hegemonialen Zyklen andererseits nur richtig in der Epoche des industriellen Kapitalismus gezeigt werden kann und nicht in der Zeit davor. Die industrielle Revolution war eine fundamentale Wasserscheide, welche die Ära des Industriekapitalismus und der Nationalstaaten von der Ära des Handelskapitalismus und der Vorherrschaft des absolutistischen Staates trennte (mit Ausnahme der in Holland und England entstandenen bürgerlichen Staaten), zu denen nun zurückgekehrt wird.

4.2.2 Hegemonie im Handelskapitalismus

4.2.2.1 Die Dominanz des Handelskapitals

Die Entwicklung des kapitalistischen Systems war kein evolutionärer Prozess, sondern voller Sprünge und Schübe, von Krisen verzerrt und von Handlungsmustern und Klassenbeziehungen gekennzeichnet, die jeweils bestimmten Stadien der Entwicklung eigen waren. Diese Betrachtungsweise der Geschichte des Kapitalismus hilft auch die scheinbare Unvereinbarkeit zwischen dem „großen Bogen" kapitalistischer Entwicklung einerseits und den Diskontinuitäten der historischen Entwicklung andererseits zu überwinden. Jede Entwicklungsphase findet in einer spezifischen historischen und geographischen Umgebung statt, und in ihr entwickeln sich bestimmte Klassen, Ideologien und Politikformen.

Die Phase von der Entstehung einer kapitalistischen Weltwirtschaft bis etwa 1850-1870 war eine Zeit, in der sich der Umfang des internationalen Handels ständig ausweitete. Dadurch entstand ein internationaler Kapitalkreislauf, der von den Handelsunternehmen, dem Handelskapital, organisiert wurde. In die Zeit zwischen 1450 und 1750 fällt daher der Aufstieg einer Handelsbourgeoisie, zunächst in den italienischen Stadtstaaten und auf der Iberischen Halbinsel, dann in Holland und zuletzt in England. Diese Händler spielten bei der Ausbreitung des kapitalistischen Weltmarktes und bei der Integration weiter Teile der Erde in die von Europa dominierte Weltwirtschaft eine führende Rolle (Wallerstein 1974, 631).

4.2.2.2 Holländische Hegemonie

Staatliche Grundlagen holländischer Hegemonie

Nach Taylor (1991) unterschied sich die holländische Hegemonie von der früheren Venedigs dadurch, dass die Vereinigten Provinzen den Übergang vom Stadtstaat zum territorialen Nationalstaat vollzogen. Dieser Übergang war für die Festigung des Systems entscheidend: Hier gab es zum ersten Mal einen führenden (oder hegemonialen) Staat, der angesichts von Problemen des Systems weniger politisch-militärische, sondern politisch-wirtschaftliche Lösungen bevorzugte und garantierte und der damit das System erhielt, ohne zu versuchen, es in ein Weltreich umzuwandeln.

Grundlagen des spanischen Niedergangs

Wallerstein interpretiert den Aufstieg der holländischen Republik der Vereinigten Provinzen vor dem Hintergrund des ausgehenden „ersten" 16. Jahrhunderts, der Phase von ca. 1450 bis ca. 1550. In dieser Periode expandierte die europäische Weltwirtschaft auf der Basis des von Spanien dominierten Atlantik-

4.2 Hegemonie und Rivalität im Handelskapitalismus 1500-1750

handels. Diese Expansion kam mit dem beginnenden Niedergang Spaniens, der nicht einfach zu erklären ist, ins Stocken. Obwohl verschiedene Aspekte hervorgehoben werden könnten, herrscht doch Einvernehmen über die Hauptelemente dieses Niedergangs.

Nach Wallerstein

> „war es entscheidend, daß Spanien nicht die Art Staatsmaschinerie aufbaute (wahrscheinlich, weil es sie nicht aufbauen konnte), mit deren Hilfe die dominanten Klassen in Spanien von der Schaffung einer europäischen Weltwirtschaft hätten profitieren können" *(Wallerstein 1986, 265).*

Paul Kennedy (1988, 45) unterstreicht die massive Kostensteigerung für die Kriegführung, die „zu weite Ausdehnung" der habsburgischen Kräfte, die von ihm auch als „strategische Überdehnung" (ebd., 48) bezeichnet wird, und das Versagen, innerhalb der eigenen Gebiete angemessene staatliche Einnahmequellen zu erschließen (ebd., 53).

> „Im Mittelpunkt des spanischen Abstieges stand damit das Versäumnis, die Bedeutung des Erhalts der ökonomischen Basis eines mächtigen Militärapparates zu erkennen" (ebd., 55).

Ein weiterer Grund, der insbesondere den Niedergang Spaniens mit dem Aufstieg der holländischen Republik verbindet, war die Entscheidung Spaniens, seine nichtspanischen Einwohner auszuweisen: Die Mauren mussten Spanien nach dem Fall Granadas verlassen. Weitaus schwerwiegender war aber die Vertreibung der Juden, von denen viele in die Niederlande flohen (vgl. Wallerstein 1974, 167 und 193). Dadurch wurden die Spanier von fremden Finanzinteressen abhängig, was zur „Umkehrung der wirtschaftlichen Rolle Spaniens" (ebd., 194) beitrug.

Die rebellischen Holländer befanden sich mit ihrer produktiven Landwirtschaft, ihrer Schiffsbau- und Fischereiindustrie, ihrer Dominanz des baltischen Handels, dem Aufstieg kommerziell starker Städte und ihrer Macht selbst über die Spanier – 1640, also mitten im Krieg, transportierten holländische Schiffe drei Viertel aller in spanischen Häfen angelandeten Güter (vgl. Kennedy 1988, 54) – in einer hervorragenden Position zur Ablösung der Spanier. Der Umfang des baltischen Handels mag (wesentlich) kleiner gewesen sein als der des immer noch von den Spaniern kontrollierten atlantischen Handels, seine Bedeutung aber lag in seiner Beschaffenheit: Der Handel mit dem Baltikum gab den Holländern die Kontrolle über den Transport wichtiger Rohstoffe – nämlich Holz und Getreide – in die wachsenden urbanen Zentren Nordwesteuropas. Die Organisation des Handels verschaffte ihnen darüber hinaus einen starken Wettbewerbsvorteil im Versicherungs- und Finanzwesen (vgl. Wallerstein 1980, 55f.). Die spätere Verdrängung der Portugiesen aus dem Osthandel, die Amsterdam zum wichtigsten Umschlagplatz für Gewürze machte, verlieh den Holländern genügend maritime Reichweite, um auch die militärisch führende Macht zu werden. Der „Stadhouder" Johan de Witt beispielsweise

Wirtschaftliche Grundlagen des holländischen Aufstiegs

"konnte innerhalb eines Tages an der Amsterdamer Börse genügend Geldmittel aufbringen, ... um jede Seemacht der Welt zu besiegen" (Chase-Dunn 1989, 180).

Im ersten Band seines „Modernen Weltsystems" interpretiert Wallerstein diesen Aufstieg zur Macht sehr funktionalistisch, obwohl er funktionalistische Erklärungen eigentlich ablehnt (Wallerstein 1974, 33):

„Die Niederländische Revolution setzte eine Kraft frei, die das Weltsystem als System über die schwierigen Jahre der Anpassung hin aufrecht erhalten konnte, bis England (und Frankreich) soweit waren, daß sie die Schritte unternehmen konnten, die zu seiner endgültigen Konsolidierung führten" *(Wallerstein 1986, 280).*

Wenig später zeigt er, dass dies kein Irrtum war:

„Der holländische Welthandel wurde zu einer Art kostbarem Lebenssaft, um die Maschine in Gang zu halten, während verschiedene Länder sich darauf konzentrierten, ihre Innenpolitik und die ökonomische Maschinerie zu reorganisieren" *(ebd., 282).*

Ungeachtet des Wettbewerbsvorteils, den die Holländer auf dem Gebiet der Produktion erlangt hatten, war, wie Wallerstein betont, „der holländische Kapitalismus in seinem internationalen Kontext vor allem ein kommerzieller und finanzieller" (Klein 1982, 89f.). Hierauf weist auch Aymard in seiner Zusammenfassung des Aufstiegs der Holländer zur wirtschaftlichen Vorherrschaft hin:

„Die Vereinigten Provinzen waren somit in der Lage, als erste von der für Europa seit dem 16. Jahrhundert charakteristischen gewachsenen Interdependenz und ökonomischen Integration zu profitieren – eine Interdependenz und Integration, die zweifellos zu einem großen Teil auf die Aktivität ihrer Flotte, ihrer Kaufleute, ihres Kapitals (wie auch desjenigen Kapitals, das von fast überall her nach Amsterdam floß) und die Effizienz der von ihnen errichteten und kontrollierten Handelsgeflechte zurückgging" *(Aymard 1982, 7).*

Wirtschaftliche Stärke und Staat

Wirtschaftliche Dominanz allein bildet nicht die Kernstruktur von Hegemonie. Wirtschaftliche Stärke wird durch den Staat organisiert; die wirtschaftliche Expansion nach außen bedarf der ideologischen Unterstützung. Es ist in erster Linie die institutionelle Struktur des Staates, die die holländische Führung – die Amsterdams – von derjenigen der italienischen Stadtstaaten (besonders der Venedigs) im 15. Jahrhundert unterscheidet. In der traditionelleren Geschichtsschreibung wird die holländische Republik im Grunde als ein von Amsterdam dominierter Stadtstaat eingestuft. Über die Angemessenheit dieses Vergleiches lässt sich streiten. Amsterdam war nicht nur einfach ein kommerzielles Küstenzentrum ohne Verbindungen zu seinem Hinterland. Die produktive Landwirtschaft in den umgebenden Provinzen und die Urbanisierung, die durch die Befreiung der Arbeiter vom Land gestärkt wurde, verliehen der Republik eine deutliche territoriale Dimension, die Venedig gefehlt hatte (Taylor 1996, 49). Nach Chase-Dunn besteht innerhalb der Weltwirtschaft die Tendenz, dass die Hegemonialstaaten des Zentrums umso größer sind, je ausgedehnter das Staatensystem insgesamt ist (Chase-Dunn 1989, 180). Danach wären die Vereinigten Provinzen zwischen

4.2 Hegemonie und Rivalität im Handelskapitalismus 1500-1750

Venedig und England zu lokalisieren (ebd., 181). Es gab jedoch noch andere als rein quantitative Unterschiede zwischen Venedig und Holland.

Ein wichtiger Unterschied wurde von Wallerstein nicht ausreichend herausgearbeitet. Der Reichtum und die Macht Venedigs beruhten auf dem Monopol eines entscheidenden Bindegliedes in der Handelskette zwischen Europa und Ostasien, die aber nicht völlig von ihm kontrolliert wurde, während der Reichtum und die Macht Hollands bedingt waren durch dessen ausschließliche Kontrolle der globalen Handels- und Finanzgeflechte (Arrighi 1993, 163).

Kontrolle von Handel und Finanzen

Ein zweiter Unterschied wird von Taylor (1991) hervorgehoben: Zwar ähneln auch bei ihm die Vereinigten Provinzen einem Bündnis von Stadtstaaten, aber sie

> „umgaben dies mit einem territorialen Schutzmantel wie kein Stadtstaat mit seinen Verbündeten zuvor. Dies war ein entscheidender Unterschied; als Verteidigungsbündnis waren die Vereinigten Provinzen ein Territorialstaat, der einen Pluralismus lokaler Interessen umfaßte, wie ihn kein echter Stadtstaat je hätte gutheißen können" *(Taylor 1991, 25).*

Auch Arrighi stellt außer dem oben erwähnten Unterschied zwischen Venedig und der holländischen Republik drei weitere Differenzen fest, die als Präzisierungen der These Taylors über die Bedeutung der sozialen Basis und der institutionellen Struktur des holländischen Staates angesehen werden können:

- Anders als in Venedig hatten die holländischen Kapitaleigner mit den sich herausbildenden dynastischen Staaten Europas gemeinsame Interessen durch den Verzicht auf den Anspruch auf kaiserliche Macht gegenüber dem Papst und dem Reich;
- die holländische Fähigkeit zur Kriegführung übertraf die venezianische bei weitem;
- auch die holländische Fähigkeit zur Staatsbildung war wesentlich größer, da die Lösung von Spanien die kapitalistische Oligarchie zur Bildung von Bündnissen gezwungen hatte (Arrighi 1993, 163ff.).

Nicht nur die territoriale Dimension des holländischen Staates war wichtig. Ein weiterer, sowohl von Taylor als auch von Wallerstein unterstrichener Punkt war seine Klassenbasis. Der Staat der Vereinigten Provinzen mit seinem territorialen Rückgrat und seiner Militärmacht

Klassenbasis der Hegemonie

> „war für die holländische Bourgeoisie ein wichtiges Instrument zur Festigung einer wirtschaftlichen Hegemonie, die sie ursprünglich im Bereich der Produktion erlangt und dann auf Handel und Finanzen ausgeweitet hatte" *(Wallerstein 1980, 65).*

Anders ausgedrückt: Dieser Staat war wirklich hegemonial, da seine Hegemonie auf der von der Handelsbourgeoisie erlangten inneren Hegemonie beruhte (ebd., 63). Mit dieser Schlussfolgerung gelangt man zu einem Schlüsselaspekt der Interpretation von Hegemonie: Hegemonie in der Weltpolitik ist nicht einfach ein Machtverhältnis zwischen verschiedenen Staaten. Die Macht des Hegemonialstaates ruht auf der Stärke der hegemonialen Klasse oder Koalition sozialer Kräfte innerhalb des Staates.

Welche Rolle Ideologie (z.B. Religion) in der Konstruktion dieser sozialen Hegemonie spielt, sollte deshalb ausdrücklich erwähnt werden (siehe auch Arrighi und Silver 1999, 1516). Alle drei Elemente (Wirtschaft, Politik und Ideologie) sind entscheidend für die Festigung einer hegemonialen Koalition. Im Fall der holländischen Republik wurde der Protestantismus nicht aufgrund der Qualität seiner Ethik die bevorzugte Religion der Bourgeoisie, sondern weil die sozialen Kräfte die Thesen Luthers und Calvins annahmen, die sich ebenfalls gegen die weltliche Autorität des Papstes wendeten (siehe Diskussion in Wallerstein 1974, 151ff.).

Welche längerfristige Bedeutung hatte die holländische Hegemonie des 17. Jahrhunderts? Reicht hier Wallersteins Ansicht (vgl. oben), die Holländer hätten nur die Zeit überbrückt, damit die Engländer und Franzosen das System weiter ausbauen konnten? Taylor charakterisiert die Periode von 1588 bis 1598 als „zehn Jahre, die die Welt erschütterten". Durch militärische, wirtschaftliche, politische und ideologische Mittel und Praktiken sowie durch seine Ausdehnung des internationalen Handels und erfolgreiche Herausforderung der kaiserlichen Herrschaftsansprüche der Habsburger trug der holländische Staat entscheidend sowohl zur Konsolidierung eines Systems konkurrierender Staaten als auch zur Ausbreitung der kapitalistischen Weltwirtschaft bei (Taylor 1991, 137ff.). Auf dieser Grundlage trugen die Holländer zur Bildung des aus souveränen Territorialstaaten bestehenden Systems des Westfälischen Friedens bei, in dem das Völkerrecht gilt und ein Gleichgewicht der Kräfte herrscht, das von einer dominierenden Ideologie der religiösen Gleichheit und kommerziellen Freiheit zusammengehalten wird.

4.2.2.3 Der Niedergang Hollands

Kaum hatte sich die holländische Hegemonie durchgesetzt, begann sie schon brüchig zu werden. Arrighi (1993, 166), der sich auf die militärischen Aspekte und die Machtpolitik konzentriert, behauptet gar, dass „die Holländer das von ihnen geschaffene System niemals beherrschten". Im Jahr 1652 brach der Krieg zwischen Holland und England aus. Seit diesem Zeitpunkt wurde das europäische Staatensystem vom Aufstieg Englands, das sich 1707 mit Schottland zum Vereinigten Königreich verband, zur Weltmacht geprägt. Wallerstein (1980, 79 f.) ist großzügiger und gesteht den Holländern die Hegemonie bis 1672 zu, als sie sowohl gegen die Engländer als auch gegen die Franzosen Krieg führten.

Faktoren des holländischen Niedergangs

Die Republik war für die (finanzielle) Last der Hegemonie zu klein. Ständig wurden neue Steuern für die Finanzierung der militärischen Unternehmungen erhoben, und auch die Löhne stiegen trotz der immer noch beachtlichen Immigration sprunghaft an. Die Folge war eine Verlagerung des holländischen Kapitals von produktiven Investitionen in ausländische Handels- und Finanzgeschäfte, wo höhere Profite als in der heimischen Wirtschaft möglich waren (ebd., 91 und 268f.; Kennedy 1988, 78). So stellt Henriëtte Roland Holst in ihrem Standardwerk „Kapitaal en Arbeid in Nederland" fest:

4.2 Hegemonie und Rivalität im Handelskapitalismus 1500-1750

„Das Resultat musste natürlich sein, dass das holländische Kapital ins Ausland abfloss und den Aufstieg der Konkurrenten Hollands förderte... Die Bedeutung, die die Investitionen in üblicherweise hochverzinsliche fremde Staatsanleihen erreichten, zeigt sich darin, dass um 1770 nicht weniger als ein Viertel der englischen Staatsverschuldung in holländischen Händen lag" *(1977, 4f.)*.

Nach und nach wurde Holland zum Rentier-Staat: Die holländische Bourgeoisie lebte bequem, während die arbeitenden Klassen – die Arbeiter, aber auch die Bauern – langsam verarmten (vgl. zum Rentier-Staat Kapitel 3).

„Das symbiotische Arrangement zwischen einer ehemaligen Hegemonialmacht und dem Aufsteiger lieferte dem einen ein würdiges Ruhestandseinkommen und dem anderen einen entscheidenden Vorsprung gegenüber seinem Rivalen" *(Wallerstein 1980, 281)*.

4.2.2.4 Frühe britische Vorherrschaft im 18. Jahrhundert

Modelski unterscheidet zwei aufeinanderfolgende Zyklen britischer Vorherrschaft: zunächst im 18. Jahrhundert in der Folge des französisch-britischen Krieges zwischen 1688 und 1713, dann im 19. Jahrhundert nach den Revolutions- und den napoleonischen Kriegen (1792-1815). Alle anderen Autoren vertreten den Standpunkt, dass Großbritannien erst während des 19. Jahrhunderts eine Hegemonialstellung erreichte und dass während des 18. Jahrhunderts die Rivalität zwischen Großbritannien und Frankreich unentschieden war. Nach Wallerstein

„reagierten die Staaten des Zentrums [auf die Stagnation des 17. Jahrhunderts, der Verf.] mit dem Versuch, alle wichtigen Quellen kapitalistischen Profits innerhalb der eigenen Grenzen zu konzentrieren: die auf den Weltmarkt ausgerichtete Getreideproduktion, die neuen Sektoren der Metallverarbeitung und der Textilindustrie, die neue Transportinfrastruktur und die Zwischenlager des Atlantikhandels" *(1989, 59)*.

Ähnlich Cox:

„Die Staaten bemühten sich um die Errichtung und den Schutz von Monopolen im Handel, im Zugang zu Rohstoffen und in der Kolonialbesiedelung als zusätzliche Stützpfeiler ihrer heimischen Machtquellen" *(1987, 115)*.

Arrighi spricht von einer „neuen Synthese von Kapitalismus und Territorialismus" mit den drei Hauptbestandteilen „Siedlerkolonialismus, kapitalistische Sklaverei und wirtschaftlicher Nationalismus" (Arrighi 1993, 167). Der Name dieses neuen Systems war Merkantilismus (siehe Kasten). Dieses System diente zur Selbstverteidigung der Handelsinteressen der Nachzügler der Epoche – insbesondere des Vereinigten Königreichs und Frankreichs – gegen den Liberalismus und Universalismus der schwächer werdenden Hegemonialmacht, der Vereinigten Provinzen der Niederlande.

Merkantilismus

> **Sechs Prinzipien des Merkantilsystems:**
>
> 1. Nationaler Wohlstand ist eine Funktion monetärer Schatzbildung.
> 2. Außenhandel hat Vorrang vor Binnenkonsum.
> 3. Wirtschaftspolitik orientiert sich am Ideal der Autarkie.
> 4. Große Bevölkerungszahlen sind wünschbar.
> 5. Staatliche Intervention in die Wirtschaft ist gerechtfertigt und notwendig.
> 6. Interessen der Staaten sind gegensätzlich und konkurrierend.
> (Krippendorff 1975, 79)

Soziale Machtbasis — Die innere Machtbasis der britischen Bourgeoisie unterschied sich anfangs nicht wesentlich von ihrem holländischen Gegenstück. So betont Arrighi, dass bis zum Ende der napoleonischen Kriege „die britische Hegemonie eine Kopie der holländischen" war (Arrighi 1993, 171). Die soziale Macht des Bürgertums stammte aus seiner Kontrolle über Handel und Verkehr – besonders den Atlantikhandel – und die mit ihnen verbundenen Aktivitäten. Diese wirtschaftliche Basis der Macht bestimmte in Großbritannien die Zusammensetzung des dominierenden Klassenbündnisses des 'historischen Blocks', um einen Begriff von Gramsci zu verwenden, und damit das Grundmuster der britischen Hegemonie im Weltsystem. Nach Cox stellte die britische Hegemonie „die nach außen gerichtete Expansion der von einer dominanten sozialen Klasse erlangten inneren (nationalen) Hegemonie" dar (Cox 1983, 171).

4.2.3 Hegemonie und Weltsystem

Aufstieg und Fall der holländischen Hegemonie machen deutlich, dass Hegemonie nicht nur als Machtverhältnis zwischen Staaten zu verstehen ist, sei es nun in erster Linie militärisch (Modelski, Kennedy) oder wirtschaftlich (Wallerstein) definiert. Unabdingbar für das Verständnis hegemonialer Strukturen sind die internen Klassenstrukturen der beteiligten Länder und die zwischen ihnen ausgehandelten politischen Kompromisse. Eine Rückkehr zum Weltsystemansatz sollte uns weiterhelfen, dieses Problem zu klären, denn es ist der ausdrückliche Anspruch der Weltsystemtheoretiker, dass sie das Staatensystem im Kontext der Weltwirtschaft sehen:

> „Kapitalismus als Wirtschaftsweise [gründet sich darauf (H. O.)], daß die Wirtschaftsfaktoren in einem Gebiet wirksam sind, das größer ist als das, das ein politisches Gebilde völlig kontrollieren kann. Dies gibt den Kapitalisten eine strukturell begründete Handlungsfreiheit. Dadurch wurde, trotz der sehr einseitigen Verteilung seiner Gewinne, die stetige wirtschaftliche Ausdehnung des Weltsystems möglich"
> *(Wallerstein 1986, 519).*

Globaler Kontext des Kapitalismus — Die größte Verheißung des Weltsystemansatzes war die Erkenntnis, dass die kapitalistische Wirtschaftsform und kapitalistische Klassenbeziehungen seit ihrer Entstehung nicht in Volkswirtschaften, sondern in einem globalen Kontext – der Weltwirtschaft – verortet sind (wichtige Anstöße zur Wiederbelebung dieser essenziell marxistischen Sichtweise lieferte die staatstheoretische Debatte der 1970er Jahre in Deutschland, vgl. Busch 1974, Neusüss 1972). Die Dynamik

4.2 Hegemonie und Rivalität im Handelskapitalismus 1500-1750

dieses globalen Systems liegt für Wallerstein im Prozess der internationalen Arbeitsteilung und den sich daraus ergebenden Mustern des Handels und der Produktionsspezialisierung. Eine der frühesten, aber heute noch überzeugendsten Formulierungen dieser Grundannahme des Weltsystemansatzes stammt von André Gunder Frank:

> „Obwohl es vom Staat verursachte organisatorische Diskontinuitäten innerhalb des weltweiten kapitalistischen Systems gibt, so gibt es doch tatsächlich in einem sehr realen und wichtigen Sinn überhaupt keine ‚Volkswirtschaften'" (1963, 93).

Das heißt jedoch nicht, dass die „Staaten" angesichts des scheinbaren Verschwindens der „Volkswirtschaften" ihre Bedeutung verlören. Das globale kapitalistische System existiert nicht außerhalb jedes einzelnen Staates, sondern innerhalb und durch die Staaten. Der Staat ist nicht nur eine aus der spätfeudalistischen, absoluten Monarchie stammende Anomalie, sondern auch ein wichtiges Moment des Ursprungs und Wachstums des Weltkapitalismus (vgl. auch Overbeek 1990, Kap. 1). *Staaten und Weltsystem*

Die von Europa ausgehende kapitalistische Expansion geschah durch die Unterordnung – nicht Verdrängung oder Zerstörung – nichtkapitalistischer Wirtschaftssysteme unter die Bedürfnisse der Kapitalakkumulation im Zentrum. Marx erkannte, dass von Anfang an die Einführung der Sklaverei und des Plantagensystems in der Neuen Welt eine zentrale Rolle in der Entwicklung des Industriekapitalismus in England spielte (vgl. Marx 1867, 787; vgl. auch das Standardwerk Williams' 1944).

Nicht nur wurde der Aufstieg der englischen Industrie dem Sklavenhandel zugeschrieben, noch grundlegender bereitete die Ausweitung des internationalen Austausches seit dem Ende des 15. Jahrhunderts den Durchbruch der kapitalistischen Produktionsweise vor (vgl. Marx 1894, 345f.).

Es sollte deutlich geworden sein, dass die kapitalistische Entwicklung konzeptionell und historisch seit dem Aufstieg und der Expansion des europäischen Kapitals im 16. Jahrhundert einen globalen Prozess darstellt. Die Bourgeoisie hat immer dazu geneigt, sich als universelle Klasse zu definieren, und wichtige Teile davon haben im Laufe der Zeit versucht, sich politisch als transnationale Klasse zu organisieren, wie das Beispiel der finanziellen Bourgeoisie vielleicht am deutlichsten zeigt (vgl. Wallerstein 1974, 352; Cox 1987, 360). Politische Macht ist jedoch innerhalb von Nationalstaaten organisiert, und besonders seit dem Aufstieg des Industriekapitals konstituieren sich die einzelnen Klassen auf nationaler Ebene (vgl. Pooley 1991). Die Globalisierung von Kapitalbeziehungen und die dauerhafte Bedeutung des Staates sind zwei Aspekte einer einzigen Systemstruktur. *Globalisierung und nationale Konstituierung des Industriekapitals*

In einem Artikel über „Die Klassenstruktur des Weltsystems" meint der Weltsystemtheoretiker Albert Bergesen, es sei erforderlich, „die für das Weltsystem charakteristischen weltweiten Klassenbeziehungen zu erkennen" (Bergesen 1983, 44) und präzisiert im Folgenden, was er damit meint: *Weltweite Klassenbeziehungen*

> „Die meisten Produktionsmittel der Welt standen stets unter der Kontrolle des Zentrums, wodurch die Zentrum-Peripherie-Beziehung eher zu einer Beziehung zwischen Klassen als zu einer Beziehung ungleicher Tauschverhältnisse wurde. ... [Der

Klassenbegriff kann verwendet werden, um (H. O.)] die Beziehung zwischen ganzen Zonen der Weltwirtschaft zu charakterisieren" *(ebd., 50f.).*

<small>Geographischer Determinismus</small>

So zeigt sich, dass weltweite oder globale Klassenbeziehungen gar keine Klassenbeziehungen im eigentlichen Sinn – also keine Beziehungen zwischen sozialen Größen oder Gruppen – sind, sondern Beziehungen zwischen geographischen Einheiten, den „Zonen" der Weltwirtschaft. Zu Recht kritisiert Aristide Zolberg (1981, 269) Wallersteins geographischen Determinismus, da er nicht deutlich zwischen den politischen Verhältnissen in den Ländern gleicher geographischer Zonen unterscheide. Tatsächlich fasst Wallerstein häufig Beziehungen innerhalb der Weltwirtschaft als Beziehungen zwischen geographischen Einheiten auf: Es gebe aufgrund eines „Transfers eines Teiles des produzierten Gesamtprofits (oder Überschusses) von einer Zone zur anderen" „eine immer größere Polarisierung zwischen den Zonen des Zentrums und der Peripherie" (Wallerstein 1983, 30f.). In der Tat, die Hierarchiebildung der Weltwirtschaft erinnert an „eine Runde im Spiel 'Reise nach Jerusalem' auf geographischem Niveau" (Wallerstein 1984, 11).

Fruchtbarer als diese geodeterministische Sichtweise ist die Betrachtung der internationalen Arbeitsteilung als eines sozialen Netzwerkes, durch das sich Produktionsbeziehungen ausbreiten und das eine „Nationalisierung" der Klassenbildung unterstützt. Zu untersuchen ist jener Prozess, in dem sich die globale Klassenbildung mit dem Prozess der Bildung von Nationen und der Staatenbildung verbindet. Eine in diesem Sinn dialektische Sicht der Beziehung zwischen „äußeren" und „inneren" Faktoren ist für das bessere Verständnis der Bedeutung hegemonialer Strukturen und Phasen in den internationalen Beziehungen unabdingbar.

<small>Zusammenfassung</small>

In diesem Abschnitt wurde verdeutlicht, dass Perioden, in denen mehrere starke Mächte um eine globale Vormachtstellung kämpfen, sich abwechseln mit kürzeren Perioden, in denen eine Kernmacht eine überlegene, hegemoniale Position erreicht. Diese hegemoniale Position beruht gemäß der Weltsystemtheorie auf der Überlegenheit ihrer Wirtschaft, vor allem im internationalen Handel. Eine genauere Untersuchung des Aufstiegs der holländischen und englischen Hegemonie im 17. und 18. Jahrhundert zeigt jedoch, dass der innere Zusammenhalt der herrschenden Klasse des Hegemonialstaates eine wesentliche Bedingung für den Aufstieg des Staates zur Hegemonialmacht ist. Nach Cox stellte die britische Hegemonie „die nach außen gerichtete Expansion der von einer dominanten sozialen Klasse erlangten inneren (nationalen) Hegemonie" dar (Cox 1983, 171).

Des Weiteren wurde deutlich, dass die zweite Hälfte des 18. Jahrhunderts eine grundlegende Wende vom Handelskapitalismus früherer Jahre zur Epoche des Industriekapitalismus bedeutete, die in England nach 1750 begann. Diese Transformation des weltweiten Kapitalismus hatte, wie im folgenden Abschnitt behandelt wird, weitreichende Konsequenzen für den Charakter und die Bedingungen von Hegemonie, sowohl national wie auch international.

4.3 Hegemonie und Industriekapitalismus mit Konkurrenz – die Zeit von 1750 bis 1870

Das Zeitalter des Handelskapitals kann als die Vorgeschichte des Kapitalismus beschrieben werden. Es ist ein Zeitalter, in dem das wichtigste Mittel der Akkumulation der Handel mit Gütern ist, die unter nichtkapitalistischen Produktionsverhältnissen hergestellt wurden. Es ist natürlich wahr, dass dieser Handel zwecks Profites stattfand, aber die Dynamik eines auf Handel basierenden Systems unterscheidet sich fundamental von der eines auf Produktion ausgerichteten Systems, wie es nach 1750 dominant wurde. Erst dann wird menschliche Arbeitskraft der Ausnutzung des Kapitals innerhalb des Produktionsprozesses untergeordnet, und erst dann wird Kapital zu einem „sich selbst verwertenden Wert" wie Marx es nannte. Mit dem Aufstieg des Industriekapitalismus wurde der Prozess der Vergesellschaftung der Arbeit enorm beschleunigt, und die Staaten entwickelten sich allmählich zu Nationalstaaten. In diesem Prozess wurde die Vormachtstellung der Briten noch fortwährend infrage gestellt, bis sie sich nach mehr als einem halben Jahrhundert durchsetzen konnten.

4.3.1 Der anglo-französische Kampf um die Hegemonie 1756-1815

Erst ab 1750 stieg die englische und schottische Industriebourgeoisie zu wirtschaftlicher Bedeutung auf. Marx hat diesen Übergang vom Handels- zum Industriekapitalismus als treibende Kraft für den Hegemoniewechsel von Holland zum Vereinigten Königreich erkannt:

Aufstieg der Industriebourgeoisie

> „Die Geschichte des Untergangs Hollands als herrschender Handelsnation ist die Geschichte der Unterordnung des Handelskapitals unter das industrielle Kapital" *(Marx 1894, 346).*

Politisch jedoch blieb die Industriebourgeoisie den älteren kommerziellen Schiffahrts- und Finanzinteressen untergeordnet, welche die Außenhandelsrouten, von denen die Industrie abhing, kontrollierten.

Zu dieser Zeit – also um die Mitte des 18. Jahrhunderts – war noch nicht sicher, dass der Kampf um die Vorherrschaft zugunsten Großbritanniens ausgehen werde. Zwar besaß Großbritannien einen leichten Wettbewerbsvorteil, der noch durch die wachsende Bedeutung des von den Briten dominierten Atlantikhandels gesteigert wurde (vgl. Wallerstein 1989, 68), eine deutliche Entscheidung fiel jedoch erst mit dem Ende des Siebenjährigen Krieges (1756-1763). Im Machtkampf zwischen Frankreich und Großbritannien deutete der britische Sieg das Ende des Kampfes um die Vorherrschaft an (Arrighi 1993, 169). Was den wirtschaftlichen Wettbewerb der beiden rivalisierenden Mächte des Zentrums angeht, so schaltete der Verfall des kommerziell-industriellen Potenzials der französischen Atlantikküste um Nantes Frankreich als ernstzunehmenden Konkurrenten um die Kontrolle des Atlantikhandels aus (vgl. Wallerstein 1989, 72). Die Folgen des amerikanischen Unabhängigkeitskrieges verstärkten die Niederlage. Scheinbar verloren die Briten diesen Krieg, aber nur sie konnten vom beginnenden Aufstieg der Amerikaner profitieren. Kein anderer europäischer Konkurrent befand sich in der Position, die sich bietenden neuen Möglichkeiten zu nutzen (ebd., 82ff.). Eine andere Folge war der weitere Anstieg der französischen Staatsschuld, während die Briten – zum Teil dank holländischer Investitionen – die Verschuldung der öffentlichen Hand schnell begleichen konnten. Damit waren die 1780er Jahre ein Jahrzehnt schnell zunehmender Ungleichheit zwischen Frankreich und Großbritannien.

Der letztlich durch die Niederlage Napoleons und den Wiener Kongress 1815 entschiedene Kampf zwischen Frankreich und Großbritannien um die Hegemonie im Weltsystem prägt die sich daraus ergebende britische Hegemonie entscheidend, und zwar sowohl politisch als auch ökonomisch, sowohl international als auch im Innern. Zunächst sollen die innenpolitischen Auswirkungen betrachtet werden.

<small>Innenpolitische Grundlage britischer Hegemonie</small>

Politisch war die Veränderung zunächst gering: Die politische Macht blieb fest in der Hand des alten Machtblockes aus Landadel und Finanzwelt. Die Oberschicht verbarrikadierte sich gegen den ihre Privilegien bedrohenden Radikalismus hinter patriotischen Schlagworten.

<small>Ökonomische Grundlagen</small>

Ökonomisch aber waren die Veränderungen der Jahre 1789-1815 weitreichend. Die Französische Revolution erwies sich als wirksames Schild, hinter dem die englischen Hersteller prosperieren konnten. Die französische Dominanz auf dem Kontinent trieb das Waren- und Geldkapital Großbritanniens zur Expansion über den Atlantik statt über den Kanal. Die napoleonischen Kriege und der mit ihnen verbundene Schutz vor kontinentaler Konkurrenz erlaubten dem industriellen Kapital Großbritanniens, schnell zu expandieren. Dadurch konnte England im folgenden Jahrhundert zur „Werkstatt der Welt" werden. Während dieser Jahrzehnte förderten die Briten durch hohe Einfuhrzölle auf Textilien den Niedergang der indischen Textilindustrie. Erst nachdem die indische Konkurrenz auf diese Weise ausgeschaltet worden war, wandten sich die britischen Hersteller dem Freihandel zu. Der Freihandel, der als integraler Bestandteil der „Pax Britannica" des 19. Jahrhunderts gilt, war also keineswegs eine „natürliche" Entwicklung. Noch bis in die 1830er und 1840er Jahre hinein intervenierte der britische Staat zugunsten der heimischen Industrie in den Außenhandel (vgl. Polanyi 1957, 135ff.).

Infolge der französischen Okkupation Hollands übernahm England auch dessen Rolle als führender Gläubigerstaat. 1815 hatte London Amsterdam als wichtigstes Finanzzentrum der Weltwirtschaft abgelöst. So erlangte Großbritannien auf finanziellem Gebiet ebenso eine dominierende Rolle wie im Welthandel und in der Produktion.

4.3.2 Die liberale Weltordnung

Die napoleonischen Kriege endeten 1815 mit dem Sieg der von Großbritannien angeführten Koalition und der Restauration des Staatensystems des Westfälischen Friedens durch die europäischen Mächte beim Wiener Kongress (vgl. Cox 1987, 124ff.). Diese Restauration stellte auch eine Rückkehr zum System des Mächtegleichgewichts dar. Die Zahl der Staaten erhöhte sich, und das System funktionierte „eher über als zwischen den Staaten" (Arrighi 1993, 171). Das europäische Staatensystem, auf das außereuropäische Staaten nur einen relativ geringen Einfluss hatten, verlieh Großbritannien eine außerordentliche Stellung. Von allen Großmächten war nur Großbritannien in allen unter europäischem Einfluss stehenden Weltregionen aktiv vertreten. Diese Position verlieh ihm ein überwältigendes Übergewicht in der internationalen Politik. Tatsächlich könnte man sagen, dass das Kongresssystem die erste internationale Organisation zur Friedenserhaltung ins Leben rief und somit einen Vorläufer der Friedensschlüsse nach dem Ersten und Zweiten Weltkrieg darstellte, welche die Gründung des Völkerbundes beziehungsweise der Vereinten Nationen zur Folge hatten. Das Kongresssystem, das auf zwei Dokumenten beruhte (dem Artikel VI des Pariser Vertrages, der die vierfache Allianz schuf, sowie dem Akt der Heiligen Allianz von Alexander von Russland), regelte die Kooperation zwischen den großen Mächten jedoch nur für kurze Dauer. Nach 1820 war die Suche nach gemeinsamen Zielen erfolglos; Kooperation fand nur noch auf einer ad-hoc-Basis statt (Seaman 1969, 15).

Das Konzert europäischer Staaten basierte auf dem Prinzip, nach einem Krieg kein Mitglied des Konzertes trotz einer Niederlage dauerhaft zu schwächen, geschweige denn zu vernichten. Die Vernichtung oder extreme Schwächung hätte die Möglichkeit wechselnder Bündnisse negativ beeinflusst. Diese waren aber erforderlich, um den negativen Auswirkungen der wachsenden oder schwindenden relativen Macht dieser oder jener Großmacht gegenzusteuern. Die Mitgliedstaaten – genauer: die sie beherrschenden Dynastien – hatten großes Interesse an der Stabilität des Staatensystems. Und das Prinzip des Gleichgewichts der Mächte sorgte im Europa des 19. Jahrhunderts bis zum Ausbruch des Ersten Weltkrieges für eine gewisse Stabilität. Mit der Gründung des Deutschen Reiches nahm die regulative Bedeutung des Gleichgewichtsprinzips kontinuierlich ab.

Gleichgewicht der Kräfte
Prinzip des europäischen Staatensystems

Zum Erhalt ihres strategischen Übergewichtes hatte die Hegemonialmacht einen Mechanismus etabliert, der sich zum größten Teil durch ein entsprechendes Verhalten des europäischen Konzertes selbst regulierte und der für die Hegemonialmacht recht billig war (vgl. Cox 1987, 125). Die Briten konnten die Balance der Kräfte auf dem europäischen Kontinent manipulieren, indem sie ihr Gewicht auf die Seite der Koalition warfen, die von einer stärkeren Macht bedroht wurde, ohne permanent eine große Truppenpräsenz auf dem Kontinent aufrechterhalten zu müssen. Das Balance-of-Power-System ermöglichte es den Briten, stattdessen ungehindert ihre koloniale Expansion in anderen Teilen der Welt fortzusetzen. Ihre militärische Überlegenheit wurde überdies entscheidend durch ihre kommerzielle und finanzielle Überlegenheit untermauert, wie sie sich im Goldstandard ausdrückte (s. u.). Dieser Sachverhalt könnte vielleicht der Hauptgrund dafür sein, dass die britische Hegemonie des 19. Jahrhunderts länger anhielt als die vorausgegangene holländische oder die amerikanische des 20. Jahrhunderts.

Großbritanniens Rolle als Ausgleichsmacht innerhalb des europäischen Systems ermöglichte sowohl die bürgerlich-liberalen Veränderungen in Westeuropa als auch die Unabhängigkeit der spanischen und portugiesischen Kolonien in Südamerika in den Jahrzehnten nach 1815. Auf beiden Kontinenten wurden jene sozialen Kräfte gestärkt, die die liberale Ordnung der Weltwirtschaft unterstützten und damit den Interessen des liberalen Machtblocks in Großbritannien ent-

Freihandel

sprachen. Dieser war, falls erforderlich, in der Lage, seine Wirtschaftsinteressen mithilfe der übermächtigen Marine durchzusetzen (vgl. Cox 1987, 126ff.; Arrighi 1993, 172ff.).

Trotz der schnellen Entwicklung der britischen Marine- und Industriemacht dauerte es mehrere Jahrzehnte, bis Großbritannien tatsächlich die Meere beherrschte und zum Freihandel überging. Ab ca. 1840 – und zunehmend nach dem Gesetz zur Unternehmensverfassung von 1844 und der Aufhebung der Getreidegesetze im Jahr 1846 – expandierte das Industriekapital schnell. Zwischen 1850 und 1870 verdoppelte sich die industrielle Produktion in Großbritannien. Noch 1750 entsprach das Niveau der Industrialisierung Großbritanniens ungefähr dem Frankreichs und Deutschlands und war rund doppelt so hoch wie in Russland und den Vereinigten Staaten. Bis zum Jahr 1800 verdoppelte sich der Abstand zu seinen Hauptkonkurrenten, und im Höhepunkt des „großen Sprungs nach vorn" im Jahr 1860 hatte sich diese Führung gegenüber Frankreich und den Vereinigten Staaten verdreifacht und betrug das Achtfache gegenüber Russland.

Übersicht 4.2: Relative Anteile an der weltweiten Produktion verarbeiteter Produkte 1750-1900

	1750	1800	1830	1860	1880	1900
Europa insgesamt	23,2	28,1	34,2	53,2	61,3	62,0
Vereinigtes Königreich	1,9	4,3	9,5	19,9	22,9	18,5
Habsburger Reich	2,9	3,2	3,2	4,3	4,4	4,7
Frankreich	4,0	4,2	5,2	7,9	7,8	6,8
Dt. Staaten/Deutschland	2,9	3,5	3,5	4,9	8,5	13,2
It. Staaten/Italien	2,4	2,5	2,3	2,5	2,5	2,5
Russland	5,0	5,6	5,6	7,0	7,6	8,8
USA	0,1	0,8	2,4	7,2	14,7	23,6
Japan	3,8	3,5	2,8	2,6	2,4	2,4
Dritte Welt	73,0	67,7	60,5	36,6	20,9	11,0
China	32,8	33,3	29,8	19,7	12,5	6,2
Indien/Pakistan	24,5	19,7	17,6	8,6	2,8	1,7

Quelle: Kennedy 1988, 149

Als logische Folge dieser rapiden Industrialisierung beliefen sich die britischen Exporte um die Mitte des 19. Jahrhunderts auf rund 40 Prozent des Welthandels, ein Anteil, der dem Frankreichs, Deutschlands und der Vereinigten Staaten zusammen entsprach. Die enorme Wachstumsdynamik zeigt sich auch in der Steigerung des Welthandels um das Fünffache zwischen 1840 und 1874 (vgl. Brown 1970, 62). Die überwältigende industrielle Vorherrschaft Großbritanniens spiegelte sich in der Zusammensetzung seines Handels: Bestanden während des größten Teiles des 19. Jahrhunderts die britischen Importe zu rund 90 Prozent aus Rohstoffen und Nahrungsmitteln, so waren 85 Prozent der Exporte verarbeitete Industriewaren (vgl. Krippendorff 1975, 107).

4.3 Hegemonie und Industriekapitalismus mit Konkurrenz

Übersicht 4.3: Pro-Kopf-Niveau der Industrialisierung 1750-1900
(in Bezug auf das Vereinigte Königreich 1900 = 100)

	1750	1800	1830	1860	1880	1900
Europa insgesamt	8	8	11	16	24	35
Vereinigtes Königreich	10	16	25	64	87	[100]
Habsburger Reich	7	7	8	11	15	23
Frankreich	9	9	12	20	28	39
Dt. Staaten/Deutschland	8	8	9	15	25	52
It. Staaten/Italien	8	8	8	10	12	17
Russland	6	6	7	8	10	15
USA	4	9	14	21	38	69
Japan	7	7	7	7	9	12
Dritte Welt	7	6	6	4	3	2
China	8	6	6	4	4	3
Indien	7	6	6	3	2	1

Quelle: Kennedy 1988, 149

Großbritanniens dominierende Stellung im Welthandel schlug sich auch in seiner finanziellen Überlegenheit nieder. Wie gezeigt wurde, verlagerte sich durch die napoleonischen Kriege das Finanzzentrum der Welt von Amsterdam nach London. Ausdruck der britischen Hegemonie im Bereich des internationalen Finanzwesens war – besonders nach den Jahren um 1860 – der Goldstandard.[54]

Finanzielle Überlegenheit

Goldstandard

Der Wert des Goldstandards bildete sich entsprechend dem damaligen Laissez-faire-System des liberalen Handels über die Märkte. Er zwang der Hegemonialmacht dieselbe Disziplin auf wie den anderen Mitgliedern des Systems. Aus diesem Grund hing die britische Dominanz in der Finanzsphäre von der Fähigkeit des Landes ab, einen Zahlungsbilanzüberschuss gegenüber dem Rest der Welt zu erwirtschaften. Zwischen 1815 und 1870 wies die britische Zahlungsbilanz für 49 von 55 Jahren einen Überschuss auf (vgl. Mitchell 1978, 4337). Diese positive Zahlungsbilanz war das Resultat eines gewaltigen Überschusses unsichtbarer Transaktionen, vornehmlich solcher aus Versicherungs- und Finanzgeschäften, die das strukturelle Defizit der Handelsbilanz bei den sichtbaren Ein- und Ausfuhren mehr als nur kompensierten. Als Resultat des anhaltenden Abflusses britischen Investitionskapitals in den Rest der Welt nahmen die Erträge aus den unsichtbaren Einkünften ständig zu.

Im Jahrhundert zwischen 1814 und 1915 war Großbritannien mit Ausnahme der drei Jahre 1840, 1842 und 1847 Nettokapitalexporteur. Die britischen Gesamtkapitalexporte beliefen sich in diesem Jahrhundert auf insgesamt fast 20 Milliarden Dollar (vgl. Mikesell 1962, 35ff.). Der Kapitalexport führte jedoch zu einem kompensierenden Einkommenszufluss von außerhalb, der ab 1875 den

Kapitalexport

---

54 Unter dem Goldstandard konnte die Währung jedes Landes frei gegen Gold eingetauscht werden. Jede Veränderung im wirklichen Wert der Währung – aufgrund der wirtschaftlichen Entwicklung oder der Währungspolitik der Regierung – wurde unmittelbar in eine Veränderung des Wechselkurses gegen Gold übersetzt. Um den Wechselkurs der Währung zu verteidigen (und damit die Kaufkraft des Landes auf dem Weltmarkt), waren sofortige Anpassungen, insbesondere der Faktorpreise, notwendig (Schwartz 2000, Kap. 7).

Abfluss neuen Kapitals übertraf (vgl. Pollard 1985, 493). Britische Handelsbanken, von denen Barings die bekannteste ist, finanzierten die Erschließung des amerikanischen Westens. Sie spielten bei der wirtschaftlichen Integration der Vereinigten Staaten eine entscheidende Rolle und ermöglichten es gegen Ende des 19. Jahrhunderts, nachdem der amerikanische Bürgerkrieg den Kampf zwischen den landwirtschaftlichen und kommerziellen Interessen des Südens und den industriellen Interessen des Nordens zugunsten des Letzteren entschieden hatte, den Vereinigten Staaten, ein ernstzunehmender Konkurrent zu werden. Bezeichnenderweise hatte bis dahin dann das amerikanische Finanzimperium J. P. Morgans die herausgehobene Rolle Barings als Finanzier des Atlantikhandels übernommen.

Eisenbahn   Die Expansion des Weltmarktes wurde durch den Bau der Eisenbahnen vor allem in Europa und Nordamerika, aber auch in Südamerika erleichtert. Schienen, Lokomotiven und Waggons wurden in Großbritannien hergestellt. Der durch den Export von Eisenbahnzubehör verursachte Aufstieg der Eisen- und Stahlindustrie in Großbritannien brachte eine neue Stufe in der Entwicklung des industriellen Kapitalismus hervor und führte zu einer neuen Generation der Industriebourgeoisie, die ganz andere Interessen als die Wollbarone von Lancashire hatte.

„Sogar in einem recht unterentwickelten Land kann ein Kaufmann oder Händler Baumwollgüter schnell absetzen, wenn es eine große Anzahl von Konsumenten und im Austausch Rohstoffe zu kaufen gibt. Aber Ausrüstungsgüter für die Eisenbahn stellen Investitionen dar. Von Anfang an waren mit dem Eisenbahnexportgeschäft umfangreiche Exporte von Kapital und häufig auch von Arbeitern für die Zeit der Baumaßnahmen verbunden" *(Brown 1970, 55 f.)*.

Spaltung des   Innerhalb des bürgerlichen Lagers kam es zu einer Spaltung zwischen der in
bürgerlichen Lagers   Aktiengeschäften, im Großhandel, in der Lagerhaltung, im Einzelhandel und im Schifffahrtswesen tätigen Bourgeoisie Londons samt umliegender Grafschaften und der mit Bergbau und Industrie beschäftigten, hauptsächlich im Norden ansässigen Industriebourgeoisie. Innerhalb Letzterer entwickelte sich noch ein Gegensatz zwischen den Vertretern von „schmutzigen, schmierigen" Aktivitäten des Kohlebergbaus, der chemischen Industrie sowie der Eisen- und Stahlerzeugung einerseits und den „sauberen, vornehmen Industrien" wie der Lebensmittel-, Getränke- und Tabakindustrie andererseits (Anderson 1987, 35). Der Ausbau der heimischen und der US-amerikanischen Eisenbahnnetze verband im Übrigen die Finanzwelt, die das Kapital für diese Unternehmung beschaffte, mit der von Pachteinnahmen lebenden Landbesitzerklasse, die zunehmend die Mittel dafür bereitstellte (vgl. Scott 1982, 82f.). Die Landbesitzer überließen häufig die Verwaltung ihrer Güter den Pächtern, die ihrerseits Landarbeiter einstellten, und konnten so in der Stadt wohnen und anderen Interessen, z. B. Immobilienspekulationen, nachgehen (vgl. Anderson 1987, 30f.).

Während der ersten drei Viertel des Jahrhunderts hielt dieser Machtblock – gemeint ist die dominante Interessenkoalition –, der sich immer enger miteinander verband, alle Zügel der Macht im britischen Staat, den Nairn (1977) so treffend als „Patrizierstaat" beschrieben hat, in seinen Händen.

4.3.3 Der liberale Staat

In England hatte der Staat im Prozess der Auflösung feudaler Beziehungen in der Landwirtschaft eine zentrale Rolle gespielt. Aber er entwickelte sich nie zu einem wirklich modernen industriekapitalistischen Nationalstaat. Die frühe Handelsbourgeoisie hatte sich gerade in den Städten, da diese deren Selbständigkeit und Einkünfte vor dem Zugriff der Feudalaristokratie schützten, entwickelt. Daher besaß diese neue Klasse kaum Bindungen an den ländlichen Boden oder an ein bestimmtes Gebiet. Im Gegenteil: Sie fand ihren Lebensunterhalt darin, dass sie die Handelsbeziehungen zwischen verschiedenen halbautarken Gebieten herstellte, wofür sie die größtmögliche Bewegungsfreiheit benötigte. Die Notwendigkeit, ihre kommerziellen Interessen vor Konkurrenten zu schützen, trug in der Phase des späten Handelskapitalismus zur Entwicklung des „absolutistischen" Staates bei. Heide Gerstenberger hat gezeigt, dass diese Funktionen des Staates bereits erfüllt wurden, bevor es den vollausgebildeten kapitalistischen Nationalstaat gab. Zu diesen sogenannten „Protofunktionen" zählten:

„Protofunktionen" eines kapitalistischen Nationalstaates

- die „merkantile Außenvertretung" der Handelsbourgeoisie am Weltmarkt, insbesondere durch das Militär, mit der daraus folgenden Erhebung von Steuern und der Entstehung der Staatsschuld,
- die gesetzliche Garantie von Tauschbeziehungen und
- die gewaltsame Schaffung eines Proletariates (vgl. Gerstenberger 1973).

Aber diese Staatsaufgaben und die ihnen entsprechenden staatlichen Aktivitäten bildeten nur die Vorgeschichte der Entwicklung des bürgerlichen Nationalstaates und betreffen eine Staatsform, die der frühen oder ursprünglichen Kapitalakkumulation angemessen ist.

Erst auf einer späteren Entwicklungsstufe des Kapitalismus ist die Bourgeoisie vollständig „nationalisiert". Die Bildung homogener Nationalstaaten war ein Prozess, der eng mit dem Aufstieg des Industriekapitalismus zusammenhing. Das „lange" 19. Jahrhundert – von der Französischen Revolution bis zum Versailler Friedensvertrag – war das Zeitalter der Bildung bürgerlicher Nationalstaaten, besonders in Europa, aber auch in der Neuen Welt. Die nord- und südamerikanischen Bürgerkriege müssen auch in diesem Zusammenhang gesehen werden. Zusammen mit der „externen" Inselregion Japans unterlagen auch jene europäischen Regionen, die vorher aus Stadtstaaten- oder Kleinstaatenbünden bestanden – die Niederlande, Deutschland und Italien – dieser „Nationalisierung" des Kapitalismus. Von den europäisch dominierten Kolonialgebieten abgesehen, stellten Großbritannien und Russland die wichtigsten Ausnahmen dar. Im semiperipheren Russland hielt die Oktoberrevolution die Entwicklung des nun modernen Industriekapitalismus und das Zerbrechen der alten imperialen Ordnung, z. B. des Osmanischen Reiches oder der Habsburger Doppelmonarchie, auf. Das multinationale russische Reich wurde in der neuen Form der multinationalen Sowjetunion konserviert – bis Ende der 80er Jahre des 20. Jahrhunderts.

Nationalstaat und Industriekapitalismus

Auch das hegemoniale Großbritannien bewahrte seine im 17. und 18. Jahrhundert erworbene und, verglichen mit den spätfeudalistischen oder absolutistischen Staaten Europas, weitgehend geeinte und fortschrittliche, aber multinatio-

Konservierung der liberalen Staatsform

nale und vorindustrielle Staatsform noch während des 19. und 20. Jahrhunderts. Der Grund für diesen Konservatismus der Staatsform ist in der hegemonialen Weltstellung zu suchen. Großbritannien dominierte die Weltmärkte so sehr, dass seine Handels- und Finanzbourgeoisie auch im Zeitalter des Industriekapitalismus ohne größere staatliche Interventionen in die Außenwirtschaft auskam.

Transnationale Ausrichtung Großbritanniens

Die Hegemonie Großbritanniens auf den Weltmärkten des 19. Jahrhunderts hatte eine bedeutsame soziale Auswirkung. Die dort herrschende Klasse „nationalisierte" sich nicht in dem Maße, wie dies in den meisten Konkurrenznationen geschah. Die britische Bourgeoisie verfolgte ihre Interessen stets in einem transnationalen Raum (vgl. Cain/Hopkins 1986), sei es innerhalb des Freihandelssystems des 19. Jahrhunderts, des Commonwealth in der ersten Hälfte des 20. Jahrhunderts oder im Rahmen der sogenannten besonderen Beziehungen („special relations") zu den USA und der Integration in die atlantische Wirtschaftsgemeinschaft nach 1945. An jedem Scheideweg (das heißt nach dem Ersten Weltkrieg mit der Rückkehr zum Goldstandard und nach dem Zweiten Weltkrieg mit der Wiedereinführung der Sterlingkonvertierbarkeit) orientierte sich die britische Bourgeoisie, die in der vorausgegangenen krisengeschüttelten Zeit Tendenzen zu einer vorsichtigen „Nationalisierung" gezeigt hatte, transnational, um sich wieder zu „entnationalisieren". Die Hegemonie des international orientierten Blockes an der Macht wurde nach überstandener Krise wiederhergestellt.[55] Für die Entwicklung der Wirtschaft im Inland und insbesondere für die Entwicklung einer Konsumgüterindustrie, die für den inländischen und europäischen Markt produzierte, bedeutete diese wiederholte Restauration der Vormachtstellung von Britanniens international orientierter Finanzaristokratie ein Desaster. Immer wieder wurde die Expansion des Industriekapitals der Erhaltung eines künstlich hohen Wertes des Pfundes Sterling auf den internationalen Finanzmärkten geopfert, was einen schnellen Wechsel von kurzfristigem Wachstum, gefolgt von Deflation und sogar Rezession, zur Folge hatte (siehe Overbeek 1990 für einen Überblick).

„First-comer"-Natur

Die Vorstellung einer „zeitlichen Priorität" ist ein Schlüsselkonzept in der Geschichte des britischen Niedergangs. Mehrfach „Erster" gewesen zu sein – erste bürgerliche Revolution, erste Industriemacht, erste Herrschaft einer kapitalistischen Klasse, erstes Industrieproletariat und erste industriekapitalistische hegemoniale Weltmacht – hat seine Spuren hinterlassen. Die Erfahrungen der „first-comer" haben sich in der britischen Klassenstruktur ebenso wie in der politisch-institutionellen Struktur des Staates mit seiner ungeschriebenen und damit in gewisser Weise nichtvorhandenen Verfassung und im allgemeinen ideologischen Klima tief eingegraben. Nach Tom Nairn

> „ist das besondere Klima der britischen Gesellschaft eine merkantile, alt-bürgerliche ‚Weltanschauung' und nicht eine neokapitalistische. Viele ihrer Impulse sind kapitalistischen Vorstellungen in dieser engeren, moderneren Bedeutung gegenüber offen feindselig, und das ist natürlich ein wichtiger Grund dafür, daß die Arbeiterklasse, die ihre eigenen Motive für den Haß auf solche fabrik-kapitalistischen Tugenden hat, Geschmack am Traditionalismus findet" *(1979, 54).*

---

55 Die Anwendung des Konzeptes der „Entnationalisierung" zur Beschreibung der Grundorientierung der herrschenden Klasse Großbritanniens geht auf Rowthorn (1971, 175) zurück.

4.3 Hegemonie und Industriekapitalismus mit Konkurrenz

In diesem Zusammenhang ist auch zu erwähnen, dass die meisten erfolgreichen Fabrikanten während der ersten 50 Jahre der industriellen Revolution Randgruppen wie den Quäkern und den Juden angehörten. Auch heute trifft dies noch zu.

Obwohl um die Mitte des 19. Jahrhunderts zwei verschiedene politische Parteien entstanden, die die Interessen verschiedener Fraktionen des herrschenden bürgerlichen Lagers vertraten, standen sie einander nicht unversöhnlich gegenüber. Die Brüche im bürgerlichen Lager führten nie zu einer strengen sozialen Trennung zwischen Landbesitzern, Finanzwelt und industriellen Interessen. Im Gegenteil: Das 19. Jahrhundert war von einer „Osmose zwischen Geschäft und Landadel" (Moore 1967, 36) gekennzeichnet.

<small>Soziale Einheit der Macht</small>

Bis in die 1860er Jahre hatte sich das Industriekapital in Großbritannien schnell entwickelt und dabei auch die Basis geschaffen, auf der das Finanzwesen und der Handel expandieren konnten. Das britische Industriekapital dehnte seine ökonomische Vorherrschaft jedoch nie auf alle sozialen, kulturellen und ideologischen Bereiche aus. Selbst seine wirtschaftliche Vormachtstellung sollte darunter schließlich leiden: Der letzte von der britischen Industrie erreichte größere technologische Durchbruch erfolgte in den 1860er Jahren in der Stahlindustrie (vgl. Burn 1940). Die Hochzeit des britischen Industriekapitalismus muss daher in den mittleren Jahrzehnten des 19. Jahrhunderts gelegen haben und endete bereits in den frühen 1860ern. Der britischen Industriebourgeoisie war es nicht gelungen, ihre wirtschaftliche Dominanz in eine Hegemonialstellung innerhalb des Blockes an der Macht umzuwandeln, und sie versäumte die Initiierung jener technologischen und sozialen Innovationen, die zur Erhaltung ihrer ökonomischen Vormacht hätten beitragen können (vgl. Leys 1985, 21ff.).

4.3.4 Hegemonie in der liberalen Weltordnung

Welche Schlüsse lassen sich aus unserer Analyse der britischen Hegemonie im Weltsystem für die theoretische Analyse hegemonialer Strukturen ziehen?

Die Entwicklung der kapitalistischen Produktionsweise in Großbritannien vollzog sich, weil bestimmte Teile der Feudalaristokratie als Antwort auf die Nachfrage Flanderns nach englischer Wolle kapitalistische Formen der Agrarproduktion ausbildeten. Mit ihrem Kampf gegen die verbliebenen feudalen und königlichen Vorrechte waren diese modernen Agrarier Vorreiter bei der Bildung einer Koalition zwischen Landbesitzern, Handel und Finanzkapital. Die innerhalb dieses Blockes dominante Weltsicht, die sich zu einer spezifischen Definition des allgemeinen Interesses verdichtete, spiegelt seine Zusammensetzung wider. Im Bereich der Wirtschaft gilt dem Freihandel das Hauptinteresse; der Staat soll nur eine minimale Rolle in der Wirtschaft spielen. Die politischen Interessen sind noch weitgehend aristokratisch definiert, da sie formuliert wurden, bevor die industrielle Revolution die Industrie in eine wirtschaftlich führende Stellung katapultierte. So erhielt der Prozess der kapitalistischen Klassenbildung aristokratische Untertöne, die sich nur aufgrund der britischen Überlegenheit auf den Weltmärkten während des größten Teiles des 19. Jahrhunderts halten konnten.

Zwischen der aufsteigenden Industriebourgeoisie und der herrschenden Koalition bestand ein gemeinsames Interesse: die Unterdrückung der industriellen wie der agrarischen Arbeiterklasse. Neben der von Großbritanniens Stellung als

<small>Koalition der Herrschenden gegen die Arbeiterklasse</small>

„Werkstatt der Welt" erleichterten industriellen Expansion bildete dieses gemeinsame Interesse die Grundlage für „Kompensationen", um derentwillen die Industriebourgeoisie ihre untergeordnete Position akzeptierte. Das zeigte sich deutlich 1848, im Jahr der europäischen Revolution, als sich Aristokratie und Bourgeoisie gegen die Chartistenbewegung zusammentaten. Auch der Wirtschaftsboom nach 1848 erleichterte zeitweise die friedliche Lösung des Klassenkonfliktes.

Wallersteins Maßstäbe für staatliche Stärke

Wenn nun nochmals auf Wallersteins Hegemoniekonzept verwiesen wird, werden dessen Stärken und Schwächen deutlicher. Im zweiten Band seines *Magnum Opus* formuliert Wallerstein fünf mögliche Maßstäbe für die Stärke eines Staates:

„1. das Ausmaß, in dem der Staat seine Unternehmer in ihrem Kampf gegen Konkurrenten auf dem Weltmarkt unterstützen kann (Merkantilismus);
2. das Ausmaß, in dem der Staat die Wettbewerbsfähigkeit anderer Staaten mit Gewalt beeinflussen kann (militärische Stärke);
3. das Ausmaß, in dem der Staat finanzielle Ressourcen mobilisieren kann (öffentliche Finanzen);
4. das Ausmaß, in dem der Staat die nötigen Verwaltungskapazitäten schaffen kann (effektive Bürokratie), und
5. „das Ausmaß, in dem die politischen Regeln ein Interessengleichgewicht zwischen den Besitzern und den Produzenten reflektieren, so daß ein funktionierender ‚hegemonialer Block' (um einen Ausdruck Gramscis zu verwenden) die stabile Grundlage eines solchen Staates bildet. Dieses letzte Element, die Politik des Klassenkampfes ist der Schlüssel zu den anderen"

(Wallerstein 1980, 113).

Politisch-ideologische Komponente von Weltführung

Noch nicht erwähnt wurde, dass auch Modelski die ideologische Komponente von Weltführung betont. Weltführung gründet sich nicht allein auf die Ausübung von Gewalt, sondern besteht auch aus der „Ausnutzung der Möglichkeiten gemeinsamer Interessen und der Minimierung von Konfliktbereichen" (Modelski 1983, 120f.). Obwohl die Weltführung durch einen Sieg im Krieg gewonnen wird, besteht ihre Ausübung hauptsächlich darin, die Interessen der Weltmacht als das gemeinsame Interesse des Staatensystems oder eines großen Teiles seiner Staaten darzustellen. Führung ist „eine legitime Form der Weltpolitik, da sie mit dem allgemeinen Interesse übereinstimmt" (ebd., 122). Diese Konzeption von Führung setzt Modelski dem Hegemonieansatz entgegen. Hegemonie definiert er als „Herrschaft zum Nutzen der Herrscher allein..., die entsteht, wenn die Macht und die Ansprüche der Ordnungskräfte exzessiv werden" (a. a. O.). Offensichtlich entspricht Wallersteins Vorstellung von Hegemonie mehr oder weniger Modelskis Kategorie der Führung. Beide sehen die politisch-ideologische Dimension als eine wesentliche Komponente in der internationalen Politik.

Diese Zitate und unsere obigen Feststellungen legen den Schluss nahe, dass Hegemonie in der internationalen Politik weder auf neorealistische Weise als hierarchisches Machtverhältnis zwischen den Staaten des internationalen Systems noch als letztlich wirtschaftlich bestimmte Hierarchie der Staaten des Zentrums verstanden werden darf (vgl. Tétreault 1988, 8ff.).

4.3 Hegemonie und Industriekapitalismus mit Konkurrenz

Eher muss internationale Hegemonie aus der theoretischen Perspektive betrachtet werden, aus der Gramsci Hegemonie im nationalen Kontext untersucht hat. Er begreift Hegemonie als eine Form der Klassenherrschaft, die eher auf Zustimmung denn auf Zwang beruht und eher auf der beschränkten Berücksichtigung denn auf Unterdrückung der Interessen der Beherrschten (vgl. Gramsci 1971, 161).

Theoretische Perspektive internationaler Herrschaft

Gramscis Konzeption hat Robert Cox als Erster auf die internationale Politik angewendet (vgl. Cox 1981, 1983, 1987; Jacobitz 1991). Nach der Vorstellung des „Neo-Gramscianismus" befähigt Hegemonie

> „die Kräfte der bürgerlichen Gesellschaft, im Weltmaßstab tätig zu werden... Das Konzept einer hegemonialen Weltordnung schließt nicht nur die Regelung zwischenstaatlicher Konflikte ein, sondern beruht auch auf einer weltweit gedachten bürgerlichen Gesellschaft, d. h. einer Produktionsweise globalen Ausmaßes, die zwischen den sozialen Klassen der von ihr durchdrungenen Länder Verbindungen herstellt" *(Cox 1983, 171).*

Auf diese Weise zeigt Cox, dass die Weltwirtschaftstheorien und die traditionellen Ansätze der Disziplin der Internationalen Politik komplementär sind und in einen theoretischen allgemeinen Ansatz integriert werden sollten. Welthegemonie ist

> „die nach außen gerichtete Expansion der von einer dominanten sozialen Klasse erlangten internen (nationalen) Hegemonie... [sie] ist nicht nur eine Ordnung zwischen Staaten. Sie ist eine Ordnung innerhalb einer Weltwirtschaft mit einer dominanten Produktionsweise, die in alle Länder eindringt und sich dort mit untergeordneten Produktionsweisen verbindet. Sie ist auch ein Komplex internationaler sozialer Beziehungen, der die sozialen Klassen verschiedener Länder miteinander verbindet. Welthegemonie kann beschrieben werden als eine soziale Struktur, eine ökonomische Struktur und eine politische Struktur; sie läßt sich nicht auf eines dieser Elemente reduzieren, sondern muß alle drei zusammen umfassen" *(ebd., 171f.).*

Barry Gills' Konzept von Hegemonie ist stark von dieser Anwendung der theoretischen Überlegungen Gramscis auf globale Beziehungen geprägt:

> „Hegemonie ist mehr als nur eine Machthierarchie zwischen Staaten. Sie ist eine komplexe Pyramide von Akteuren, die auf vielen verschiedenen Ebenen sozialer Organisation tätig sind. Am Gipfel dieser Hegemonialpyramide stehen die Eliteklassen der hegemonialen Koalition. Sie befinden sich sowohl im Zentrum als auch in der Peripherie; d. h. sie sind überall in der Pyramide auf Schlüsselpositionen verteilt. Diese Klassen selber bestehen aus Elitefamilien und Einzelpersonen. In einer hegemonialen Pyramide verbinden die Beziehungen innerhalb der Elite – und zwar unabhängig von den Produktionsweisen, durch die die Akkumulation geschieht – Elemente der Konkurrenz, der Kooperation und der Unterordnung. Dieses Verständnis von Hegemonie soll eine Synthese aus zwei analytischen Dimensionen bilden: Der militärisch-politischen Konkurrenz in Staatensystemen und des ökonomischen Prozesses des [globalen, H. O.] Transfers von „Surplus" und seiner Zentralisierung (also der Akkumulation) [im Zentrum, H. O.]" *(Gills 1993b, 5 f.).*

"Umfassende Herrschaftskonzepte"

Ein letztes Element muss noch eingeführt werden. Bisher wurde von Klassen gesprochen, als ob sie homogene Größen wären. Klassen werden jedoch nicht nur durch ihre gegenseitige Opposition geeint („Bourgeoisie" gegen „Proletariat") und durch Konkurrenz getrennt („das Kapital insgesamt" gegen „viele Kapitale"), sondern werden auch durch funktional bestimmte strukturelle Unterteilungen charakterisiert. Sowohl Cox als auch Gills räumen die Möglichkeit von Fraktionierungen des Kapitals und der herrschenden Klassen ein, untersuchen sie aber nicht systematisch. Klassenbildung und Klassenkonflikt werden durch den Prozess der Fraktionierung des Kapitals geprägt. Bestimmte Klassenfraktionen teilen gemeinsame Orientierungen, Interessendefinitionen und gemeinschaftliche Erfahrungen; zusammen bilden sie die Bestandteile einer Interessenkoalition, die das „Allgemeinwohl" zu repräsentieren beabsichtigt. Diese Formulierungen des „allgemeinen Interesses" werden als „umfassende Herrschaftskonzepte" („comprehensive concepts of control") (vgl. van der Pijl 1984, 1989; Overbeek 1990) oder als das „hegemoniale Projekt" (vgl. Jessop 1983, 1990) bezeichnet. Umfassende Herrschaftskonzepte sind Ausdrucksformen der bürgerlichen Hegemonie, die eine geschichtlich spezifische Hierarchie von Klassen und Klassenfraktionen widerspiegeln. Sie artikulieren das ideologische Bewusstsein und die hegemonialen Interessen einer bestimmten historischen Klassenkonfiguration und haben die Funktion, die Hegemonie des bürgerlichen Lagers zu organisieren und politisch anzuleiten. Die Notwendigkeit, die Hegemonie zu organisieren und damit die Herrschaft des „historischen Blockes" (Gramsci) im Wesentlichen durch Konsens zu sichern, besteht insbesondere für hochentwickelte kapitalistische Gesellschaften mit tiefverankerten parlamentarischen Systemen. Dagegen beruht in weniger komplexen Gesellschaften Herrschaft stärker auf Zwang und wird direkt durch den Staat ausgeübt – ganz entsprechend der Macht- und Staatskonzeption von Hobbes.

Gute Beispiele für solche *Herrschaftskonzepte* sind der korporatistisch-liberale (*corporate-liberal*) keynesianische Kompromiss der Jahrzehnte nach 1945 und die neoliberale Alternative, die in den 1980er Jahren dominant wurde. Diese zwei in weiten Teilen der Welt maßgeblichen Strategien waren die Hegemonieprojekte zwei radikal verschiedener historische Blöcke. Der erste beruhte auf einer Koalition des Produktivkapitals und der organisierten Arbeiterklasse, der zweite bestand aus transnationalem Finanzkapital und seiner „Yuppie-Arbeiterschaft" von (jungen, männlichen, weißen) gutverdienenden Angestellten. Der Kontrast zwischen den beiden hegemonialen Konzepten der Nachkriegszeit hebt die Unterschiede zwischen der sozialen Rolle von Geldkapital und Produktivkapital hervor.[56]

Konzept des Geld- und Produktivkapitals

Herrschaftskonzepte sind im Spannungsfeld von zwei Idealtypen lokalisiert: einerseits dem Konzept des Geldkapitals und andererseits dem Konzept des Produktivkapitals. Während letzteres die Besonderheiten des Produktionsprozesses und dessen sozialen Zusammenhang zum Ausdruck bringt, formuliert das erstere

---

56 Für jüngste umfassende Erklärungen dieses Ansatzes siehe van der Pijl 1989 und van Apeldoorn 2004. Eine intellektuelle Ableitung dieses Ansatzes wird versucht in Overbeek 2004.

4.3 Hegemonie und Industriekapitalismus mit Konkurrenz

die für das Finanzkapital typische Forderung nach Mobilität. Polanyi hat dieses Herrschaftskonzept auf den Begriff gebracht als

„das Prinzip des Wirtschaftsliberalismus, der auf die Etablierung des sich selbst regelnden Marktes abzielt, sich auf die Unterstützung der handeltreibenden Klassen verläßt und als Methoden hauptsächlich das Laisser-faire und den Freihandel einsetzt" *(1957, 132)*.

Am anderen Ende des Spektrums findet sich das Prinzip der sozialen Protektion, das

„ebenso auf den Erhalt von Mensch und Natur zielt wie auf eine produktive Organisation; es stützt sich auf die wechselnde Unterstützung jener, die am unmittelbarsten von den negativen Effekten des Marktes betroffen sind – hauptsächlich, aber nicht ausschließlich, auf die arbeitenden und bäuerlichen Klassen – und bedient sich als Instrument schützender Gesetzgebung, restriktiver Verbandsorganisation und anderer Interventionsformen" *(ebd.)*.

Der Begriff „Herrschaftskonzepte" liefert somit einen Hinweis zum Verständnis der Beziehung zwischen der Struktur und ihren Trägern: Die Struktur wird vom Prozess der Kapitalakkumulation bestimmt, ihre Träger, die handelnden Akteure, von den konkreten gesellschaftlichen Kräften, die der Sphäre der Produktionsbeziehungen entstammen und ständig um die Richtung des Akkumulationsprozesses, um die Aufgaben und Formen des Staates sowie um die Weltordnung kämpfen. Anders ausgedrückt:

„Herrschaftskonzepte" fangen das politisch-strategische Element in der Konstruktion eines historischen Blockes ein, indem sie die Konstruktion politisch-ideologischer Projekte nichtreduktionistisch mit dem strukturellen Unterbau der Gesellschaftsordnung verbinden.

Die liberale Weltordnung des 19. Jahrhunderts war also nichts anderes als ein Ausdruck der internen Hegemonie der finanziellen und kommerziellen Aristokratie Großbritanniens, die durch ihre Kontrolle über den britischen Staat und seine überragende militärische Macht ihre soziale Hegemonie nach außen projizierte, und zwar gestützt auf die Durchsetzung ihres liberalen internationalistischen Herrschaftskonzeptes über den ganzen Erdball. Die liberale Weltordnung zur Mitte des 19. Jahrhunderts war jedoch nicht ohne innere Widersprüche. Zum einen schuf das System des freien Marktes soziale Ungleichheiten, die den Ruf nach Formen sozialer Protektion verstärkten.[57] Zum anderen förderten die Auswirkungen des Goldstandards eben diese Ungleichheiten und vertieften so den Gegensatz zwischen dem Prinzip des freien Marktes und dem Prinzip der sozialen Protektion. Auf internationaler Ebene verstärkte die hierarchische Ordnung der Weltwirtschaft die internationalen Ungleichheiten, aber sie bewirkte auch gegenläufige Tendenzen. Im Zentrum des Systems führte die britische Beherrschung des Weltmarktes zur Forderung nach Schutz und gerechtem Wettbewerb. Sie wurde von Friedrich List (1841) erhoben, der damit die Gegentheorie zu

---

57 Zur Dialektik der „Doppelbewegung" von Laissez-faire und sozialer Protektion vgl. Polanyi 1957.

Adam Smith (1958) und David Ricardo (1817) formulierte. An der Peripherie löste die liberale Ordnung Prozesse der Entindustrialisierung und Unterentwicklung von bislang nie dagewesenem Ausmaß aus. Hier „stand die Hegemonie auf der Kippe" (Cox 1987, 150) und verlangte, wie bei den Erhebungen in Indien (1857-1858), Ägypten (1879-1982) und China (1850-1866), zum Erhalt des Status quo den Einsatz von Gewaltmitteln.

So schuf die liberale Ordnung selbst jene Kräfte und Tendenzen, die von den späten 1860er Jahren an verantwortlich waren für ihre Auflösung in der nachfolgenden Epoche des hegemonialen Niedergangs und der imperialistischen Rivalität.

Zusammenfassung Diese Sektion handelte von den Veränderungen in der Weltordnung und Staatsformen, welche die industrielle Revolution mit sich brachte. In dieser Periode wurde das Kapital als ein soziales Verhältnis die treibende Kraft in der Weltgeschichte, wohingegen es zuvor lediglich in seiner embryonalen Form als Handelskapital aufgetreten war. Mit dem Aufstieg des Konkurrenzkapitalismus, gestärkt durch den Sieg (1815) über den französischen Versuch, die europäische Herrschaft zu erlangen, wurde ein *Balance-of-Power*-System (wieder)hergestellt, das es Großbritannien ermöglichte, gegen minimale Kosten den Kontinent zu dominieren. Durch diese Basis war Britannien frei, sein Imperium zu errichten und die „Werkstatt der Welt" zu werden, die Weltmärkte mit seinen billigen Waren zu überschwemmen und seine Vormachtstellung in kommerzieller und finanzieller Hinsicht zu etablieren.

Innenpolitisch erhielt Britanniens Finanzaristokratie seine Hegemonie aufrecht, die sie durch Britanniens politische und militärische Überlegenheit auch in der übrigen Welt verbreiten konnte. Die liberale Weltordnung sollte aber nicht von Dauer sein. Gegenkräfte wurden durch die Existenz der hegemonialen Ordnung selbst zum Leben erweckt, und diese Kräfte sollten sich gegen Ende des 19. Jahrhunderts als die neuen Rivalen manifestieren, die Großbritanniens globale Vormachtstellung infrage stellten.

4.4 Imperialistische Rivalität

4.4.1 Einleitung

Das späte 19. und das frühe 20. Jahrhundert (1870-1940) waren ein nichthegemoniales Zeitalter imperialistischer Rivalität, der allmählichen nationalen Einkapselung der führenden Ökonomien der Welt und der Internationalisierung des Geldkapitalkreislaufs (in Form von Portfolioinvestitionen). Da es sich als erforderlich erwies, die eigenen Produktivkräfte hinter protektionistischen Schutzwällen zu entwickeln, bezogen die – oftmals neu konstituierten – herrschenden Klassenkoalitionen in vielen Ländern eine „nationalistische" Position. Der herrschende Block in Großbritannien hielt jedoch an seinem alten „Internationalismus" fest, der die spezifischen Kompromisse zwischen der älteren, aristokratischen Fraktion der herrschenden Klasse und den neueren Klassenfraktionen der Handels- und Industriebourgeoisie sowie der Arbeiterklasse widerspiegelte.

Auch in anderen Ländern gab es derartige Klassenkompromisse zwischen der Industriebourgeoisie und den Grundbesitzern. Aufgrund der britischen Beherrschung der Weltmärkte nahm der Klassenkompromiss in anderen Ländern – insbesondere in Deutschland und Japan – allerdings eine nationalistische Stoßrichtung an. Diese „nationale Parzellierung" der Weltwirtschaft erreichte mit dem Zusammenbruch des Weltmarktes während der 1930er Jahre ihren Höhepunkt und zwang sogar die internationalistische britische Bourgeoisie zur Aufgabe imperialer Positionen.

In diesem Kapitel wird die Umwandlung der hegemonialen liberalen Weltordnung in eine Ära des „rival imperialism" (Cox 1987) analysiert. Nach einer kurzen Beschreibung der strukturellen Umwandlungen des letzten Drittels des 19. Jahrhunderts werden die klassischen Theorien des Imperialismus betrachtet, welche aufgestellt wurden, um diese Entwicklungen zu analysieren und die in einem gewissen Sinn die erste Welle der Theorien der Internationalen Beziehungen im 20. Jahrhundert bilden. Schließlich wird der Prozess des Niedergangs Britanniens detailliert untersucht. Diese Untersuchung hebt das Wesen der Hegemonie in der globalen politischen Ökonomie hervor und lenkt die Aufmerksamkeit insbesondere auf die Interaktion zwischen heimischen und internationalen Faktoren.

4.4.2 Die wachsende Herausforderung der britischen Hegemonie

Die Jahre zwischen 1870 und 1914 sind als Zeitalter des „Neuen Imperialismus" (vgl. Wright 1961) bezeichnet worden. Das internationale Staatensystem unterlag einigen fundamentalen Veränderungen, die sich an drei Entwicklungstrends ablesen lassen:

„Neuer Imperialismus"

1. Aufstieg von Rivalen der britischen Vorherrschaft in Europa,
2. Aufteilung der noch nicht kolonialisierten außereuropäischen Welt und
3. Aufstieg außereuropäischer Mächte.

Die diesen Entwicklungen zugrunde liegenden Prozesse sind die Industrialisierung und die Urbanisierung sowie die weitere, vorrangig wirtschaftliche Integration der Welt.

Die Ausbreitung der industriellen Revolution in Europa sowie in Nord- und Südamerika löste sozioökonomische und politische Veränderungsprozesse aus, die zum Aufstieg des Nationalstaates im eigentlichen Sinn führten. Zunächst einmal brachte die Industrialisierung die Urbanisierung mit sich: Die Menschen verließen ihre angestammten ländlichen Regionen, was zur Auflösung der traditionellen sozialen und familiären Beziehungen und ihrer Entwurzelung führte. Der Beziehungsrahmen der Menschen wurde immer mehr „national" statt lokal oder regional. Zum Zweiten ließ die Industrialisierung eine industrielle Arbeiterklasse entstehen, die im Laufe des 19. Jahrhunderts neue Organisationsformen entwickelte; um 1860 war die Gewerkschaftsbewegung ein machtvoller Faktor geworden. Drittens wurde die Industrialisierung in den meisten Fällen vom Staat ausgelöst oder unterstützt. Eine zentrale Rolle bei der Verbreitung der industriellen Revolution spielte der Staat insbesondere in den Ländern, die sich zu neuen

Nationale Strömungen außerhalb Großbritanniens

Rivalen Großbritanniens entwickelten – allen voran das vereinte Deutschland. Als Folge dieser eng miteinander verknüpften Prozesse wurden „Staat" und „Nation" zunehmend deckungsgleich. Dadurch wurden schließlich die Grundlagen geschaffen, auf denen der „Nationalismus" gedeihen konnte (vgl. Anderson 1983; Gellner 1983).

Die britische Grundbesitzeraristokratie entwickelte sich zu einer kapitalistischen Grundbesitzerklasse, deren Mitglieder nicht mehr auf ihrem Grundbesitz wohnten und die nichtsdestoweniger ihr Einkommen vom Land bezogen, diese Profite aber in kommerzielle, finanzielle und manchmal sogar industrielle Unternehmungen investierten. So entwickelte sich eine starke Interessenkoalition zwischen diesen beiden dominanten Teilen des bürgerlichen Lagers, also der Handels- und Finanzbourgeoisie und der alten, landbesitzenden Klasse. Beide hatten eine letztlich imperiale, nach außen gerichtete Weltsicht.

„Vergesellschaftung des Nationalismus"

Der „nationale" Raum wurde in Großbritannien den unmittelbar produktiven Klassen überlassen, der wegen ihrer hohen Effizienz zahlenmäßig kleinen ländlichen Bevölkerung aus Landwirten und Landarbeitern sowie den industriellen Klassen: der Industriebourgeoisie und den städtischen Industriearbeitern, insbesondere jenen, die sich außerhalb des Einflussbereiches der Arbeiterbewegung, aber innerhalb des „nationalen Raumes" bewegten. Aufgrund dieser Spaltung gab es keine „Vergesellschaftung des Nationalismus", wie es E.H. Carr (1945) formulierte.

Internationalismus versus Nationalismus

Staatsmonopolistische Generation der Bourgeoisie

Bei der „Finanzoligarchie" verschiedener Nationalitäten und besonders bei den Bankiers gab es eine kosmopolitische Gemeinschaft: Von Anfang an war die Finanz- und Handelsbourgeoisie international orientiert. Die landbesitzenden Klassen, auf jeden Fall die Feudalaristokratie und der kapitalistische Landadel, waren jedoch durch ihre Bindungen an das Land normalerweise auf den nationalen Raum konzentriert. Besonders in Deutschland und Japan war das Finanzkapital zu Kompromissen mit diesen „nationalen" Klassenfraktionen gezwungen und musste die vom Staat betriebene Entwicklung industriellen Kapitals unterstützen. In diesen Fällen neigten die Staaten zur Verteidigung der Interessen des jungen Industriekapitals auf den Weltmärkten zu einer protektionistischen und nationalistischen Außen-(Wirtschafts-)Politik. Wegen seiner Orientierung auf den Staat und seiner Abhängigkeit von staatlichen Schutzmaßnahmen kann das Industriekapital in diesen Fällen als die staatsmonopolistische Generation der Bourgeoisie charakterisiert werden. Im Fall der Vereinigten Staaten beruhte der Protektionismus vor allem auf den Möglichkeiten zur internen Markterweiterung. Der Konflikt zwischen den Freihandelsinteressen, bedingt durch den Baumwollanbau im Süden, und den protektionistischen Kräften im industrialisierten Norden wurde durch den Bürgerkrieg entschieden, mit der Folge, dass die USA als weitere moderne expansionistische Industriemacht auf den Plan traten. Ähnlich erfolgte auch Russlands industrielle Expansion über den Binnenmarkt, wenn auch extern finanziert. Sie begann jedoch zu einem historisch späten Zeitpunkt und damit unter sehr ungünstigen Bedingungen.

Intensivierung der internationalen Arbeitsteilung

Im gleichen Zeitraum gingen von der Industrialisierung neue Impulse für die Intensivierung der internationalen Arbeitsteilung aus. In den Kolonien bestehende Handelsposten und traditionelle Plantagenökonomien wurden zunehmend

4.4 Imperialistische Rivalität

in Produktionsstätten für industrielle Rohstoffe und billige Nahrungsmittel für die anwachsende urbane Bevölkerung umgewandelt. Entsprechend wuchs der internationale Handel, der auch durch den Ausbau der Infrastruktur wie Häfen, Eisenbahnen und Straßen erleichtert wurde. In beide Bereiche investierte die schnell expandierende Hochfinanz der Londoner City. Im Unterschied zur deutschen und amerikanischen Bourgeoisie bestand für die in Großbritannien dominierende Finanz- und Handelsbourgeoisie nie die Notwendigkeit, sich mit der eigenen Industriearbeiterschaft zu einigen, um am Weltmarkt bestehen zu können (vgl. Cain/Hopkins 1986, 508). Erster gewesen zu sein hatte für Großbritannien nachhaltige Folgen. Als erste Macht industrialisiert und als erste Macht den Weltmarkt erobert – eigentlich sogar konstituiert – zu haben, hatte zur Konsequenz, dass die britische Bourgeoisie bei weitem am stärksten international orientiert war. Die „Logik der Priorität" prägte Großbritannien; bis zum Zweiten Weltkrieg wurde durch die relative Schrumpfung des Empires nach 1870 diese Qualität nur wenig beeinträchtigt.

Wie oben bereits ausgeführt, begann das Zeitalter der imperialistischen Rivalität in den 1860er Jahren, einem Jahrzehnt gewaltiger struktureller Veränderungen des Weltsystems. Natürlich waren diese Veränderungen in den vorausgegangenen Jahrzehnten vorbereitet worden; jetzt aber erfolgte in einem sehr kurzen Zeitraum ihr Ausbruch. *Vom europäischen Konzert zur Weltpolitik*

Die erste grundlegende Veränderung des alten Systems war die Einigung Deutschlands. Die 1871 nach dem Deutsch-Französischen Krieg vollendete Vereinigung der deutschen Staaten unter Bismarck ließ einen mächtigen Staat und einen ernstzunehmenden Herausforderer der britischen Vorherrschaft in Europa entstehen. *Einigung Deutschlands*

Die zweite Modifikation ergab sich durch die Öffnung Japans, das sich seit 1639 von der übrigen Welt weitgehend abgeschottet hatte. 1854 wurde die Forderung des Commanders Perry von der US-Marine nach Öffnung zweier japanischer Häfen für den Handel erfüllt. Diesem Zugeständnis folgten entsprechende auch an europäische Mächte. Das Beispiel des von den westlichen Mächten erniedrigend behandelten China löste die Meiji-Restauration (1867) aus. Sie orientierte sich am preußischen Modell und machte aus Japan einen modernen militaristischen Industriestaat, der zu einer beachtlichen Macht in der asiatischen Weltregion aufstieg. *Öffnung Japans*

Drittens war der Eintritt der Vereinigten Staaten in die Weltpolitik mit einem Wandel des Systems verbunden. Nach der Inauguration Abraham Lincolns, eines vehementen Vertreters des für die Abschaffung der Sklaverei eintretenden industrialisierten Nordostens, lösten sich im März 1861 die elf Südstaaten von der Union und bildeten die Konföderierten Staaten von Amerika. Im darauffolgenden Bürgerkrieg (1861-1965) gewann der Norden, nicht zuletzt weil sich Großbritannien entgegen den Hoffnungen und Erwartungen der Konföderierten nicht am Krieg beteiligte. Nach Wiederherstellung der Union waren die Vereinigten Staaten in die Lage versetzt worden, ihr gewaltiges Potenzial zu entwickeln und die Großmacht zu werden, die Tocqueville, Marx und andere vorausgesehen hatten. *Wiedervereinigung der USA*

Viertens veränderte Russlands Modernisierung das internationale System. Im Krimkrieg (1854-1856) kam Zar Alexander II. an die Macht, der, obwohl *Modernisierung Russlands* kein Liberaler, den gesellschaftlichen Wandel zögernd unterstützte. Bis 1861 hob er nach und nach die Leibeigenschaft auf, die drei Viertel der Bevölkerung erniedrigt hatte, und erlaubte auf lokaler Ebene die ersten demokratischen Reformen. Langsam entwickelte sich Russland zu einem kapitalistischen Staat. Dieser Prozess setzte revolutionäre Energien frei, die das Weltsystem später drastisch verwandeln sollten.

Einigung Italiens

Fünftens schließlich wurde nach einer langen nationalistischen Kampagne Italien unter der Führung Cavours und Garibaldis geeint, sodass sich im Süden Europas ein neuer Nationalstaat bildete, der das alte europäische Mächtekonzept infrage stellte.

Entstehung des globalen Systems

So veränderte sich im letzten Drittel des 19. Jahrhunderts das europäische Staatensystem radikal. Das System des Mächtegleichgewichtes, das System des Wiener Kongresses, wich einem globalen System. Durch den Aufstieg von Flankenmächten am Rand des alten Systems (Russlands und der USA), durch die Richtung ihrer Expansion, die unausweichlich zur Konfrontation im Osten und im Pazifik führte, und durch den Aufstieg Japans verlor Europa allmählich an Bedeutung (vgl. Barraclough 1967). Diese Verschiebung wurde durch die demographische Entwicklung noch verstärkt. Die Bevölkerung in Europa wuchs nur langsam, und es kam zur Massenemigration nach Amerika. Dem gegenüber stand ein schnelles Wachstum in Asien und Amerika. Damit waren gegen Ende des Jahrzehntes bereits alle Bedingungen für den Niedergang der britischen Hegemonie vorhanden. Dies sollte sich schon bald an der Entwicklung der Wirtschaftsdaten zeigen: Zwischen 1870 und 1913 stieg die industrielle Produktion in Großbritannien nur um das Zweieinhalbfache, in Deutschland dagegen um das Fünffache und in Russland um das Neunfache. Noch 1870 produzierte Großbritannien mehr als Deutschland, Russland und Frankreich zusammen. 1880 konnten die drei Staaten Großbritannien überholen; 1893 produzierte Deutschland allein schon mehr Stahl als Großbritannien, und 1913 war die deutsche Stahlproduktion mehr als doppelt so groß wie die britische (vgl. Mitchell 1978). Während des gleichen Zeitraumes überholten die Vereinigten Staaten Großbritannien in jeder Hinsicht; 1913 war ihr Anteil an der weltweiten Industrieproduktion zweieinhalbmal so groß wie der Großbritanniens (35 Prozent gegenüber 14 Prozent) (vgl. Carr 1939, 137).

4.4.3 Theorien der imperialistischen Rivalität

Der englische Liberale John A. Hobson war der erste Autor, der eine kohärente Analyse und Kritik der Ursachen und Konsequenzen des britischen Imperialismus entwickelte. Nach Hobson beruhte Britanniens hegemoniale Stellung in der Welt auf und wurde gleichzeitig korrumpiert durch die interne Hegemonie der Finanzaristokratie. Hobson sah die Finanzelite als treibende Kraft eines, wie er meinte, parasitären Systems (vgl. Hobson 1902). Hauptgrund der imperialistischen Tendenzen in Großbritannien und in anderen führenden kapitalistischen Staaten waren für ihn die von den britischen Unternehmen realisierten Extraprofite, für die es aufgrund mangelnder Nachfrage keine rentablen Anlagemöglichkeiten gab. Um dieser Tatsache entgegenzuwirken, forderte Hobson eine höhere Besteuerung dieser Extraprofite und eine staatliche Einkommensumverteilung.

4.4 Imperialistische Rivalität

Mit diesen Forderungen wurde er zu einem Vorläufer John M. Keynes', der sich in den 1920er und 1930er Jahren ebenfalls mit den Auswirkungen der Neigung des Finanzkapitals, sich im Interesse kurzfristiger Profite durch Portfolioinvestitionen produktiver Investitionen zu enthalten, befasste.

Hobsons Erklärung des Imperialismus durch eine Tendenz zur Unterkonsumtion ähnelt derjenigen Rosa Luxemburgs (Luxemburg 1912). Luxemburg, ganz von der scheinbar logischen Unmöglichkeit stetiger kapitalistischer Reproduktion in Anspruch genommen, betonte die Notwendigkeit eines fortgesetzten Vordringens des Kapitalismus in nichtkapitalistische Ökonomien, um den Zusammenbruch hinauszuschieben. Ihr zufolge bedeutete dies zweierlei: Erstens musste die Entwicklung der Infrastruktur in peripheren Gebieten als eine Funktion der sich für das Zentrumskapital ergebenden Notwendigkeit begriffen werden, Industriegüter in nichtkapitalistische Märkte zu exportieren. Zweitens musste dieser Expansionsdrang notwendigerweise zum Krieg führen, und zwar sowohl zwischen den expandierenden Staaten des Zentrums und den unterworfenen Peripheriegebieten als auch zwischen den konkurrierenden Staaten des Zentrums. Luxemburgs Ansicht über internationale Beziehungen ist somit in einem starken Maße in Wallersteins Position wiederzufinden, welche detailliert in früheren Kapiteln dargelegt wurde: Beide verschreiben sich einer Erklärung der kapitalistischen Expansion, was das Entgegenwirken einer unausweichlichen Tendenz zur Unterkonsumtion betrifft, und beide haben tatsächlich eine sehr staatenzentrierte Sicht auf die internationalen Beziehungen, welche nur wenig Verständnis für die transnationalen Dimensionen der Klassenbildung zeigt. Für Rosa Luxemburg war der Imperialismus ein inhärentes und notwendigerweise gewalttätiges und Kriege erzeugendes System.

Auch Karl Kautsky nahm an, der Kapitalismus sei auf die Eingliederung nichtkapitalistischer, besonders agrarischer Regionen angewiesen. Bei ihm sind jedoch Kapitalismus und Imperialismus nicht synonym. Für den hier verfolgten Gedankengang ist es allerdings wichtiger festzustellen, dass Kautsky der Vorstellung anhing, der Imperialismus könne auch friedlich sein. Seiner Ansicht zufolge könnten sich die Imperialisten der Länder des Zentrums zusammenschließen und gemeinsam und friedlich die kolonialen und halbkolonialen Gebiete ausbeuten. Diese Strategie bezeichnete Kautsky als Ultraimperialismus (vgl. Kautsky 1913/14; auch Kautsky 1915). Wie ohne Zweifel gesehen werden kann, erlaubt das Konzept des Ultraimperialismus die friedliche Lösung interimperialistischer Konflikte.[58] Ironischerweise erschien Kautskys Beitrag ausgerechnet zum Ausbruch des Ersten Weltkrieges, der seine Thesen zu widerlegen und gleichzeitig Lenin, der mit Kautsky in einem vehementen Disput über die Natur des Imperialismus stand, recht zu geben schien. *Ultraimperialismus*

Ein weiterer Gedankengang zum Problem des Imperialismus findet sich in Rudolf Hilferdings (1910) Analyse des Finanzkapitals. Ausgangspunkt von Hilferdings Analyse war die von ihm beobachtete Tendenz zur Konzentration und *Finanzkapital*

---

58 Es beinhaltet zumindest auch die Möglichkeit transnationaler Klassenverbindungen. Mit anderen Worten nähert sich Kautskys Ansicht in mancherlei Hinsicht der – wie wir es nennen mögen – „gramscianischen" Sicht der internationalen Hegemonie an, zumindest sofern die Betonung auf dem Hervorbringen von Konsens beruht (vgl. Overbeek 2004, 128).

Zentralisation des Kapitals und der Bildung von Gesellschaften mit beschränkter Haftung, die die Spareinlagen vieler kleiner Kapitalinhaber zusammenführten.[59] Hauptsächlich auf der Grundlage deutscher Erfahrungen zeigte Hilferding, dass in diesem Prozess die Banken eine besondere Rolle spielten, da sie die Expansion des Industriekapitals finanzierten und dadurch bedeutende Kontrollfunktionen über das Industriekapital erlangten. Diese Fusion von Industrie- und Bankenkapital, verstärkt noch durch „Personalunionen" zwischen beiden Bereichen, nannte Hilferding „Finanzkapital". Hilferding erwartete dessen Konzentration in gewaltigen nationalen Unternehmenskomplexen. In den führenden kapitalistischen Ländern stünden gewaltsame Auseinandersetzungen zwischen den „Finanzoligarchien" bevor.

Viele der bisher angesprochenen Elemente vereinigte Nikolai Bucharin in seiner Analyse der Weltwirtschaft. Nach der Feststellung der beiden Haupttendenzen Internationalisierung und Nationalisierung folgt er, weitgehend in Übereinstimmung mit Hilferding:

Staatskapitalistische Trusts

„Unternehmenszusammenschlüsse in der Industrie und Banksyndikate vereinigen die gesamte 'nationale' Produktion, die die Form einer Gesellschaft von Gesellschaften annimmt und somit zum staatskapitalistischen Trust wird. Der Wettbewerb erreicht seine höchste, letzte vorstellbare Entwicklungsstufe... Der Kampf zwischen den staatskapitalistischen Trusts wird in erster Linie vom Verhältnis zwischen ihren militärischen Kräften entschieden... Da der moderne Staat ein sehr großer Anteilseigner am staatskapitalistischen Trust ist, stellt er dessen höchste und allumfassende organisatorische Kulmination dar" *(Bucharin 1917, 119ff.)*

Für Bucharin war ein Krieg zwischen diesen staatskapitalistischen Trusts um die (Um-) Verteilung der Welt unvermeidlich.

Leninsche Merkmale des Imperialismus

Auch Wladimir Iljitsch Lenin war angesichts der vollständigen Aufteilung der Welt unter den imperialistischen Mächten von der Unausweichlichkeit des Krieges zwischen ihnen überzeugt. In seiner berühmten Definition nennt Lenin (1917, 84) fünf Grundmerkmale des Imperialismus:

- die zur Bildung von Monopolen führende Kapitalkonzentration,
- das Verschmelzen von Bank- und Industriekapital zum Finanzkapital
- die gegenüber dem Warenexport zunehmende Bedeutung von Kapitalexporten,
- die Bildung internationaler monopolistischer Kapitalistenverbände und,
- die territoriale Aufteilung der Welt unter den kapitalistischen Großmächten.

Gesetz der ungleichmäßigen Entwicklung

In seiner Auseinandersetzung mit Kautsky war für Lenin das „Gesetz der ungleichmäßigen Entwicklung" von entscheidender Bedeutung. Jedes Arrangement zwischen Konkurrenten, jede Kartellabsprache zwischen kapitalistischen Ländern könne nur vorübergehend halten:

---

59 „Konzentration" bezeichnet die zunehmende Marktmacht von Unternehmen (Monopolisierungstendenz). Mit „Zentralisation" ist die zunehmende Hierarchisierung der Leitungsfunktionen von Unternehmen gemeint.

4.4 Imperialistische Rivalität

„... 'inter-imperialistische' oder ‚ultra-imperialistische Bündnisse' sind unausweichlich nichts weiter als ‚Waffenstillstände' in den Zeiten zwischen Kriegen, egal, welche Form sie annehmen, ob die einer imperialistischen Koalition gegen eine andere oder die eines allgemeinen Bündnisses, das alle imperialistischen Mächte umfaßt" *(ebd., 112).*

Lenins Betonung der Unausweichlichkeit eines interimperialistischen Krieges, was natürlich zur Zeit der Niederschrift durch die Realität des Ersten Weltkrieges bestätigt wurde, darf uns einen wichtigen, sogar fundamentalen Fortschritt, den seine Analyse des Imperialismus gebracht hat, nicht aus den Augen verlieren lassen. Mit seiner Unterscheidung zwischen der Aufteilung der Welt unter den kapitalistischen Staaten auf der einen Seite und der Bildung internationaler monopolistischer Organisationen von Kapitalisten auf der anderen Seite leitet Lenin tatsächlich die spätere Analyse der internationalen Hegemonie ein. Seine Unterscheidung überschreitet das traditionelle politische Paradigma im Denken der Internationalen Beziehungen, das die Weltpolitik einfach als die Interaktion zwischen Staaten betrachtet. Lenin verstand, dass diese Analyseebene sich mit der Analyse in Bezug auf transnationale Klassenbeziehungen überschnitt und dass es keine Eins-zu-eins-Übereinstimmung zwischen den beiden gab. Lenins Theorie des Imperialismus stellt daher, trotz all ihrer Unzulänglichkeiten, einen klassischen und wichtigen Beitrag zur Entwicklung der Internationalen Beziehungen dar (siehe auch Burchill et al. 2005, Kap. 5). Lenins Theorie fungiert auch immer noch als ein wichtiger Bezugspunkt für die meisten der kürzlichen Versuche, den Imperialismus des 21. Jahrhunderts zu verstehen (vgl. Harvey 2003).

Nach diesem Zwischenspiel ist es nun an der Zeit, zum konkreten Fall zurückzukehren: dem Niedergang der britischen Hegemonie während der Zeit des klassischen Imperialismus. Daraus folgt, dass der Wechselwirkung zwischen den internen und den externen Faktoren und Machtverschiebungen, welche zusammen Licht auf einige weitere Attribute von Hegemonie werfen, die bisher nicht ausführlich untersucht wurden, besondere Beachtung geschenkt werden soll.

4.4.4 Der Niedergang Großbritanniens als Hegemonialmacht

Die Krise des britischen Kapitalismus ab den späten 1860er Jahren war ganz besonders die Krise der Strukturen eines archaischen Staates und des ihn tragenden Klassensystems. Seit der englischen Revolution bestand der historische Block in England aus einer Koalition zwischen der ursprünglich agrarischen Aristokratie und der „Mittelklasse", dem nicht in der Industrie engagierten Teil der Bourgeoisie.[60] Die zentralen Elemente der von dieser Koalition verfolgten Herrschaftsstrategie waren

> Krise des historischen Blockes in England

- die Kapitalisierung der Landwirtschaft,
- die Verfolgung gemeinsamer Interessen gegenüber der Arbeiterklasse und

---

60 Eine Übersicht über die Debatte über Großbritanniens Niedergang siehe English und Kenny (Hg.) (2000).

- die weitere Expansion des Empires, zunächst auf weitgehend informeller Basis, seit den 1870er Jahren als Antwort auf die zunehmenden interimperialistischen Rivalitäten auch durch die Errichtung formeller politischer Strukturen.

Die Industriebourgeoisie konnte ihren dynamischen Aufstieg in der Jahrhundertmitte, der seinen Ausdruck in der Aufhebung der Korngesetze gefunden hatte, nicht fortsetzen. Stattdessen fand sie sich eingeschnürt in die Zwangsjacke des „Patrizierstaates". Auf den steigenden Wettbewerb am Weltmarkt nach 1860 reagierten die herrschenden Klassen in England nicht mit Anpassung, sondern mit der Stärkung ihrer Macht über den Staat und mit der Formalisierung der Herrschaftsstrukturen des Empires.

> „Genau zu der Zeit, als sich zwischen 1870 und 1914 industrielle Rückständigkeit als unausweichliches Problem abzeichnete und ausländische Konkurrenz die Wirtschaft Englands zu überwältigen begann, wurde die archaische Gußform von Staat und Gesellschaft kräftig verstärkt. ... Die herrschende Elite reagierte kompensierend mit der Ausweitung ihrer Kontrolle über den Weltgeldmarkt, indem sie in der Londoner City ein Finanzzentrum aufbaute. ... So wurde ein Teil des Kapitals in England tatsächlich zur ‚Off-shore-Insel' des internationalen Kapitalismus und in hohem Maße unabhängig vom verfallenden heimischen Kapitalismus" *(Nairn 1977, 23 f.)*.

Imperiale Alternative Die britische Reaktion auf den Verlust der industriellen Wettbewerbsfähigkeit war kein energischer Modernisierungsschub. Stattdessen schienen die oberen Klassen „aus tiefverwurzelter Neigung, die ‚imperiale Alternative' attraktiver als die ‚industrielle' zu finden" (Tylecote 1982, 47). Das Empire sicherte geschützte Märkte, die Großbritannien auch lange nach dem Verlust seiner produktiven Überlegenheit noch weitgehend allein beliefern konnte. So war es die hegemoniale Weltmachtposition selbst, die „eine strukturelle Neuordnung behinderte, die nötig gewesen wäre, um aus dem Abschwung des späten 19. Jahrhunderts gestärkt hervorzugehen" (Bergesen 1982, 32). Ungeachtet der Auslandskonkurrenz und des ausländischen Protektionismus klammerten sich die dominanten Sektoren der herrschenden Klasse in Großbritannien an ihre Freihandelsdoktrin, waren sie doch überzeugt, dass ihre gewaltige koloniale, kommerzielle und finanzielle Überlegenheit dem Angriff rivalisierender imperialistischer Mächte widerstehen könne.

Natürlich hatte der Schutz der Schifffahrtsrouten, Handelsposten und kolonialen Staatsapparate, der zur Erhaltung des britischen Imperialismus selbst in seiner Freihandelsversion des 19. Jahrhunderts erforderlich war, seinen Preis. Tatsächlich mögen die Kosten für die ganze britische Gesellschaft höher gewesen sein als der Nutzen. Gegen Ende des Jahrhunderts belief sich das Einkommen aus dem internationalen Handel und dem Kolonialhandel auf 18 Millionen Pfund, und das Einkommen aus Auslandsinvestitionen betrug 90 bis 100 Millionen (vgl. Hobson 1902, 55f.). Die britischen Ausgaben für Waffen und Kriegführung lagen 1900 bei mehr als 69 Millionen Pfund (ebd., 65) – genau genommen subventionierten die britischen Steuerzahler das Einkommen der britischen Investoren. Wie John A. Hobson bemerkte,

4.4 Imperialistische Rivalität

> „ist jenseits aller politischen Rechtfertigung die Steigerung der öffentlichen Ausgaben eine Quelle des Gewinnes für bestimmte gut organisierte und einflußreiche Interessen, und für alle diese ist der Imperialismus das Hauptinstrument solcher steigenden Ausgaben" *(1902, 96f.).*

Der anwachsende Imperialismus, der sich im Aufstieg Deutschlands, Italiens und Japans sowie in der Zunahme imperialistischer Rivalitäten auf den Weltmärkten ausdrückte, stellte das „multinationale" Großbritannien vor zwei miteinander verbundene Probleme.

Einerseits erfasste der Nationalismus Irland, die nächstgelegene Kolonie Großbritanniens. Die irische Frage verursachte fast den Zusammenbruch der staatlichen Ordnung des Vereinigten Königreiches und führte zum Niedergang der Liberalen Partei. Andererseits wurde auch Großbritannien von einer starken sozialimperialistischen Bewegung beeinflusst, die das Ziel verfolgte, die Arbeiterklasse in die Strategie der Expansion und Konsolidierung des Empires und des Schutzes seiner Märkte gegen ausländische Konkurrenz einzubeziehen (vgl. Gamble 1981, 170ff.). Den Grundstein zum Konzept des Sozialimperialismus legte 1867 Disraeli mit seinem Schlagwort von der „einen Nation" (One Nation). Mit diesem Schlagwort gelang es den Tories (der Konservativen Partei) als der Partei der Landbesitzer, ihre schmale Klassenbasis zu erweitern. Die Wahlreformen zwangen die Tories, ihre eigene Version des Gemeinwohls zu entwickeln. Disraeli, der Führer der Tories, reagierte mit seinem One-Nation-Projekt, das den Tories ermöglichte, sich als nationale Partei darzustellen. Joseph Chamberlain erweiterte das One-Nation-Konzept während der 1880er und 1890er Jahre zu einer vollausgebildeten sozialintegrativen und gleichzeitig imperialistischen Strategie. Die Spaltung der Liberalen in der irischen Frage ließ den konservativen, sozialimperialistischen Kräften freie Hand bei der Formulierung der Regierungspolitik.

Irische Frage
„One Nation"

Trotzdem wurde die Diskussion um Protektionismus und Freihandel zugunsten des Freihandels entschieden. Zwischen 1903 und 1906 setzte sich der Freihandelsliberalismus durch, und das Finanz- und Handelskapital konnte seine Vorherrschaft über das Industriekapital aufrechterhalten. Mit der Zollreformbewegung im Jahr 1905 „schien endlich die politische Stunde der Schwerindustrie zu schlagen", aber die Bewegung unterlag, da sie die Unterstützung des altliberalen Unternehmertums in wichtigen Industriezweigen – Textilindustrie, Kohle und Schiffbau – nicht gewinnen konnte, die damals „dem Freihandel treu blieben" (Anderson 1987, 43; vgl. Cain/Hopkins 1987, 7). Erst als sich Großbritannien in den 1930er Jahren nicht mehr des Druckes der imperialistischen Konkurrenz erwehren konnte, unterlag diese alte liberale Fraktion der Bourgeoisie vorübergehend jenen Fraktionen, die eine protektionistische Politik befürworteten.

Britischer Freihandelsliberalismus

Für Großbritannien sollte das Festhalten an den Prinzipien des Freihandels angesichts des protektionistischen ausländischen Wettbewerbs katastrophale Folgen haben. Nach Polanyi bestand der Wirtschaftsliberalismus des „Laissez-faire" aus drei Elementen:

> „Die drei Grundsätze – Wettbewerb auf dem Arbeitsmarkt, automatischer Goldstandard und internationaler Freihandel – bildeten ein Ganzes. Die zur Erhaltung eines der Prinzipien erforderlichen Opfer waren nutzlos – oder gar schlimmer –, wenn

nicht auch die beiden anderen gesichert wurden. Es ging um alles oder nichts" *(Polanyi 1957, 138).*

Zunächst einmal hielt jedoch die britische Bourgeoisie an ihrer auf dem Goldstandard und Freihandel basierenden Internationalisierungsstrategie fest, obwohl der internationale Handel eigentlich schon nicht mehr frei war. Die Londoner City gab sich nur mit der ganzen Welt als Operationsfeld zufrieden; sie konnte die Begrenzung ihrer Aktivitäten durch die formalen Grenzen des Empires nicht akzeptieren (vgl. Brown 1988, 33).

<small>Richtung britischer Auslandsinvestitionen</small>

Der Zusammenhalt des britischen Empires beruhte auf dem britischen Handel und den britischen Überseeinvestitionen, besonders im Atlantikraum. Vor 1870 gingen die meisten britischen Kapitalexporte in Länder oder Gebiete außerhalb des Empires (besonders in die Vereinigten Staaten und nach Europa). Nach 1870 konzentrierten sich die britischen Auslandsinvestitionen mehr und mehr auf das Empire (vgl. Brown 1970, 110).

Das Gewicht der britischen Auslandsinvestitionen im 19. und frühen 20. Jahrhundert kann kaum überschätzt werden. Glaubwürdige Schätzungen des Anteils des britischen Auslandskapitals am britischen Gesamtkapital schwanken zwischen 28 Prozent (Hobson und Feis) und 43 Prozent (Cairncross) (vgl. Pollard 1985, 491). 1870 machten die britischen Auslandsinvestitionen mehr als 60 Prozent aller internationalen Investitionen aus; 1914 betrug der britische Anteil immer noch 44 Prozent (ebd., 492). In absoluten Zahlen betrugen die britischen Auslandsinvestitionen 1914 insgesamt 4,1 Milliarden Pfund, die französischen 1,9 Milliarden (20 Prozent), die deutschen 1,2 Milliarden (13 Prozent) und die amerikanischen 700 Millionen (7 Prozent) (vgl. Kenwood/Lougheed 1983, 41). Die Verteilung der britischen Auslandsinvestitionen ist ebenso interessant, wie die folgende Tabelle verdeutlicht.

Übersicht 4.4: Geographische Verteilung britischer Überseeinvestitionen 1860-1913 in Prozent

Gebiet	1860-1870	1911-1913
Britisches Reich	36	46
Davon: Herrschaftsgebiete	12	30
Indien	21	10,5
Europa	25	6
Südamerika	10,5	22
USA	27	19
Andere	3,5	7

Quelle: Brown 1970, 110

Diese Zahlen geben die sich ändernde Machtbalance in der Welt wieder. Auf dem Höhepunkt der britischen Hegemonie war der Anteil der Investitionen, die in die offiziellen Einflussgebiete gingen, geringer als 1913, als die interimperialistische Rivalität stärker als je zuvor war. Die steigenden Anteile der Herrschaftsgebiete und Südamerikas spiegeln die zunehmende Rivalität zwischen

Großbritannien und den Vereinigten Staaten wider, die genau in diesen beiden umkämpften Einflussgebieten ausgetragen wurde. Diese erhöhte Rivalität brachte auch Veränderungen in der Rolle des britischen Staates als Unterstützer der Ausbreitung britischen Kapitals mit sich, vor allem desjenigen der „City of London".

Die globale Rolle der Londoner City als Zentrum der Weltfinanz hatte sich während der Ära britischer Hegemonie fast von allein reproduziert. Nach der Verschärfung der imperialistischen Konkurrenz ab den 1860er Jahren jedoch verlangte der Erhalt dieser Rolle direkte staatliche Interventionen zur Formalisierung der Herrschaftsbeziehungen des Empires. Die Sterlingguthaben, die die Kolonien in London unterhalten mussten, festigten die britische Kontrolle, besonders über die indischen Handelsüberschüsse und das südafrikanische Gold (vgl. Ingham 1984, 96ff.).

Die City war so internationalistisch orientiert, dass der „Economist" sich 1911 darüber beschwerte, dass „London sich mehr um die Ereignisse in Mexiko gekümmert habe als um das, was in den Midlands geschehen sei" (zit. in: Pollard 1985, 500). Das relative Gewicht der City-Interessen innerhalb des in Großbritannien herrschenden Klassenbündnisses ist an dessen Herrschaftskonzept ablesbar. Es beruhte auf der Funktion des Geldkapitals und war von einem liberalen Internationalismus durchdrungen, und es verführte ganz offensichtlich die Bankiers dazu, im Interesse von Auslandsunternehmungen die heimischen Möglichkeiten zu vernachlässigen.

Weil Großbritannien das erste industrialisierte Land war, war es auch das erste Land mit einem Industrieproletariat, und es war auch das erste Land, in dem Gewerkschaften einen gewissen minimalen Schutz der Arbeiter und Anerkennung als deren Interessenvertretung erreichten. Das britische Gewerkschaftswesen entstand jedoch, bevor die industrielle Fertigung zur mechanisierten Fabrikproduktion überging. Seine organisatorische Struktur orientierte sich daher weitgehend an handwerklichen Produktionsweisen und nicht an einer industrieweiten Interessenvertretung. Im Großen und Ganzen waren die Gewerkschaften zunächst kein Phänomen von nationaler Bedeutung. Sie erhoben keine Forderungen gegenüber den zentralen politischen Institutionen des Staates (vgl. Kilpatrick/Lawson 1980).

Erst während der Jahre vor dem Ersten Weltkrieg und besonders während des Krieges wurde die Arbeiterklasse in das politische System einbezogen. Über ihre parlamentarische Vertretung vollzog sich während des Weltkrieges die Integration der Labour Party in den Staat. Dieser Integrationsprozess war mit der Ausweitung des Systems sozialer Sicherheit und mit einer zunehmend interventionistischen Wirtschaftspolitik verbunden. Nationalismus und sozialintegrativer Imperialismus verpflichteten die Labour Party auf das Schicksal des britischen Kapitalismus. Die kriegsbedingte Notwendigkeit der Planung und staatlichen Koordination bedeutete, dass ab 1914 die Zeit des liberalen Nachtwächterstaates endgültig vorbei war.

Integration der Arbeiterklasse

Nach 1919 setzte sich in Großbritannien die Diskussion um Freihandel und Protektionismus fort. Zur Gestaltung seiner wirtschaftlichen, politischen und militärischen Beziehungen mit dem Empire musste sich Großbritannien zwischen einer Strategie des imperialen Protektionismus und einer Strategie des

Aufstieg Amerikas

erneuten Freihandelsimperialismus entscheiden. Obwohl die herrschende Klasse in Großbritannien am Erhalt des Empires festhielt und offensichtlich erwartete, nach dem Krieg zum Tagesgeschäft zurückkehren zu können, hatten doch die unmittelbare Vorkriegszeit und vor allem der Krieg selbst deutlich erkennen lassen, dass Großbritannien die Integrität des Empires militärisch nicht mehr garantieren konnte. Der Aufstieg Amerikas veränderte die Weltordnung fundamental und damit auch das Weltbild der damaligen Staatsmänner. Als Erster Lord der Admiralität hatte Churchill 1914 Australien und Neuseeland mitgeteilt, dass, wenn das Schlimmste geschähe, „der einzige Weg der fünf Millionen Weißen im Pazifik der wäre, bei den Vereinigten Staaten Schutz zu suchen", und einige Jahre später beschrieb ein kanadischer Autor die Situation so: „Alle Wege des Commonwealth führen nach Washington" (beide Zitate nach Barraclough 1967, 73). Die Verringerung der Bedeutung Europas im Vergleich zu den beiden Flankenmächten Russland und USA war unumkehrbar geworden, und Großbritannien war für den Schutz seiner imperialen Interessen jetzt von den USA abhängig. Dafür musste es einen hohen Preis zahlen, nämlich die Öffnung seiner Einflusssphäre gegenüber den USA.

Diskussion um den Goldstandard

Die Strategiedebatte um Großbritanniens internationale Stellung nach 1919 konzentrierte sich schließlich auf die Frage, ob das Land zum 1914 zusammengebrochenen Goldstandard zurückkehren sollte. Das Kriegsende brachte die erste von zahlreichen Zahlungsbilanzkrisen, die nunmehr die Konflikte zwischen der heimischen Industrie und den Finanz- und Handelsinteressen der City verschärften. Die City machte sich für die Rückkehr zum Goldstandard stark, denn dieser war eine Voraussetzung für die Behauptung der Führungsrolle in der internationalen Finanzwelt, nachdem das amerikanische Kapital nach dem Aufstieg der USA zu einer bedeutenden Gläubigernation zunehmend an Einfluss gewann. Andererseits war eine große Mehrheit im britischen Industrieverband FBI gegen diesen Schritt, der eine Aufwertung des Sterlings um mindestens zehn Prozent zur Folge habe, da er die britischen Exporte gefährde. Stattdessen befürwortete der FBI einen auf den Schutz der Commonwealth-Märkte gerichteten wirtschaftspolitischen Kurs (vgl. Winch 1972, 128).

In dieser Auseinandersetzung um die strategische Weichenstellung in der Wirtschaftspolitik behielt die City die Oberhand. Schatzkanzler Winston Churchill begann einen Deflationskurs, der den internationalen Wert des Pfundes Sterling wieder auf das Vorkriegsniveau anheben sollte. Die britische Industrie und besonders die älteren Industriezweige, die seit dem 19. Jahrhundert die Hauptmasse der Industrieexporte gestellt hatten, wurden dadurch schwer getroffen und versuchten die Kosten dieses Kurses auf ihre Belegschaften abzuwälzen (vgl. Dunford/Perrons 1983, 309f.).

London versus New York

Die Stellung der Londoner City in der Weltwirtschaft, besonders gegenüber New York, war jedoch irreparabel geschwächt. Die dominante Stellung der City im internationalen Finanzwesen vor dem Ersten Weltkrieg hatte sich auf die produktive Überlegenheit der britischen Industrie gegründet. Diese Führungsposition war auf andere Staaten übergegangen, allen voran auf die Vereinigten Staaten. In den Jahren 1919-1929 kam es zu einer „Auseinandersetzung" zwischen London und New York um die Finanzhegemonie. Sie konnte unmöglich zugunsten Londons entschieden werden, und dies wurde besonders deutlich, als

4.4 Imperialistische Rivalität

sich die City als unfähig erwies, ihren aus den weltwirtschaftlichen Autarkietendenzen resultierenden Rückgang an Einnahmen zu überwinden (vgl. Ingham 1984, 187f.). Das Ende dieser Nachkriegsperiode ließ nicht lange auf sich warten. Der „Great Crash", der Schwarze Freitag von 1929, führte zu verstärkten internationalen Handelskonflikten, die schließlich zur Abschaffung des Goldstandards und zur Errichtung rivalisierender und in einigen Fällen protektionistischer Handelsblöcke führten.

Die internen sozioökonomischen und politischen Reaktionen auf diesen Zusammenbruch der internationalen kapitalistischen Ökonomie waren in den einzelnen kapitalistischen Ländern sehr verschieden (vgl. Gourevitch 1986). In Deutschland verband sich mit der Machteroberung durch den Faschismus eine extrem protektionistische und antizyklische Wirtschaftspolitik mit reaktionären politischen und sozialen Praktiken und einer fast völligen Militarisierung der Gesellschaft. In den Vereinigten Staaten und Schweden andererseits ging der politische Liberalismus in je spezifischer Weise Verbindungen mit sozialistischen Ideen ein, was zu ersten Prototypen wohlfahrtsstaatlicher Demokratien mit einer hohen Integration in den freien Welthandel (besonders nach 1936) führte. Die britische Wirtschaftspolitik während der Weltwirtschaftskrise könnte als „neo-orthodox" bezeichnet werden: protektionistisch, gleichzeitig aber prozyklisch (Währungsabwertung, Zölle, Kartellbildung). Keines der wichtigen kapitalistischen Länder wandte traditionelle, orthodox-liberale Lösungen vollständig an.

Die Debatten über die beste Antwort auf die große Krise und die protektionistische Springflut markieren die Entstehung einer neuen dominanten Klassenkoalition in der kapitalistischen Welt. Das Bündnis der ersten beiden Generationen der Bourgeoisie, zwischen der seit Beginn des 19. Jahrhunderts hegemonialen Finanz- und Handelsaristokratie und der altliberalen Bourgeoisie, die in der ersten Welle der Industrialisierung (u. a. im Bereich der Textilindustrie und im Kohlebergbau) dominierte, hatte sich in der Diskussion um die Rückkehr zum Goldstandard nochmals durchsetzen können. Die alten Hauptindustriezweige konnten jedoch wegen der veränderten Struktur der weltweiten Nachfrage und ihrer eigenen nachlassenden Wettbewerbsfähigkeit nicht zu ihrer Vorkriegsprosperität zurückfinden. Diese Industrien wurden so stark von der Krise getroffen, dass die altliberale Bourgeoisie ihre Position nicht mehr halten konnte. Stattdessen brachte die den Globus überschwemmende Welle des Protektionismus eine dritte Generation der Bourgeoisie hervor: die staatsmonopolistische Bourgeoisie. Gemeint sind insbesondere die Eisen-und-Stahl-Unternehmer (und andere Schwerindustrielle) mit ihrer geradezu „natürlichen" Neigung zur Beschränkung des Wettbewerbs und zu protektionistischen Maßnahmen und ihrer Abhängigkeit von staatlichen Aufträgen und staatlicher Unterstützung. Als Folge der Entwicklung des globalen Kapitalismus in den 1930er Jahren war diese nunmehr dominante Fraktion der Bourgeoisie in der Lage, einen Anteil an der Macht zu reklamieren (vgl. van der Pijl 1984, 76ff., und Overbeek 1990, 59ff.).

Staatsmonopolistische Bourgeoisie

Diese Entwicklung verlief in Deutschland, Frankreich und Japan besonders ausgeprägt; sie lässt sich aber auch zeitweise in den USA und sogar in Großbritannien beobachten. Im Fall Großbritanniens einigten sich die Beteiligten der Konferenz des britischen Empires und Commonwealth, die von Juli bis Septem-

„Imperial Preferences"

ber 1932 in Ottawa stattfand, auf die Einführung von Vorzugszöllen, die sogenannten „Imperial Preferences". Großbritannien und das noch immer unter der formellen Vorherrschaft der britischen Krone stehende Commonwealth trugen dadurch zur Abschottung ihrer und insbesondere der britischen Märkte gegenüber anderen Handelsnationen bei. Gleichzeitig wurde die Vergabe von Auslandskrediten durch ein inoffizielles Embargo der Zeichnung von Auslandsanleihen am britischen Markt einer politischen Kontrolle unterworfen (vgl. Carr 1939, 126). Gerade diese Maßnahme machte die relative Schwächung der Finanzinteressen der City gegenüber der Koalition aus staatsmonopolistischen – industriellen – und nationalistischen Kräften sichtbar. Die Ausweitung der Auslandstätigkeiten spielte in jenen Jahren für die City keine herausragende Rolle, was die relative Position der amerikanischen Finanzinteressen – etwa in Deutschland – weiter stärkte. Die Folge dieser politischen Maßnahmen war eine umfassende Umorientierung des Handels und der Investitionstätigkeit in Großbritannien. Sie konzentrierten sich verstärkt auf das britische Empire und das Commonwealth (vgl. Brown 1970, 111).

korporatistisch-liberale Bourgeoisie

Seit den 1920er Jahren entwickelten sich neue Massenkonsumgüter produzierende Industrien. Gestützt auf diese Industrien, entstand eine neue Kapitalfraktion, die korporatistisch-liberale Bourgeoisie.[61] In den 1930er Jahren erlebten die durch Zollmauern geschützten jungen Industriezweige einen Boom. Daher wuchs auch ihr Anteil an der Gesamtbeschäftigung. Die Auswirkungen der sich in diesen Industrien neu bildenden Fraktion der Arbeiterklasse auf die Zusammensetzung und die Ziele der Arbeiterbewegung waren beträchtlich und verstärkten die reformistischen Tendenzen (vgl. van der Pijl 1984, 90ff.).

Die politische Situation in Großbritannien ließ es aber nicht zu, dass es hier wie in den Vereinigten Staaten zu einem New Deal kam. In Großbritannien war die korporatistisch-liberale Bourgeoisie unfähig, ihre Partikularinteressen in ein Herrschaftskonzept einzubringen, das auch die Interessen anderer Fraktionen der Bourgeoisie und der Arbeiterklasse berücksichtigt hätte.

Nationalistischer Wohlfahrtsstaat

Die Staatsform, die sich zwischen den Kriegen in den Kernländern des kapitalistischen Systems langsam herausbildete – vor allem in den Vereinigten Staaten und den skandinavischen Ländern – und die sich auf die innere Hegemonie der korporatistisch-liberalen Bourgeoisie und die Integration der organisierten Arbeiterklasse gründete, hat Robert Cox den nationalistischen Wohlfahrtsstaat genannt, der

„sich aus der Anpassung des liberalen Staates sowohl an die nichthegemoniale Weltordnung (sein nationalistischer Aspekt) als auch an das neue interne Beziehungsmuster zwischen den sozialen Kräften (der Wohlfahrtsaspekt) entwickelte" *(Cox 1987, 210).*

---

61 Korporatistisch bezeichnet in diesem Zusammenhang die betrieblich gut institutionalisierte Kooperation mit den Interessenvertretungen der Arbeitnehmer. Gleichzeitig vertritt diese neue Fraktion der Bourgeoisie eine liberale Position, da sie für den freien Wettbewerb eintritt. Konkret handelt es sich um die langlebige Konsumgüter – vom Auto bis zur Waschmaschine – erzeugenden Industriezweige.

4.4 Imperialistische Rivalität

An der Semiperipherie entwickelten sich andere Staatsformen. Hier stand die innere Hegemonie schon während der liberalen Periode „auf der Kippe". Der von der imperialistischen Rivalität ausgehende Druck auf diese Staaten führte zur Erosion des Konsenses über die interne Ordnung. In mehreren kapitalistischen Nachzüglerstaaten (Deutschland, Italien, Japan) ergab sich ein Patt zwischen den gegnerischen sozialen Kräften. Unter diesen Bedingungen konnten faschistische Herrschaftsformen entstehen. Mit Gramsci kann dieses soziopolitische Modell als „Cäsarismus" bezeichnet werden: Ein Cäsar (ein Mann, den das Schicksal auserwählt hat) tritt auf die politische Bühne. Er schafft Ordnung, ohne den zugrunde liegenden sozialen Konflikt zu lösen. Cäsarismus ist

„Cäsarismus"

> „der Versuch, Aspekte revolutionären Wandels durchzusetzen und dabei doch das Gleichgewicht der sozialen Kräfte aufrechtzuerhalten, in dem diejenigen, die eine Restauration der alten Ordnung anstreben, fest verankert bleiben" *(Cox 1987, 192).*

Auch in Russland erschütterte die Zunahme der imperialistischen Rivalität die Gesellschaftsordnung. Hier jedoch war die Bourgeoisie zu schwach, um wenigstens ein Patt zu erwirken. Die bolschewistische Revolution schuf einen Staat, der sich sowohl aufgrund seiner schwachen internen Machtbasis (Schaffung einer „Staatsklasse" ohne festen Rückhalt in einer bürgerlichen Gesellschaft) als auch wegen seiner feindlichen äußeren Umgebung (das internationale Staatensystem) schnell zu einem autoritären „hobbesianischen" Staat entwickelte; den Höhepunkt dieses Prozesses bildete Stalins Proklamation des „Sozialismus in einem Land" (vgl. Cox 1987, 198ff., van der Pijl 1993, 241ff.).

Die traditionelle Interpretation dieser Zwischenkriegsjahre durch die sogenannte Realistische Schule internationaler Politik, wie sie sich in E.H. Carrs „The Twenty Years' Crisis" („Krise der Zwanziger Jahre") oder Paul Kennedys „The Rise and Fall of the Great Powers" („Aufstieg und Fall der großen Mächte") findet, begreift die Rivalität und Kriegführung der Großmächte des internationalen Systems von 1914 bis 1945 als Folge des veränderten relativen Kräftegleichgewichtes der Staaten und der zugrunde liegenden ungleichmäßigen Entwicklung der Produktivkräfte. Weltsystemtheoretiker wie Wallerstein und Modelski stimmen dieser Interpretation weitgehend zu, verstehen jedoch den Systemwandel als Manifestation der von Anfang an im kapitalistischen Weltsystem wirksamen Strukturprozesse.

Beide Erklärungen empfinde ich als unzureichend. So grundlegende Veränderungen der Weltordnung wie jene zwischen 1914 und 1945 sind aufs engste mit umfassenden innergesellschaftlichen Machtverschiebungen verknüpft. Sie gehen mit einer Restrukturierung der Machtbeziehungen zwischen sozialen Gruppen, der Bildung neuer Machtkoalitionen (historischer Blöcke) sowie mit einem grundlegenden Wandel der „sozialen Struktur der Akkumulation" einher. Dies betont die grundlegende Bedeutung von Cox' Ansicht, dass Hegemonie im Staatensystem auf komplizierte Weise mit den Klassenstrukturen innerhalb des hegemonialen Staates und des transnationalen Raumes verwoben ist. Epochen prägende Veränderungen finden in keinem der beiden Bereiche allein statt, noch nicht einmal in beiden Bereichen (wenn sie getrennt konzeptualisiert werden) zur

Restrukturierung der Machtbeziehungen

gleichen Zeit, aber aufgrund ihrer Eigenart überschreiten die Veränderungen die Grenzen zwischen ihnen und begründen sie als grundsätzlich einen Bereich.

Zusammenfassung
In diesem Abschnitt werden die Krise und der Niedergang der britischen Hegemonie zur Zeit der imperialistischen Rivalität untersucht. Die Weltordnung des späten 19. Jahrhunderts erlebte einen grundlegenden Wandel von einer im Wesentlichen europäischen Ordnung hin zu einer wahrhaft globalen Ordnung. Diese Veränderung manifestierte sich im Staatensystem mit dem Aufkommen nichteuropäischer Großmächte sowie mit dem Auftauchen europäischer Herausforderer der britischen Vorherrschaft und mit der Ausbreitung europäischen Kapitals in weitentfernte Ecken des Globus. Es wurde gezeigt, dass von den im frühen 20. Jahrhundert formulierten Theorien, die diese Änderungen erklären sollten, Lenin am konsequentesten diese doppelte Veränderung in seine Theorie des Imperialismus aufnahm. Damit stellt Lenin einen wesentlichen Baustein für unser Verständnis von Hegemonie als einem internen, nationalen Phänomen und einem transnationalen Phänomen zur Verfügung.

Im nachfolgenden Unterkapitel wird am Beispiel des Aufstiegs der Vereinigten Staaten zur Hegemonie auf diesen innergesellschaftlichen Wandel genauer eingegangen.

4.5 Amerikanische Hegemonie

4.5.1 Einleitung

Transformationen der Weltordnung sind mit einer Verlagerung der relativen wirtschaftlichen und militärischen Potenziale, mit der Herausbildung neuer sozialer Strukturen der Akkumulation und mit der Neuformierung gesellschaftlicher Interessenkoalitionen des jeweiligen historischen Blockes in den Zentren verbunden. Sie können entweder zu einer konfliktreichen nichthegemonialen Ordnung wie im Fall des Systemwandels während der 1860er und 1870er Jahre führen oder zu einer auf Konsens gegründeten Hegemonialordnung wie nach dem Westfälischen Frieden oder dem Wiener Kongress (vgl. Cox 1987, 209). Die Jahre 1929-1945 bildeten den Höhepunkt des Zeitalters der imperialistischen Rivalität und gleichzeitig den Beginn einer neuen Ära, die durch die Überlegenheit und Hegemonie der USA in der kapitalistischen Welt sowie den Kampf zwischen den USA und der Sowjetunion um die Weltherrschaft charakterisiert wurde. In den Jahren 1929-1945 dominierten in der Weltwirtschaft Tendenzen zur Regionalisierung und Abschottung. Nach dem Zweiten Weltkrieg gewann der Internationalismus wieder die Oberhand; ablesbar ist diese Tendenz an der zunehmenden Internationalisierung produktiven Kapitals, das heißt an der gewaltigen Ausweitung der Aktivitäten multinationaler Unternehmen.

Diese starke Expansionstendenz muss teilweise durch den enormen Umfang der Mobilisation von produktiven Ressourcen zur Unterstützung der Kriegsanstrengungen erklärt werden. Eine Militarisierung der Wirtschaft erzeugt oder beschleunigt und intensiviert zumindest eine neue Phase im Prozess der industriellen Expansion, die nach dem Ende des Krieges oft zu einer externen Expansion wird, wie Sen es sowohl für Britannien nach 1800 wie auch für die USA nach 1945 gesehen hat (Sen 1984).

Unter dem Einfluss der zunehmenden Internationalisierung des amerikanischen Industriekapitals liberalisierte sich weltweit die strategische Orientierung des Produktivkapitals, die in der „staatsmonopolistischen Tendenz" ihren typischen Ausdruck gefunden hatte. Die Liberalisierung bezog sich sowohl auf die nationalen Klassenkompromisse als auch auf die internationale Sphäre. Diese gesellschaftliche, politische und ideologische Synthese zwischen dem klassischen Liberalismus und den staatsmonopolistischen Tendenzen, die als korporatistischer Liberalismus („corporate liberalism") bezeichnet werden können, wurde auch vom reformistischen Flügel der europäischen Arbeiterklasse geteilt. Sie bildete die politisch-strategische Grundlage für den internationalisierten New-Deal-Kapitalismus.

In diesem Kapitel werde ich in drei Schritten vorgehen. Zuerst wird im Detail die Umwandlung der amerikanischen „sozialen Struktur der Akkumulation", gewöhnlich als *Fordismus* bezeichnet, analysiert. Als Nächstes werden die Errichtung und die auswärtige Expansion der amerikanischen Hegemonie im Weltsystem analysiert, wobei einmal mehr deutlich wird, wie kompliziert „interne" und „externe" Faktoren miteinander verbunden sind. Zuletzt werden die Zeichen der Schwächung der amerikanischen Hegemonie seit den späten 1960er Jahren betrachtet. Dieses Kapitel endet mit der Frage, die in das Schlusskapitel des Lehrbuches führen wird, nämlich ob die Welt auf eine Periode von erneutem zwischenstaatlichen Konkurrenzkampf und Konflikten lossteuert oder ob wir im kommenden Jahrzehnt der Entstehung einer neuen Form der Hegemonie beiwohnen werden.

4.5.2 Fordismus

Die Phase kapitalistischer Entwicklung, beginnend mit dem Ende des Zweiten Weltkrieges, ist von sehr vielen Autoren als ein fundamentaler Abschied von der vorherigen Ära beschrieben worden. Zentral in allen Analysen waren die starke Beschleunigung des kapitalen Wachstums auf der Basis der Anwendung neuer, teilweise im Krieg entwickelter Technologien und die enorm erweiterte Rolle des Staates im makroökonomischen Management. Diese Entwicklungen können nicht als autonom oder als irgendwie durch „natürliche" Kräfte außerhalb der Kontrolle des Menschen bestimmt angesehen werden. Im Gegenteil, diese Entwicklungen fanden innerhalb des klar definierten sozialen und politischen Kontextes statt.

Im Mittelpunkt unseres Interesses steht hier der soziale Kontext, in dem technologische Entwicklung stattfindet: Die massive Einführung neuer Technologien setzt eine fundamentale Umstrukturierung des Arbeitsprozesses in industriellen Schlüsselsektoren voraus, die nicht nur den technischen Arbeitsprozess, sondern auch dessen soziale und sogar politische Dimension betrifft. Die Annahme, dass der Produktion selbst eine politische Dimension innewohne, wird z. B. von Michael Burawoy (1985) sehr überzeugend vertreten. Aus diesen Gründen kann die Erneuerung der technologischen Grundlage der Produktion – und genau darum geht es bei einem neuen Aufschwung – nur in einem angemessenen

<small>Sozialer Kontext technologischer Entwicklung</small>

sozialen Umfeld unter der Voraussetzung fördernder politischer Strukturen stattfinden.

Entwicklungsstufen   Um die strukturellen Diskontinuitäten zu betonen, soll von Entwicklungsstufen gesprochen werden statt von „langen Wellen" oder „Zyklen". Letztere sind einem Konzept verpflichtet, das die strukturelle Kontinuität in der Entwicklung des weltweiten Kapitalismus herausstellt. Entwicklungsstufen unterscheiden sich durch spezifische Konfigurationen der sozialen und politischen Institutionen mit je eigenen Charakteristiken. Genauer gesagt: Die Stufen der kapitalistischen Entwicklung definieren sich durch die historisch jeweils spezifischen Kombinationen von Beziehungen zwischen Klassen und Klassenfraktionen, zwischen den Organisationsformen der Staatsmacht, der hegemonialen Ideologie sowie der Struktur der kapitalistischen Weltwirtschaft und des Staatensystems. Nach Gordon (1980, 17) setzt ökonomisches Wachstum in kapitalistischen Gesellschaften eine besondere Verbindung sozialer, politischer, wirtschaftlicher und monetärer Institutionen voraus. Diese Strukturkombination bezeichnet Gordon als speziale Struktur der Akkumulation.

Der Prototyp dieser Auffassung, nach der sich der Kapitalismus stufenweise entwickelt, findet sich bereits in Lenins Ausführungen über das Aufkommen des Monopolkapitalismus und die Rolle des Finanzkapitals. Lenin war jedoch für eine detailliertere Theorie der stufenweisen Entwicklung kapitalistischer Gesellschaften viel zu sehr der Vision eines endgültigen und bevorstehenden Zusammenbruches des Kapitalismus verhaftet. In neuerer Zeit wurde die Idee einer stufen- oder phasenweisen Entwicklung der kapitalistischen Gesellschaft von französischen Wissenschaftlern wieder aufgegriffen.

Akkumulationsregime   In ihrer Ausarbeitung des Konzeptes von den Entwicklungsstufen haben sie besonders unter dem Einfluss der Arbeiten von Michel Aglietta (1979) die Vorstellung von zeitlich begrenzten Akkumulationsregimen entwickelt. Akkumulationsregime sind in einem bestimmten historischen Zeitraum (relativ) stabile sozioökonomische und politisch-institutionelle Strukturen, innerhalb derer sich die Akkumulation, also der ökonomische Wachstumsprozess, vollzieht. Bei diesem Ansatz wird jene Entwicklungsstufe des Weltkapitalismus, die ihren Ursprung in den Vereinigten Staaten der 1920er und 1930er Jahre hatte und die sich auch im Westeuropa der 1940er und 1950er Jahre durchsetzte und sich gegenwärtig in einer Umbruchkrise befindet, mit dem von Antonio Gramsci geprägten Begriff Fordismus bezeichnet.

Innere Wachstumsdynamik und globale Dimension des Fordismus   Die soziale Struktur der Akkumulation, die seit Beginn des 20. Jahrhunderts die Grundlage des amerikanischen Aufstiegs darstellte, ist als Fordismus bekannt. Dieses völlig neuartige, in der amerikanischen Gesellschaft entstandene „Akkumulationsmodell" besitzt eine starke innere Wachstumsdynamik. Obwohl diese Charakteristik die Aufmerksamkeit auf seine innere Struktur lenkt, ist es dennoch notwendig, auch seine globale Dimension zu betrachten: Die Stufen der kapitalistischen Entwicklung werden nicht nur durch bestimmte Organisationsformen des Produktionsprozesses, bestimmte Regulationsformen der sozialen Beziehungen und bestimmte Staatsformen charakterisiert, sondern auch durch bestimmte Organisationsmuster der globalen politischen und wirtschaftlichen Beziehungen. Genau in diesem Zusammenhang erlangt das Theorem der „Hegemoniezyklen", das im Kontext der Weltsystemtheorie unter einer mechanisti-

4.5 Amerikanische Hegemonie

schen und unhistorischen Interpretation leidet, eine spezifisch historische Bedeutung.

Den Übergang zu der neuen Entwicklungsstufe des Kapitalismus durch die US-Wirtschaft der 1920er Jahre hat Antonio Gramsci (1971) untersucht. Ausgangspunkt seiner Analyse waren die zu dieser Zeit eingeführten neuen Produktionsmethoden. Deren Grundlage bildete die von Frederick Taylor erfundene „wissenschaftliche Betriebsführung". Zwei weitere Elemente des neuen Produktionsmodells führte Henry Ford ein. Er entwickelte einerseits die auf der Zerstückelung der Fertigungsaufgaben basierende Massenproduktion, andererseits bezahlte er seine Arbeiter mit hohen und steigenden Löhnen.

Auf diese Weise konnten diese zu Konsumenten industriell erzeugter Massengüter werden. Die Einführung des Fließbandes durch Ford markiert den Übergang von einem Produktionsmodell extensiven Wachstums auf der Basis geringen Fortschritts bei gleichzeitiger Extensivierung der Arbeit – z. B. durch neue, billige Arbeitskräfte (Kinderarbeit), durch die Verlängerung des Arbeitstages und durch die Erhöhung der Arbeitsgeschwindigkeit – zu einem Modell intensiven Wachstums auf der Basis der Anwendung arbeitsparender technologischer Innovationen. *(Massenproduktion und hohe Löhne)*

Der Wandel der Arbeitsorganisation und die höhere Produktionsintensität (Taylorisierung der Arbeit) führten dazu, dass Ford und andere amerikanische Industrielle sich für den Erhalt einer stabilen Arbeiterschaft – insbesondere der Facharbeiter, aber auch der angelernten Arbeitskräfte – einsetzten. Daher regulierten sie nicht nur das Arbeitsleben ihrer Arbeiter, sondern auch ihr Privatleben. Ein guter Arbeiter sollte sich im Privatleben auf die hohen Leistungsanforderungen im Betrieb vorbereiten. Daher achteten sie besonders auf solche disziplinarischen „Probleme" wie irreguläre Sexualbeziehungen und Alkoholmissbrauch. Damit Fords Methoden gesellschaftlich verallgemeinert werden konnten, *(Regulierung von Arbeits- und Privatleben)*

> „mußte eine Veränderung der sozialen Bedingungen und in der individuellen Lebensführung und in den alltäglichen Gewohnheiten eintreten. Diese kann allerdings nicht allein durch Zwang erreicht werden, sondern nur mit gemäßigtem Zwang (Selbstdisziplin) in Verbindung mit Motivation. Motivation sollte auch durch hohe Löhne erreicht werden, die die Möglichkeit zu einem höheren Lebensstandard eröffnen, oder, vielleicht genauer, die Möglichkeit für einen den neuen Produktions- und Arbeitsmethoden, die ein bestimmtes Maß an Verausgabung von Muskel- und Nervenenergie verlangen, angemessenen Lebensstandard bieten sollten" *(Gramsci 1971, 312)*.

Der Begriff Fordismus bezieht sich nicht nur auf die großflächige Einführung von Massenproduktionstechniken in solchen Industriebranchen wie der Automobilindustrie. Wenn man das Kapital als soziale Beziehung statt lediglich als Menge akkumulierten Reichtums begreift, dann bedeutet der Umbau der Produktion nach fordistischen Grundsätzen sowohl die Entwicklung und Einführung einer neuen Produktionstechnik als auch eine Restrukturierung der Arbeiterklasse (hinsichtlich der Erziehung, der Ausbildung, der produktiven Fähigkeiten, der Konsumgewohnheiten usw.) einschließlich einer Neuorganisation der Arbeitsbeziehungen, wobei diese Neuordnung der Arbeitsbeziehungen sowohl auf der Ebene des Arbeitsplatzes als auch auf der des Betriebes und sogar auf der Ebene *(Fordismus)* ganzer Industriezweige erfolgt. Wenn man die Auswirkungen der neuen technologischen Grundlage auf die industrielle Produktion betrachtet, stellt man fest, dass sich die von den Industriezweigen benötigten Investitionsgüter und Grundstoffe ändern und damit auch die Beziehungsstruktur zwischen den verschiedenen Zweigen der Industrie. Ursprünglich (bei Gramsci) bezieht sich der Begriff Fordismus auf diese neuen Organisationsformen des Arbeitsprozesses, der Arbeitsbeziehungen und der industriellen Struktur.

In den 60er und 70er Jahren des 20. Jahrhunderts waren die Entwicklungen, die Gramsci nur vage voraussagen konnte, überall in der entwickelten kapitalistischen Welt Realität geworden. Nicht nur in der sozialen Organisation der Produktion und in den Lebensformen ist ein fundamentaler Wandel eingetreten, sondern auch in der Rolle des Staates. Diese Veränderungen wurden von neuen theoretischen Strömungen zu erfassen versucht. Im deutschen Sprachraum entwickelte sich Ende der 1960er, Anfang der 1970er Jahre eine neomarxistische Debatte um Ursprung und Funktion des kapitalistischen Staates (vgl. für den englischen Sprachraum zusammenfassend Holloway/Picciotto 1978). In der angelsächsischen Welt konzentrierte sich die Diskussion mehr auf die neuen Formen des Korporatismus und die Besonderheiten des keynesianischen Wohlfahrtsstaates. In Frankreich behandelten seit Ende der 1970er Jahre Aglietta und später Lipietz und andere die Krise in dem von ihnen so genannten Nachkriegs-"Akkumulationsregime", das sie als Fordismus bezeichneten. In dieser Diskussion bedeutet Fordismus

> „eine Reihe größerer Transformationen im Arbeitsprozeß mit engen Beziehungen zu jenen Veränderungen in den Existenzbedingungen der lohnabhängigen Klasse, die zum Aufkommen einer sozialen Konsumnorm führen und dazu tendieren, den ökonomischen Klassenkampf in Form von Tarifverhandlungen zu institutionalisieren. ... Dieses Regime intensiver Akkumulation markiert eine neue Stufe in der Regulation des Kapitalismus" *(Aglietta 1979, 116 f.).*

intensive und extensive Akkumulationsweise Im Bereich der Produktion setzt Aglietta Fordismus mit einer intensiven Akkumulationsweise, die der extensiven Akkumulationsweise folgt, gleich. Bei der extensiven Akkumulationsweise ist die Erweiterung der Produktion auf gleichbleibender technischer Grundlage die Hauptantriebskraft des Wachstums. Die Rolle des Staates ist hier begrenzt auf die des „Nachtwächters": der liberale Laissez-faire-Staat par excellence. Der Höhepunkt dieser Art der Akkumulation waren die Jahre zwischen der Mitte des 19. Jahrhunderts und dem Ersten Weltkrieg.

In der intensiven Akkumulationsweise wird Wachstum durch die Verminderung der Arbeitszeit erreicht. Technologische Innovation spielt hier eine zentrale Rolle. Die Rolle des Staates verändert sich ebenfalls drastisch. Um die intensive Akkumulation zu erhalten, ist eine sehr viel stärkere aktive Beteiligung des Staates in der Wirtschaft erforderlich. Um den Aufstieg der intensiven Akkumulation zu datieren: Die technologische Umformung, wie gezeigt wurde, datiert aus den 1920er Jahren in den USA und den 1940ern und 1950ern in Europa, während der sich verändernden Rolle des Staates, obwohl die ersten Zeichen einen langen Weg zurückverfolgt werden können, wurde nur unwiderruflich und vorherrschend im New Deal der 1930er und im keynesianischen Wohlfahrtsstaat der Nachkriegsperiode.

4.5 Amerikanische Hegemonie

Wladimir Andreff hat diese Analyse verfeinert, indem er darauf hinweist, dass die Vorstellung von der „Akkumulationsweise" wie die von der „Produktionsweise" eine Abstraktion darstellt, die in der Wirklichkeit immer als spezifische Kombination verschiedener Akkumulationsweisen auftritt. Daher unterscheidet Andreff (1982, 107f.) eine dritte Akkumulationsweise, die progressive, die Elemente der extensiven und der intensiven miteinander verbindet, die sich jedoch nur auf internationaler Ebene konstituiert. Er sieht die Kombination einer extensiven Akkumulation in einem großen Teil der Dritten Welt und einer intensiven Akkumulation in der kapitalistisch entwickelten Welt als wesentlich für die Periode der 1960er und 1970er Jahre.

Progressive Akkumulationsweise

Der Begriff Akkumulationsregime bildet das zentrale Konzept der „Regulationsschule"[62]. Er umfasst zwei Strukturelemente: eine bestimmte Akkumulationsweise (also eine bestimmte Organisationsform des Produktionsprozesses) und eine bestimmte Form der Regulation des sozialen Umfeldes der Produktion oder, wie man es auch ausdrücken könnte, der Produktionsbeziehungen im gesellschaftlichen und politischen Raum. In der französischen Diskussion bezeichnet Fordismus daher nicht nur die charakteristischen Merkmale des Produktionsprozesses, sondern auch die gesamte „soziale Struktur der Akkumulation" einschließlich der regulativen Institutionen und Praktiken auf der Ebene der Gesellschaft, die in Reaktion auf Probleme geschaffen wurden, die das reibungslose Funktionieren der fordistischen Akkumulationsweise bedrohten. Die fordistische Regulationsweise besteht besonders aus solchen Elementen wie dem System kollektiver Tarifverhandlungen, dem System sozialer Sicherung, das einen minimalen Lebensstandard garantiert, tripartistischen (korporatistischen) Organisationen, Anerkennung der Gewerkschaftsrechte usw. (vgl. die Beiträge zum Korporatismus bei Schmitter/Lehmbruch 1979).

Akkumulationsregime und Regulationsschule

Fordistische Regulationsweise

Die Rolle des Staates, des zentralen Akteurs der Regulation, veränderte sich in den ersten Jahrzehnten des 20. Jahrhunderts grundlegend. Er entwickelte sich vom liberalen Nachtwächterstaat aus der Blüte der Pax Britannica zum keynesianischen Wohlfahrtsstaat der Zeit nach 1945. Robert Cox fasst die Essenz dieser Transformation des Staates folgendermaßen zusammen:

Veränderungen der Rolle des Staates

> „Zuerst wurde der Staat selbst ein ökonomischer Akteur, der eine direkte Rolle im Akkumulationsprozess spielte ...; Zweitens übernahm der Staat politische Verantwortung, um ungeschützte soziale Gruppen sozial abzufedern ...; Drittens war die Wirtschaftsstruktur ... eine segmentierte Struktur, in der Kapitalkonzentrationen eines oligopolistischen Sektors mit einem Wettbewerbssektor ... und dem staatlichen Sektor koexistierten" *(Cox 1987, 220).*

Zur Vervollständigung des Bildes vom Fordismus als Entwicklungsstufe des globalen Kapitalismus muss eine dritte Dimension hinzugefügt werden. In ihrer konkreten Totalität (Ausprägung) lässt sich die fordistische Stufe der kapitalistischen Entwicklung nicht allein durch ihre spezifischen Formen der Organisation der Produktion, des Staates und der Gesellschaft charakterisieren. Berücksichtigt

Konsolidierung amerikanischer Hegemonie

---

[62] Für eine vollständige Übersicht über die Regulationstheorie siehe die fünfbändige Aufsatzsammlung, herausgegeben von Bob Jessop (2001).

werden muss auch die globale Struktur des kapitalistischen Systems. Konkret: Die globale Dimension des Fordismus findet sich in der amerikanischen Hegemonie in der Welt nach 1945. Um es anders zu formulieren: Die intensive Akkumulationsweise, der Fordismus, bildete die soziale Struktur der Akkumulation, die die Konsolidierung der amerikanischen Hegemonie im Weltsystem stützte.

Der Aufstieg der USA zur Großmacht war gewissermaßen durch ihr geopolitisches und geostrategisches Gewicht vorherbestimmt. So konnten schon allein auf dieser Grundlage wissenschaftliche Beobachter des 19. Jahrhunderts den Aufstieg der USA voraussagen. Das Gewicht der USA wurde darüber hinaus noch durch den rapiden Bevölkerungszuwachs aufgrund der Masseneinwanderung aus Europa während des ganzen 19. Jahrhunderts gesteigert. Dennoch wurden erst nach dem Bürgerkrieg in den 1860er Jahren die sozialen Kräfte freigesetzt, die die Expansion der amerikanischen Macht vorantrieben. Und es war die relative Knappheit an billiger Arbeitskraft, die das Industriekapital des Nordens um die Jahrhundertwende dazu zwang, arbeitsparende Techniken einzuführen, um das schnelle Produktionswachstum fortzusetzen, das die USA kurz vor 1900 Großbritannien als wichtigste Industriemacht der Welt hatte überholen lassen.

Interne Expansion fordistischer Industrien

Ungeachtet des Universalismus der Wilson-Offensive (14-Punkte-Programm, 1917) (vgl. van der Pijl 1984, Kap. 3) und ungeachtet der Auslandsaktivitäten des amerikanischen Finanzkapitals in den Jahren zwischen den Kriegen wurde die Expansion der fordistischen Industrien in Amerika im Wesentlichen intern erzeugt und durch interne Faktoren stimuliert. Erst während der Weltwirtschaftskrise wurden die Grenzen der internen Expansion deutlich. Es war insbesondere der Aufstieg der Automobilindustrie, der in den USA eine Neukonfiguration des historischen Blockes erzwang. Er bahnte dem korporatistischen Liberalismus den Weg, dem neuen Herrschaftskonzept, das sich im New Deal endgültig durchsetzte. Die Krise der 1930er Jahre erlaubte nur eine national begrenzte Entwicklung der neuen Konfiguration von Staat und Gesellschaft, die auf der Kooptation der organisierten Arbeiterklasse (vor allem der Gewerkschaften) in die hegemonialen Strukturen des „nationalistischen Wohlfahrtsstaates" (Cox) beruhte. Am Ende der 1930er Jahre setzte sich in den USA die Erkenntnis durch, dass sich die starke Abhängigkeit von der heimischen Kaufkraft nur durch Auslandsmärkte vermeiden lasse. Doch setzte der Zugang zu Auslandsmärkten die Wiederherstellung einer relativ offenen Weltordnung voraus.

Kooptation der Gewerkschaften

4.5.3 Die Rekonstruktion der globalen Ordnung nach dem Krieg

Im Niedergang begriffene Hegemonialmächte geben ihre Privilegien weder leicht noch freiwillig auf. Die Portugiesen ergaben sich nicht ohne Gegenwehr den Holländern, und die Holländer führten mehrere Kriege mit den Engländern, bevor sie sich in ihre neue Rolle als ehemalige Weltmacht fügten. Ähnlich war auch Großbritanniens Anpassung an die neue, amerikanische Hegemonie in der Weltpolitik ein langsamer und schmerzlicher Prozess. Er begann mit den Konzessionen an die USA während des Krieges; es folgten die Anerkennung der kommerziellen und militärischen Überlegenheit der USA nach dem Krieg, die Auflösung des britischen Empires, die Erfahrungen aus dem Suez-Abenteuer und

4.5 Amerikanische Hegemonie

die Schwierigkeiten, nach Suez die ‚besonderen Beziehungen' zu den USA wiederherzustellen.

Der amerikanische Kongress verabschiedete das Leih- und Pachtgesetz (Lend Lease Act), den ersten greifbaren Ausdruck der „besonderen Beziehungen", am 11. März 1941. Eine der in dem Gesetz enthaltenen Bedingungen deutete bereits an, was noch kommen sollte: Von Großbritannien wurde verlangt, die Konkurrenz seiner Exporte mit den amerikanischen aufzugeben. Angesichts der Kriegslasten war dies zunächst kein größeres Problem: Die britischen Exporte betrugen 1943 nur noch 29 Prozent von denen des Jahres 1938 (vgl. Taylor 1975, 623).

Leih- und Pachtgesetz

Im August 1941 führte die erste von vielen Konferenzen zwischen Roosevelt und Churchill zur Annahme der Atlantik-Charter, in der die Prinzipien und Konditionen der anglo-amerikanischen Kooperation festgelegt wurden. Die Charta ist von der starken Position Amerikas geprägt. Sie betont die Notwendigkeit einer Liberalisierung der internationalen Wirtschaftsbeziehungen nach dem Krieg. Die nachfolgenden anglo-amerikanischen Konferenzen offenbarten wiederholt die ambivalente Position Großbritanniens: Auf die Beziehung zu den USA angewiesen, um den Krieg überleben und das Empire erhalten zu können, war Großbritannien gezwungen, im Gegenzug für die amerikanische Hilfe das Versprechen zu geben, auf das Hauptinstrument seiner Herrschaft über das Empire, die Imperial Preferences, zu verzichten. Das anglo-amerikanische Leih- und Pachtabkommen (Lend Lease Agreement) vom Februar 1942 stellte fest, dass der Hauptzweck der Kampf gegen den gemeinsamen Feind war – Amerika war nach dem japanischen Angriff auf Pearl Harbor im Dezember 1941 in den Krieg eingetreten –, aber auch, dass Großbritannien nach dem Krieg dem Freihandel zustimmen müsse (vgl. Taylor 1975, 647).

Atlantik-Charter

Nach dem Krieg war es Großbritanniens oberstes Ziel, diese Zusage rückgängig zu machen und seinen ‚angestammten Platz in der Welt' wieder einzunehmen. Anlässlich der Verhandlungen um eine amerikanische Anleihe, die die Leih- und Pachtvereinbarungen ablösen sollte, formulierte Keynes 1945 als britische Ziele, „das alte Prestige Londons und seine Hegemonie" wiederherzustellen und nicht „hoffnungslos der Gnade der Vereinigten Staaten" ausgeliefert zu sein (zit. in: Brett 1985, 137f.). Das erste Ziel konnte Großbritannien nur durch die Aufgabe des zweiten Ziels erreichen; es musste die unausweichliche Konsequenz der amerikanischen Vormachtstellung anerkennen. Die Unversehrtheit des Commonwealth und des Sterlingblockes ließ sich zwar mithilfe des amerikanischen Darlehens von 1945 erhalten, aber nur um den Preis einer verfrühten Rückkehr zur Konvertierbarkeit, was bereits 1947 zu einer schweren Zahlungsbilanzkrise führte. Die hohen Kosten des Krieges ließen Großbritannien von den USA finanziell abhängig werden. Diesen Vorteil nutzten die Vereinigten Staaten erfolgreich für Zugeständnisse beim Zugang zu den Märkten des Empires. Dennoch stimmten die USA der Wiederherstellung des Pfundes Sterling als internationaler Reservewährung zu. Der Erhalt der Reserverolle des Pfundes bildete die Grundlage der Wiederbelebung der City als internationales Finanzzentrum des internationalen Systems der Nachkriegszeit. Dadurch wurde auch ihre Dominanz innerhalb des internen Handlungsbündnisses erneuert. Die Wiederbelebung der City

Kapitulation Großbritanniens

wurde allerdings von der amerikanischen Hegemonie im Weltsystem geformt und reguliert.

Marshallplan *Pax Americana*

Ein weiteres zentrales Element in dem Kompromiss, der die internationale wirtschaftliche Nachkriegsordnung maßgeblich bestimmte, war die Anerkennung der Notwendigkeit, den Lebensstandard in Europa zu erhöhen. Die Wiederbelebung der europäischen Wirtschaftssysteme sollte Schutz vor der kommunistischen Gefahr bieten; gleichzeitig bildete sie eine Voraussetzung für die transatlantische Expansion amerikanischer Wirtschaftsinteressen und des fordistischen Gesellschaftsmodells. Es war der von dem damaligen amerikanischen Außenminister Marshall in seiner Rede am 5. Juni 1947 der Öffentlichkeit vorgestellte und später nach ihm benannte Plan, der die Verdrängung der Pax Britannica durch die Pax Americana, die sich vor dem Ersten Weltkrieg abzuzeichnen begonnen hatte und durch die Auseinandersetzungen und den Protektionismus der 1930er Jahre vorübergehend unterbrochen wurde, besiegelte. Der Marshallplan bereitete der zunehmenden Liberalisierung des Handels und der im Abkommen von Bretton Woods vorgesehenen Rückkehr zur Konvertierbarkeit der Währungen den Weg. Die in seinem Rahmen durchgeführten Maßnahmen gaben einen Anstoß zu den industriellen Umstrukturierungen Westeuropas und veränderten „die Balance zwischen den sozialen Kräften innerhalb der Staaten und das politische Kräfteverhältnis innerhalb der historischen Blöcke" (Cox 1987, 215).

Trumandoktrin

Spaltung Europas

Auch in anderer Hinsicht stellt das Jahr 1947 einen Scheidepunkt dar. Die internationale Lage verschlechterte sich schnell. In Osteuropa verdrängten prosowjetische Kräfte Teile der nichtkommunistischen Parteien aus den nach dem Krieg gebildeten Koalitionsregierungen. In den USA kündigte sich die erste Nachkriegsrezession an und führte zu zunehmender Beunruhigung über die zögerliche Öffnung neuer Märkte. Der Machtgewinn antiwestlicher Kräfte in Griechenland, der Türkei und dem Iran sowie die starke Stellung der Kommunisten in Westeuropa – besonders ihre Regierungsbeteiligung in Frankreich und Italien – unterstützten innerhalb des State Department die Befürworter einer aktiveren amerikanischen Außenpolitik. Die britische Ankündigung des Rückzuges aus Griechenland im Februar 1947 gab den letzten Anstoß für die Initiierung einer außenpolitischen Offensive. Zuerst wurde die Trumandoktrin verkündet, dann folgte als Vorspiel zu einem Hilfsplan für Europa eine Rede des Unterstaatssekretärs Dean Acheson, und am 5. Juni informierte Außenminister Marshall die Weltöffentlichkeit über das geplante amerikanische Hilfsprogramm. Das zur Erörterung von Marshalls Vorschlägen angesetzte Treffen mit Molotow, Bidault und Bevin vom 27. Juni bis 2. Juli führte zu einer wichtigen Entscheidung. Die Sowjetunion erklärte sich angesichts der von den USA gestellten Bedingungen zur Liberalisierung von Handel und Wirtschaft nicht bereit, am Marshallplan teilzunehmen. Als die Sowjetunion und ihre Verbündeten nicht zu der für Ende des Monats Juli 1947 nach Paris einberufenen Konferenz zur Verabschiedung des Marshallplanes kamen, war die Spaltung Europas in zwei Blöcke Tatsache geworden.

Multilateralismus

Nichtdiskriminierung und GATT

Innerhalb der internationalen Wirtschaftsbeziehungen institutionalisierten die Amerikaner ein neues System multilateraler Kooperation, indem sie ihre Hilfe durch die Organization for European Economic Cooperation (OEEC) kanalisierten. Dieser neue Multilateralismus bedeutete keine Rückkehr zum Freihan-

4.5 Amerikanische Hegemonie

del des 19. Jahrhunderts. Wie Ruggie betont, gründete der Multilateralismus vor allem auf dem Prinzip der Nichtdiskriminierung, das zur Grundlage des GATT, des General Agreement on Tariffs and Trade, wurde. Das neue System erlaubte – sowohl um die Entwicklung heimischer Industrien zu schützen als auch um bestimmte Vorzugsabkommen mit (früheren) Kolonialgebieten beizubehalten – gewisse Eingriffe in den freien Handel. Diese amerikanische Konzession führte später zu wiederholten Auseinandersetzungen zwischen den verschiedenen GATT-Mitgliedsländern. Sie bildete aber ein zentrales Element in dem 1945 erreichten Gesamtkompromiss, der letztlich „die außerordentliche Macht und Beharrlichkeit der USA widerspiegelte" (Ruggie 1983, 213).

Die Teilung Europas in der militärisch-strategischen Sphäre ließ Bevin in seiner berühmten Western-Union-Rede im Unterhaus am 22. Januar 1948 die Vision einer anglo-amerikanischen Partnerschaft entwickeln. Im März 1948 folgte der von Großbritannien, Frankreich und den Beneluxländern unterzeichnete Brüsseler Vertrag, der offen gegen die Sowjetunion gerichtet war. Die Gründung des Nordatlantikpaktes (NATO) am 4. April 1949 vollendete die Atlantisierung Westeuropas und besonders Großbritanniens. Von da an war es oberstes Ziel britischer Politik, die Amerikaner dauerhaft an Europa zu binden; auch die meisten führenden europäischen Staatsmänner sahen die amerikanische Weltführungsrolle als im Interesse Europas liegend an. Damit war, wie Arrighi festgestellt hat, den USA der Aufstieg zur Hegemonie gelungen, *Atlantisierung Europas*

> „indem sie im Staatensystem die Restauration der Prinzipien, Normen und Regeln des Systems des Westfälischen Friedens durchsetzten und dann dieses von ihnen restaurierte System regierten und wiederaufbauten. Wieder einmal beruhte diese Fähigkeit zum Wiederaufbau des Staatensystems auf der von den Regierenden und den Bürgern des Systems geteilten Wahrnehmung, daß das nationale Interesse der Hegemonialmacht ein universelles Interesse verkörpere" *(1993, 180).*

Sicherlich gab es auch Reibungspunkte zwischen den USA und den westeuropäischen Staaten, nicht zuletzt Großbritannien, besonders in der Frage der Dekolonialisation und der Liberalisierung von Handel und Finanzen. Zwei Faktoren vermögen zu erklären, warum diese Konflikte den grundlegenden Konsens über die neue Ordnung nie ernstlich gefährdeten.

Erstens: Der eine, einfachere Grund liegt in der Existenz eines mächtigen gemeinsamen Feindes in Gestalt des Warschauer Paktes. Welche Differenzen die Westmächte auch immer haben mochten, die Regierenden des Westens stimmten in ihrer antikommunistischen Überzeugung überein. Der Kalte Krieg bewirkte, dass letztlich alle Interessenkonflikte innerhalb des westlichen Bündnisses (beispielsweise der Konflikt zwischen den USA und Großbritannien im Nahen Osten in den Jahren vor der Suezkrise von 1956 oder der Konflikt zwischen den Niederlanden und den USA über Indonesien und Neuguinea von 1963) durch eine Kombination von wirtschaftlichem und ideologischem Druck gelöst wurden. Das bedeutet nicht, dass es nicht verschiedene Auffassungen über die sowjetische Bedrohung und die richtige Politik gegenüber dem Osten gegeben hätte. Aber diese Unterschiede waren eher Themen innenpolitischer Auseinandersetzungen denn Reflexion ‚realer' sowjetischer Bedrohungen (vgl. Wolfe 1979). *Antikommunismus*

Verbreitung des Fordismus

Zweitens: In Westeuropa war der Marshallplan Teil einer umfassenderen Umstrukturierung der Wirtschaft, wobei er Investitionen und Projekte förderte, die – im Nachhinein betrachtet – auch die Verbreitung des Fordismus in Europa unterstützten. In diesem Zusammenhang war 1950 die Lancierung des sogenannten Schumanplans ein wichtiger weiterer Schritt. Der Schumanplan sah die Errichtung einer supranationalen Behörde zur Kontrolle der Umstrukturierung der europäischen Montanindustrie vor. Die Europäische Gemeinschaft für Kohle und Stahl (EGKS) sollte die Modernisierung der europäischen Stahlindustrie und deren Anpassung an den steigenden Bedarf der Automobilindustrie erleichtern. Robert Schuman und Jean Monet, die Väter des Schumanplans, konzipierten die EGKS als ersten Schritt in Richtung auf eine westeuropäische supranationale Gemeinschaft. Die Idee, Westeuropa wirtschaftlich und politisch zu integrieren, kam den amerikanischen Interessen weitgehend entgegen (vgl. van der Pijl 1978). Die Bildung der Europäischen Wirtschaftsgemeinschaft (EWG) im Jahr 1958 wurde ebenfalls von den Amerikanern aktiv unterstützt, da sie als Chance für die Absicherung amerikanischer Wirtschaftsinteressen in Europa gesehen wurde. Auch die wirtschaftliche Erholung Japans wurde von den USA angeregt und beeinflusst. Durch direkte Intervention in den Nachkriegsjahren gestalteten die USA die Wirtschaftsordnung und bestimmten die Richtung der wirtschaftlichen Entwicklung entscheidend mit. In beiden Fällen förderte der Wirtschaftsaufschwung sowohl die weitere Expansion des intensiven (fordistischen) Akkumulationsregimes als auch die Integration der ehemaligen Kriegsgegner sowie der westlichen Verbündeten in eine antikommunistische Allianz. Die Kombination dieser zwei Elemente hat auch Amerikas Hegemonie eine Dimension verliehen, wenn nicht qualitativ, dann sicherlich quantitativ, die früheren Perioden der Hegemonie fehlte: das Ausmaß, in dem die amerikanische Hegemonie in der <u>kulturellen</u> Amerikanisierung der kapitalistischen Welt reflektiert wurde. In allen westlichen Ländern und weit jenseits der Grenzen des Westens: Gesellschaften und Markennamen wie *General Motors*, *Levi's* und *Coca-Cola* sowie die kulturelle Norm, welche sich die Filmindustrie Hollywoods zu eigen machte, wurden der akzeptierte Standard der ‚Zivilisation'. Diese kulturelle Hegemonie trug besonders zur Stabilität der amerikanischen Führerschaft in der Nachkriegszeit bei.

Theorie der hegemonialen Stabilität

Die Rolle der Vereinigten Staaten bei der Formung und Festigung der Nachkriegsordnung hat die Autoren des realistischen Paradigmas zur Entwicklung der zuerst von Charles Kindleberger (1970, 1981) formulierten „Theorie der hegemonialen Stabilität" geführt. Sie geht davon aus, dass „eine offene und liberale Weltwirtschaft die Existenz einer hegemonialen oder dominanten Macht verlangt" (Gilpin 1987, 72). Dieser Theorie zufolge

> „stellt eine offene Marktwirtschaft ein kollektives oder öffentliches Gut dar ... [und] der Hegemon oder Führer ist verantwortlich dafür, die kollektiven Güter eines offenen Handelssystems und einer stabilen Währung bereitzustellen" *(ebd., 74)*.

Die amerikanische Herausforderung

Der erfolgreiche Wiederaufbau Japans und Westeuropas, der zur Sicherung offener Handelssysteme und stabiler Währungen beitragen sollte, löste nicht beabsichtigte Gegenbewegungen aus. In der Mitte der 1960er Jahre führte die amerikanische Überlegenheit in Europa zu Forderungen nach Gegenmaßnahmen. 1967 veröffentlichte Jean-Jacques Servan-Schreiber sein Buch „Le défi américain" („Die amerikanische Herausforderung"), das sofort zum Bestseller wurde. Darin schlug der Autor im Interesse der europäischen Wirtschaft Alarm und verlangte eine europäische Antwort auf die amerikanische Herausforderung. Die Hegemonie Amerikas wurde (vor allem in Frankreich) infrage gestellt, nicht nur hinsichtlich ihrer Wünschbarkeit, sondern auch in Bezug auf ihre Dauer.

4.5.4 Auf dem Weg zu einer Krise der amerikanischen Hegemonie?

Erste Anzeichen möglicher Bruchstellen in der Nachkriegsweltordnung stellten sich mit der Rezession von 1966/67 ein. Sie war in Westdeutschland am stärksten, machte sich aber mehr oder weniger gleichzeitig in allen kapitalistischen Ländern bemerkbar. Der Beginn der Krise wurde vom „Seismographen" des Kapitalismus angezeigt: durch fallende Profite. Ihr Anteil am Volkseinkommen und am Umsatz nahm ab. Ursache dieses Trends war die Verlangsamung des Wachstums der Arbeitsproduktivität ab den 1960er Jahren. Dies führte zu einer Störung des verletzlichen Geflechtes von Regulationsmechanismen und Institutionen, das die „soziale Struktur der Akkumulation" nach dem Krieg bildete. Die Produktivitätsverlangsamung führte nicht nur zu sinkenden Gewinnen, sondern auch zu Inflation und struktureller Arbeitslosigkeit und schließlich zur „Finanzkrise des Staates" (vgl. O'Connor 1973, von dem dieser Begriff stammt). Zwar nahm die Produktivität nach 1968 in allen Industrieländern langsamer zu, vergleichsweise waren aber die Wachstumsraten in Großbritannien und den Vereinigten Staaten mit am niedrigsten – mit der Konsequenz, dass während der 1960er und 1970er Jahre die britische und die amerikanische Industrie Anteile an der Weltproduktion und an den Weltexporten verloren. Diese Tendenz wurde noch durch die Überbewertung von Pfund und Dollar verstärkt.

Rezession in den 1960er Jahren

Der wichtigste und auffälligste Aspekt der Krisenentwicklung dieser Jahre war die schwindende Vorherrschaft des amerikanischen Kapitals auf dem Weltmarkt. Das erste deutliche Anzeichen einer Gefährdung der amerikanischen Hegemonie war der ‚Fall' des Dollars. Die Dollarkrise war Ausdruck der verminderten Fähigkeit der Vereinigten Staaten, die eigenen Interessen als das allgemeine Interesse der ‚freien Welt' automatisch anerkannt zu bekommen. Natürlich blieben die Vereinigten Staaten die dominante Macht der kapitalistischen Welt, aber in diesen Jahren ließ die Konsensfähigkeit der amerikanischen Führung beachtlich nach, sodass in ihrer Außenpolitik Elemente des Zwanges an Bedeutung gewannen.

Schwindende Vorherrschaft amerikanischen Kapitals

Die für die Anhänger der Theorie vom amerikanischen Superimperialismus in den späten 1960ern noch so wichtige Übermacht der amerikanischen Großunternehmen verringerte sich, gemessen an ihrer absoluten Größe wie an ihrer Marktposition, in den Jahren 1967-1975 nicht unerheblich.

Die von Paul Baran und Paul Sweezy (1966) in ihrem Buch „Monopolkapital" aufgestellte These vom amerikanischen Superimperialismus wurde u. a. von Harry Magdoff, Pierre Jalée und Martin Nicolaus aufgenommen. Nach Ansicht dieser Autoren wurden die Bedingungen des internationalen Wettbewerbs durch die politisch-ökonomischen Folgen des Zweiten Weltkrieges entschieden verän-

Amerikanischer Superimperialismus

dert. Die Bildung der EWG im Jahr 1958 habe daran nichts geändert, denn es seien hauptsächlich amerikanische multinationale Konzerne gewesen, die von dem europäischen Einigungsprozess profitiert hätten.

Interimperialistische Rivalität

Die Gegenposition wurde von den Anhängern der Theorie der strukturellen Kontinuität interimperialistischer Rivalität bezogen. Nach Ernest Mandel (1968, 1972) und Bob Rowthorn (1971) war die amerikanische Überlegenheit nur ein vorübergehendes Phänomen. Mandel argumentierte, die Tendenzen zur Konzentration und Zentralisation von Kapital in Europa setzten sich durch und führten zu einer Situation, in der

> „sich nur drei Weltmächte in der internationalen imperialistischen Wirtschaft gegenüberstehen, der USA-Imperialismus [...], der japanische Imperialismus und der westeuropäische Imperialismus" *(Mandel 1972, 309)*.

Die Daten über die Entwicklung der Firmengröße in den USA, Europa und Japan seit den 1960ern scheinen diese Sicht zu belegen. Sie zeigen, dass der Größenvorteil der amerikanischen Unternehmen während der 1970er Jahre abnahm: 1968 waren 42 der 50 weltgrößten Firmen amerikanisch, 1980 aber nur noch 23 (Fortune, Fortune 500, August 1981). Nach 1980 jedoch scheint sich die Abnahme der relativen Größe nicht weiter fortgesetzt zu haben. 1990 waren nur 16 der weltweit 50 größten Industrieunternehmen amerikanische Firmen (UNCTAD 1993, 27).

Die Firmengröße ist nur ein Indikator. Ein anderer, der häufig für die Angabe der ökonomischen Position eines Landes verwendet wird, ist der Anteil an den weltweiten Gesamtexporten. Zwischen 1958 und 1970 nahm der Anteil aller kontinentalen westeuropäischen Länder beträchtlich zu, während der Großbritanniens und der USA abnahm (vgl. Übersicht 4.5).

Übersicht 4.5: Anteile am Weltexport in Prozent 1958-1990

	1958	**1971**	**1981**	**1990**
Italien	2,7	4,8	3,9	5,3
Großbritannien	9,7	7,2	5,4	5,8
Japan	3,0	7,8	7,9	9,0
Frankreich	5,3	6,6	5,3	6,6
USA	18,5	14,3	12,2	11,7
Deutschland	9,1	12,6	9,2	12,5
Gesamt	48,3	53,3	43,9	50,9

Quellen: Frank Deppe (Hg.), Europäische Wirtschaftsgemeinschaft, 1975, 188 (1958,1971); World Bank, World Development Report 1983 (1981); World Bank, World Development Report 1992 (1990)

Zwischen 1971 und 1981 hat der Anteil der führenden Industrieländer zusammen abgenommen, während die Verteilung unter ihnen relativ gleich geblieben ist. Diese Gesamtabnahme spiegelt den zeitweisen Bedeutungsgewinn der ölexportierenden Länder aufgrund der beiden Ölpreiserhöhungen (1973/74 und 1979/80) wider. 1990 liegt der gemeinsame Anteil der sechs Industrieländer – vor allem von Frankreich und Deutschland – fast wieder auf dem Niveau von 1971. Der

4.5 Amerikanische Hegemonie

Verlierer dieses Jahrzehntes sind die Vereinigten Staaten, während Italien und Japan ihren relativen Aufstieg fortsetzen konnten.

Auf ökonomischem Gebiet führte also die ungleichmäßige Entwicklung des weltweiten Kapitalismus während der späten 1960er und 1970er Jahre zu steigender Gleichheit und zunehmender wirtschaftlicher Rivalität zwischen den wichtigsten kapitalistischen Ökonomien. In der marxistischen Debatte über das Problem „Einheit" oder „Rivalität" scheinen diejenigen wieder die Oberhand zu gewinnen, die an der These der interimperialistischen Rivalität festhielten (eine Zusammenfassung dieser Debatte gibt Willoughby 1979). *Steigende Gleichheit – zunehmende Rivalität*

Es stellt sich jedoch die Frage nach der genauen Bedeutung solcher Zahlen. Die Abnahme der britischen oder amerikanischen Anteile am Weltexport besagt nicht notwendigerweise, dass auch der Anteil der britischen oder amerikanischen Firmen an der Weltproduktion abnimmt. Viele der zuvor durch Exporte bedienten Märkte wurden zu dieser Zeit immer stärker von ausländischen Tochterfirmen britischer und amerikanischer multinationaler Konzerne versorgt. G. K. Helleiner (1981) schätzt, dass in den späten 1970er Jahren mindestens 48 Prozent aller Importe in die USA von amerikanischen Tochterfirmen im Ausland stammten. *Zunahme der Multis*

Die Auffassung, diese „ökonomischen" Indikatoren deuteten auf eine ernste Krise der amerikanischen Hegemonie hin, fand jedoch nicht nur Zustimmung. Gegen die These vom Ende der amerikanischen Überlegenheit wandten Petras und Rhodes ein, dass das Konzept „Imperialismus" nicht technisch oder rein ökonomisch verstanden werden dürfe. Unter „Imperialismus" sei vielmehr eine globale Klassenstruktur zu begreifen, in der Überlegenheit nicht ausschließlich mit ökonomischen Konzepten und Kriterien gemessen werden dürfe, sondern zuallererst im Hinblick auf die politischen und militärischen Verhältnisse analysiert werden müsse (vgl. Petras/Rhodes 1976). Als Beleg ihrer Ansicht verweisen sie auf die amerikanischen politischen Offensiven der Jahre 1973 (Kissingers „Jahr Europas") und 1974 (das Jahr der „Ölkrise" und der Washingtoner Energiekonferenz). Rückblickend lässt sich jedoch erkennen, dass diese Episode keine dauerhafte Wiederherstellung der amerikanischen Führung im Westen zur Folge hatte. Im Gegenteil: Das Verhältnis zur Europäischen Gemeinschaft blieb gespannt, und Nixons Besuch in China war ein Hauptgrund für die Verschlechterung der amerikanisch-japanischen Beziehungen.

Auch die Regierungszeit Carters zeigt, dass die 1970er Jahre das Jahrzehnt des Niederganges der US-Hegemonie waren. Der kurzlebige Versuch zur Wiederherstellung der amerikanischen Hegemonie über den Westen muss vor dem Hintergrund einer generellen Schwächung der Kontrolle des Zentrums über die Weltwirtschaft gesehen werden, die von den Forderungen der Dritten Welt nach einer Neuen Internationalen Wirtschaftsordnung (NIWO) ausgelöst und durch den plötzlichen Erfolg der OPEC und die allgemeine Hausse der Rohstoffpreise verstärkt wurde. Diese Entwicklungen gefährdeten gleichermaßen die amerikanische und europäische Dominanz über die Dritte Welt, und der Konflikt innerhalb des westlichen Lagers hatte hauptsächlich die Reaktion auf die Forderungen nach einer NIWO zum Gegenstand (vgl. Cox 1983, 171; van der Pijl 1988). Während die Politik Nixons gegenüber Europa und Japan offensiv war und auf der Vorrangigkeit der globalen Interessen der USA im Gegensatz zu den von Kissinger *Neue Internationale Wirtschaftsordnung (NIWO)* so genannten „Regionalinteressen" Europas und Japans bestand, kehrten die USA unter den Präsidenten Ford und Carter zu einer Politik der Konzertierung westlicher Interessen zurück. Ergänzt wurde diese Politik um ein internationales keynesianisches Wirtschaftsprogramm (Stimulierung der internationalen Nachfrage), das die weltweite Wirtschaftskrise „lösen" sollte (vgl. Parboni 1986).

Hegemoniale Institutionalisierung durch internationale Regime

Für die Theorie der hegemonialen Stabilität war der Niedergang der amerikanischen Dominanz eine Herausforderung: Wie ließ sich die kontinuierliche Zusammenarbeit der wichtigeren kapitalistischen Staaten für den Erhalt einer freien und offenen Weltwirtschaft erklären, wenn dieselben Staaten zur selben Zeit die internationale Rolle der USA infrage stellten? Manchen Wissenschaftlern fiel die Antwort leicht. Nach Stephen Krasner haben die USA in der Nachkriegswelt eine Anzahl internationaler Regime geschaffen – von ihm als „Prinzipien, Normen, Regeln und Entscheidungsprozeduren, um die in einem gegebenen Problembereich die Akteurserwartungen konvergieren", definiert (Krasner 1983, 185) –, durch die sie ihre Dominanz institutionalisieren und die Einhaltung der Spielregeln sicherstellen konnten. Andere zogen kompliziertere Schlüsse. Robert Keohane gelangte zu dem Ergebnis, dass die Existenz einer Hegemonialmacht offensichtlich keine Vorbedingung für die Schaffung und den Erhalt einer offenen Weltwirtschaft sei. In einer „nachhegemonialen" Welt kooperierten Staaten nicht, weil sie dazu gezwungen werden oder sich einem überwältigenden Einfluss zu beugen hätten, sondern weil die komplexe Interdependenz der modernen Weltwirtschaft ihnen einen rationalen Grund für die Kooperation gebe (vgl. Keohane 1984). Doch sind beide Erklärungsvarianten von Susan Strange, einer eloquenten Kritikerin der Regimeanalyse, angegriffen worden. Sie hält beide für nicht weiterführend, da ihre Problemstellung von der kritischen Lage der amerikanischen Außenpolitik bestimmt werde; die Antworten seien nicht mehr als alter Wein in neuen Schläuchen (vgl. Strange 1983; Junne 1990).

Die Rolle des internationalen Geldkapitals

Eine alternative Analyse des Niederganges der amerikanischen Hegemonie und der für den Erhalt einer offenen Weltwirtschaft verantwortlichen Ursachen untersucht die Rolle der sozialen Kräfte und insbesondere der verschiedenen Kapitalinteressen bei der Gestaltung der Übergangsphase des globalen Systems zu Beginn der Krise der 1970er Jahre. Konkret beziehe ich mich hier auf die Rolle des internationalen Geldkapitals in diesem Umstrukturierungsprozess: Geldkapital, das aus Produktionsbereichen mit unterdurchschnittlichen Verwertungsbedingungen abgezogen und in Bereiche mit höheren Gewinnen re-investiert wird, erfüllt eine wichtige Organisationsfunktion. Wie bereits Keynes feststellte, zeigt sich die in einer Umstrukturierungskrise wachsende Bedeutung des Geldkapitals auf der Unternehmensebene in der starken Bevorzugung liquider Mittel. Die Rücklage liquider Mittel ging in den späten 1970ern sogar so weit, dass in einigen Fällen der Vorwurf erhoben wurde, Industrieunternehmen betrieben unkonzessionierte Bankgeschäfte.

- Auf volkswirtschaftlicher Ebene zeigte sich der Bedeutungsgewinn des Geldkapitals in der Formulierung monetärer Zielsetzungen für die staatliche Politik und in der Festlegung von Finanzierungsmargen.
- Auf der Ebene der Weltwirtschaft zeigte sich die organisierende Rolle des Geldkapitals im Aufstieg international tätiger Banken und Finanzgruppen,

4.5 Amerikanische Hegemonie

denen während dieser Jahre eine Steigerung ihres Anteils am Gesamtwert aller Gewinne gelang (vgl. Fennema/van der Pijl 1986). Die Kontrolle abhängiger Industrien der Weltwirtschaft, die in den 1950er und 1960er Jahren vor allem über direkte Auslandsinvestitionen multinationaler Konzerne erfolgte, änderte sich jetzt: Die direkte Kontrolle der Produktion wird zunehmend dem lokalen Kapital überlassen und durch Formen indirekter Kontrolle ersetzt, z. B. durch die Internationalisierung von Krediten oder die Einschaltung staatlicher Behörden als Verbündeter vor Ort (vgl. Frieden 1981).

Durch mehrere Ereignisse wurde die globale Finanzwelt von den ihr während der 1930er Jahre auferlegten Beschränkungen befreit. Zu erwähnen sind die Rückkehr zur vollen Konvertibilität der wichtigsten Währungen im Jahr 1958, die Abschaffung der Dollar-Gold-Parität 1971 und die Aufblähung des Finanzsystems mit Petrodollars nach 1974 (vgl. Aglietta 1982). Cox fasste die Bedeutung des Finanzwesens für die Erhaltung der globalen Ordnung in folgender Weise zusammen:

> „... das internationale Finanzwesen ist die bedeutendste Anpassungsinstanz an die hegemoniale Weltordnung und das wichtigste Regulativ der politischen Ordnung und der Produktionsorganisation einer hegemonialen Weltwirtschaft" *(1987, 267)*.

Die zunehmende Internationalisierung des Kapitals in den 1960er und 1970er Jahren, die vom amerikanischen Kapital angeführt wurde, führte Stephen Gill zu der

> „Feststellung, daß die ökonomische Metamorphose der amerikanischen und der globalen politischen Ökonomie vermutlich deren strukturelle Dominanz in der Weltwirtschaft steigerte. Die Kontinuität der dominanten Position der Vereinigten Staaten wird unterstrichen durch die Transformation des Währungssystems zu einem System mit einem reinen Dollarstandard nach 1971 und durch die zunehmende Integration von amerikanischen und weltweiten Kapital- und Devisenmärkten" *(1990, 70)*.

In diesem Kapitel, in dem es um die Ära der amerikanischen Hegemonie im Weltsystem ging, wurden zuerst die sozial-ökonomischen Grundlagen der amerikanischen Hegemonie analysiert. *Fordismus*, wie er in der französischen Diskussion definiert wurde, zeigt die historische Kombination vom Auftauchen einer <u>intensiven</u> Weise der Akkumulation und einer <u>monopolistischen</u> Weise der Regulierung durch den Staat in Form des keynesianischen Wohlfahrtsstaates. Das frühe Auftauchen des Fordismus in den USA, das zurückverfolgt werden kann bis zum Mangel industrieller Arbeitskraft und dem Bedarf arbeitsparender Innovationen, erklärt zu einem großen Teil, wie US-Firmen den entscheidenden Wettbewerbsvorteil gegenüber Europa erreichen konnten. Amerikas Wiederaufbau der globalen Ordnung nach 1945 wurde analysiert und zeigte, dass er so strukturiert war, dass er die Gelegenheiten der amerikanischen Firmen, ihre Vorteile zu nutzen, maximierte. Letztlich zeigt eine Analyse der Widersprüche, die dem Prozess der globalen Kapitalakkumulation innewohnen und die durch die

<small>Zusammenfassung</small>

Entwicklung des zwischenstaatlichen Systems der Zeit nach 1945 hervorgerufen wurden, wie der große Erfolg der amerikanischen Hegemonie die Bedingungen für seinen Zerfall ab Mitte der 1960er schafft. Für das Ende der 1980er Jahre kann gesagt werden, dass die amerikanische Position ernstlich geschwächt, aber immer noch sehr stark war aufgrund der Art und Weise, wie die Stärke Amerikas selbstreproduzierend wurde.

Ob diese Position angesichts der Entwicklung seit 1990 noch haltbar ist, beschäftigt uns im nächsten Kapitel.

5 Globalisierung, Neoliberalismus und die Vertiefung von Rivalitäten und Ungleichheiten im neuen Zeitalter

5.1 Einleitung

In den vorangegangenen Kapiteln wurde auf die Entwicklung von Ungleichheiten und Rivalitäten im globalen System in den letzten fünf Jahrhunderten geschaut.

In Kapitel 2 wurde der konzeptionelle Rahmen für den weiteren Verlauf des Lehrbuches vorgestellt. Dabei war es mein Anliegen, eine Alternative zu den gängigen Ansätzen in der Theorie der Internationalen Beziehungen zu präsentieren, die viel zu oft durch ihre staatenzentrierte Voreingenommenheit beeinträchtigt werden. Ich habe argumentiert, dass der Staat nicht als eine Black Box konzeptualisiert werden kann, sondern problematisiert, historisiert und theoretisiert werden muss. Ausgehend von einem Konzept des Staates, das in einem Verständnis seiner sozialen Wurzeln und seines Klassencharakters gründet, ist man in der Lage, ein Verständnis der internationalen Beziehungen zu entwickeln, welches über den staatenzentrierten Diskurs hinausgeht, sowohl durch die Anwendung von Cox' Begriff des „Staat-Gesellschaft-Komplexes" als auch durch die Einbindung bestimmter wichtiger Einsichten aus der Weltsystemtheorie (eingefangen durch das Konzept der „historischen Globalisierung"). Im letzten Abschnitt von Kapitel 2 entwickelte ich auf dieser Basis eine Konzeptualisierung transnationaler Politik im gegenwärtigen Zeitalter der neo-liberalen Globalisierung.

Kapitel 3 fokussierte die Wurzeln und Mechanismen der „Unterentwicklung". Dieses Kapitel zeigte zunächst eine stilisierte Übersicht über die Hauptansätze in der Untersuchung von Entwicklung und Unterentwicklung, nämlich die Modernisierungstheorie und die Dependenztheorie, die zeigen, dass sich diese Debatte um zwei zusammenhängende Aspekte dreht: vor allem den Kampf zwischen Freihandelsliberalismus und protektionistischem Merkantilismus auf der einen und die entsprechende Rolle „interner" und „externer" Faktoren, die die Strukturen von Entwicklung und Unterentwicklung prägen, auf der anderen Seite. Die Analyse wandte sich dann einer ausführlichen Darlegung der größer werdenden Lücke zwischen „sich entwickelnden" und „sich unterentwickelnden" Teilen der Welt im Zeitalter von Kolonialismus und Imperialismus zu. In der Nachkriegszeit erzeugten Dekolonisation und Kalter Krieg den Kontext, in welchem die neuen unabhängigen Staaten „des Südens" sich selbst als die „Dritte Welt" identifizierten, zwischen West und Ost wie auch zwischen Kapitalismus und Sozialismus. Das Konzept der Dritten Welt als eine nationalistische Konstruktion wird heute durch die zunehmende Ungleichheit zwischen den verschiedenen Teilen dieser künstlich konstruierten Einheit untergraben (vgl. Kapitel 3.3 und 3.4) und wird schließlich zerstört durch die Reaktionen multinationaler Firmen auf die Wirtschaftskrise der 1970er Jahre, durch die Antworten von Regierungen aus dem Norden und politischer Kräfte (konservativer, liberaler und sozialer gleichermaßen) auf die politischen Forderungen nach einer Neuen Internationalen Wirtschaftsordnung sowie durch die Reaktion aufseiten des globalen Finanzwesens, der US-Regierung und der Bretton-Woods-Institutionen (umfassend als der „Washington-Consensus" bezeichnet) auf das, was als ein wegweisendes Ereignis definiert wird: die internationale Schuldenkrise der frühen 1980er Jahre.

In Kapitel 4 werden die Dynamiken von Kooperation und Rivalität unter den führenden Staaten des globalen Systems betrachtet. Durch eine Darstellung des Aufstiegs und des Niedergangs von Hegemonie, zuerst im Fall der Republik der Vereinigten Niederlande und dann des Vereinigten Königreiches, wird das Verständnis über die in diesen Prozess involvierten Faktoren und Mechanismen vertieft. Die historische Darstellung hat Robert Cox' Konzept internationaler Hegemonie als einer nach außen gerichteten Projektion der hegemonialen Stellung von Klassenkräften bestätigt. Der Aufstieg der Vereinigten Staaten zur Hegemonialmacht im 20. Jahrhundert verdeutlicht das Wesen der Hegemonie einmal mehr. Das Kapitel schließt mit dem Beginn der Krise der amerikanischen Hegemonie in den 1970er Jahren.

In diesem Kapitel wird die getrennte Behandlung von Zentrum und Peripherie, von Nord und Süd aufgegeben. Die Erschütterungen der Schuldenkrise der 1980er Jahre, gefolgt von der Auflösung der Sowjetunion und der Vertiefung der neo-liberalen Globalisierung, haben es unmöglich gemacht, die Welt weiterhin auf diese Weise zu analysieren. In diesem Sinn wird den Argumenten aus Kapitel 3 hinsichtlich der zunehmenden Differenzierung zwischen Ländern an dieser Stelle weiter gefolgt. Ich beginne mit einem Abschnitt (5.2), in dem die Entwicklungen in den 1980er Jahren und frühen 1990er Jahren aus der Perspektive der zunehmenden Transnationalisierung von Hegemonie betrachtet werden. Im Kontext sich vertiefender Globalisierung, des Niedergangs der Sowjetunion und einer anscheinenden Wiederherstellung oder sogar Stärkung der amerikanischen Hegemonie in den Jahren nach 1990 galt die Aufmerksamkeit vieler Untersuchungen innerhalb des Feldes der Internationalen Beziehungen dem Aufkommen neuer Formen transnationaler, sogar globaler Governance wie auch der beispiellosen amerikanischen militärischen und politischen Stärke. Im darauffolgenden Abschnitt (5.3) wird diskutiert, wie von der Mitte der 1990er Jahre an mit der asiatischen Finanzkrise als Wendepunkt der globale Kapitalismus in eine neue Phase eintritt, die durch den endgültigen Übergang von einer hegemonialen zu einer Ära zunehmender globaler Rivalitäten und wiederbelebter Imperialismen charakterisiert ist. Mit Abschnitt 5.4 endet das Lehrbuch, indem kurz und sehr vorsichtig die Frage aufgeworfen wird, was diese neuen Entwicklungen für die Theorie der Internationalen Beziehungen bedeuten können.

5.2 Globalisierung: ein empirischer Exkurs

In Kapitel 2 wurde über die Globalisierung als eine im Wesentlichen erweiterte Kommodifizierung theoretisiert, verursacht durch die Dynamiken der kapitalisti-

5.2 Globalisierung: ein empirischer Exkurs

schen Akkumulation. Die gegenwärtige Welle der Globalisierung begann in den 1970er Jahren als Reaktion der kapitalistischen Schlüsselstaaten auf die Krise des Fordismus: Transnationales Kapital wurde beantwortet mit einer Rationalisierung zuhause und einer Verlegung der Produktion in Niedriglohnländer. Diese Bewegung wurde durch die Entscheidung von Schlüsselregierungen (vor allem der USA und des Vereinigten Königreiches), die internationalen Kapitalbewegungen zu liberalisieren, erleichtert. Der Prozess wurde weiter beschleunigt, als die internationalen Finanzinstitutionen und die führenden westlichen Regierungen auf die Schuldenkrise der frühen 1980er Jahre mit der Forderung nach Öffnung der (Finanz-)Märkte und Rückzug des Staates den Ländern der Dritten Welt (dies betraf vor allem Afrika und Lateinamerika, die die ersten Opfer der Schuldenkrise waren) antworteten (vgl. Kapitel 3). Gleichzeitig – und sehr wichtig für ein Verständnis der Dynamiken des Globalisierungsprozesses in diesen Jahren – ließ sich China auf Deng Xiaopings „Vier Modernisierungen" ein und öffnete sich von 1978 an schrittweise transnationalem Kapital. Ein neuer Schwung kam auf, als Reagans offensive anti-sowjetische Politik schließlich in den Kollaps des sowjetisch dominierten Imperiums mündete (vgl. Gill 1999 und Arrighi 2005b für eine Ausarbeitung der Bedeutung dieser Episoden).

Bevor man sich einer Untersuchung der weiterreichenden politischen Auswirkungen dieses Prozesses zuwendet, ist es hilfreich, zuerst mit einigen groben Pinselstrichen die Schlüsselindikatoren des Globalisierungsprozesses noch einmal zu überblicken.

Zunächst ein Missverständnis: Das Konzept von Globalisierung sollte nicht so verstanden werden, dass es auf Tendenzen hinweist, die – zusammengefasst unter diesem Konzept – gleichermaßen stark in jeder Ecke des Planeten sind. Glyn/Sutcliffe (1972) wiesen schon nach, dass die kapitalistische Industrialisierung auf keinen Fall infolge der Ausbreitung von Auslandsinvestitionen als zunehmend global in diesem Sinn bezeichnet werden könne. Im Gegenteil: Sie behaupten, es müsse eher von einer Kontraktion des globalen Kapitalismus gesprochen werden. 1967 befanden sich 30,6 Prozent des Bestandes der nach innen gerichteten direkten Auslandsinvestitionen in Ländern der Dritten Welt; 1989 war dieser Anteil auf 19,2 Prozent gefallen (vgl. Magdoff 1992, 52). Während der frühen 1990er Jahre fing sich der Anteil der Dritten Welt und stieg im Jahr 2000 auf 30 Prozent (fiel aber 2004 wieder zurück auf 25 Prozent [UNCTAD 2005]). Der Anstieg seit 1989 spiegelt die kombinierte Einwirkung von drei Entwicklungen wider: einer starken Abnahme der Rezession im Norden, der (teilweisen) Überwindung der Schuldenkrise und einer Wiederaufnahme des wirtschaftlichen Wachstums in Lateinamerika sowie einem andauernden wirtschaftlichen Wachstum in Südostasien.

Die Bedeutung der neuen Formen der Transnationalisierung als Kontrast zu früheren Phasen der Globalisierung, in denen Handels- und Geldkapital Grenzen überschritten, kann nicht überbewertet werden. Während Handels- und Geldkapital der Arbeiterschaft eine abstrakte und indirekte Disziplin auferlegen, reproduzieren direkte Auslandsinvestitionen („foreign direct investment", FDI) kapitalistische Produktionsbedingungen innerhalb der Gastländer (vgl. Poulantzas 1974). Transnationale Körperschaften haben somit einen starken Einfluss auf die Form

„Produktionsglobalisierung" oder direkte Auslandsinvestitionen

der Weltökonomie. Dies ist eindrucksvoll in folgendem Zitat aus dem World Investment Report von 1994 erfasst worden:

„ ... sie organisieren den Produktionsprozess international: indem sie ihre Mitglieder weltweit unter ein gemeinsames Governancesystem stellen, verflechten sie die in verschiedenen Ländern vorfindlichen Produktionsaktivitäten, schaffen eine internationale firmeninterne Arbeitsteilung und internalisieren dabei eine Reihe internationaler Geschäfte, die andernfalls auf dem Markt stattgefunden hätten." (UNCTAD 1994, 9)

Einige wichtige statistische Daten bestätigen, dass die transnationale Produktion tatsächlich zum weitaus wichtigsten Motor der Akkumulation in der globalen Ökonomie geworden ist.[63]

Im Jahr 2005 hatte der Umfang der weltweiten direkten Auslandsinvestitionen die ungeheure Summe von 10,1 Billionen Dollar und war damit fast viermal so groß wie die Gesamtschulden der Dritten Welt, nämlich 2,6 Trilliarden Dollar im Jahr 2003 (WDR 2006, 299) und betrug fast 90 Prozent des gesamten Weltexportes (12,6 Trilliarden Dollar im Jahr 2005). Die Verkäufe durch ausländische Tochtergesellschaften erbrachten 22.171 Milliarden Dollar, was fast dem Doppelten der weltweiten Exporte entspricht (UNCTAD 2006, 9).

Nach einem *slowdown* in den frühen 1990er Jahren stieg der Strom direkter Investitionen in den letzten Jahren des 20. Jahrhunderts explosionsartig an und erreichte fast 1400 Milliarden Dollar im Jahr 2000. Demzufolge wuchs der Anteil des Zustroms der Auslandsinvestitionen an den Weltbruttoanlageinvestitionen rapide von 1,1 Prozent im Jahr 1960 über 2,0 Prozent im Jahr 1980 auf 7,4 Prozent im Jahr 1997 und auf etwa 12 Prozent im Jahr 2000. Nach dem Höhepunkt von 2000 nahm der Strom der FDI rapide ab, bis diese ein Level von 560 Milliarden Dollar im Jahr 2003 oder 7,5 Prozent der Weltbruttoanlageinvestitionen erreichten; im Jahr 2005 sind diese Zahlen wieder gestiegen (916 Milliarden Dollar bzw. 9,7 Prozent).

Im Jahr 2000 standen die gesamten Aktiva ausländischer Tochtergesellschaften von transnationalen Körperschaften („transnational corporations", TNCs) bei 21 Billionen Dollar; im Jahr 2005 überschritten sie die Marke von 45 Billionen Dollar. Verkäufe durch ausländische Tochtergesellschaften erbrachten im Jahr 2000 15,7 Billionen Dollar und 22,2 Billionen Dollar im Jahr 2005. Zusätzlich zu den FDI gewannen transnationale Körperschaften durch strategische Allianzen und andere ungleiche Arrangements an Kontrolle über große Aktiva und riesige Märkte, die in diesen Statistiken nicht aufgeführt sind.

1960 waren die weltweiten Verkäufe durch ausländische Tochterunternehmen von TNCs kleiner als der Weltexport, aber im Jahr 2000 erreichten sie 247 Prozent des Weltexports: 15,7 Billionen Dollar gegenüber 6,4 Billionen Dollar, und 2005 erreichten sie 176 Prozent mit 22,2 Billionen Dollar im Vergleich zu 12,6 Billionen Dollar.

---

63 Daten aus UNCTADs aufeinanderfolgenden World Investment Reports von 1994, 1998, 2001 und 2005.

Mehr als die Hälfte des Weltexports des Jahres 2002 bestand aus den Exporten ausländischer Tochterunternehmen, während es im Jahr 1997 lediglich ein Drittel des Weltexports war. 2003, am Tiefpunkt der FDI-Ströme, machten die Exporte ausländischer Tochterunternehmen wieder ein Drittel des Weltexports aus, wie auch im Jahr 2005.

Die schnelle Ausweitung der FDI bis zum Jahr 2000 ging Hand in Hand mit einer explosionsartigen Zunahme von Fusionen und Erwerbungen („mergers and acquisitions", M&As) in der Welt. Der absolute Wert grenzüberschreitender M&As lag 1997 bei schätzungsweise 342 Milliarden Dollar (gestiegen von weniger als 100 Milliarden Dollar im Jahr 1992) und repräsentierte fast 60 Prozent der FDI-Ströme. Im Jahr 2000 lagen diese Zahlen bei 1144 Milliarden Dollar beziehungsweise 90 Prozent. Nach dem Absturz im Jahr 2003 (279 Milliarden Dollar) lagen die vergleichbaren Zahlen bei 716 Milliarden Dollar beziehungsweise 78 Prozent im Jahr 2005.

Sowohl FDI als auch M&As sind hauptsächlich in der entwickelten Welt konzentriert, womit sie den Prozess der Transnationalisierung innerhalb des OECD-Raumes enorm verstärken, das heißt die schnell zunehmende gegenseitige Durchdringung der OECD-Ökonomien (Kapitalmärkte, aber auch Arbeitsmärkte).

Die direkte Beschäftigung durch ausländische Tochterunternehmen transnationaler Körperschaften stieg von 17,5 Millionen im Jahr 1982 und 23,7 Millionen im Jahr 1990 auf 45,6 Millionen im Jahr 2000 und schließlich auf 62,1 Millionen im Jahr 2005. Natürlich sind der Umfang und das Wachstum indirekter Beschäftigung durch Zulieferung und Lizenzerteilung auch von großer Bedeutung.

Die Schlussfolgerung ist eindeutig: Das Wachstum transnationaler Produktion spielt eine bedeutende Rolle in der Verbindung nationaler und regionaler Ökonomien und Arbeitsmärkte, besonders im OECD-Raum (wozu immer noch drei Viertel der globalen Ökonomie gerechnet werden können).

Multinationale Konzerne planen – welcher Branche sie auch angehören und wo ihr heimatlicher Standort auch liegen mag – ihre Aktivitäten auf der Grundlage, dass die ganze Welt ihr Operationsfeld ist. Das heißt natürlich nicht, dass sie ihre unternehmerischen Funktionen überall auf der Welt ausüben. Im Gegenteil: Der Prozess der Globalisierung vollzieht sich durch starke Regionalisierung. Die meisten Aktivitäten konzentrieren sich zunehmend auf die drei Kernregionen der Welt: Nordamerika (NAFTA), Westeuropa (EU) und Ostasien, und zwar trifft diese Konzentration sowohl für den Handel als auch für die Investitionen zu. Regionalisierung

So führt die gegenwärtige Entwicklung der Weltwirtschaft zu einer Konzentration des transnationalen Kapitals in den drei Kernregionen EU, NAFTA und Japan/Ostasien mit einer Zunahme von Handel und Investitionen innerhalb dieser drei Weltregionen und zwischen ihnen. Im Interesse ihrer Wettbewerbsfähigkeit zwingt diese Triadisierung (so Ohmae 1985) die multinationalen Konzerne dazu, in jeder dieser drei Weltregionen als eine „ortsansässige" Firma präsent zu sein. Die Formation der Triade ist graphisch durch die folgenden Figuren dargestellt, welche die Entwicklung der Investitionsmuster unter den Triadenmächten zeigen. Triadisierung

Übersicht 5.1: Die globale Triade – Konzentration von Güterproduktion und Warenhandel

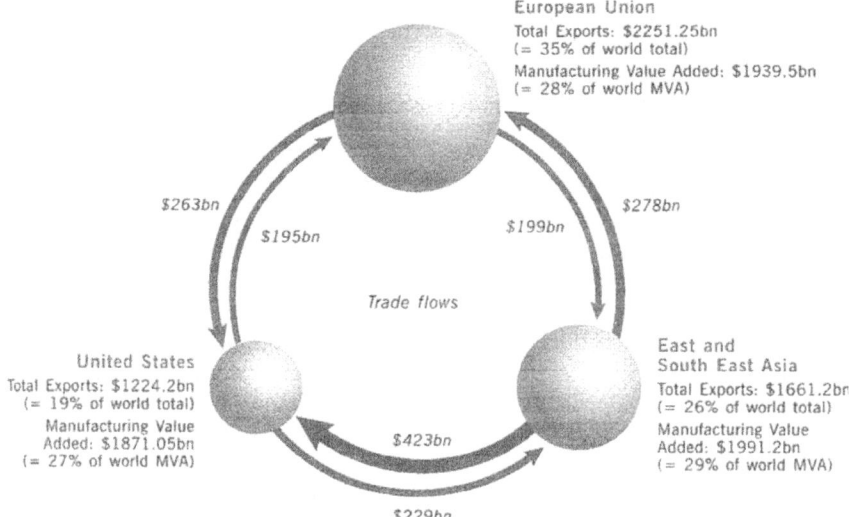

Quelle: Dicken 2003, 73

Übersicht 5.2: Die globale Triade – Konzentration der ausländischen Direktinvestitionen

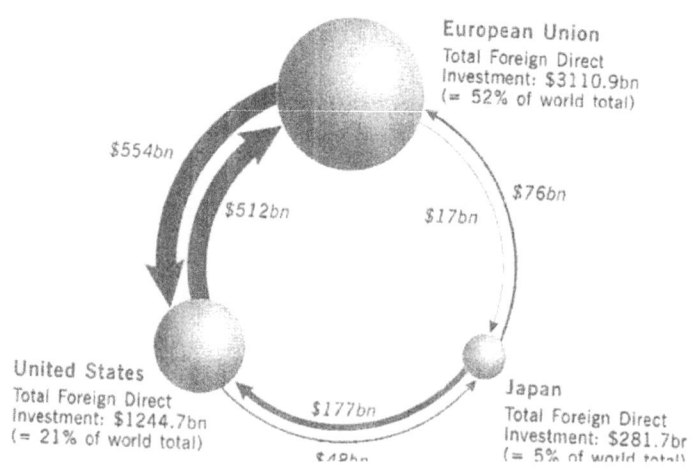

Quelle: Dicken 2003, 73

Übersicht 5.3: Anteile ausgewählter Länder/Blöcke an den totalen Beständen auswärtiger direkter Auslandsinvestitionen in der Welt 1960 bis 2004

Land	1960	1971	1979	1990	2004
USA	59,1	52,3	45,3	24,1	20,7
UK	24,5	15,0	9,3	12,8	14,2
EG6	10,0	12,0	18,8	26,3	29,3
EG9	--	--	28,1	40,3	45,5
EU15	--	--	--	45,1	53,1
EU25	--	--	--	--	53,3
JAP	--	2,8	7,5	11,3	3,8
EM5 *	--	--	--	3,2	6,1

* Führende „Emerging Markets": Brasilien, China + Hongkong, Indien, Russland.
Quellen: Magdoff 1969 (1960); United Nations 1971 (1971); Overbeek 1984 (1979); UNCTAD 2005

Die regionale Konzentration der Weltökonomie zeigt sich auch in der Verteilung der direkten Auslandsinvestitionen (siehe. Übersicht 5.1): Das Zur-neige-gehen der USA als Inhaberin einer dominanten Position in den 1950er Jahren und 1960er Jahren ist sehr deutlich wie auch der Aufstieg der EU in eine ähnlich starke Position im neuen Jahrhundert. *(Globalisierung der Finanzwelt)*

Weiterhin ist „Globalisierung" eine Realität in der Finanzwelt. Zu einem gewissen Zeitpunkt (der nicht so lange her ist) hatten Kredite und Devisen nur einen Zweck: den internationalen Handel zu erleichtern. Als eine Konsequenz der Liberalisierung des Arbeitsmarktes und der Einführung flexibler Wechselkurse in den frühen 1970er Jahren traf dies nicht länger zu.

Mitte der 1960er Jahre beliefen sich die Kredite des internationalen Bankwesens auf nur zehn Prozent des internationalen Handels; Mitte der 1980er Jahre übertraf das Volumen der internationalen Bankkredite den Wert des Volumens des gesamten internationalen Handels (vgl. Magdoff 1992, 56). Werden sämtliche Transaktionen aller Finanzinstitute einbezogen (Kredite, Währungstransaktionen usw.), so beträgt deren Volumen das 30- bis 40fache des internationalen Handels (110 gegenüber 3 Milliarden Dollar) (ebd., 58f.). Ein etwas anderes Verhältnis (zwischen Devisenhandel und Welthandel) stieg von 2:1 im Jahr 1973 auf 10:1 im Jahr 1980, 50:1 im Jahr 1992 und 70:1 im Jahr 1995 (Dicken 2004, 438).

Auf dieser Grundlage erscheint Cox' Behauptung nicht weit hergeholt:

„Das Finanzwesen hat sich von der Produktion abgelöst und ist zu einer unabhängigen Macht geworden, ein Autokrat über der realen Wirtschaft" *(Cox 1992, 29).*

Die Dritte Welt wird in diesem Prozess globaler Umstrukturierung und regionaler Konzentration hochgradig marginalisiert. Manche Länder entgehen allerdings der Marginalisierung: die kleinen Tiger Ostasiens und die Küste Chinas, Mexiko und vielleicht ein paar andere Länder in Asien und Lateinamerika. Große Teile Asiens und Südamerikas und die Mehrzahl der Länder Mittelamerikas und Afri- *(Marginalisierung der Dritten Welt)* kas sind jedoch aus der sich herausbildenden neuen globalen Wirtschaftsordnung ausgeschlossen (vgl. Übersicht 5.4).

Übersicht 5.4: Anteile der Dritten Welt am weltweiten Export 1950-2004

	1950	1980	1990	2004
Lateinamerika	12,4	5,5	3,9	5,0
Asien	13,1	17,8	14,0	11,5
Afrika	5,2	4,7	1,9	1,6

Quelle: Glyn/Sutcliffe 1992, 90 (1950-1990); World Bank 2006 (2004)

Die Marginalisierung Afrikas ist besonders auffallend: Im Bereich der Investitionen ist es wichtig, einen Blick darauf zu werfen, dass Afrika während der frühen 1990er Jahre nicht an den zunehmenden Strömen von FDI in die Dritte Welt teilgenommen hat: Während der Anteil des Ostens, des Südostens und Südasiens von 1991 bis 1992 von 13 Prozent auf 21 Prozent gestiegen und der Anteil Südamerikas von 9 Prozent auf 16 Prozent gesprungen ist, sank Afrikas Anteil von 3 Prozent auf 2 Prozent (UNCTAD 1993, 45). Im Jahr 2004 liegen die vergleichbaren Prozentsätze bei 10,4, 6,4 beziehungsweise 1,8 (WDR 2006).

Auch im Handel wurde Afrika zunehmend marginalisiert: 1955 betrugen die afrikanischen Exporte das Dreifache der japanischen, 1986 exportierte Japan viermal so viel wie ganz Afrika (vgl. Glyn/Sutcliffe 1992, 90); Basil/Davidson (1992, 222) stellen fest, dass das Ergebnis der gegenwärtigen Entwicklungen für Afrika eine „kontinentale Verarmung nie gekannten Ausmaßes" ist.

Neue Technologien

Hinzu kommt noch, dass die Entwicklung neuer Technologien, z. B. der Biotechnologie, die ein zentrales Element der globalen Umstrukturierung darstellt, die Verhandlungsposition der Länder der Dritten Welt noch weiter schwächt. Denn die neuen Technologien, die fast immer von multinationalen Konzernen kontrolliert werden, lassen die alten Produkte der Dritten Welt für die Ökonomien des Zentrums immer unwichtiger werden. Nur in sehr wenigen Fällen (Südkorea, Indien in bestimmten Gebieten, vielleicht im zukünftigen China) besteht die Aussicht, dass sich diese Verhältnisse ändern könnten.

Schlussfolgerung

Unsere Schlussfolgerung hinsichtlich der Realitäten der „Globalisierung" sind demzufolge, dass „global" nicht mit „universal" übersetzt werden sollte. Frühe (aber auch neuere) Befürworter haben immer behauptet, dass die „Früchte der Globalisierung" unter allen Ländern und Völkern geteilt werden können, sofern ihre Regierungen den neoliberalen Vorgaben von IWF und G 7 folgen. Die Erfahrung bis heute hat jedoch zwei Dinge gezeigt und beide sind zur Genüge von den meisten Kritikern der sogenannten Globalisierungsthese herausgestellt worden.[64] Zum Ersten ist der größte Umfang der grenzüberschreitenden Transaktionen, die der Schlüssel zu diesem Konzept von Globalisierung sind (Handel, Finanzströme, direkte Investitionen), innerhalb einer begrenzten Zahl von Kernregionen der Weltökonomie konzentriert (Nordamerika, Westeuropa,

---

64 Vgl. P. Hirst und G. Thompson, Globalization in Question. The International Economy and the Possibilities of Governance, Cambridge, Polity Press, 1999; auch W. Ruigrok und R. van Tulder, The Logic of International Restructuring, London, Routledge, 1995.

Nordost- und Südostasiens). Zweitens – und damit in Beziehung stehend – erscheinen bestimmte Regionen der Weltökonomie zu weiten Teilen von diesem Quantensprung der Internationalisierung umgangen worden zu sein: Teile von Asien, Südamerika und Osteuropa, große Abschnitte Zentralamerikas und der Karibik wie auch bedeutende Teile der früheren Sowjetunion und der größte Teil Subsaharaafrikas. Diese Regionen sind in Bezug auf ihre schrumpfenden Anteile am Welthandel und an den Kapitalströmen marginalisiert.

„Globalisierung" ist jedoch nicht „Internationalisierung". Globalisierung als ein quantitatives Konzept verneint die im Wesentlichen qualitative Natur des Prozesses. Die Marginalisierungskritik zeigt, wie der Globalisierungsprozess die infrage stehenden Regionen beeinflusst. Die Tatsache, dass Subsaharaafrikas Anteil am Welthandel unbedeutend ist, sagt nichts darüber aus, wie das Leben und die Existenz der Völker Afrikas durch Veränderungen in der globalen Ökonomie transformiert werden, und zwar hinsichtlich Kommunikation und Kultur, hinsichtlich des Übergangs von der Subsistenzlandwirtschaft zur Landwirtschaft für den Weltmarkt, hinsichtlich der Auswirkungen der Aids-Krise usw. Afrika mag aus der Perspektive der globalen Ökonomie absolut „unbedeutend" geworden sein, aber die globale Ökonomie durchdringt jeden Aspekt des täglichen Lebens der Afrikaner.

Auf diesen Tatsachen aufbauend, kann sich nun der nächste Abschnitt dem Einfluss der Globalisierung auf die transnationale Klassenbildung zuwenden.

5.3 Auf dem Weg zu einer globalen Hegemonie?

In diesem Abschnitt wird – vor dem Hintergrund der aufkommenden Tendenz zur Globalisierung – die Entwicklung der Strukturen transnationaler Governance in den ersten fünfzehn bis zwanzig Jahren der neoliberalen Globalisierung deutlich gemacht. Zu diesem Zweck wird der Entwicklung des theoretischen Konzeptes transnationaler Klassenbildung in der Literatur gefolgt.

5.3.1 Transnationales Kapital

Das globale System kannte zyklische Muster aufsteigender und niedergehender Hegemonien. Wie bereits (insbesondere in Kapitel 2 und 4) argumentiert wurde, ist dieses zyklische Muster nicht einfach repetitiv: Die Beschaffenheit erfolgreicher Hegemonien hat sich verändert, sowohl hinsichtlich ihrer Grundlage als auch hinsichtlich ihrer geographischen Einteilung und Reichweite.[65]

Das Wesen und die Reichweite von Hegemonie

Die holländische Hegemonie im Weltsystem gründete sich auf die kommerzielle Überlegenheit der Vereinigten Provinzen, die Amsterdam zum wichtigsten Marktplatz der Welt für die damals begehrtesten Produkte machte. Diese Produkte wurden importiert, von Ostindien (bis weit in das 19. Jahrhundert hinein)

---

65 Dieser Punkt wird in der Arbeit von Cox (1987) und Schwartz (2000) deutlich; das zunehmende Ausmaß erfolgreicher Hegemonien wird insbesondere von Taylor (1996) und am ausführlichsten in der Arbeit von Arrighi (1994, 2005a, b; vgl. auch Arrighi und Silver 1999) betont.

und anfangs auch von Westindien (der Niedergang seines Handels begann bereits während des 17. Jahrhunderts). Die holländische kommerzielle Überlegenheit im 17. Jahrhundert machte Amsterdam auch zum führenden Finanzzentrum, eine Stellung, die es bis weit in das 18. Jahrhundert behielt.

Die britische Hegemonie gründete sich ebenfalls auf die britische kommerzielle Überlegenheit, aber im Fall Großbritanniens wurde der überwiegende Teil der Handelsgüter industriell innerhalb Großbritanniens hergestellt. Wiederum übersetzte sich die industrielle und kommerzielle Überlegenheit Großbritanniens von selbst in die finanzielle Überlegenheit der Londoner City wie auch in die heimische Hegemonie der britischen Finanzaristokratie und das bis in das 20. Jahrhundert (vgl. Arrighi 2005b, 91, 900).

Es gibt also eine klare Unterscheidung hinsichtlich des Umfangs der Operationen zwischen Waren- und Geldkapital sowie Produktivkapital. Zumindest seit dem Mittelalter waren somit das Waren- und das Geldkapital auf kosmopolitischer Ebene tätig. Das Produktivkapital hat jedoch seinen Operationsraum nur graduell erweitert. Als der typische oder paradigmatische[66] Rahmen der Geschäftsaktivitäten von Industrieunternehmen mit den Grenzen des Nationalstaates zusammenfiel, erreichte die nationale Zerstückelung der Weltwirtschaft ihren Höhepunkt (siehe Übersicht 5.3).

Grundlagen der amerikanischen Hegemonie

Die amerikanische Hegemonie, beruhte ursprünglich auf der produktiven Überlegenheit der amerikanischen Industrie. Als eine Konsequenz aus der Großen Depression und dem Zusammenbruch des Welthandels war es nur im Verlauf des Zweiten Weltkrieges möglich, diese produktive Überlegenheit schrittweise in einen kommerziellen Vorteil zu übersetzen. In der Zwischenzeit hatte das amerikanische Produktivkapital, um die protektionistischen Zollschranken aus den 1930er Jahren zu umgehen, bereits begonnen, sich durch direkte Auslandsinvestitionen (in Europa wie auch in Lateinamerika) zu internationalisieren. Nach 1945 expandierte das (amerikanische) Produktivkapital, wie im Unterkapitel 4.5 dargestellt, zuallererst auf transatlantischer Ebene und hielt seine Kontrolle, die sich in der Regulation der internationalen Geldmärkte ausdrückte, über das Geldkapital aufrecht. Somit gründete sich die amerikanische Hegemonie auf eine produktive Überlegenheit, die durch direkte Auslandsinvestitionen der amerikanischen multinationalen Konzerne auf die Weltwirtschaft übertragen wurde. New York wurde zur neuen Hauptstadt der Weltwirtschaft. Doch es war eher seine Börse als die Banken, die seinen Vorrang symbolisierte. 1960 erreichte die amerikanische Überlegenheit im Bereich des produktiven Kapitals ihren Gipfel: Fast 60 Prozent aller direkten Auslandsinvestitionen stammten aus den USA (Magdoff 1969).

---

66 „Paradigmatisch" bedeutet in diesem Zusammenhang, dass der nationale Handlungsrahmen für die meisten (natürlich nicht für alle) Industrieunternehmen gilt.

5.3 Auf dem Weg zu einer globalen Hegemonie?

Übersicht 5.5: Paradigmatische Operationsräume und hegemoniale Herrschaftskonzepte im modernen Kapitalismus

	Paradigmatische Operationsräume**		
	Geldkapital	Produktivkapital	Hegemoniekonzepte
1820er–1870er	kosmopolitisch*	lokal	Liberaler Internationalismus
1870er–1914	kosmopolitisch*	national	Liberaler Internationalismus
1920er	kosmopolitisch	national*	Staatsmonopolismus
1930er/1940er	national	national*	Staatsmonopolismus
1950er	national	atlantisch*	Korporatistischer Liberalismus
1960er und 1970er	kosmopolitisch	atlantisch*	Korporatistischer Liberalismus
1980er und 1990er	kosmopolitisch*	global und regional	Neoliberalismus

* Der Stern markiert die vorherrschende Perspektive des jeweiligen dominanten Herrschaftskonzeptes.
** Obwohl sowohl „kosmopolitisch" wie auch „global" darauf hinweisen, dass der paradigmatische Operationsraum die gesamte Welt umfasst, besteht die Differenz darin, dass das Geldkapital sich fast völlig von jeder Form der staatlichen Kontrolle lösen kann, wohingegen das Produktivkapital stets an spezifische geographische Örtlichkeiten gebunden und deshalb der Staatskontrolle unterworfen ist.
Quelle: Overbeek (Hg.) 1993, 7

Wie im letzten Abschnitt von Kapitel 4 gezeigt wurde, befanden sich Mitte der 1970er Jahre gleichzeitig die globale Hegemonie der USA, der keynesianische Wohlfahrtsstaat und die fordistische Akkumulationsweise in einer Strukturkrise, die mit Gramsci als Hegemoniekrise eingestuft werden kann.[67] Die drei Komponenten des amerikanischen Gesellschaftsmodells der Nachkriegszeit waren brüchig geworden. Einer solchen Krise der Hegemonie folgt nicht notwendigerweise ein sofortiger totaler Kollaps der Hegemonie. Die Hegemonie kann wiederhergestellt werden. Wie bereits gezeigt wurde, würden viele argumentieren, dass es dies ist, was die Briten zu Beginn des 19. Jahrhunderts in der Lage waren zu tun. Eine solche „gramscianische" Hegemoniekrise kann jedoch nur durch eine breite Umstrukturierung der bestehenden Sozialbeziehungen gelöst werden. Denn hegemoniale Strukturen müssen auf allen Gebieten, vom direkten Produktionsprozess bis zum Staat, den Organisationen der politischen Macht und der herrschenden Ideologie, neu begründet werden. Und dieser Prozess der fundamentalen Restrukturierung beherrschte die globale Entwicklung von der Mitte der 1970er bis in die Mitte der 1990er Jahre.

Hegemoniekrise?

Die erste Antwort der multinationalen Konzerne auf die Krise war eine Vertiefung und Erweiterung ihrer multinationalen Organisation, sodass sich eine „neue internationale Arbeitsteilung" herauszubilden begann. Die Abschaffung des Gold-Dollar-Standards 1971 führte zu einem Aufschwung des internationalen Geldkapitals, der seinen politischen Ausdruck im Monetarismus und Neoliberalismus fand. Das Herrschaftskonzept des Neoliberalismus darf jedoch nicht

Monetarismus und Neoliberalismus

---

[67] Giovanni Arrighi (2005b) nennt dies die *signal crisis* der Hegemonie. Ich werde später darauf zurückkommen.

als eine Neuauflage des abstrakten Kosmopolitismus des alten Geldkapitals missverstanden werden. Das produktive Industriekapital wuchs über den nationalen Raum hinaus. Sein paradigmatisches Operationsfeld wurde global, wobei es die Internationalisierung produktiver Kapitalbeziehungen beschleunigte (vgl. Übersicht 5.1).

Debatte um die Transnationalisierung

Mit der Frage nach der Bedeutung der direkten Auslandsinvestitionen im kapitalistischen Weltsystem wurde ein Aspekt der internationalen politischen Ökonomie berührt, dessen Bedeutung von Anfang an debattiert wurde. Die Diskussion führte zu einem völlig neuen Verständnis des Transnationalisierungsprozesses. Ausgelöst wurde diese Debatte durch zwei Texte, die 1971 und 1973 erschienen sind und sich mit dem Problem der Beziehungen zwischen dem Nationalstaat und den multinationalen Konzernen befasst haben.

In seinem Buch *Sovereignty at Bay* untersucht der Harvard-Ökonom Raymond Vernon (1973) die Auswirkungen des Aufstiegs und der Ausbreitung der (amerikanischen) Multis auf nationale Wirtschafts- und politische Systeme. Er gelangt zu dem Ergebnis, dass möglicherweise eine Institution mit der Aufgabe geschaffen werden müsse,

„die Aktivitäten von multinationalen Unternehmen an sozialen Maßstäben, deren Reichweite multinational ist, zu messen" *(Vernon 1973, 271)*.

Viele andere, kritischere Untersuchungen befassten sich mit dieser Problematik, und jedes mal stellte sich die gleiche Frage: Untergräbt die Ausweitung der Geschäftsaktivitäten von Unternehmen über die Nationalgrenzen hinaus die Fähigkeit des Nationalstaates zur Regulation der sozioökonomischen Entwicklungen auf seinem Territorium?

„Territoriale Nichtübereinstimmung"

Am pointiertesten stellte wohl Robin Murray (1971) diese Frage, als er von der „territorialen Nichtübereinstimmung" zwischen der globalen Reichweite des Kapitals und der Territorialität des Nationalstaates sprach. Murray argumentiert, dass die Internationalisierung des Kapitals viele Funktionen, die der Staat in einer kapitalistischen Gesellschaft wahrzunehmen habe, untergrabe und damit einen machtvollen Anreiz zu internationaler Kooperation und Integration liefere.

Stützpunkte amerikanischen Kapitals in Europa

Der griechisch-französische Autor Nicos Poulantzas (1975b) griff dieselbe Problematik in seinem Essay „L'internationalisation des rapports capitalistes et l'Etat-Nation" auf. Er stellt die These auf, dass die nach 1945 erlangte amerikanische Vorherrschaft eine neue Form der imperialistischen Herrschaft darstelle, die dadurch charakterisiert sei, dass sich das dominante Kapital in den dominierten Ökonomien selbst etabliert habe, etwa in Westeuropa. Wichtige Teile der europäischen Bourgeoisie seien im Verlauf dieses Prozesses vom amerikanischen Kapital abhängig geworden, und dies – so Poulantzas – in einem Umfang, dass sie Stützpunkte des amerikanischen Kapitals innerhalb der europäischen politischen und sozialen Arena geworden seien. Die europäischen Bourgeoisien wurden dieser Analyse zufolge – überspitzt formuliert – in zwei Segmente zerlegt: Sie seien entweder Kooperationspartner der amerikanischen Interessen geworden oder zunehmender Marginalisierung ausgesetzt, da ihnen der Zugang zu den von den amerikanischen Multis monopolisierten technologischen Ressourcen ver-

5.3 Auf dem Weg zu einer globalen Hegemonie?

wehrt werde. Eine ähnliche Position wird vertreten von Giovanni Arrighi, wenn er sagt:

„Die US-Hegemonie brachte nicht nur lediglich eine andere historische Beziehung zwischen dem zwischenstaatlichen System und der Weltwirtschaft mit sich, (...) sie führte auch zu einer Ausbreitung der Revolution in industriellen und sozialen Beziehungen, die in der ersten Hälfte des Jahrhunderts zu einem begrenzten Ausmaß in den USA entwickelt worden waren." *(Arrighi 1982, 58)*

Ein weiterer Beitrag zu dieser Diskussion war Kees van der Pijls Buch *The Making of an Atlantic Ruling Class* (1984). Er analysiert darin den Aufstieg der amerikanischen Hegemonie auf drei Ebenen: auf der Ebene der sozialen Produktionsbeziehungen, auf der des Staates einschließlich der Beziehungen zwischen unterschiedlichen Fraktionen und auf derjenigen der internationalen Beziehungen. Auch er geht von der These aus, dass es nach dem Zweiten Weltkrieg innerhalb der atlantischen Weltregion einen Prozess ökonomischer Integration gegeben habe. Teilweise folgt van der Pijl Poulantzas, kritisiert diesen jedoch, weil er die atlantische Integration zu sehr als einseitigen Prozess analysiert habe. Zwar habe Poulantzas die Fragmentierung des europäischen Kapitals richtig erkannt, er habe aber das amerikanische zu undifferenziert betrachtet. Unter Hinweis auf Untersuchungen zu internationalen personellen Verflechtungen von Unternehmen (vgl. Fennema 1982) führt van der Pijl aus, dass die atlantische Integration als transatlantische Klassenkonfiguration betrachtet werden müsse. Für ihn kann die Nachkriegsära als Abfolge von Zeiträumen gesehen werden, in denen jeweils spezifische Klassenkoalitionen beiderseits des Atlantiks die amerikanische und europäische Politik dominierten und die Konturen der atlantischen Integration bestimmten. Ihm zufolge kann Rivalität im Zentrum des Weltsystems nicht länger nur als Rivalität zwischen Staaten aufgefasst werden, sondern muss als Rivalität zwischen konkurrierenden Strategien transnational konstituierter Koalitionen gesellschaftlicher Akteure verstanden werden.

Globalisierung ist, wie gezeigt wurde, ein Prozess, der zur Konzentration des Kapitals im Locke'schen Kerngebiet des globalen Systems führt. Hier intensivieren sich die regional eingeschränkten Interdependenzen rapide, während der paradigmatische Umfang des Operationsraumes des Kapitals immer globaler wird. Mit dem Prozess der Globalisierung nimmt die Bedeutung der transnationalen bürgerlichen Gesellschaft zu. Während der letzten Jahrzehnte sind internationale private Gremien für die Gestaltung der internationalen politischen Ökonomie immer wichtiger geworden (vgl. Overbeek/van der Pijl 1993). Die Gründung einer ihrer bedeutendsten, der trilateralen Kommission, geht auf die Notwendigkeit in den 1980er Jahren zurück, die japanischen Eliten in die informellen Netzwerke der herrschenden atlantischen Klasse zu integrieren (vgl. Gill 1990, 220). Obwohl die trilaterale Kommission bei der Internationalisierung der Weltanschauung wichtiger Teile der japanischen herrschenden Klasse relativ erfolgreich gewesen ist, bleibt dennoch die für die USA und Europa typische Teilung in „Internationalisten" und „Isolationisten" bestehen (ebd.).

Der Globalisierungsprozess – der Produktion, der Sozialbeziehungen und der Eliten – bezieht zunehmend auch den Staat ein. Nach Robert Cox ist

[Marginalien:] Transatlantische Klassenkonfiguration
Die Neuordnung des globalen Systems Anfang der 1990er Jahren
Ökonomische Integration innerhalb der atlantischen Weltregion
Trilaterale Kommission

"die Internationalisierung des Staates jener globale Prozeß, durch den sich die nationalen Regelwerke und die politische Praxis an die Erfordernisse der Weltwirtschaft der internationalen Produktion angepaßt haben. Durch diesen Prozeß wird der Nationalstaat Teil einer größeren und komplexeren politischen Struktur, die das Gegenstück zur internationalen Produktion darstellt" *(1992, 253)*.

<small>Dominanz des globalen Finanzsystems</small>

Die Dominanz des globalen Finanzwesens ist ein weiterer Strukturfaktor größter Bedeutung für den Erhalt einer offenen Weltwirtschaft. Auch die großen multinationalen Konzerne sind an einer offenen Wirtschaft interessiert. 1993 besitzt nur ein Prozent der weltweit 37.000 multinationalen Konzerne die Hälfte aller Auslandsaktiva und verkauft pro Jahr Waren und Dienstleistungen im Umfang des gesamten Welthandels. Die Konzentration körperschaftlicher Macht in der globalen Ökonomie wächst von Jahr zu Jahr: 2003 ist die Zahl transnationaler Körperschaften auf 70.000 (mit 690.000 Tochtergesellschaften) angewachsen; die größten 100 (0,15 Prozent) sind verantwortlich für 12 Prozent der gesamten Gewinne, 14 Prozent der gesamten Beschäftigung und 18 Prozent der gesamten Verkäufe (UNCTAD 2005, 15).

Diese Multis haben ein wohlbegründetes Interesse an einer liberalen Weltordnung und spielten bei der Privatisierung des staatlichen Sektors in Osteuropa und der Dritten Welt eine entscheidende Rolle. Die UNCTAD kam 1993 zu dem Ergebnis, dass diese Aktivitäten auch zwischen solchen Ländern zur wirtschaftlichen Integration führten, wo es keine formellen internationalen Institutionen gebe. Die komplexen Beziehungen innerhalb der Multis und zwischen ihnen stellten eine große Herausforderung für die regulativen Fähigkeiten der Staaten dar (UNCTAD 1993, 22, 1666).

Bislang hat die Institutionalisierung der triadischen Ordnung noch keine Blöcke hervorgebracht, die dem Trend zu einer offeneren Weltwirtschaft entgegenstünden; ein Beleg dafür ist die zentrale Rolle großer multinationaler Konzerne bei der Schaffung des EG-Binnenmarktes und des Projektes einer nordamerikanischen Freihandelszone (NAFTA) zwischen Kanada, den USA und Mexiko in den frühen 1990er Jahren. Die Konflikte innerhalb des GATT über die Uruguay-Runde entzündeten sich meist nicht an neuem oder zunehmendem Protektionismus, sondern an der Geschwindigkeit, mit der bestehende Handelshemmnisse – insbesondere in der Landwirtschaft und im Dienstleistungsbereich – abgeschafft werden sollten.

<small>Umstrukturierung sozialer Produktionsbeziehungen</small>

Im Zentrum bedeutet Globalisierung vor allem die Umstrukturierung der sozialen Produktionsbeziehungen; das heißt unter anderem: Die fordistische Organisation der Massenproduktion, die von mächtigen Gewerkschaften und dem sozialen Netz des keynesianischen Wohlfahrtsstaates abgesichert wurde, wird von neuen Strukturen der flexiblen „postfordistischen" Akkumulation, die manchmal als „Toyotismus" bezeichnet werden, abgelöst. Gleichzeitig werden die Stellung der „etablierten Arbeit" (vgl. Cox 1987) sowie die Strukturen des Tripartismus und des Korporatismus geschwächt, um Platz für neue Regulationsformen zu machen, wie z. B. „Unternehmenskorporatismus", „Just-in-time"-Liefersysteme, die Vergabe von Unteraufträgen, die vermehrte Beschäftigung nichtetablierter Arbeiter, von Frauen, ethnischen Minderheiten und Migranten. Die Massenproduktion, die die traditionelle Hochburg der organisierten Arbeiterklas-

5.3 Auf dem Weg zu einer globalen Hegemonie?

se – soweit deren Mitglieder weiß und männlich waren – bildete, verliert an Bedeutung.

Diese Umstrukturierung der sozialen Beziehungen bedeutet einerseits das Ende des „nationalen Industriekapitalismus" (Petrella 1990, 3): Sie zerstört den sozialen Sicherheit bietenden Schutz des keynesianischen Wohlfahrtsstaates im Zentrum. Globalisierung unterminiert die Position jener sozialen Kräfte, die mit den Strukturen des Wohlfahrtsstaates verbunden sind, und marginalisiert viele Gruppen von Menschen im Zentrum wie an der Peripherie, wobei anzunehmen ist, dass sie dieses Schicksal nicht auf ewig stillschweigend hinnehmen werden. Da nur der Staat die legitime Fähigkeit zur Aufrechterhaltung von „Gesetz und Ordnung" hat, wird er nicht verschwinden. Allerdings verändern sich seine Funktionen. Er könnte seine redistributiven Aufgaben verlieren. In Westeuropa ist das ein langsamer und schmerzlicher Prozess, in weiten Teilen Osteuropas und der Dritten Welt jedoch vollzieht er sich rasch und gnadenlos. Sowohl seine repressive Natur als auch seine Rolle als Transmissionsriemen zur Durchsetzung der für das transnationale Kapital erforderlichen Rahmenbedingungen im Zusammenwirken mit dem IWF und der Weltbank tritt deutlicher hervor.

Ende des „nationalen Industriekapitalismus"

Falls diese Beobachtungen zutreffen, stellt sich die Frage, ob die in Kapitel 4 gegebene Definition der internationalen Hegemonie noch Gültigkeit besitzt. Internationale Hegemonie wurde mit Cox als „nach außen gerichtete Expansion der von einer dominanten sozialen Klasse erlangten internen (nationalen) Hegemonie" definiert. Wenn diese dominante soziale Klasse zu einer echten transnationalen Klasse wird, kann dann ihre Hegemonie tatsächlich noch „internen" Ursprungs sein? Wenn die bürgerliche Gesellschaft zwar nicht global, innerhalb der Triade jedoch transnational wird, wenn sich also Religion, Politik, Bildungs- und Gesundheitswesen, Unterhaltung und Kultur transnational organisieren, kann man dann noch von „nationalen" Konfigurationen des Verhältnisses von Staat und Gesellschaft sprechen? Und wenn nicht: Welche Rolle spielt dann der Staat in der sich herausbildenden triadischen Weltordnung?

Bis in die Mitte der 1990er Jahre ging die Tendenz dahin, die weitere Konsolidierung der neuen transnationalen Ordnung zu erwarten. Drei Konzepte sind hierbei von zentraler Bedeutung, nämlich Robert Cox' Begriff von der Internationalisierung des Staates und – in Anerkennung der zu verarbeitenden Widersprüche – Stephen Gills Begriff des „new constitutionalism" und des „disciplinary neo-liberalism". In anderen Bereichen hat der Begriff der „Global Governance" Bedeutung erlangt.

Für ein theoretisches Verständnis der neuen Struktur des globalen Systems und der Art und Weise neoliberaler Global Governance ist das Konzept der „internationalization of the state" (Cox/Sinclair 1996, 107) ein geeigneter und anregender Bezugspunkt. In diesem Artikel analysiert Cox die Mechanismen für das Aufrechterhalten der Hegemonie zur Zeit der Pax Americana und argumentiert, dass die Internationalisierung des Staates mit der Expansion der internationalen Produktion verbunden sei. Er definiert dies später als den Prozess, durch welchen „the nation state becomes part of a larger and more complex political structure that is the counterpart to international production" (Cox 1987, 253). Der Prozess kann anhand von drei Punkten erläutert werden:

Global Governance

- Ein Prozess der zwischenstaatlichen Konsensbildung hinsichtlich der Bedürfnisse oder der Anforderungen der Weltökonomie, der sich innerhalb eines gemeinsamen ideologischen Rahmens vollzieht.
- Die Beteiligung an dieser Konsensbildung ist hierarchisch strukturiert.
- Die internen staatlichen Strukturen werden angepasst, sodass jeder auf beste Weise den globalen Konsens in nationale Politik und Praxis umsetzen kann, wobei sich die „staatlichen Strukturen" auf beides, die Regierungsmaschinerie und den historischen Block (die Angleichung der dominanten und der unterworfenen sozialen Gruppen), worauf der Staat beruht, stützt (vgl. Cox 1987, 254).

Es ist, sagt Cox, „increasingly pertinent to think in terms of a global class structure alongside or superimposed upon national class structures" (Cox 1996, 111; Hervorh. H. O.). Auf dem Gipfel dieser aufkommenden globalen Klassenstruktur steht die „transnational managerial class", die in den höheren Rängen der trilateralen Kommission, der Weltbank und des IWF sowie der OECD zu finden ist. Die Mitglieder entwickeln ein gemeinsames Denkgerüst und Richtlinien für Verfahren, die durch den Prozess der Internationalisierung des Staates verbreitet werden (Cox 1996, 111; vgl. auch Sklair 2001 für eine jüngere Studie).

In peripheren Regionen dient die Finanzmacht, welche durch den IWF und die Weltbank ausgeübt wird und die nach der Schuldenkrise der 1980er Jahre gewaltig verstärkt wurde, oftmals dazu, die Disziplin des Marktes in den Fällen, wo sie fehlt oder geschwächt ist, aufzuzwingen oder wiederherzustellen. Der Zusammenbruch der Sowjetunion und die nachfolgende Transformation des globalen Staatensystems haben viele Hindernisse für die weitere Ausdehnung der Märkte durch eine erhöhte Reichweite des transnationalen Kapitals verschwinden lassen. Die Prioritäten ökonomischer und sozialer Politiken weltweit sind neu formuliert worden, um die neue Vorherrschaft der Investoren widerzuspiegeln. Internationale Institutionen (wie OECD, IWF, Weltbank und WTO) und Gruppen dominanter Staaten (G 7) sind um die legale und politische Reproduktion dieses „disciplinary neo-liberalism" bemüht und sorgen durch eine Vielzahl regulierender, überwachender und polizeilicher Mechanismen dafür, dass neoliberale Reformen „locked in" sind (vgl. Gill 1995).[68]

In den Kerngebieten der Weltökonomie erscheint diese Disziplin in Gestalt „freiwilliger" Programme kompetitiver Deregulation und Strenge, wie sie in solchen Anordnungen wie dem Stabilitätspakt der Europäischen Währungsunion oder dem Liberalisierungsregime der WTO kodifiziert werden. Stephen Gill bezieht sich auf die Erosion demokratischer Kontrolle, was in diesem Prozess als New Constitutionalism enthalten ist, „... the move towards construction of legal or constitutional devices to remove or insulate substantially the new economic

---

[68] Die disziplinierende Dimension neoliberaler Global Governance spielt auch eine zentrale Rolle in Duffields kürzlich erschienener Studie (Duffield 2001) und in der Arbeit von Susan Soederberg (2004a, b; 2006).

5.3 Auf dem Weg zu einer globalen Hegemonie?

institutions from popular scrutiny or democratic accountability" (Gill 1992, 165).[69]

Die Bewegung in Richtung eines neuen Konstitutionalismus hatte einen nachteiligen Effekt auf das System der Vereinten Nationen (vgl. Cox 1996, 494-536). Manche Beobachter meinten, nach dem Ende des Kalten Krieges, könnte die UNO ihre eigentliche Bestimmung verwirklichen und zu einer Art Weltregierung werden. Doch eine nähere Beschäftigung mit den Krisen, in denen die UNO eine größere Rolle gespielt hat, lenkt das Augenmerk auf die internationale Politik der USA. Gegenüber der UNO hat sie zwei Seiten: Zum einen ist ohne Beteiligung der USA kein größerer UNO-Einsatz möglich, und zum anderen bedienen sich die USA der UNO zur Legitimation außenpolitischer Operationen, die – wie der Krieg gegen den Irak – im Wesentlichen unilateral motiviert sind (als Anregung zu Diskussionen über die Rolle der Vereinten Nationen in der Welt nach dem Kalten Krieg kann Material in Saksena 1993 und in Roberts und Kingsbury 1993 gefunden werden).

Vereinte Nationen

Instrumentalisierung der UNO?

Unsicherheit besteht darüber, wie dies zu interpretieren ist. Eine mit der Transnationalisierungsthese übereinstimmende Interpretation wäre, dass die USA vor allem transnationale politisch-militärische Interessen durchzusetzen versuchen. Eine solche Sichtweise bedeutete, dass die Intervention am Golf zur Verteidigung der Interessen des Locke'schen Kernlandes stattfand, dabei aktiv unterstützt von Großbritannien und Frankreich und bezahlt von Japan, Deutschland, Saudi-Arabien und Kuwait, das selbst als eines der größten transnationalen Unternehmen der Welt gelten kann. So gesehen diente der Einsatz des amerikanischen Militärs der Erhaltung eines internationalen Herrschaftskartells, das die Welt friedlich unter sich aufteilt, jedoch Widerstand gegen die eigene Herrschaft kollektiv unterdrückt (vgl. Gill 1993b).

Die Betonung dieser „kautskyanischen" Aspekte der Transnationalisierung wurde durch einige Autoren, die eine ununterbrochene weitere Erosion des Nationalstaates in der globalen Politik erwarteten, weiter vorangetrieben (z. B. Sklair 2001). Die äußerste Position war natürlich die von Antonio Negri und Michael Hardt in ihrem Buch „Empire", in welchem sie argumentierten, dass Herrschaft im gegenwärtigen globalen Kapitalismus völlig getrennt von irgendeinem Nationalstaat sei und einen unpersönlichen und abstrakten Netzwerkcharakter vermuten (Hardt und Negri 2000).

Wenn die Euphorie mit Blick auf die neue Weltordnung, wie sie von George Bush senior nach dem ersten Irakkrieg verkündet wurde, auch in weiten Kreisen stark war, so war sie doch auch kurzlebig.

---

69 Die Schaffung der Wirtschafts- und Währungsunion in Europa wird allgemein als die europäische Manifestation dieser Tendenzen interpretiert. Die disziplinierenden Effekte der Währungsvereinigung unter der Aufsicht einer unabhängigen Europäischen Zentralbank – betraut mit der wesentlichen Verantwortlichkeit, Inflation und Defizitfinanzierung in der EU zu beseitigen – sind vom transnationalen Kapital in der ganzen Union deutlich erkannt worden. Vgl. van Apeldoorn 2002; Bieler 2000; Gill 1998; Holman, Overbeek und Ryner 1998; Cafruny und Ryner 2003.

5.4 Die Rückkehr des Imperialismus

In klassischen Imperialismustheorien, insbesondere in Lenins Studie, gab es ein starkes Bewusstsein dafür, dass die Logik der Kapitalakkumulation auf eine enge Weise mit geographischen und politischen Logiken verflochten ist, auch wenn sie (beginnend mit Marx) in Abstraktion von den räumlichen Dimensionen dieses Prozesses und in Abstraktion von der Rolle des Staates analysiert wurde (vgl. Kap. 4, Abschnitt 4.4.3). Dieselbe Einsicht ist für die Ansätze der Weltsystemtheorie bedeutsam sowie für Cox' Konzept des Wechsels von hegemonialen und rivalisierenden Weltordnungen. Dieser Abschnitt geht der „Rückkehr des Imperialismus" bis in die 1980er Jahren nach.[70] Stephen Gill (1999) argumentierte, dass der infrage stehende Zeitabschnitt eine Periode ist, in welcher die Vereinigten Staaten versucht haben (bis jetzt erfolgreich), ihre Dominanz aufs Neue zu behaupten. Er unterscheidet drei Phasen: die Antwort auf die Schuldenkrise und die Auferlegung struktureller Anpassungen in Lateinamerika, die Niederlage der Sowjetunion und schließlich die Finanzkrise in Asien von 1997. Arrighi (2005a; b) fügt in gewissem Sinn eine nachfolgende Phase hinzu. Er argumentiert, dass jede Hegemonie, nachdem sie eine außergewöhnliche Krise erlebt hat (wie die USA in den 1970er Jahren), sich einer „belle époque" erfreut, während derer sie erfolgreich darin ist, ihre Macht wiederherzustellen, obgleich auch zu dem Preis, dass sich die zugrunde liegenden Widersprüche, die in erster Linie für die Krise verantwortlich sind, vertiefen (Arrighi 2005a; b). Der kurzen Episode folgt der definitive Niedergang der Hegemonie, der Zeitraum, in welchem die Hegemonie zu nackter Dominanz wird, ausgerichtet auf den (unweigerlichen) Aufstieg wetteifernder Zentren der Macht und des Wohlstandes. Konkret gesprochen, findet die „terminal crisis" der amerikanischen Hegemonie nach 1997 gegenüber dem ergänzenden Aufkommen Chinas als Großmacht statt.

<small>Differenz zwischen Hegemonie und Dominanz</small>

Im Folgenden werden zunächst die Entwicklungen diskutiert, die zur Krise in Asien geführt haben, welche einen wichtigen Wendepunkt in der Transformation der globalen Ökonomie bezeichnet (5.4.1). Im zweiten Unterkapitel (5.4.2) wird dann der jüngste Zeitabschnitt diskutiert, in welchem sowohl der endgültige Niedergang der amerikanischen Hegemonie als auch der Aufstieg Chinas sehr reale (wenn auch nicht völlig ausgeschlossene) Möglichkeiten werden.

5.4.1 Die „belle époque" der amerikanischen Hegemonie

Das zeitweilige Wiederaufleben der amerikanischen Hegemonie ist gegen Ende der 1970er Jahre in Gang gesetzt worden, aus den Tiefen der Krise der Bewusstwerdung der Niederlage der USA in Vietnam und dem demütigenden Versagen, die islamische Revolution im Iran außer Kontrolle geraten lassen zu haben, heraus.

<small>Reagan-Koalition</small>

In den USA führte die Reaktion auf diese Ereignisse 1980 zu der Wahl von Ronald Reagans, der eine neue Interessenskoalition repräsentierte, die ihre Basis

---

<small>70 Ich hebe „Rückkehr" hervor, da der Imperialismus natürlich niemals verschwunden war; er war einfach zeitweilig weniger sichtbar in den 1980er und 1990er Jahren.</small>

in der Waffenindustrie, im Öl und in den neuen IT-Industrien in Kalifornien hatte. An der ökonomischen Front hatte der Zusammenbruch des keynesianischen Konsenses bereits (wie in Kapitel 3 erläutert wurde) zur Berufung des Monetaristen Paul Volcker zum Vorsitzenden des Federal Reserve Board geführt. In den Jahren 1979-1981 gab es somit ein kritisches Zusammentreffen von Veränderungen, welche – das ist der wichtige Aspekt an dieser Stelle – eine neue Kräftekonstellation im Bestreben der USA, ihre Vormachtstellung wiederherzustellen, hervorbrachten. Rechtsgerichtete Interessengruppen und Think-Tanks wie das „Committee on the Present Danger" und die „Heritage Foundation" lieferten den intellektuellen Input für Reagans konzertierte Anstrengung die US-Macht wiederherzustellen.

Mit Blick auf die Dritte Welt, wo die USA die schmerzlichsten Niederlagen erlitten, führte das Zusammentreffen von Ereignissen in diesen Jahren zur Schuldenkrise von 1981-1982 (vgl. Kapitel 3). Schon vor der Schuldenkrise jedoch hatte Ronald Reagan, während des Nord-Süd-Gipfeltreffens in Cancún (Mexiko) 1981 bereits klar gemacht, dass die Tage der Neuen Internationalen Wirtschaftsordnung vorbei sind: Drittweltländer müssten sich selbst an den eigenen Haaren aus dem Sumpf der Unterentwicklung ziehen, ohne sich auf Verlautbarungen aus dem Norden zu stützen (van der Pijl 2006, Kapitel 6). Und diese Einstellung war weit verbreitet nach dem „Ausbruch" der Krise mit dem mexikanischen Pflichtversäumnis von 1982. Die Antwort der „internationalen Gemeinschaft", die schließlich zusammengesetzt wurde, um die privaten Banken aus dem Spiel zu bringen, beruhte auf der Verhängung „struktureller Anpassungsprogramme" durch den IWF: Reduktion der Importe, Ausweitung der Exporte, Haushaltsdisziplin bei den Regierungen (durch das Zurückfahren von Subventionen und steigende Konsumsteuern) und Liberalisierung der Kapitalmärkte (Glyn 2005, 24). Was normalerweise nicht in den Programmen des IWF erwähnt wird, aber die eindeutige Konsequenz ihrer Implementation ist, ist der abrupte Rückgang der Reallöhne und des Lebensstandards: In Mexiko haben sich die Reallöhne innerhalb von zwei Jahren nach der Krise halbiert (vgl. Henwood 1995).

Die Schuldenkrise beschleunigte den Prozess der Veränderung innerhalb der Dritten Welt. Den Dritte-Welt-Ländern machten es ihre unterschiedlichen Interessen beinahe unmöglich, bei internationalen Verhandlungen noch als ein Block aufzutreten, wie dies vor allem in den 1970er Jahren (als Gruppe 77) in der Regel geschah. In den beiden größten internationalen Verhandlungsrunden, die bisher stattgefunden haben, das heißt bei den multilateralen Handelsgesprächen der sogenannten Uruguay-Runde im Rahmen des GATT von 1986 bis 1993 und bei der Vorbereitung der internationalen Umweltkonferenz (UNCED, United Nations Conference on Environment and Development) in Rio de Janeiro im Juni 1992, ist es nicht mehr zu einer Nord-Süd-Blockbildung gekommen. Stattdessen haben sich Gruppen gleichgesinnter Länder geformt, die oft die Nord-Süd-Trennungslinie ignorieren. Ein Beispiel hierfür ist die sogenannte „Cairns"-Gruppe (benannt nach der australischen Stadt, in der die Gruppe sich 1986 zum ersten Mal traf), die bei den Verhandlungen über die Liberalisierung der Landwirtschaft im Rahmen der Uruguay-Runde eine wichtige Rolle gespielt hat. Dieser Gruppe gehörten sowohl Industrieländer wie Australien und Kanada, an, (1986 noch) sozialistische Länder (z. B. Ungarn), aber auch Entwicklungsländer

Zerfall des Blockes der Dritten Welt

(wie Argentinien, Brasilien, Chile, Indonesien, Malaysia, Philippinen) (vgl. Higgott/Cooper 1990). Im Rahmen der Uruguay-Runde wurde auch erwogen, GATT und UNCTAD (das Ergebnis par excellence der Bewegung der 1970er Jahre für eine NIWO) in der Zukunft in eine einzige Welthandelsorganisation (International Trade Organization – ITO) zu integrieren, wie sie ursprünglich in der Zeit unmittelbar nach dem Zweiten Weltkrieg geplant war.[71] Am Ende geschah dies natürlich nicht. Die intergouvernementale Struktur der UNCTAD mit ihren Prinzipien des gleichen Status für jedes Mitglied, wie auch immer ihre Größe oder ihr heimisches politisches und ökonomisches System beschaffen sein mag, konnte nicht mit den liberalen Prinzipien des GATT in Einklang gebracht werden. Nach dem erfolgreichen Abschluss der Uruguay-Runde über eine weitere Liberalisierung des Welthandels folgte am 1. Januar 1995 die Welthandelsorganisation (WTO) auf das GATT. Die WTO bestärkt liberale Prinzipien, indem sie sie in verbindliche Übereinkommen gießt, die den Charakter einer wahrhaftigen Verfassung für die Weltwirtschaft annehmen (vgl. Gill 2000).

Das zweite Ziel der Reagan-Administration war die Sowjetunion. Der Kalte Krieg hatte in der amerikanischen Außenpolitik einen Wechsel gesehen, nämlich zwischen Episoden, in denen die militärisch-strategische Eindämmung der Sowjetunion vorherrschte (wie während der Präsidentschaften von Eisenhower und Nixon), und Episoden, in denen die USA versuchten, vor allem. durch ideologische Offensiven (wie unter den demokratischen Präsidenten Roosevelt, Kennedy und Carter) die Oberhand über die Sowjetunion zu gewinnen (vgl. Wolfe 1979; auch van der Pijl 1984). Die Kräfte, die die US-Politik unter Reagan dominierten, wählten eine andere Strategie: Sie waren nicht länger bereit, die fortdauernde Existenz einer konkurrierenden Supermacht zu akzeptieren, die ein alternatives sozioökonomisches System präsentierte und setzten an, die totale Niederlage der Sowjetunion durch militärische Drohung und ökonomische Aggression zu erreichen. Die geänderte Strategie der USA war ein entscheidender Faktor in der Entstehung des „Zweiten Kalten Krieges" in den Jahren 1980-1986 (Halliday 1983). Im Nachhinein kann man sagen, dass Reagans Strategic Defense Initiative (Star Wars) der letzte Nagel im Sarg des sowjetischen Kommunismus war: Es wurde bald deutlich, dass die Sowjetunion nicht die finanziellen Mittel und die politische Strapazierfähigkeit hatte, auf diese Herausforderung effektiv zu antworten. Als Gorbatschow 1985 an die Macht kam, versuchte er die Gezeiten aufzuhalten, indem er zustimmte, das Wettrüsten im Austausch für eine globale

---

71 Nach dem Zweiten Weltkrieg hatten die USA und Großbritannien die Initiative zur Errichtung einer „International Trade Organization (ITO)" ergriffen, die unter der Schirmherrschaft der Vereinten Nationen entstehen sollte. Bei einem Vorbereitungstreffen in London wurde 1947 unter anderem das Allgemeine Zoll- und Handelsabkommen (GATT) abgeschlossen, das als eine provisorische Übergangsregelung bis zur Gründung der ITO gedacht war. Die in der Konferenz über Handel und Beschäftigung in Havanna 1947/48 ausgearbeitete Havanna-Charta enthielt die Statuten für die ITO. Die amerikanische Regierung zögerte lange, diese Charta dem amerikanischen Kongress zur Ratifizierung vorzulegen, und verzichtete schließlich ganz darauf. Auf diese Weise blieb die geplante Übergangsregelung die einzige multilaterale vertragliche Grundlage, die die Welthandelsbeziehungen regelte. Während sich an der Ausarbeitung der Havanna-Charta auch viele Entwicklungsländer beteiligt hatten, war das GATT-Abkommen ohne wesentliche Beteiligung der Entwicklungsländer zustande gekommen (vgl. Brog 1990).

5.4 Die Rückkehr des Imperialismus

Kooperation mit dem Westen in den Bereichen der nuklearen Nichtweiterverbreitung und der Abrüstung wie auch in der Umweltpolitik aufzugeben. Dies sollte nicht sein: Das sowjetische System war in ein Endstadium der ökonomischen und sozialen Stagnation eingetreten, aus dem zu entkommen nicht länger möglich war, und ebenso wenig war Reagans neokonservative Koalition im Angesicht des Sieges zum Nachlassen bereit. Von 1989 an brach der Einflussbereich der Sowjetunion in Osteuropa zusammen, und 1991 löste sich die Sowjetunion selbst auf. Der Kalte Krieg war gewonnen, die frühere Sowjetwelt war geöffnet für das Eindringen westlichen Kapitals (vgl. van der Pijl 2006, Kapitel 7).

Die Jugoslawienkrise der 1990er Jahre folgte kurz nach dem Zusammenbruch der Sowjetunion. Am Fall Jugoslawien kann man sehen, wie eine Krise, die das gemeinsame Ergebnis internen politischen Kampfes (folgend auf Titos Tod) und der Auferlegung struktureller Anpassungen für den Umgang mit Auslandsschulden war, in viel größere Konflikte und Rivalitäten eingebunden sein kann. Zu Beginn des Konfliktes machte die deutsche Erklärung (ausgedrückt im Beharren darauf, dass die EU unilaterale Unabhängigkeitserklärungen Sloweniens und insbesondere Kroatiens anerkennt) den Ausbruch des Krieges nahezu unvermeidbar. Jugoslawien wurde bald zu einem Testfall für die Diskussion über die europäische Sicherheitspolitik in der Welt nach dem Kalten Krieg, in der „Atlantiker" und „Europäer" um die Beziehung zwischen der EU und der NATO rangen. Die USA intervenierten zweimal direkt, um ihre eigenen Lösungen aufzuzwingen, und kamen so gleichzeitig einer effektiven Handlung hinsichtlich einer unabhängigen europäischen Verteidigungsfähigkeit zuvor, indem sie die Rolle der NATO definierten (die Legitimierung von „Out-of-area-Einsätzen") und eine Botschaft an Russland übermittelten, dass seine Rolle in Südosteuropa vorbei sei (vgl. van der Pijl 2006, Kapitel 8).

Jugoslawienkrise Ausbreitung der Institutionen der globalen Konfliktlinien

Wiederum, wie nach der Schuldenkrise in Lateinamerika, ist die Ordnung des Kapitals den erst befreiten Märkten von Prag bis zum Ural, von Mazedonien und Albanien bis Karelien durch das Eingreifen der Institutionen des globalen Kapitalismus, vor allem des IWF, auferlegt worden. In „The New Imperialism" stellt David Harvey (2003) das Konzept der „accumulation by dispossession" vor, um zu analysieren, was passiert, wenn neue Märkte dem Eindringen des Kapitalismus geöffnet werden. Für Harvey drückt dieses Konzept das heutige Sichtbarwerden dessen aus, was Marx ursprüngliche Akkumulation nannte, „eine Akkumulation, welche nicht das Resultat der kapitalistischen Produktionsweise ist, sondern ihr ausgangspunkt" (Marx 1867, 741, revert to the original German). Es bedarf keiner sorgfältigen Überarbeitung, damit das Konzept der ursprünglichen Akkumulation in hohem Maße für die Analyse der Einführung des Kapitalismus in den ehemals kommunistischen Staaten in Europa oder allgemeiner für die Analyse der Ausweitung des kapitalistischen Marktes in nichtkapitalistische Bereiche hinein geeignet ist. In seiner Analyse des historischen Prozesses der ursprünglichen Akkumulation hatte sich Marx auf die Enteignung der Bauern und ihre Abtrennung vom Land, was als „Einhegung des Gemeindelandes" bekannt wurde, konzentriert (ebd., 744). In allgemeineren und abstrakteren Begriffen ausgedrückt, hat die ursprüngliche Akkumulation (manchmal auch als primitive Akkumulation bezeichnet) die Trennung der direkten Produzenten von den Produktionsmitteln zur Folge (ebd., 742). Harvey spricht von Akkumulation

Akkumulation durch Enteignung

durch Enteignung, um neue Formen der Enteignung mit einzubeziehen, die kaum in Marx' Konzept passten. Die bekannteren Formen, in denen die primitive Akkumulation angetroffen werden kann

> „(...) beinhalten die Kommodifizierung und Privatisierung von Land und die gewaltsame Vertreibung der bäuerlichen Bevölkerung; die Umwandlung verschiedener Eigentumsrechte (allgemeine, kollektive, staatliche usw.) in ausschließlich private Eigentumsrechte; die Unterdrückung der Rechte der Mitglieder des Unterhauses; die Kommodifizierung der Arbeitskraft und die Unterdrückung alternativer (einheimischer) Formen der Produktion und des Konsums; koloniale, neo-koloniale und imperiale Aneignung von Vermögen (inklusive natürlicher Ressourcen); die Monetarisierung von Tausch und Besteuerung, insbesondere von Land; den Sklavenhandel; und den Wucher, die nationalen Schulden sowie schließlich das Kreditsystem als radikale Mittel primitiver Akkumulation. Der Staat, mit seinem Gewaltmonopol und seinen Definitionen von Legalität, spielt sowohl in der Unterstützung wie der Förderung dieser Prozesse eine entscheidende Rolle." *(Harvey 2003, 145)*

Neue Formen der Akkumulation durch Enteignung beinhalten solche Phänomene wie die Schaffung eines Regimes geistiger Eigentumsrechte, die Privatisierung öffentlicher Vermögenswerte (Universitäten, öffentliche Einrichtungen) und öffentlicher Güter (Gesundheitsversorgung, Pensionsrücklagen) und den Anstieg interner „cannibalistic as well as predatory and fraudulent practices" (ebd., 148). Diese kurze Liste verdeutlicht (etwas, was auch immer schon aufgrund Marx' eigener Analyse sichtbar war), dass die ursprüngliche Akkumulation nicht etwas aus der Vergangenheit, aus Zeiten, die vor dem Kapitalismus datieren, ist, sondern weiterhin entlang der Entwicklung der kapitalistischen Produktionsweise auftaucht: Es bezieht sich, kurz gesagt, auf all die Fälle, in denen die ökonomische Aktivität der Ordnung der kapitalistischen Akkumulation untergeordnet wird und in denen sie es vormals nicht war.

Asymmetrische Marktöffnung

Zu Beginn, fügt Harvey hinzu,

> „war das wichtigste Mittel der Akkumulation durch Enteignung (...) die erzwungene Öffnung der Märkte auf der ganzen Welt durch institutionellen Druck, wie er von IWF und WTO ausgeübt wurde, gestützt durch die Macht der Vereinigten Staaten (und in einem geringeren Grad Europas), den Zugang zu den eigenen riesigen Märkten denjenigen Ländern vorzuenthalten, die es verweigerten, Schutzmechanismen abzubauen." *(Harvey 2003, 181)*

Scheitern der japanischen Initiative

Diese Funktion des IWF wurde besonders während der asiatischen Finanzkrise 1997-1998 deutlich. Im Rückblick war dies wahrscheinlich das letzte Mal, dass die USA in der Lage waren, ihre eigene Ordnungskonzeption mit einiger Unterstützung durch ihre „Verbündeten" international durchzusetzen. Der entscheidende Moment war der, in dem das US-Finanzministerium japanische Vorschläge blockierte, einen Asian Monetary Fund zu schaffen, um mit den Auswirkungen der Krise fertig zu werden. Die Japaner waren bereit, die notwendigen Interventionen zu finanzieren, um den Finanzmarkt in Asien zu stabilisieren, und zwar im Austausch für den Aufbau dessen, was ein regionaler Block unter japanischer Führung geworden wäre. Dies hätte auch gut der erste Schritt zur Schaffung einer asiatischen Währung sein können (Gill 1999). Ob solch ein japanisch dominiertes Projekt am Ende die erforderliche Unterstützung Koreas und Chinas gebracht hätte, muss offenbleiben. Das amerikanische Eingreifen, das den IWF für die Stabilisierung Asiens verantwortlich machte, bedeutete jedoch, dass für diese Stabilisierung der amerikanische, das heißt neoliberale Weg versucht würde: finanzielle Unterstützung im Austausch für Sparmaßnahmen und, sehr wichtig, für die Öffnung des Finanzsystems (Soederberg 2004a). Der Erfolg war schließlich in den Ländern, in denen er am wichtigsten war, relativ bescheiden: In Südkorea führte das Eingreifen von der USA/des IWF zu einer substanziellen Akkumulation durch Enteignung (der Zerfall einiger Chaebol und der nachfolgende Verkauf einiger Gewerbegruppen wie Daewoo an ausländisches Kapital), in Japan gab es eine Begrenzung des Eindringens ausländischen Kapitals (die Nissan-Renault-Verbindung), aber im Allgemeinen waren die asiatischen Regierungen in der Abwehr des IWF und der Verhütung, dass der Großhandel seine Kapitalmärkte unkontrolliert öffnete, relativ erfolgreich. Es scheint, dass die USA es nicht schafften, die Asienkrise für ein umfassendes Aufzwingen ihrer neoliberalen Ordnung zu nutzen.

5.4.2 Der Niedergang der US-Hegemonie und der Aufstieg Chinas

Die Gruppe der neokonservativen Intellektuellen, die sich im Gefolge der Anschläge auf die Zwillingstürme hervortaten, hatte ihr Programm bereits 1991 nach dem ersten Irakkrieg formuliert. In einem Memorandum von Paul Wolfowitz, das damals an die New York Times durchsickerte, skizziert sie den Plan für ein neues Jahrhundert der amerikanischen Hegemonie, in welchem die USA jede Macht daran hindern werden, ausreichend militärische Stärke aufzubauen, sodass sie nicht in der Lage sein wird, Amerikas globale Interessen wo auch immer herauszufordern (New York Times, 11.3.1992). Die Sprache dieses Memorandums ist (was nicht überrascht, wenn man die Überschneidung in der Autorenschaft berücksichtigt) fast buchstäblich dieselbe wie in dem berüchtigten National Security Strategy von 2002. Die zum Ausdruck gebrachte Vorstellung der neuen Welt zeichnet eine Welt, in der die USA über jedem internationalen Gesetz und jeder internationalen Institution stehen, was auch solche Gesetze und Institutionen einschließt, die ursprünglich von den USA geformt und dominiert waren (wie sich auch innerstaatlich die Administration unter der Leitung des Präsidenten über jedes rechtliche Hindernis durch das Beschwören der „nationalen Sicherheit" hinwegsetzen kann). Und es muss gesagt werden, dass es tatsächlich keine Macht gibt, die in der Lage ist, die amerikanische Macht wirkungsvoll herauszufordern: Der amerikanische militärische Moloch kann jedes Land (oder eine Koalition von Ländern), das er aussucht, zerstören. Es gibt z. B. keinen Zweifel daran, dass die USA in der Lage sind, alle militärischen und nuklearen Anlagen im Iran zu zerstören (wie es auch, zur Zeit des Schreibens, für eine Weile in Erwägung gezogen wurde), wahrscheinlich eher innerhalb von Wochen denn Monaten. Aber die Erfahrungen in Afghanistan und dem Irak zeigen, dass diese Fähigkeit nicht viel wert ist, wenn das Ziel nicht nur in der Zerstörung liegt, sondern darin, das, was übrig ist, zu beherrschen und auszubeuten.

Wolfowitz Memorandum

National Security Strategy

Reaktion auf den Niedergang der Hegemonie

Wie sind die tieferliegenden Gründe für diese Sachlage zu verstehen? Die kurze Antwort ist, und diese Aussage von Giovanni Arrighi wurde schon zitiert, dass die US-Hegemonie im Niedergang begriffen ist. Dies mag angesichts des amerikanischen Wohlstandes und der militärischen Überlegenheit wie eine gewagte Aussage anmuten. Hegemonie erfordert jedoch mehr als militärische Stärke. Hegemonie beruht auf ökonomischer und finanzieller Überlegenheit, und Hegemonie braucht ein gewisses Maß an Konsens, einen gewissen Grad an Überzeugung und Vertrauen unter denen im Umkreis des Hegemons, dahingehend, dass ihren Interessen am besten gedient ist, wenn sie der Führerschaft des Hegemons folgen. In den Jahren seit der Asienkrise und besonders seit George W. Bush durch den Supreme Court zum Präsidenten ernannt worden ist, haben die USA zunehmend die Weiterentwicklung des internationalen Rechtes ausgehöhlt und vereitelt (zu denken ist hier an das Kyoto-Protokoll oder den Internationalen Strafgerichtshof) oder sogar mit der Idee gespielt, Institutionen einfach zu ignorieren oder sogar abzuschaffen (die Vereinten Nationen, aber auch die WTO und sogar die NATO). Und im Vorfeld des Irakkrieges waren die USA sogar in der Lage, Länder wie Kamerun und Guinea zu überzeugen, ihre erwünschte zweite Resolution des Sicherheitsrates zu unterstützen.

Gründe für die Erosion der Hegemonie

Was sind die Ursachen dieser Entwicklung? Zuallererst muss der Zustand der amerikanischen Hegemonie betrachtet werden. Hegemonie basiert auf produktiver und finanzieller Überlegenheit, und hier genau beginnt das Problem.

Die USA errichteten nach 1945 eine liberalisierende Weltökonomie, die vom GATT und dem IWF geleitet wurde. Der US-Dollar ersetzte Sterling und Gold als internationale Währung und spiegelte so die Tatsache wider, dass nur die US-Wirtschaft in der Lage war, die Güter zu liefern, die der Rest der Welt so verzweifelt ersehnte. Der Wert des US-Dollars war durch seine Umrechenbarkeit in Gold zu dem fixen Kurs von 35 Dollar/Unze gewährleistet. Diese Vereinbarung erlaubte es den USA für Jahrzehnte, über ihre Verhältnisse zu leben. In der gesamten Nachkriegszeit wiesen die USA ein Zahlungsbilanzdefizit auf, da sie mehr konsumierten, als sie produzierten. Zusätzlich flossen große Dollarmengen ins Ausland als ein Ergebnis der direkten Investitionen ihrer Körperschaften in Übersee und als ein Ergebnis der Militärpräsenz im Ausland (Deutschland, Korea und insbesondere der Krieg in Vietnam). Dies führte zur schrittweisen Anhäufung von Dollarguthaben durch ausländische Gläubiger; hierzu gehörten auch Zentralbanken, die den Dollar als Reservewährung führten. Dieses System war natürlich in entscheidender Weise von der Garantie abhängig, Dollarscheine gegen Gold oder andere wertvolle amerikanische Produkte einzutauschen. Der Druck auf den Dollar nahm in den späten 1960er Jahren allmählich zu, und 1971 brach das System zusammen, als die Nixon-Administration einseitig die Umrechenbarkeit des Dollar beendete und ihn um zehn Prozent abwertete. Der Rest der Welt verlor auf einen Schlag Milliarden.

Währungskrise 1971

Auch jetzt war die Rolle des Dollars als internationale Währung nicht wirklich untergraben. Dies kann durch zwei Faktoren erklärt werden. Es gab zum Ersten wirklich keine Alternative. Trotz der wirtschaftlichen Erfolge Japans und Europas blieb die US-Wirtschaft bei weitem die größte. Japan war eine relativ geschlossene Wirtschaft, die europäische Wirtschaft war fragmentiert. Keine

5.4 Die Rückkehr des Imperialismus

Währung konnte glaubhaft einen konkurrierenden Status anstreben (Arrighi 2005a, 73).

Zum Zweiten waren die USA in den 1970er Jahren erfolgreich damit, eine zweckmäßige Alternative für Gold zu finden, um als Preisgarantie für den Dollar zu fungieren: das schwarze Gold (Erdöl) des Mittleren Ostens, von dem die Weltwirtschaft und vor allem Japan und Europa in zunehmendem Maße abhingen. Weil die Erdölpreise auf dem Weltmarkt in Dollar angegeben wurden und weil die USA die militärische und politische Kontrolle über die hauptsächlichen Gebiete, in denen Erdöl gefunden wurde, besaßen, konnte Amerika einfach damit fortfahren, über seine Verhältnisse zu leben. Tatsächlich bezahlten die Amerikaner für ihre Erdölimporte, indem sie Dollarscheine druckten und so die Inflation in die globale Ökonomie exportierten (Altvater 2003).

Unterdessen stieg das amerikanische Zahlungsbilanzdefizit auf etwa 500 Milliarden Dollar im Jahr 2003 und erreichte mehr als 6000 Milliarden Dollar im Jahr 2004 (Johnson 2005). Dieses Defizit muss durch einen Zufluss an Kapital in die USA (meist in Form von Portfolioinvestitionen in Staatsanleihen) in der Höhe von zwei Milliarden Dollar am Tag ausgeglichen werden. Der Anteil der USA am Welthandel hat sich seit den späten 1950er Jahren halbiert (siehe Übersicht 5.6).

Zahlungsbilanzdefizit

Übersicht 5.6.: Anteile am Weltexport in Prozent 1958-2004

	1958	1971	1981	1990	2004
ITA	2,7	4,8	3,9	5,3	3,8
UK	9,7	7,2	5,4	5,8	3,8
JAP	3,0	7,8	7,9	9,0	6,2
FRA	5,3	6,6	5,3	6,6	4,9
USA	18,5	14,3	12,2	11,7	9,0
FRG	9,1	12,6	9,2	12,5	10,0
Gesamt	48,3	53,3	43,9	50,9	37,7

Quellen: Frank Deppe (Hg.), Europäische Wirtschaftsgemeinschaft, 1975, 188 (1958, 1971); World Bank, World Development Report 1983 (1981); World Bank, World Development Report 1992 (1990); WDR 2006 (2004)

Ein zweiter Aspekt der Schwäche der amerikanischen Wirtschaft ist die enorme Verschuldung. Die US-Regierung gibt viel mehr aus, als sie durch Steuern einnimmt (die unter Bush junior um einige Milliarden Dollar gesenkt wurden). Der Haushaltsüberschuss, der unter Clinton in den stürmischen 1990er Jahren geschaffen worden war, wurde in ein enormes Haushaltsdefizit umgewandelt, noch bevor die Rechnung für den Irakkrieg (die die 3000 Milliarden-Dollar-Grenze überschritten hat und weiter wächst) bezahlt war. Die öffentlichen Schulden in den USA sind auf beispiellose Höhen gestiegen und werden zunehmend durch ausländische Gläubiger gedeckt (Monthly Review 2003a). Auch die amerikanischen Bundesstaaten befinden sich in großen finanziellen Problemen und mussten Schulen wochenlang schließen und Lehrer entlassen, weil nicht genügend Geld vorhanden war. Alles zusammen erreichten die öffentlichen Schulden der USA 7,7 Billionen Dollar im März 2005 (Johnson 2005).

Verschuldung

Aber nicht nur die amerikanische Regierung ist verschuldet. Die amerikanische Mittelklasse hat Schulden von mehr als dem Doppelten des nationalen Einkommens angehäuft (Monthly Review 2003b). Dazu hat der Crash des Hightech Aktienmarktes einen großen Teil der Pensionen der Mittelklasse aufgefressen.

Abhängigkeit vom ausländischen Kapitalzuschuss

Die Finanzierung dieser hohen öffentlichen und privaten Schulden hängt von der anhaltenden Bereitschaft ausländischer Regierungen und Investoren ab, ihre Investitionen in den USA zu erhöhen. Die amerikanische Öffentlichkeit ist sowohl unfähig als auch nicht willens, dies zu tun: Die Sparquote in 2005 war negativ. Die einzige Schlussfolgerung ist, dass dies das größte Pyramidenspiel der Geschichte darstellt. Die Pyramide wird so lange (und nicht länger) weiterwachsen, solange mehr Investoren eintreten als herauskommen. Sollten aus dem einen oder anderen Grund diese Investoren (auch ausländische Zentralbanken) damit anfangen, sich vom Dollar abzuwenden, gäbe es kein Halten mehr, und die USA erlebten eine Depression, die die Depression der 1930er Jahre wie einen Zwerg aussehen ließe.

Dies umschreibt die Situation, in der im September 2001 die Anschläge auf die Zwillingstürme und das Pentagon passierten. Für die Neokonservativen im Pentagon (die mit dem Amtsantritt von George W. Bush in die Regierung zurückkehrten) waren die Attacken ein unerwartetes Glück, das sie in die Lage versetzte, die amerikanische Außenpolitik an sich zu reißen und die Pläne umzusetzen, die sie in der Denkschule des rechten Flügels wie dem *American Enterprise Institute* (www.aei.org, unter Vorsitz der Frau des Vizepräsidenten Dick Cheney) und ganz besonders dem *Project for the New American Century* (www.newamericancentury.org) seit den Reagan-Jahren entwickelt hatten. Der Name der letztgenannten Organisation hätte nicht deutlicher im Hinblick auf ihre Ziele sein können: das nächste Jahrhundert für die amerikanische Herrschaft zu sichern und jede Möglichkeit, dass eine andere Macht eines Tages ausreichend ökonomische und militärische Ressourcen anhäufen könnte, um US-Interessen herauszufordern, zu eliminieren, und zwar global wie regional.

Was wären einige solcher Interessen, und wer könnte sie herausfordern?

Herausforderungen: Verbindung zwischen Erdöl und US-Dollar China

Mit Blick auf die erste Frage schlage ich eine Konzentration auf die Verbindung zwischen Erdöl und US-Dollar vor, bei der zweiten Frage beabsichtige ich mich auf China zu konzentrieren.

Schon während des zweiten Weltkrieges schlussfolgerte Franklin Delano Roosevelt, dass die Erdölquellen im Mittleren Osten nach dem Krieg von entscheidender Bedeutung seien (Daniel Yergin, Financial Times 22./23. März 2003). Seitdem haben sich die USA immer das Recht vorbehalten, politisch oder militärisch einzugreifen, wenn der freie Zugang zu diesen Ressourcen für den Westen in Gefahr war. Und es blieb nicht nur bei Worten. 1953 räumte der CIA die neugewählte iranische Regierung des Nationalisten Mossadegh aus dem Weg (der die Nationalisierung der Ölindustrie verkündete) und setzte den Schah ein (der im weiteren Verlauf die meisten der Explorationsrechte von der anglo-iranischen Ölgesellschaft an die amerikanischen Ölmajore umverteilte). Die anhaltende amerikanische Unterstützung für Israel und das Regime in Saudi-Arabien kann auch in diesem Kontext betrachtet werden.

Kontrolle

Im letzten Jahrzehnt ist ein harter Kampf um die Kontrolle über die gesamte Region des Mittleren Ostens und Zentralasiens entfacht worden. Diese Region

5.4 Die Rückkehr des Imperialismus

beherbergt die größten nachgewiesenen Energiereserven der Welt. Neue Erdöl- und Gasentdeckungen im Gebiet des Kaspischen Meeres haben einmal mehr dieses Interesse unterstrichen. Alle Konflikte in dieser Region, vom israelisch-palästinensischen Konflikt und dem Krieg in Tschetschenien bis hin zum Krieg in Afghanistan, weisen Zusammenhänge mit diesem Streitpunkt auf: Auf dem Spiel stehen immer entweder die generelle strategische Kontrolle der Region oder konkrete neue Erdölfunde und Pipelineprojekte (Harvey 2003; van der Pijl 2006, Kapitel 10; vgl. auch Klare 2002, 2005). Die Routen und die Kontrolle neuer Pipelines (von Zentralasien durch Afghanistan nach Pakistan und vom Kaspischen Meer durch Georgien bis an die türkische Mittelmeerküste) wurden von den USA gefördert, um sowohl russisches als auch iranisches Territorium zu beachtlichen Mehrkosten zu umgehen. Das Ziel der USA ist hier nicht, sich einfach und kostengünstig die Erdölreserven der Region anzueignen. In dem Maße, wie die kurzzeitige Aufrechterhaltung der Erdölversorgung auf dem Spiel steht, sind die Erdölhändler in der Bush-Administration eher daran interessiert, die Unsicherheiten des Marktes zu reproduzieren und die Preise hochzuhalten (vgl. Bichler und Nitzan 2002). Tatsächlich sind die USA in geringerem Maße (als andere Erdölimporteure) von Ölimporten aus der Region abhängig und sicherlich auch von hohen Preisen, die die profitable Ausbeutung der Erdölreserven in Alaska und Kanada durchführbar machen (Yergin, Financial Times 22./23. März 2003).

Die Zielsetzung ist eher langfristig: Es geht darum, die Bedingungen zu diktieren, unter denen andere relevante Mächte (Japan, Indien, Russland, China und nicht zu vergessen die EU) in der Zukunft Zugang zu diesen Ressourcen erlangen.[72] Nach John Mearsheimer, dem führenden Realisten:

Strategische Zielsetzung

> „werden die Vereinigten Staaten sehr weit gehen ..., um China in die Schranken zu weisen und um China niederzuwerfen, in der Weise wie sie das deutsche Reich im Ersten Weltkrieg niedergeworfen haben, in der Weise wie sie das japanische Reich im Zweiten Weltkrieg niedergeworfen haben und wie sie die Sowjetunion während des kalten Krieges niedergeworfen haben" *(zit. nach Arrighi 2005a, 74-75).*

Dieser Gedankengang hilft uns dabei, ein Ziel im langfristigen strategischen Denken der USA zu identifizieren: China. In der Tat war es so, dass George W. Bush, als er ins Amt kam, in deutlichen Worten ankündigte, dass seine Regierung Clintons Politik eines konstruktiven Engagements nicht fortsetzen werde (der typische liberale Versuch, China so weit wie möglich an bestehende US-dominierte internationale Institutionen und Strukturen anzubinden, um den Chinesen einen Anteil an der bestehenden Ordnung zu geben – daher Clintons schließlich erfolgreiche Politik, China in die WTO zu integrieren). Unter Bush wird China als ein strategischer Konkurrent betrachtet, der auf die Knie gezwungen und beherrscht werden muss. Und wenn auch sonst nichts, dann hat der „Krieg gegen den Terrorismus" den USA dabei geholfen, sich auf diesen zukünf-

China als strategischer Konkurrent Militärbasen

---

72 Diese Zielsetzung wurde klar veranschaulicht, als international bedeutende Akteure des Erdölgeschäftes, angeführt von Shell, die Teilnahme der CNOOC (Chinese National Overseas Oil Company) an einem großen neuen Projekt in Kasachstan blockierten (Financial Times 10./11. Mai 2003).

tigen strategischen Konkurrenzkampf vorzubereiten: er hat die USA dazu befähigt, einen Ring permanenter Militärbasen in ganz Zentralasien aufzubauen, die die bestehenden Militärbasen in Südkorea und Okinawa, die engen militärischen Verbindungen mit den Philippinen und natürlich die pazifische Flotte, die Taiwan schützt, ergänzen (Arrighi 2005a, 75-76).

Es gibt einen weiteren auf das Erdöl bezogenen Aspekt, der berücksichtigt werden muss: die Verwendung des US-Dollars als die Währung, in der der Erdölpreis auf den internationalen Märkten angegeben ist. Es ist bereits angeführt worden, dass die generelle Verwendung des US-Dollars als bevorzugtes internationales Zahlungsmittel und Reservewährung die USA in die Lage versetzt, über ihre Verhältnisse zu leben, strukturell mehr zu konsumieren als zu produzieren, indem sie ein riesiges Handelsdefizit mit dem Rest der Welt aufweisen.[73] Ganz abgesehen davon, dass die USA versuchen, Druck auf China auszuüben (das einen Überschuss von 160 Milliarden Dollar aus dem Handel mit den USA hat, aber eine unausgeglichene Handelsbilanz im Allgemeinen), den Reminbi RMB aufzuwerten, wäre es ein Fehler anzunehmen, dass solch eine Maßnahme das amerikanische Handelsdefizit auf substanzielle Weise verringern könnte.[74] In dem Maße, wie es Importe aus China zurückfahren wird, werden diese einfach durch Importe aus anderen Billiglohnländern ersetzt: Es wird amerikanische (oder europäische) Schuh- und Textilienhersteller nicht wieder zum Leben erwecken.

Gefahr eines Schneeballeffekts

Aus diesen Gründen ist der Gebrauch des Dollars als internationale Währung absolut unentbehrlich dafür, die USA weiterhin in die Lage zu versetzen, ihre Handels- und Budgetdefizite beizubehalten. Aber zur selben Zeit untergräbt die im Grunde bestehende Schwäche der US-Wirtschaft[75] das internationale Vertrauen in den Dollar: Es wird immer schwieriger, das Pyramidenspiel aufrechtzuerhalten. So könnte jedes Anzeichen, dass die internationale Rolle des Dollars gefährdet sein könnte, einen Schneeballeffekt auslösen. Die Schwächung des Dollars geschah auf drei Wegen: der Entscheidung von Regierungen und Zentralbanken, ihre Abhängigkeit vom Dollar als Hauptreservewährung zu vermindern (beginnend mit Frankreich, das den Dollar in den 1960er Jahren in Gold umtauschte), der Rücknahme von Portfolioinvestitionen in amerikanische Staatsanleihen und einem Wechsel in der Währung, in welcher der Preis für Erdöl (und andere Schlüsselprodukte des Weltmarktes) angegeben wird.

Im September 2000 entschied sich der Irak, den Preis für das Erdöl, das er unter dem UN-Programm „Oil for Food" exportierte, lieber in Euro als in Dollar anzugeben, was die OPEC dazu veranlasste, über einen ähnlichen Schritt für das darauffolgende Jahr nachzudenken (Clark 2004; 2005). Im Juni 2003, sofort

---

73 Diese Fähigkeit des Hegemons, Profit aus seiner hegemonialen Position zu schlagen, wird *seigniorage* genannt (vgl. http://wfhummel.net/seigniorage.html für eine Erläuterung).
74 Seit 1976 hat sich der Wert des japanischen Yens (Japan ist das andere Land, mit dem die USA ein großes Handelsdefizit haben) gegenüber dem Dollar verdreifacht, ohne dass die Handelsbilanz zwischen Japan und den USA ernstlich davon betroffen gewesen wäre (Arrighi 2005a, 70).
75 Das Wachstum der US-Wirtschaft, das so oft als beispielhaft in europäischen Diskussionen angeführt wird, ist weitgehend eine optische Illusion: Es ist nicht intern hervorgerufen, sondern basiert auf der Ausgabe geliehenen Geldes.

5.4 Die Rückkehr des Imperialismus

nach der Besetzung durch US-amerikanische und britische Truppen, wurde diese Entscheidung rückgängig gemacht und der Preis für das irakische Erdöl wieder in Dollar angegeben.

Im Dezember 2004 tauchten die ersten Berichte über die Intention der iranischen Regierung auf, eine schwarze Börse zu errichten, die mit den bestehenden Ölweltmärkten konkurrieren sollte (London, New York, Tokio, Rotterdam). Der Plan sah die Einführung eines auf dem Euro basierenden Handelsmechanismus im Laufe des Jahres 2006 vor (Clark 2005). Das Ansinnen ergibt einen gewissen Sinn, da die Eurozone der weltgrößte Handelsraum ist und auch der größte Importeur iranischen Erdöls. Im Mai 2006 berichtete Business Week, die iranische Regierung habe grünes Licht hierfür gegeben. Sollte das Vorhaben umgesetzt werden (was nicht sehr realistisch erscheint),

> „'es wäre das finanzielle Gegenstück zu einem nuklearen Schlag', sagte A. G. Edwards Produktanalytiker Bill O'Grady. ‚Wenn die OPEC entschied, dass sie keine Dollars mehr will', fügte er hinzu, ‚würde das, indem ein Ende des Dollar als einziger Reservewährung übermittelt würde, ein Ende der amerikanischen Hegemonie signalisieren,.'" *(Business Week 5 May 2006)*

Vielleicht lässt sich vor diesem Hintergrund ein wenig von der Dringlichkeit der amerikanischen Kampagne gegen das iranische Nuklearprogramm klären.

Es ist bereits mehrfach auf China hingewiesen worden. Man kann nun sicher sagen, dass, sollte ein Staat in der (wenn auch fernen) Zukunft in der Lage sein, die Vereinigten Staaten herauszufordern, dies China wäre.   *Aufstieg Chinas als Herausforderer*

China steht 2004 beim Bruttosozialprodukt je nach Schätzung an zweiter (PPP GNI) oder sechster (GDP) Stelle der Rangliste aller Länder. Auf der Liste der wichtigsten Exportländer steht das Land nun an dritter Stelle hinter Deutschland und Amerika (WDR 2006). Seit dem Beginn der Wirtschaftsreformen im Jahr 1978 hat China jährlich ein reales durchschnittliches Wirtschaftswachstum von neun Prozent erreicht. Der Außenhandel ist von ganzen 21 Milliarden Dollar hochgeschnellt auf 170 Milliarden Dollar im Jahr 1992 und 593 Milliarden im Jahr 2004 (WDR 2006). Mit keinem Land haben die Vereinigten Staaten ein so großes Handelsbilanzdefizit (1992: 18 Mrd.; 2004: 162 Mrd. Dollar) (Johnson 2005). Hohe Auslandsinvestitionen fließen in die Volksrepublik.[76] Die Spar- und die Investitionsrate liegen beide bei 40 Prozent des Bruttosozialproduktes und damit noch über den entsprechenden Raten für Japan und Korea. Trotz des enormen Exportwachstums bleibt der heimische Markt die wichtigste Quelle für ein anhaltendes Wachstum (Glyn 2005, 19).   *Hohe Wachstumsraten*

Man kann aus gutem Grund fragen, wie lange solch hohe Wachstumsraten noch aufrechterhalten werden können. Blickt man in die Geschichte, kann man

---

76 Die Höhe der Investitionen in China ist nicht gut zu vergleichen mit Zahlen über die Auslandsinvestitionen in der OECD-Region. Während der größte Teil der Investitionen in den westlichen Industrieländern dem Aufkauf bestehender Unternehmen dient (und damit kein neues Wirtschaftspotenzial schafft), finden Investitionen in China hauptsächlich zur Errichtung neuer Produktionsstätten statt. Auf der anderen Seite besteht ein Teil des FDI-Zuflusses in China aus inländischen Investitionen, die aus Gründen der Steuerflucht heraus geteilt werden. Der Effekt der Investitionen ist darum ein ganz anderer (Glyn 2005, 34).

sehen, dass Phasen des beschleunigten Wachstums in Ostasien (Japan, Korea, Taiwan) etwa 20 Jahre dauerten (Japan in den 1950er und 1960er, Korea und Taiwan in den 1970er und 1980er Jahren). Chinas Spurt hält bereits seit 25 Jahren an. Er begann jedoch auf einem viel niedrigeren Einkommensniveau, und die Bevölkerungszahl ist viel höher: Die gesamte Arbeitskraft in China liegt bei 750 Millionen Menschen, was 1.5mal die Arbeitskraft der OECD ist und zehnmal so viel wie die Arbeitskraft von Japan und Korea zusammengenommen. Von daher ist es vernünftig, davon auszugehen, dass das schnelle Wirtschaftswachstum für eine viel längere Zeitperiode anhalten wird (Glyn 2005, 16).

Aber: internes Konfliktpotenzial

Das bedeutet nicht, dass diese Projektion mit Sicherheit zutrifft. In China gibt es viel Konfliktpotenzial:

- Das schnelle Wirtschaftswachstum Chinas ist nicht gleichmäßig über das Land verteilt. Es sind vor allem die Küstenregionen, die in den Sog dieser Entwicklung geraten sind, während sich in den abgelegeneren Regionen Veränderungen wesentlich langsamer vollziehen. Das schnelle Wirtschaftswachstum kann dazu führen, dass es China gelingt, die Einheit des Landes zu erhalten und den Übergang von der zentralen Planwirtschaft zur Marktwirtschaft und später eventuell von der Einparteienherrschaft zu mehr Demokratie zu bewerkstelligen, ohne dass das riesige Land wie die Sowjetunion auseinanderfällt. Immerhin weist China eine größere ethnische und religiöse Homogenität auf, sodass weniger Kristallisationskerne für Unabhängigkeitsbewegungen bestehen. Regionale Ungleichheiten gemeinsam mit dem Vermächtnis eines Kriegsherrentums in seiner Geschichte können jedoch unter bestimmten Bedingungen einen destabilisierenden Effekt haben. Etwa 30 bis 40 Prozent der Arbeitskräfte sind immer noch in unrentablen Staatsindustrien beschäftigt und werden größtenteils in den kommenden Jahren entlassen werden. Arbeitslosigkeit kann auch spaltende Auswirkungen haben. Die chinesische Regierung hat bekanntgegeben, dass es 2005 mehr als 85.000 Fälle von öffentlicher Unzufriedenheit gegeben hat.
- Massive interne Migrationsbewegungen aus ländlichen Gegenden in die Städte und an die Küste haben möglicherweise eine ähnliche soziale Spaltung zur Folge. Heute wandern etwa 150 Millionen Arbeitsmigranten auf der Suche nach Arbeit in die chinesischen Städte; in den nächsten 15 Jahren werden schätzungsweise 250 Millionen folgen (Harris 2005, 10).
- Eine generelle Unterdrückung politischer Meinungsverschiedenheiten oder eine unvorhersagbare Krise um Taiwan kann den Zug der schnellen Entwicklung zum Entgleisen bringen.

Aber abgesehen von solch einer schweren Krise scheint China dazu bestimmt, seinen Aufstieg fortzusetzen.

5.5 Die Zukunft: einige Szenarien

Nachdem ich mich auf die Zeit seit dem Ende der 1990er Jahre als diejenige der Rückkehr des Imperialismus bezogen habe, soll nun diese Vorstellung weiter-

5.5 Die Zukunft: einige Szenarien

entwickelt werden, bevor ich mit der Skizzierung einiger möglicher Szenarien für die Zukunft zum Schluss komme.

Die Globalisierung hatte in den 1980er und 1990er Jahren einen großen Einfluss und revolutionierte die Struktur des globalen Systems.[77] Sie hat die Welt mit sich gerissen: Die Sowjetunion war nicht länger eine Supermacht und brach auseinander; Mittel- und Osteuropa sind in die Europäische Union integriert worden; China ging aus den Erschütterungen der Großen Proletarischen Kulturrevolution hervor und ließ sich auf die Konstruktion einer ‚sozialistischen Marktwirtschaft' ein, Euphemismus für puren Kapitalismus unter der politischen Diktatur der nur dem Namen nach immer noch Kommunistischen Partei; und die letzten hartnäckigen Regime in Nordkorea und Kuba stehen am Rand des Zusammenbruchs.

Globalisierung

Die Globalisierung hat auch eine Fülle ‚deterritorialisierter' transnationaler Regelungsbereiche hervorgebracht, was bei manchen die Vorstellung hinterlassen hat, Staaten seien in unserem vernetzten globalen Dorf nicht länger von Bedeutung (für eine diesbezügliche Diskussion vgl. Scholte 2005).

Deterritorialisierung

Aber zur selben Zeit – nach dem September 2001 – ist mit aller Macht deutlich geworden, dass die Welt sehr wohl noch aus Staaten besteht, dass diese Staaten miteinander in Konkurrenz um die Kontrolle über Territorien und Ressourcen stehen, dass es eine territoriale Logik der Staaten wie auch eine Logik des Kapitals gibt. Einer der Autoren, die diese duale Dynamik wieder auf die Tagesordnung gesetzt haben, ist David Harvey in seiner eindrucksvollen Kritik von Hardts und Negris Empire. Die Herausforderung ist, zu zeigen, wie diese beiden Logiken miteinander verbunden sind und wie sie in der Tat gleichermaßen bestimmend für die Form dessen sind, was als real existierender globaler Kapitalismus bezeichnet werden kann. Harvey (z. B. 1990, 2003) und Arrighi (1994, 2005a, 2005b) haben neben anderen gezeigt, dass es eine der Kapitalakkumulation innewohnende räumliche Dimension gibt, und haben die beiden Logiken des Kapitalismus in dieser Hinsicht verstanden und analysiert. Mit dieser Anerkennung stehen sie in der Tradition Lenins, dessen Theorie des Imperialismus die Dialektik dieser beiden Logiken ausdrücklich einschließt: Seine Analyse einerseits der Aufteilung des Weltmarktes unter kapitalistischen Unternehmen und andererseits des Aufkommens territorialer und geoökonomischer Rivalität zwischen den führenden kapitalistischen Staaten legt genau die Grundlage, die Harvey und Arrighi in die Lage versetzt, ihre gegenwärtigen Analysen aufzubauen (vgl. auch Kapitel 4). In den letzten Jahren ist die Diskussion über das Wiederaufleben des (US-)Imperialismus als eine Konsequenz aus der Außenpolitikorientierung der George-W.-Bush-Administration, sehr lebendig und facettenreich geworden.[78]

Nach wie vor:
Logik des Kapitals
und
Logik des
Territorialstaates

---

[77] Die aktuellen Diskussionen werden von Bisley (2007) und von Held/McGrew (2007) zusammengefasst.

[78] Aktuelle Beispiele für kritische Werke gegenüber dem US-Imperialismus sind Blums Rogue State (2002), welches ein Bestseller wurde, nachdem Bin Laden es in einer Videobotschaft zitiert hatte, sowie Petras und Veltmeyer (2001). Zugunsten eines amerikanischen Imperialismus argumentiert Deepak Lal in In Praise of Empires (2004). Vgl. auch Altvater 2005, 41.

Eine andere in der Literatur aufkommende Richtung ist diejenige, die die Art und Weise hervorhebt, in der die Logik des Kapitals und die Logik des Staates ineinander verwoben sind. Die Grundlage hierfür ist nicht in (politischer) Geographie zu finden, sondern in den Theorien der Internationalen Beziehungen, deren Diskurs unvermeidlich von neorealistischen Konzepten beeinflusst wird. Kapital kennt keine Grenzen, es war von Anfang an „global". Aber Kapitalismus als ein soziales Konstrukt entstand in einer Welt, die vor territorialen Staaten existierte. Tatsächlich, so argumentiert Wallerstein, war dieses System zahlreicher Staaten bedeutsam für die Festigung der kapitalistischen Welt-Ökonomie im 16. Jahrhundert. Das bedeutet, dass, obwohl es vielleicht keinen logischen Grund gibt, warum das Kapital in einem abstrakten Sinn die Form des Staates für seine Reproduktion benötigen sollte, es, historisch gesehen, die Welt der Staaten erobert hat. Die Funktionen, die grundlegend für die Reproduktion des Kapitals sind (vor allem der Schutz und die Garantie privater Eigentumsrechte), sind, geschichtlich betrachtet, von Staaten verrichtet worden, und das hat Konsequenzen für die Analyse des Kapitalismus der gegenwärtigen Zeit (vgl. insbesondere die Arbeit von Lacher und Teschke; insbesondere Lacher 2006 und Teschke 2003).

Neorealistische Deutung: Machtwechsel

Die (Neo-)Realisten haben natürlich keine Probleme mit der entstehenden neuen Welt. Ihr Konzept der Machtübergabe erlaubt ihnen, mit großer Sicherheit die wahrscheinliche Zukunft vorherzusagen. Entweder werden die USA beizeiten in der Lage sein, „China in die Knie zu zwingen" und ihre hegemoniale Stellung wiederherzustellen, oder es wird schließlich zu einem unvermeidbaren Kampf über die Herrschaft kommen, der aller Wahrscheinlichkeit nach sehr gewalttätig sein wird (vgl. Mearsheimer 2006). Ein paralleler Diskurs kann im Diskurs über hegemoniale Transition gesehen werden, der seine Ursprünge in der Weltsystemtheorie hat (Frank und Gills 1992; Gills 1993a).

Weltsystemtheorie: Hegemoniewechsel

Die Betonung deterministischer Mechanismen ist dieselbe. Sie unterscheiden sich in ihrer Betonung militärisch-strategischer Faktoren (Neorealismus) oder ökonomischer Faktoren (Weltsystemtheorie) und darin, wo ihre Sympathien liegen: Neorealistische Autoren identifizieren sich gewöhnlich implizit oder explizit mit der Position der USA (obwohl nicht immer mit der George-W.-Bush-Administration), während Weltsystemtheoretiker normalerweise eine sehr viel kritischere Position zum US-Imperialismus einnehmen.

Global Governance

Die entgegengesetzte Position ist die Position der Globalisten. In dieser Perspektive sind die Kräfte, die eine weitere neoliberale Globalisierung und Global Governance voranbringen, so gewaltig, dass sie sich durchsetzen und in eine depolitisierte und deterritorialisierte Governance-Struktur münden werden.[79]

Aus der in diesem letzten Kapitel gesichteten Literatur können auch die Konturen zwei anderer, vielleicht weniger radikaler Szenarien abgeleitet werden.

Ultraimperiales Kondominium

Das eine ist die Vorstellung – auf Harveys letzten Seiten –, dass es vielleicht zu einer teilweisen Wiederherstellung der Position der USA kommt und dass die USA und die EU zu einer Form eines kautskyanischen Kondominiums (gemein-

---

79 Hardt und Negri 2000; vgl. auch Castells 2000; Held 1995; Rosenau 2005. Verschiedene Ansätze zum Phänomen Global Governance und ihren Theorien sind bei Wilkinson/Hughes (2002), Wilkinson (2005) und Ba/Hoffmann (2005) zu finden.

5.5 Die Zukunft: einige Szenarien

schaftlich ausgeübter Herrschaft) gelangen (Harvey 2003). Wie die Übersichten 5.1 und 5.2 gezeigt haben, kontrollieren die USA und die EU heute zusammen 75 Prozent der globalen FDI-Abflüsse und mehr als 50 Prozent des Welthandels. Diese Idee ignoriert jedoch völlig die Veränderung in der globalen Ökonomie, die auf entscheidende Weise in Richtung Ostasien geht. China allein ist bereits oder wird schnell zum größten Handelspartner der USA, Japans und der EU. Es absorbiert den Hauptanteil aller FDI für neue Grundstücke/Anlagen in der Welt, und es ist von zunehmendem politischen Einfluss.

Jedes wahrscheinliche Szenario für die Zukunft muss sich daher irgendwie um die Stellung Chinas drehen. China kann sich entweder zu einem feindlich gesinnten Herausforderer der USA (vgl. Mearsheimer; Frank; auch van der Pijl 2006) oder zu einem Hauptakteur in einem entstehenden multipolaren System entwickeln, der einen besänftigenden Einfluss auf globale Spannungen hat, indem er der neue Verfechter des Multilateralismus und der friedlichen Konfliktlösung wird.

Vor allem Harris und Arrighi betonen die Trends, die die Wahrscheinlichkeit einer solchen Entwicklung unterstreichen. Harris hebt die Schlüsselrolle hervor, die China (mit Indien und Brasilien) in den G20 spielt, indem es eine Strategie der Süd-Süd-Kooperation verfolgt,

Süd-Süd-Kooperation

„die so gestaltet ist, dass sie eine Stütze für die Länder der Dritten Welt im globalen System darstellt, mit Zugang zu direkten Auslandsinvestitionen, transnationalem Kapital, globalen Produktionsketten, grenzüberschreitenden Fusionen und Erwerbungen sowie größerer politischer Anerkennung. Dies ist eine Entwicklungsstrategie, die sich einen Durchsicker-Effekt vorstellt, durch den sich der Wohlstand in einer größeren Mittelklasse ausbreitet und möglicherweise bessere Bedingungen für die Arbeiter und die Armen schafft." *(Harris 2005, 24)*

Das Bild, das Harris den neuen Beijing-Konsens nennt, ist ziemlich idyllisch. Er fragt selbst, ob dies ein tragbares Projekt ist.

Insoweit die Bewegung für einen Beijing-Konsens ein staatlich gelenktes Top-down-Projekt ist, welches dann die Ambitionen der BIC-Staaten (Brasilien, Indien, China) ausformuliert, nämlich eine Stärkung ihrer internationalen Position durch Zusammenarbeit zu erreichen, gibt es auch Stimmen, die der Graswurzel-, der volksnahen Bottom-up-Bewegung, die auf Entkoppelung und ‚Deglobalisierung' zielt, größere Bedeutung zumessen. Diese Ideen basieren auf einer Überarbeitung der mehr radikalen Version der Dependenztheorie aus den 1960er und 1970er Jahren (vgl. z. B. Altvater 2005; Bello 2004; Petras & Veltmeyer 2001 und Petras 2003).

Auf jeden Fall zieht dieses Bild nicht in ausreichendem Maße die Dynamik der gegenwärtigen Entwicklungen in Asien (zuvorderst China, aber vielleicht auch Indien) in Betracht. Wie Arrighi auch herausstellt, ist China zurzeit sehr erfolgreich damit, regionale Kooperationsverbindungen voranzubringen: Sowohl die Ausgestaltung von ASEAN plus drei (ASEAN, China, Japan, Südkorea) als auch die der Shanghai Cooperation Organisation (www.sectsco.org) sind bedeutende Beispiele der entstehenden neuen Rolle Chinas als einer regionalen Großmacht. Aber es muss hier nicht aufhören. Die Ironie der Situation ist, dass gerade die protektionistischen Reaktionen, die nun in den USA und der EU beobachtet werden (die versuchen, chinesische Exporte von Kleidung und Schuhen zu blockieren), sogar den Prozess der technologischen Aufrüstung in China beschleunigen können, was es zu einer viel gefährlicheren globalen Handelsmacht machen kann.

Die Zukunft ist ungewiss. Jedes dieser Szenarien ist eine reale Möglichkeit: China kann auf die Knie gezwungen werden und auseinanderbrechen und den Weg für eine (zeitweilige) Wiederherstellung der US-Vorherrschaft freimachen; es kann schließlich zu einem Rivalen in der globalen Ökonomie aufsteigen und die USA herausfordern, oder es wird die Hauptfigur eines neuen Multilateralismus. Aber in allen Eventualitäten ist China dazu bestimmt, eine Schlüsselrolle zu spielen.

Literaturverzeichnis

Abu Lughod, J. (1989): Before European Hegemony: The World System A. D. 1250-1350. New York: Oxford University Press.
Aglietta, M. (1979): A Theory of Capitalist Regulation. The US Experience. London: New Left Books.
Aglietta, M. (1982): World Capitalism in the Eighties, New Left Review 136, S. 1.
Altvater, E. (2003): Die Währung des schwarzen Goldes. Sand im Getriebe 17, 16. Januar, www.attac.de.
Altvater, E. (2005): Das Ende des Kapitalismus, wie wir ihn kennen. Münster: Westfälisches Dampfboot.
Amin, S. (1976): Unequal Development. An Essay on the Social Formations of Peripheral Capitalism. New York: Monthly Review Press.
Anderson, B. (1983): Imagined Communities. Reflections on the Origin and Spread of Nationalism. London: Verso.
Anderson, P. (1964): Origins of the Present Crisis. New Left Review 23, S. 23.
Anderson, P. (1974): Lineages of the Absolutist State. London: New Left Books.
Anderson, P. (1977): The antinomies of Antonio Gramsci. New Left Review 100, S. 9.
Anderson, P. (1987): The Figures of Descent. New Left Review 161, S. 20 bis 77.
Andreff, W. (1982): Régimes d'Accumulation et Insertion des Nations dans l'Économie Mondiale, in: J. L. Reiffers (Hg.): Économie et Finance Internationales. S. 1030.
Appelbaum, R. P./Henderson, J. (Hg.) (1992): States and Development in the Asian Pacific Rim. London: Sage.
Arrighi, G. (1984): A crisis of hegemony, in: S. Amin, G. Arrighi, A. G. Frank and I. Wallerstein, Dynamics of Global Crisis. London: Macmillan, S. 508.
Arrighi, G. (1993): The Three Hegemonies of Historical Capitalism, in S.R. Gill (Hg.): Gramsci, Historical Materialism and International Relations. Camebridge University Press, S. 1485.
Arrighi, G. (1994): The Long Twentieth Century. Money, Power and the Origin of Our Times. London: Verso.
Arrighi, G./Silver, B. J. (1999): Chaos and Governance in the Modern World System. Minneapolis: University of Minnesota Press.
Arrighi, G. (2005a): Hegemony Unravelling – 1. New Left Review 32, March-April, S. 20.
Arrighi, G. (2005b): Hegemony Unravelling – 2. New Left Review 33, May-June, S. 816.
Avineri, S. (Hg.) (1969): Karl Marx on Colonialism and Modernization. New York: Anchor Books.
Aymard, M. (Hg.) (1982): Dutch Capitalism and World Capitalism. Cambridge/Paris: Cambridge University Press/Editions de la Maison des Sciences de l'Homme.
Ba, A./Hoffmann, M. (Hg.) (2005): Contending Perspectives on Global Governance. Coherence, contestation and world order. London: Routledge.
Bairoch, P. (1980): Le Bilan Economique du Colonialisme: Mythes et Réalités, in: L. Bluss/H. L. Wesseling/G. D. Winius (Hg.): History and Underdevelopment. Essays on Underdevelopment and European Expansion in Asia and Africa. Paris: Editions de la Maison des Sciences de l'Homme, S. 21.
Ball, N. (1988): Security and Economy in the Third World. Princeton: Princeton University Press.
Bank for International Settlements (BIS) (1983): Annual Report 1983. Basel: BIS.

Baran, P. A. (1973 [1957]): The Political Economy of Growth. Harmondsworth: Penguin Books.
Baran, P. A./Sweezy, P. M. (1966): Monopoly Capital. An Essay on the American Economic and Social Order. Harmondsworth: Penguin Books.
Barraclough, G. (1967): An Introduction to Contemporary History. Harmondsworth: Penguin Books.
Bayart, J.-F. (1993): The Politics of the Belly. The State in Africa. London: Longman.
Baylis, J./Smith, S. (2005): The Globalization of World Politics. An introduction to international relations, dritte Ausgabe. Oxford: Oxford University Press.
Beblawi, H. (1990): The Rentier State in the Arab World, in: G. Luciani (Hg.): The Arab State. London: Routledge, S. 88.
Bello, W. (2004), Deglobalization: Ideas for a new world economy. London: Zed Press, updated edition.
Bergesen, A. (1982): Economic Crisis and Merger Movements. 1880s Britain and 1980s United States, in: E. Friedman (Hg.) (1982): S. 29.
Bergesen, A. (1983): The Class Structure of the World-System, in: W. R. Thompson (Hg.) (1983): S. 44.
Bernard, M./Ravenhill, J. (1995): Beyond Product Cycles and Flying Geese: Regionalization, Hierarchy, and the Industrialization of East Asia, World Politics 47 (2), S. 1709.
Bichler, S./Nitzan, J. (2002): The Global Political Economy of Israel. London: Pluto Press.
Bieler, A. (2000): Globalisation and Enlargement of the European Union. Austrian and Swedish social forces in the struggle over membership. London: Routledge.
Bieler, A./Morton, A. (Hg.) (2001): Social Forces in the Making of the New Europe: The Restructuring of European Social Relations in the Global Political Economy. Basingstoke: Palgrave Macmillan.
Bieler, A./Morton, A. (2003): Globalisation, the State and Class Struggle: a „Critical Economy" Engagement with Open Marxism. in: British Journal of Politics and International Relations 5 (4), S. 4699.
Bieler, A./Morton, A. (Hg.) (2006): Images of Gramsci. Connections and contentions in political theory and international relations. London: Routledge.
Bienen, H. (1988): Nigeria: From Windfall Gains to Welfare Losses?, in: A. Gelb u. a.: Oil Windfalls. Blessing or Curse? A World Bank Research Publication. Oxford: Oxford University Press, S. 2261.
Biersteker, T. J. (1992): The „Triumph" of Neoclassical Economics in the Developing World: Policy Convergence and Bases of Governance in the International Economic Order, in: J. N. Rosenau/E.-O. Czempiel (Hg.), Governance without Government: Order and Change in World Politics. Cambridge: Cambridge University Press, S. 1031.
Bisley, N. (2007): Rethinking Globalization. Houndmills: Palgrave Macmillan.
Blomström, M./Hettne, B. (1984): Development Theory in Transition. The Dependency Debate and Beyond: Third World Responses. London: Zed Books.
Blum, W. (2002): Rogue State. A Guide to the World"s Only Superpower. London: Zed Press, 2nd ed.
Bode, R. (1979): De Nederlandse bourgeoisie tussen de twee wereldoorlogen, Cahiers voor de politieke en sociale wetenschappen 2 (4), S. 0.
Bluss, L./Wesseling, H. L./Winius, G. D. (Hg.) (1980): History and Underdevelopement. Essays on Underdevelopement and European Expansion in Asia and Africa. Paris: Editions de la Maison des Science de l'homme.
Bottomore, T. (1964): Elites and Society. Harmondsworth: Pelican.
Bottomore, T. (1966): Classes in Modern Society. New York: Vintage Books.

Braudel, F. (1972-1973): The Mediterranean and the Mediterranean World in the Age of Philip II, 2 vols. New York: Harper & Row.
Braudel, F. (1980): On History. Chicago: University of Chicago Press.
Brenner, R. (1977): The Origins of Capitalist Development: a Critique of Neo-Smithian Marxism. New Left Review 104, S. 22.
Brett, E. A. (1985): The World Economy Since the War. The Politics of Uneven Development. Basingstoke/London: Macmillan.
British Petroleum (1992): BP Statistical Review of World Energy, June. London: British Petroleum.
Brog, H. (1990): Handel statt Hilfe. Die entwicklungspolitischen Vorstellungen in der Havanna-Charta 1947/48. Frankfurt: Verlag für Interkulturelle Kommunikation.
Brown, M. B. (1970): After Imperialism. London: Heinemann.
Brown, M. B. (1988): Away with All the Great Arches: Anderson's History of British Capitalism. New Left Review 167, S. 21.
Bucharin, N. (1917): Imperialism and World Economy. London: Merlin Press (1972).
Burawoy, M. (1985): The Politics of Production. Factory Regimes under Capitalism and Socialism. London: Verso.
Burn, D. L. (1940): The Economic History of Steelmaking 1867-1939. London: Oxford University Press.
Burchill et al. (2005): Theories of International Relations (dritte Ausgabe). Basingstoke: Palgrave Macmillan.
Burnham, P. (1991): Neo-Gramscian Hegemony and the International Order. Capital and Class 45, S. 74.
Burnham, P. (1994): Open Marxism and Vulgar International Political Economy. Review of International Political Economy 1 (2), S. 221 bis 231.
Busch, K. (1974): Die multinationalen Konzerne. Zur Analyse der Weltmarktbewegung des Kapitals. Frankfurt: Suhrkamp.
Business Week (2006): Iran"s oil bourse and theoretical threat to dollar (Analysis). Business Week, 5. Mai 2006 (http://www.iranoilgas.com/news/details/?type=reports&p=current&newsID=2703& restrict=no. am 26.05.2006).
Cafruny, A./Ryner, J. M. (Hg.) (2003): A Ruined Fortress? Neoliberal Hegemony and Transformation in Europe. Lanham, MD: Rowman & Littlefield.
Cain, P. J./Hopkins, A. G. (1986): Gentlemanly Capitalism and British Expansion Overseas I. The Old Colonial System, 1688-1850. Economic History Review, 2nd Series, Vol. 39, No. 4, S. 5025.
Cain, P. J./Hopkins, A. G. (1987): Gentlemanly Capitalism and British Expansion Overseas II: New imperialism, 1850-1945, Economic History Review, 2nd Series, Vol. 40, No. 1, S. 6.
Carr, E. H. (1939): The Twenty Years' Crisis 1919-1939. An Introduction to the Study of International Relations. New York: Harper & Row.
Carr, E. H. (1945): Nationalism and After. London/Melbourne: Macmillan.
Castells, M. (1992): Four Asian Tigers With a Dragon Head: A Comparative Analysis of the State, Economy, and Society in the Asian Pacific Rim. in: R. P. Appelbaum/J. Henderson (Hg.): States and Development in the Asian Pacific Rim; S. 30.
Castells, M. (2000): End of Millennium. Oxford: Blackwell Press (zweite Auflage).
Chase-Dunn, C. (1981): Interstate Relations and Capitalist World Economy: One Logic or Two? International Studies Quarterly, Vol. 25, S. 23ff.
Chase-Dunn, C. (1989): Global Formation. Structures of the World-Economy. Oxford: Basil Blackwell.
Chazan, N./Lewis, P./Mortimer; R. A./Rothchild, D./Stedman, S. J. (1999): Politics and Society in Contemporary Africa. Boulder, CO: Lynne Rienner Publ.

Cipolla, C. M. (1978): The Economic History of World Population (neunte Ausgabe). Harmondsworth: Penguin.

Clark, W. (2004): Revisited: The Real Reasons for the Upcoming War With Iraq: A Macroeconomic and Geostrategic Analysis of the Unspoken Truth (or. 2003, additional comments 2004) (www.ratical.org/ratville/CAH/RRiraqWar.html am 15.8.2005).

Clark, W. (2005): Petrodollar Warfare: Dollars, Euros and the Upcoming Iranian Oil Bourse. Information Clearing House. (www.informationclearinghouse.info/article 9698.htm am 9.8.2005).

Clarke, S. (1978): Capital, Fractions of Capital and the State. Capital and Class 5, S. 37.

Cox, R. W. (1981): Social Forces, States and World Orders: Beyond International Relations Theory. Millennium: Journal of International Studies, Vol. 10, No. 2, S. 1255.

Cox, R. W. (1983): Gramsci, Hegemony and International Relations. An essay in Method. Millennium: Journal of International Studies, Vol. 12, No. 2, S. 1675.

Cox, R. W. (1987): Production, Power, and World Order. Social Forces in the Making of History. New York: Columbia University Press.

Cox, R. W. (1992): Global Perestroika, in R. Miliband/L. Panitch (Hg.): Socialist Register 1992: New World Order. London: Merlin Press. S. 23.

Cox, R. W./Sinclair, T. (1996): Approaches to World Order. Cambridge: Cambridge University Press.

Cumings, B. (1984): The Origins and Development of the Northeast Asian Political Economy: Industrial Sectors, Product Cycles, and Political Consequences. International Organization, Vol. 38, Nr. 1, S. 0.

Dahl, R. A. (1956): A Preface to Democratic Theory. Chicago: University of Chicago Press.

Dahl, R. A. (1961): Who Governs? Democracy and Power in an American City. New Haven: Yale University Press.

Davidson, B. (1992): Africa: The Politics of Failure, in: R. Miliband/L. Panitch (Hg.): Socialist Register 1992: New World Order. London: Merlin Press, S. 2126.

Dege, E. (1978): Korea. in: P. Schöller/H. Dürr/E. Dege (Hg.): Länderkunde Ostasien. Frankfurt: Fischer.

Denemark, R./Thomas K. (1988): The Brenner-Wallerstein Debate. International Studies Quarterly 32 (1), S. 45.

Deppe, F. (Hg.) (1975): Europäische Wirtschaftsgemeinschaft (EWG): Zur politischen Ökonomie der westeuropäischen Integration. Reinbek bei Hamburg: Rowohlt.

Dicken, P. (1992): Global Shift. The Internationalization of Economic Activity. London: Paul Chapham.

Dicken, P. (2003): Global Shift. Reshaping the Global Economic Map in the 21st Century (vierte Ausgabe). London: Sage.

Dikhanov, Y. (2005): Trends in Global Income Distribution. 1970-2000, and Scenarios for 2015. Human Development Report Office Occasional Paper 8, UNDP. New York (http://hdr.undp. org/docs/publications/background_papers/2005/HDR2005_ Dikhanov_Yuri_8.pdf am 14.11. 2005).

Dobb, M. (1973 [1947]): Studies in the Development of Capitalism. New York: International Publishers.

Domhoff, G. W. (1967): Who Rules America? (erste Ausgabe). Englewood Cliffs, NJ: Prentice-Hall.

Duffield, M. (2001): Global Governance and the New Wars. The Merging of Development and Security. London: Zed Press.

Dunford, M./Perrons, D. (1983): The Arena of Capital. London: Macmillan.

Ebersold, B. (1992): Machtverfall und Machtbewusstsein. Britische Friedens- und Konfliktlösungsstrategien 1918-1956. München: Oldenbourg.

Elsenhans, H. (1991): Development and Underdevelopment. The history, economics and politics of North-South relations. New Delhi: Sage India.
Emmanuel, A. (1972): Unequal Exchange: A Study of the Imperialism of Trade. New York: Monthly Review Press.
English, R./Kenny, M. (Hg.) (2000): Rethinking English Decline. Basingstoke: Macmillan.
Evans, P./Rueschemeyer, D./Skocpol, T. (Hg.) (1985): Bringing the State Back in. Cambridge: Cambridge University Press.
Fennema, M. (1982): International Networks of Banks and Industry. The Hague: Nijhoff.
Fennema, M./van der Pijl, K. (1986): International Bank Capital and the New Liberalism, in: M. Schwartz/M. Mizruchi (Hg.): Structural Analysis of Business. New York: Cambridge University Press, S. 2919.
Fischer Weltalmanach 1992. Frankfurt/Main: Fischer Taschenbuch Verlag.
Forsythe, D. P./David, P./Coate, R. A./Weiss T. G. (2004): The United Nations And Changing World Politics, vierte Ausgabe. Boulder, CO: Westview.
Fortune, fortune 500, August 1981 (http://money.cnn.com/magazines/fortune/fortune500 _archive/ full/1981/).
Frank, A. G. (1963, 1975): On Capitalist Underdevelopment. Bombay: Oxford University Press.
Frank, A. G. (1967): Capitalism and Underdevelopment in Latin America. New York: Monthly Review Press.
Frank, A. G. (1978): World Accumulation, 1492-1789. London/New York: Monthly Review Press.
Frank, A. G. (1991): Transitional Ideological Modes: Feudalism, Capitalism, Socialism. Critique of Anthropology, Vol. 11, No. 2, S. 1788.
Frank, A. G. (1998): ReORIENT: Global Economy in the Asian Age. Berkeley: University of California Press.
Frank, A. G./Gills, B. K. (1992): The Five Thousand Year World System: An Interdisciplinary Introduction, Humboldt Journal of Social Relations, Vol. 18, No. 2.
Frank, A. G./Gills B. K. (Hg.) (1993): The World System: 500 or 5000 Years? London: Routledge.
Frieden, J. (1981): Third World indebted industrialization: international finance and state capitalism in Mexico, Brazil, Algeria and South Korea. International Organization 35 (3), S. 4031.
Friedman, E. (Hg.) (1982): Ascent and Decline in the World-System. London: Sage.
Fröbel, F./Heinrichs, J./Kreye, O. (1977): Die neue internationale Arbeitsteilung. Strukturelle Arbeitslosigkeit in den Industrieländern und die Industrialisierung der Entwicklungsländer. Hamburg: Rowohlt.
Fröbel, F./Heinrichs J./Kreye O. (1984): Die Dritte Welt in der Krise. Das Argument, Volume 26, May–June 1984.
Fröbel, F./Heinrichs, J./Kreye, O. (1986): Umbruch in der Weltwirtschaft. Die globale Strategie: Verbilligung der Arbeitskraft/Flexibilisierung der Arbeit/Neue Technologien. Hamburg: Rowohlt.
Fukuyama, F. (1992): The End of History and the Last Man. New York: Free Press.
Galeano, E. (1973): Die offenen Adern Lateinamerikas. Die Geschichte eines Kontinents von der Entdeckung bis zur Gegenwart. Wuppertal: Peter Hammer Verlag.
Galtung, J. (1971): A Structural Theory of Imperialism. Journal of Peace Research, Vol. 8, S. 817.
Gamble, A. (1981): Britain in Decline. Economic Policy, Political Strategy, and the British State. London: Macmillan.
Gellner, E. (1983): Nations and Nationalism. Oxford: Basil Blackwell.

Germain, R./Kenny, M. (1998): Engaging Gramsci: international relations theory and the new Gramscians. Review of International Studies 23 (1), S. 1.
Gerschenkron, A. (1966): Economic Backwardness in Historical Perspective. Cambridge: Cambridge University Press.
Gerstenberger, H. (1973): Zur Theorie der historischen Konstitution des bürgerlichen Staates. Prokla, No. 8/9, S. 2026.
Giddens, A. (1973): The Class Structure of the Advanced Societies. London: Hutchinson.
Gill, S. R./Law, D. (1988): The Global Political Economy. London: Harvester Wheatsheaf.
Gill, S. R. (1990): American Hegemony and the Trilateral Commission. Cambridge: Cambridge University Press.
Gill, S. R. (1992): Economic Globalization and the Internationalization of Authority – Limits and Contradictions. Geoforum 23 (3), S. 2683.
Gill, S. R. (Hg.) (1993a): Gramsci, Historical Materialism and International Relations. Cambridge: Cambridge University Press.
Gill, S. R. (1993b): Neoliberalism and the Shift Towards a US-Centred Transnational Hegemony. in: H. Overbeek (Hg.): Restructuring Hegemony in the Global Political Economy, S. 2482.
Gill, S. R. (1995): Globalization, Market Civilization and Disciplinary Neoliberalism. Millennium: Journal of International Studies 24 (3), S. 3923.
Gill, S. R. (1998): European Governance and New Constitutionalism: Economic and Monetary Union and Alternatives to Disciplinary Neo-Liberalism in Europe. New Political Economy 3 (1), S. 6.
Gill, S. R. (1999): The Geopolitics of the Asian Crisis. Monthly Review 50 (10); (www. monthly review.org/399gill.htm am 9.1.2006).
Gill, S. R. (2000): The constitution of global capitalism. paper presented at International Studies Association Annual Convention, Los Angeles, 2000 (www.theglobalsite.ac.uk).
Gills, B. K. (1993a): Hegemonic Transitions in the World System: Accumulation and the Making of World Order (unveröffentlichtes Manuskript, 52 S.).
Gills, B. K. (1993b): The Hegemonic Transition in East Asia: a Historical Perspective, in: S. Gill (Hg.) (1993): Gramsci, Historical Materialism and International Relations. S. 1812.
Gills, B. K./Frank, A. G. (1992): World System Cycles, Crises, and Hegemonial Shifts, 1700 BC to 1700 AD. Review, Vol. 25, No. 4, S. 6298.
Gilpin, R. (1987): The Political Economy of International Relations. Princeton: Princeton University Press.
Glyn, A./Sutcliffe, R. (1972): British Capitalism, Workers and the Profits Squeeze. Harmondsworth: Penguin Books.
Glyn, A./Sutcliffe, B. (1992): Global but leaderless: the new capitalist order. Socialist Register 1992. London: Marlin, S. 75.
Glyn, A. (2005): Imbalances of the Global Economy. New Left Review 35, July–August, S. 7.
Gordon, D. M. (1980): Stages of Accumulation and Long Economic Cycles, in: T. K. Hopkins/I. Wallerstein (Hg.): Processes of the World System, S. 5.
Gourevitch, P. (1986): Politics in Hard Times. Comparative Responses to International Economic Crises. Ithaca/London: Cornell University Press.
Gramsci, A. (1971): Selections from the Prison Notebooks. New York: International Publishers.
Griffiths, I. L. (1984): An Atlas of African Affairs. London: Methuen.
Halliday, F. (1983): The Making of the Second Cold War. London: Verso.
Hardt, M./Negri, A. (2000): Empire. Cambridge, MA: Harvard University Press.

Harris, N. (1986): The End of the Third World. Newly Industrializing Countries and the Decline of an Ideology. Harmondsworth: Penguin.

Harris, J. (2005): Emerging Third World Powers: China, India and Brazil. Race & Class 46 (3), S. 7.

Harvey, D. (1990): The Condition of Postmodernity. An Enquiry into the Origins of Cultural Change. Oxford: Blackwell.

Harvey, D. (2003): The New Imperialism. Oxford: Oxford University Press.

Hay, D. (1966): Europe in the Fourteenth and Fifteenth Centuries. New York: Holt, Rinehart and Winston.

Heckscher, E. F. (1949): The Effect of Foreign Trade on the Distribution of Income, in: H. S. Ellis/L. A. Metzler (Hg.): Readings in the Theory of International Trade. Homewood: Irwin.

Held, D. (1995): Democracy and the Global Order. From the Modern State to Cosmopolitan Governance. Cambridge: Polity Press.

Held, D./McGrew, A. (1999): Global Transformations. Politics, Economics and Culture. Cambridge: Polity Press.

Held, D./Kaya, A. (Hg.) (2007): Global Inequality. Cambridge: Polity Press.

Held, D,/McGrew, A. (Hg.) (2007): Globalization Theory. Cambridge: Polity Press.

Helleiner, G. K. (1981): Intra-firm Trade and the Developing Countries: An Assessment of the Data, in: R. Murray (Hg.), Multinationals Beyond the Market. Brighton: Harvester, S. 37.

Henwood, D. (1995): The Contract with Mexico. Left Business Observer #68, March 1995, (http:// www.leftbusinessobserver.com/Mexico.html am 18.10.2006).

Higgott, R. A./Cooper, A. (1990): Middle Power Leadership and Coalition Building: Australia, the Cairns Group, and the Uruguay Round of Trade Negotiations. International Organization, Vol. 44, No. 4, S. 5832.

Hilferding, R. (1910): Das Finanzkapital. Frankfurt: Europäische Verlagsanstalt, 1973 (Erstausgabe 1910).

Hirsch, J. (1985): Fordismus und Postfordismus. Die gegenwärtige gesellschaftliche Krise und ihre Folgen. Politische Vierteljahresschrift, Band 26, Nr. 2, S. 1682.

Hirst, P./Thompson, G. (1996): Globalization in Question, zweite Auflage. Cambridge: Polity Press.

Hobsbawm, E. J. (1968): Industry and Empire. Harmondsworth: Penguin Books.

Hobson, J. A. (1902): Imperialism. A Study. London: George Allen and Unwin, 1968 (Erstausgabe 1902).

Hobson, J. M. (2004): The Eastern Origins of Western Civilisation. Cambridge: Cambridge University Press.

Hollis, M./Smith, S. (1990): Explaining and Understanding International Relations. Oxford: Clarendon Press.

Holloway, J./Picciotto, S. (Hg.) (1978): State and Capital. A Marxist Debate. London: Edward Arnold.

Holman, O./Overbeek, H./Ryner, M.,(Hg.) (1998): Neoliberal Hegemony and European Restructuring, 2 Volumes. International Journal of Political Economy, 28 (1 and 2).

Holzgrefe, J. L. (1989): The Origins of Modern International Relations Theory. Review of International Studies, Vol. 15, S. 16.

Hoogvelt, A. (1997): Globalisation and the Postcolonial World. The New Political Economy of Development. Houndmills: Macmillan.

Hopkins, T.K./Wallerstein, I. (Hg.) (1980): Processes of the World System. Beverly Hills/ London: Sage.

Huntington, S. P. (1991): Transnational Organizations in World Politics, in: R. Little/M. Smith (Hg.): Perspectives on World Politics, zweite Auflage. London: Routledge, S. 2128.

Hurrell, A./Woods, N. (Hg.) (1999): Inequality, globalization and world politics. Oxford: Oxford University Press.
Independent Commission on International Development Issues (1980): North-South: A Programme for Survival. London: Pan Books.
Ingham, G. (1984): Capitalism Divided? The City and Industry in British Social Development. London: Macmillan.
ITeM (Instituto del Tercer Mundo) (1991): The World. A Third World Guide 1991/92. Montevideo: Instituto del Tercer Mundo.
Jacobitz, R. (1991): Antonio Gramsci – Hegemonie, historischer Block und intellektuelle Führung in der internationalen Politik, Arbeitspapier Nr. 5, Forschungsgruppe Europäische Gemeinschaften, Philipps-Universität Marburg.
Jessop, B. (1983): Accumulation Strategies, State Forms, and Hegemonic Projects. Kapitalistate No. 11, S. 811.
Jessop, B. (1990): Regulation Theory in Retrospect and Prospect. Economy and Society, Vol. 19, No. 2, S. 1516.
Jessop, R. (Hg.) (2001): Regulation Theory and the Crisis of Capitalism, 5 vols. Cheltenham: Edward Elgar.
Jessop, R. (2002): The Future of the Capitalist State. Cambridge: Polity Press.
Johnson, C. (2005): Washington's alarming foreign policy. In These Times 31-03-2005 (http://www.inthesetimes.com/site/main/article/2042 am 12.04.2005)
Junne, G. (1982): Internationale arbeidsdeling en politiek proces. Lessen uit de analyse van ontwikkelingslanden voor de leer der internationale betrekkingen. Universiteit van Amsterdam.
Junne, G. (1990): Theorien über Konflikte und Kooperationen zwischen kapitalistischen Industrieländern, in: V. Rittberger (Hg): Theorien der Internationalen Beziehungen. Bestandsaufnahme und Forschungsperspektiven. Opladen: Westdeutscher Verlag, S. 5371.
Junne, G (2004): Der Zerfall der Dritten Welt, in: H. Houweling/G. Junne/H. Overbeek (Hg.): Hegemonie und internationale Arbeitsteilung. Fernuniversität Hagen, S. 936.
Kaldor, M. (2006): New and old wars: organized violence in a global era. 2nd edition. Polity, 2006.
Kant, I. [1795](1993): Zum ewigen Frieden – ein philosophischer Entwurf, in: Kant, I.: Schriften zur Anthropologie, Geschichtsphilosophie, Politik und Pädagogik 1. Werkausgabe, Band XI, hgg. von Wilhelm Weischedel, Frankfurt am Main.
Katzenstein, P./Keohane, R. O./Krasner, S. (1998): International Organization and the study of world politics. International Organization 52 (4), S. 6485.
Kautsky, K. (1913/14): Der Imperialismus. Die Neue Zeit, Vol. 32, No. 21, S. 9022.
Kautsky, K. (1915): Nationalstaat, Imperialistischer Staat und Staatenbund. Nürnberg: Fränkische Verlagsanstalt.
Kegley Jr., C. W./McGowan, P. (Hg) (1983): Foreign Policy and the Modern World System. London: Sage.
Kennedy, P. (1988): The Rise and Fall of the Great Powers. Economic Change and Military Conflict from 1500 to 2000. London/Sydney/Wellington: Unwin Hyman.
Kenwood, A. G./Lougheed, A. L. (1983): The Growth of the International Economy 1820-1980. London: Allen & Unwin.
Keohane, R. O. (1984): After Hegemony. Cooperation and Discord in the World Political Economy. Princeton: Princeton University Press.
Ki-Zerbo, J. (1979): Die Geschichte Schwarz-Afrikas. Wuppertal: Peter Hammer Verlag.
Kilpatrick, A./Lawson, T. (1980): On the Nature of Industrial Decline in the UK'. Cambridge Journal of Economics, No. 4, S. 802.
Kindleberger, Ch. P. (1970): Power and Money: the Economics of International Politics and the Politics of International Economics. New York: Basic Books.

Kindleberger, Ch. P. (1981): Dominance and Leadership in the International Economy: Exploitation, Public Goods, and Free Rides. International Studies Quarterly, Vol. 25, No. 3, S. 2454.

Klare, M. (2002): Resource Wars: The New Landscape of Global Conflict. New York: Owl Books. (reprint edition 2002).

Klare, M. (2005): Blood and Oil: The Dangers and Consequences of America's Growing Dependency on Imported Petroleum. New York: Owl Books.

Klein, P. W. (1982): Dutch Capitalism and the World-Economy, in: M. Aymard (Hg.) (1982): Dutch Capitalism and World Capitalism. S. 71.

Kleinknecht, A. (1986): Long Waves, Depression, and Innovation. De Economist, Vol. 134, No. 1, S. 808.

Krasner, S. D. (Hg.) (1983): International Regimes. Ithaca/London: Cornell: University Press.

Krätke, M. (1997): Standortkonkurrenz – Realität und Rhetorik, in: Loccumer Initiative kritischer Wissenschaftlerinnen und Wissenschaftler, Ökonomie ohne Arbeit – Arbeit ohne Ökonomie? Entwicklungstendenzen des Kapitalismus und politische Interventionen. Hannover: Offizin Verlag.

Krippendorff, E. (1975): Internationales System als Geschichte. Einführung in die internationalen Beziehungen. Frankfurt/New York: Campus Verlag.

Kunz, R./Müller, R. D. (1990): Giftgas gegen Abd el Krim. Deutschland, Spanien und der Gaskrieg in Spanisch-Marokko 1922-1927. Freiburg: Verlag Rombach.

Lacher, H. (2006): Beyond Globalization. Capitalism, Territoriality & the International Relations of Modernity. London: Routledge.

Laclau, E./Mouffe, Ch. (1985): Hegemony and Socialist Strategy: Towards a Radical Democratic Politics. London: Verso Books.

Lal, D. (2004): In Praise of Empires. Globalization and Order. Houndmills: Palgrave Macmillan.

Landes, D. S. (1999): The Wealth and Poverty of Nations. Why Some Are So Rich And Some So Poor. New York: W. W. Norton.

Lane, F. C. (1950): Force and Enterprise in the Creation of Oceanic Commerce. Journal of Economic History, Supplement X, S. 11.

Lee, R. B./DeVore, I. (Hg.) (1973): Man, the Hunter. Chicago: Aldine.

Lenin, W. I. (1917): Der Imperialismus als höchstes Stadium des Kapitalismus. Ausgewählte Werke, Bd. 1. Berlin: Dietz Verlag 1970 (Erstausgabe 1917).

Leys, C. (1985): Thatcherism and British Manufacturing: A Question of Hegemony. New Left Review 151, S. 5.

Lijphart, A. (1969): Paradigmata in de leer der internationale betrekkingen. Amsterdam: J. H. De Bussy.

List, F. (1841): Das nationale System der politischen Ökonomie. Stuttgart/Tübingen: Cottaschen Verlag (http://www.wlym.de/klassiker/List_Nationalsystem1841.pdf).

Luxemburg, R. (1912): Die Akkumulation des Kapitals. Ein Beitrag zur ökonomischen Erklärung des Imperialismus. Frankfurt: Verlag Neue Kritik, 1970 (Erstausgabe 1912).

Maddison, A. (2006): The World Economy (zwei Bände). Paris: OECD Development Centre.

Magdoff, H. (1969): The Age of Imperialism. New York: Monthly Review Press.

Magdoff, H. (1982): International economic distress and the third world. Monthly Review 33 (11), S. 3.

Magdoff, H. (1992): Globalisation: to what end? In: R. Miliband/L. Panitch (Hg.): Socialist Register 1992: New World Order. London: Merlin Press, S. 45.

Mandel, E. (1962): Marxist Economic Theory. London: Merlin Press.

Mandel, E. (1968): Die EWG und die Konkurrenz Europa-Amerika. Frankfurt: Europäische Verlagsanstalt.
Mandel, E. (1972): Der Spätkapitalismus. Versuch einer marxistischen Erklärung. Frankfurt: Suhrkamp.
Martinussen, J. (1997): Society, State & Market. A Guide to Competing Theories of Development. London: Zed Books.
Marx, K. (1867): Das Kapital. Kritik der politischen Oekonomie, Bd. 1. Berlin: Dietz Verlag, 1973.
Marx, K. (1869): Letter to Engels. 10 december 1869, in Marx-Engels Selected Correspondence. Moscow: Progress Publishers (auch in MECW, Volume 43, S. 396, und in MEGA, Berlin, 1931).
Marx, K. [1894](1974): Das Kapital. Kritik der politischen Oekonomie, Bd. 3. Berlin: Dietz Verlag.
Marx, K./Engels, F. [1845/1846](1970): Die deutsche Ideologie, in Marx, K./Engels, F.: Ausgewählte Werke in sechs Bänden, Bd. 1, S. 2077.
Marx, K./Engels, F. (1848): Manifest der Kommunistischen Partei. Marx-Engels ausgewählte Werke in sechs Bänden. Berlin: Dietz Verlag, 1970, S. 3851.
Marx, K./Engels, F. (1970): Ausgewählte Werke in sechs Bänden, Bd. 1. Berlin: Dietz Verlag.
Marx, K./Engels, F. (1972): Manifest der Kommunistischen Partei, in: Marx, K./Engels, F.: Werke, Bd. 4. Berlin: Dietz Verlag.
Mauro, Frédéric (1961): Towards an 'Intercontinental Modell': European Overseas Expansion between 1500 and 1800, in: Economic History Review, New Series, 14(1), 7.
McMichael, P. (1996): Development and Change. A Global Perspective. Thousand Oaks: Pine Forge Press.
Mearsheimer, J. J. (2006): China's Unpeaceful Rise. Current History, Vol. 105, No. 690 (April 2006), S. 1662.
Mearsheimer, J. J./Walt, S. (2003): An Unnecessary War. Foreign Policy 134, S. 59.
Melotti, U. (1977): Marx and the Third World. London: Macmillan.
Michels, R. (1989 [1911]): Zur Soziologie des Parteiwesens in der modernen Demokratie. Untersuchungen über die oligarchischen Tendenzen des Gruppenlebens (4. Auflage). Herausgegeben und mit einer Einführung versehen von Frank R. Pfetsch. Kröners Taschenausgabe, Bd. 250. Stuttgart: Kröner.
Migdal, J. (2001): State in Society. Studying How States and Societies Transform and Constitute One Another. Cambridge: Cambridge University Press.
Mikesell, R. (Hg.) (1962): US Private Investment. Eugene: University of Oregon Press.
Milanovic, B. (2005): Worlds Apart: Global and International Inequality 1950-2000. Princeton: Princeton University Press.
Milanovic, B. (2007): Globalization and Inequality, in: Held,D./Kaya, A. (Hg.): Global Inequality. Cambridge: Polity Press, S. 29.
Miliband, R. (1973): The State in Capitalist Society. The Analysis of the Western System of Power. London: Quartet Books.
Mills, C. Wright (1956): The Power Elite. New York: Oxford University Press.
Mingst, K./Karns, M. (2006): The United Nations in the Twenty-First Century. Third Edition. Boulder, CO: Westview.
Mitchell, B. R. (1978): European Historical Statistics 1750-1970. London: Macmillan.
Mittelman, J. H./Pasha, M. K. (1997): Out from Underdevelopment Revisited: Changing Global Structures and the Remaking of the Third World. New York: St. Martin"s Press.

Modelski, G./Thompson, W. R. (1996): Leading Sectors and World Powers: The Coevolution of Global Politics and Economics. Columbia: University of South Carolina Press.
Modelski, G. (1978): The Long Cycle of Global Politics and the Nation-State. Comparative Studies in Society and History, Vol. 20, No. 2, S. 2135.
Modelski, G. (1981): Long Cycles, Kondratieffs, and Altering Innovations: implications for U.S. Foreign Policy, in: C. W. Kegley Jr./P. McGowan (Hg.): Foreign Policy and the Modern World System, S. 63.
Modelski, G. (1983): Long Cycles of World Leadership, in: W. R. Thompson (Hg.) (1983): Contending Approaches to World System Analysis, S. 1139.
Modelski, G. (Hg.) (1987): Exploring Long Cycles. Boulder: Lynne Rienner.
Modelski, G. (1988): Sea Power in Global Politics 1494-1943. Seattle: University of Washington Press.
Monthly Review (2003a): What Recovery. Monthly Review, April, Editorial (www.monthlyreview.org/0403editors.htm).
Monthly Review (2003b): The New Face of Capitalism: Slow Growth, Excess Capital, and a Mountain of Debt. Monthly Review, April (www.monthlyreview.org/0402editors.htm).
Moore Jr., B. (1967): Social Origins of Dictatorship and Democracy. Lord and Peasant in the Making of the Modern World. Harmondsworth: Peregrine Books.
Mosca, G. (1939): The Ruling Class. New York: McGraw-Hill.
Murdock, G. P. (1973):'The Current Status of the World's Hunting and Gathering Peoples. In: R. B. Lee/I. DeVore (Hg.): Man, the Hunter. Chicago: Aldine.
Murphy, C. N. (2005): Global Institutions, Marginalization, and Development. London: Routledge.
Murray, R. (1971): The Internationalization of Capital and the Nation State. New Left Review 67, S. 809.
Nairn, T. (1977): The Twilight of the British State. New Left Review 101 bis 102, S. 1.
Nairn, T. (1979): The Future of Britain's Crisis, New Left Review 1114, S. 40.
Nederveen Pieterse, J. (2001): Development Theory: Deconstructions/Reconstructions. London: Sage.
Neusüss, C. (1972): Imperialismus und Weltmarktbewegung des Kapitals. Erlangen: Politladen.
O'Connor, J. (1973): The Fiscal Crisis of the State. New York: St. Martin's Press.
Ohlin, B. (1933): Interregional and International Trade. Cambridge, Mass.: Harvard University Press.
Omae, Ken'ichi (1985): Macht der Triade. Die neue Form weltweiten Wettbewerbs, 1. Aufl., Wiesbaden: Gabler.
Ominami, C. (1986): Le tiers monde dans la crise. Paris: Éditions La Découverte.
Omissi, D. (1992): Airpower and Colonial Control. The Royal Air Force 1919-1939. Manchester: Manchester University Press.
Organisation for Economic Cooperation and Development (1979): The Impact of the Newly Industrialising Countries on Production and Trade in Manufactures, Report by the Secretary-General. Paris: OECD.
Organisation for Economic Cooperation and Development (1984): OECD Science and Technology Indicators. Resources Devoted to R&D. Paris: OECD.
Overbeek, H. (1984): Over het Einde der Amerikaanse Hegemonie. Tijdschrift voor Politieke Ekonomie, Vol. 7, No. 3, S. 47.
Overbeek, H. (1990): Global Capitalism and National Decline. The Thatcher Decade in Perspective. London u. a.: Unwin Hyman.
Overbeek, H. (Hg.) (1993): Restructuring Hegemony in the Global Political Economy. London: Routledge.

Overbeek, H. (2004): Transnational class formation and concepts of control: towards a genealogy of the Amsterdam Project in international political economy. Journal of International Relations and Development 7 (2), S. 1141.

Overbeek, H./van der Pijl, K. (1993): Restructuring Capital and Restructuring Hegemony: Neo-Liberalism and the Unmaking of the Post-War Order, in: H. Overbeek (Hg.) (1993): Restructuring Hegemony in the Global Political Economy. London: Routledge, S. 7.

Palan, R./Abbott, J. (mit P. Deans) (1996): State Strategies in the Global Political Economy. London: Pinter.

Panitch, L. (1996): Rethinking the Role of the State, in: J. Mittelman, ed., Globalization: Critical Reflections. Boulder, CO: Lynne Rienner, S. 813.

Parboni, R. (1986): The Dollar Weapon: From Nixon to Reagan, New Left Review 158, S. 8.

Pasha, M. K./Murphy, C. N. (Hg.) (2002): International Relations and the New Inequality. Oxford: Blackwell Publ.

Patel, S. J. (1964): The Economic Distance Between Nations: Its Origin, Measurement and Outlook. The Economic Journal, Vol. 74, S. 119 bis 131.

Pateman, C. (1970): Participation and Democratic Theory. Cambridge: Cambridge University Press.

Payne, A. (2005): The Politics of Unequal Development. Houndmills: Palgrave Macmillan.

Peterson, V. S. (2003): A Critical Rewriting of Global Political Economy. Integrating reproductive, productive and virtual economies. London: Routledge.

Petras, J./Rhodes, R. (1976): The Reconsolidation of US Hegemony. New Left Review 97, S. 33.

Petras, J./Veltmeyer, H. (2001): Globalization Unmasked. Imperialism in the 21st Century. London: Zed Press.

Petras, J. (2003): The New Development Politics. The Age of Empire Building and New Social Movements. Aldershot: Ashgate.

Petrella, R. (1990): Globalisation of the Economy: Impacts on the Social Contract. Keynote Speech at the Annual Congress of the Institute of Public Administration of Canada, Québec, 27 August 1990.

Picciotto, S. (1991): The Internationalisation of the State, Capital and Class 43, S. 44.

Polanyi, K. (1957): The Great Transformation. The Political and Economic Origins of Our Time. Boston: Beacon Press (Erstausgabe 1944).

Pollard, S. (1985): Capital Exports 1870-1914: Harmful or Beneficial? The Economic History Review, Second Series, Vol. 38, No. 4, S. 489 bis 514.

Pooley, S. (1991): The State Rules, OK? The Continuing Political Economy of Nation-States, Capital and Class 43, S. 62.

Poulantzas, N. (1974): Les classes sociales dans le capitalisme aujourd'hui. Paris: Seuil.

Poulantzas, N. (1975a): Classes in Contemporary Capitalism. London: New Left Books.

Poulantzas, N. (1968, 1975b): Pouvoir politique et classes sociales. Paris: Maspéro.

Randall, V./Theobald, R. (1998): Political Change and Underdevelopment. A Critical Introduction to Third World Politics (zweite Auflage). Houndmills: Macmillan.

Ransome, P. (1992): Antonio Gramsci: A New Introduction. New York: Harvester Wheatsheaf.

Rapley, J. (2004): Globalization and Inequality. Neoliberalism's Downward Spiral. Boulder, CO: Lynne Rienner.

Reiffers, J. L. (Hg.) (1982): Économie et Finance Internationales. Paris: Dunod.

Ricardo, D. (1817): Principles of Political Economy and Taxation. Harmondsworth: Pelican, 1971.

Roberts, A./Kingsbury, B. (Hg.) (1993): United Nations, Divided World. The UN"s Role in International Relations, zweite Auflage. Oxford: Clarendon Press.

Roland Holst, H. (1977): Kapitaal en Arbeid in Nederland. Nijmegen: SUN (zweibändige Erstausgabe 1902).

Röling, B. V. A. (1960): International Law in an Expanded World. Amsterdam: Northern Holland Publishing.

Roobeek, A. J. M. (1990): Beyond the Technology Race. An Analysis of Technology Policy in Seven Industrial Countries. Amsterdam: Elsevier.

Rosenau, J. N. (2005): Global governance as disaggregated compelxity, in: A. Ba/M. Hoffmann (Hg.): Contending Perspectives on Global Governance. London: Routledge, S. 1353.

Rosenberg, J. (1994): The Empire of Civil Society. A Critique of the Realist Theory of International Relations. London: Verso Books.

Rostow, W. W. (1960): The Stages of Economic Growth: A Non-Communist Manifesto. Cambridge, Mass.: Cambridge University Press.

Rowthorn, B. (1971): Imperialism in the 1970s – Unity or Rivalry, New Left Review 69, S. 31.

Ruggie, J. G. (1983): International Regimes, Transactions, and Change: Embedded Liberalism in the Postwar Economic Order, in: S. D. Krasner (Hg.): International Regimes, Ithaca/London: Cornell: University Press, S. 1931.

Ruggie, J. G. (1993): Territoriality and beyond: problematizing modernity in international relations. International Organization 46 (1), S. 1374.

Ruggie, J.G. (1998): Constructing the World Polity. Essays on International Institutionalisation. London: Routledge.

Ruigrok, W./van Tulder, R. (1995): The Logic of International Restructuring. London: Routledge.

Saksena, K. P. (1993): Reforming the United Nations. The Challenge of Relevance. New Delhi: Sage.

Sampson, A. (1983): The Money Lenders. Bankers in a Dangerous World. Harmondsworth: Penguin Books.

Schirm, S. A. (1990): Brasilien: Regionalmacht zwischen Autonomie und Dependenz. Hamburg: Institut für Iberoamerika-Kunde.

Schmieder, D. (1977): Auslandskapital und Entwicklungsstrategie. Meisenheim am Glan: Verlag Anton Hain.

Schmitter, Philippe C. (1974): Still the Century of Corporatism? Review of Politics, Vol. 36, No. 1, S. 831.

Schmitter, Ph. C./Lehmbruch, G. (Hg.) (1979): Trends Toward Corporatist Intermediation. Beverly Hills/London: Sage.

Scholte, J. A. (2005): Globalization. A Critical Introduction, zweite Auflage. Basingstoke: Palgrave Macmillan.

Schumpeter, J. A. (1942): Capitalism, Socialism and Democracy. New York: Harper & Row.

Schuurman, F. (Hg.) (1993): Beyond the Impasse, New Directions in Development Theory. London: Zed Books.

Schuurman, F. (Hg.) (2001): Globalization and Development Studies. Challenges for the 21st Century. London: Sage.

Schuurman, F. (2005): Globalization and Development Research: Some Contentious Issues, Tailoring Biotechnologies 1 (1), S. 68.

Schwartz, H. M. (2000): States versus Markets. History, geography, and the development of the international political economy, zweite Auflage. New York: St. Martin"s Press.

Scott, J. (1982): The Upper Classes. Property and Privilege in Britain. London: Macmillan.
Seaman, L. C. B. (1969 [1955]): From Vienna to Versailles. London: Methuen & Co.
Sen, G. (1984): The military origins of industrialisation and international trade rivalry. London: Pinter.
Senghaas, D. (1974): Peripherer Kapitalismus. Analysen über Abhängigkeit und Unterentwicklung. Frankfurt: Suhrkamp.
Senghaas, D. (1977): Weltwirtschaftsordnung und Entwicklungspolitik. Plädoyer für Dissoziation. Frankfurt: Suhrkamp.
Senghaas, D. (1982): Von Europa lernen. Entwicklungsgeschichtliche Betrachtungen. Frankfurt: Suhrkamp.
Servan-Schreiber, J.-J. (1968): Le Défi Américain. Paris: Denoël.
Shortall, F. C. (1986): Fixed and circulating capital. Capital and Class 28, S. 1685.
Sideri, S. (1970): Trade and Power. Informal Colonialism in Anglo-Portuguese Relations. Rotterdam: Rotterdam University Press.
Siegelberger, J. (Hg.) (1991): Die Kriege 1985 bis 1990. Analyse ihrer Ursachen. Münster: Litt Verlag.
Singer, P. W. (2003): Corporate Warriors: The Rise of the Privatized Military Industry. Ithaca, NY: Cornell University Press.
Sklair, L. (2001): The Transnational Capitalist Class. Oxford: Blackwell Publishers.
Skocpol, T. (1977): Wallerstein's World Capitalist System: A Theoretical and Historical Critique. American Journal of Sociology, Vol. 82, No. 5, S. 1075-1090.
Skocpol, T. (1979): States and Social Revolutions. Cambridge: Cambridge University Press.
Slicher van Bath, B. (1980[1960]): De agrarische geschiedenis van West-Europa 500-1850. Utrecht: Spectrum.
Smith, A. (1958 [1776]): The Wealth of Nations [1776]. London: Dent and Dutton.
Sneyd, A. (2003): Globalizing Embedded Liberalism: Some Lessons for the WTO"s „Development" Round. Robarts Center Research Papers, 2003, York University, Toronto (http://www.yorku.ca/robarts/projects/wto/pdf/wto_globalembedliberal.pdf am 18.10.2006).
Snyder, F./Slinn, P. (Hg.) (1987): International Law of Development. Abingdon: Professional Books.
So, A. Y. (1990): Social Change and Development. Modernization, Dependency, and World-System Theories. London: Sage Publ.
Soederberg, S. (2004a): The Politics of the New International Financial Architecture: Reimposing Neoliberal Dominance in the Global South. London: Zed Books.
Soederberg, S. (2004b): American empire and „excluded states": the Millennium Challenge Account and the shift to pre-emptive development. Third World Quarterly 25 (2), S. 2702.
Soederberg, S. (2006): Global Governance in Question. Empire, Class and the New Common Sense, in: dies.: Managing North-South Relations. London: Pluto Press.
Spear, P. (1973): A History of India, Vol. 2. Harmondsworth: Penguin Books.
Spero, J./Hart, J. (1997): The Politics of International Economic Relations, 5th ed. New York: St. Martin"s Press.
Strange, S. (1983): Cave! Hic Dragones: A Critique of Regime Analysis, in: S. D. Krasner (Hg.) (1983): International Regimes. Ithaca/London: Cornell: University Press, S. 4796.
Strange, S. (1994): States and Markets. (zweite Auflage). London: Pinter.
Sutcliffe, B. (2001): 100 Ways of Seeing an Unequal World. London: Zed Press.
Taylor, A. J. P. (1975): English History 1914-1945. Harmondsworth: Pelican Books.

Taylor, P. J. (1991): Ten Years That Shook the World? The United Provinces as the First Hegemonic State. Paper Presented to the International Studies Association Annual Conference, Atlanta, April 1991.
Taylor, P. J. (1996): The Way the Modern World Works. World Hegemony to World Impasse. Chicester: John Wiley & Sons.
Teschke, B. (2003): The Myth of 1648: Class, Geopolitics and the Making of Modern International Relations. London/New York: Verso.
Tétreault, M. (1988): Regimes and Liberal World Orders. Alternatives, No. 13, S. 6
Third World Guide 91/92 (1990): The World as seen by the Third World. Montevideo: Instituto Tercer Mundo
Thompson, J. (1990): State Practices, International Norms, and the Decline of Mercenarism. International Studies Quarterly, Vol. 34, S. 27.
Thompson, W. R. (Hg) (1983): Contending Approaches to World System Analysis. London: Sage.
Thompson, W. R. (1989): On Global War: Historical-Structural Approaches to World Politics. Columbia: University of South Carolina Press.
Tilly, Ch. (1985): War Making and State Making as Organized Crime, in: P. Evans/D. Rueschemeyer/Th. Skocpol: Bringing the State Back in. Cambridge: Cambridge University Press, S. 1691.
Tilly, Ch. (1992): Coercion, Capital, and European States AD 990-1992 Oxford: Blackwell.
Tuchman, B. W. (1978): A Distant mirror. The Calamitous 14th Century. New York: Ballantine Books.
Tylecote, A. B. (1982): German Ascent and British Decline 1870-1980: The Role of Upper-Class Structure and Values, in Friedman, E. (Hg.): Ascent and Decline in the World-System, S. 47.
UNCTAD (1991): World Investment Report 1991: The Triad in Foreign Direct Investment. New York: United Nations.
UNCTAD (1993): World Investment Report 1993. Transnational Corporations and Integrated International Production. New York: United Nations.
UNCTAD (1994): World Investment Report 1994. Transnational Corporations, Employment and the Workplace. An Executive Summary. New York/Geneva: United Nations, 1994.
UNCTAD (2004): World Investment Report 2004. The Shift Towards Services. New York: United Nations.
UNCTAD (2005): World Investment Report 2005. Transnational Corporations and the Internationalization of R&D. New York: United Nations.
UNDP (United Nations Development Program) (1992): Human Development Report 1993. Oxford/New York: Oxford University Press.
UNDP (1993): Human Development Report 1994. Oxford/New York: Oxford University Press.
UNDP (1999): Human Development Report 2000. Oxford/New York: Oxford University Press.
UNDP (2005): Human Development Report 2005. New York: United Nations.
UNDP (2006): Human Development Report 2006. New York: United Nations.
Van Apeldoorn, B. (2002): Transnational Capitalism and the Struggle over European Integration. London: Routledge.
Van Apeldoorn, B. (Hg.). (2004): Transnational historical materialism: the Amsterdam International Political Economy Project. Journal of International Relations and Development 7 (2), S. 1036.
Van der Pijl, K. (1978): Een Amerikaans Plan voor Europa. Amsterdam: SUA.
Van der Pijl, K. (1984): The Making of an Atlantic Ruling Class. London: Verso.

Van der Pijl, K. (1988): Class Struggle in the State System and the Transition to Socialism. After the Crisis: Current Research on Capital and Strategy, No. 4, University of Amsterdam.
Van der Pijl, K. (1989): Transnational Relations and Class Strategy, International Journal of Political Economy, Vol. 19, No. 3.
Van der Pijl, K. (1993): Soviet Socialism and Passive Revolution, in: S. Gill (Hg.): Gramsci, Historical Materialism and International Relations. Cambridge, S. 2358.
Van der Pijl, K. (1996): Vordenker der Weltpolitik. Opladen: Leske + Budrich.
Van der Pijl, K. (1998): Transnational Classes and International Relations. London: Routledge.
Van der Pijl, K. (2006): Global Rivalries from the Cold War to Iraq. London: Pluto Press.
Van Tulder, R./Junne, G. (1988): European Multinationals in Core Technologies. Chichester: Wiley.
Vernon, R. (1973): Sovereignty at Bay. The Multinational Spread of US Enterprise. Harmondsworth: Pelican Books.
Wallerstein, I. (1974): The Modern World-System I. Capitalist Agriculture and the Origins of the European World-Economy in the Sixteenth Century. New York: Academic Press.
Wallerstein, I. (1979): The Capitalist World-Economy. Cambridge: Cambridge University Press.
Wallerstein, I. (1980): The Modern World-System II. Mercantilism and the Consolidation of the European World-Economy 1600-1750. New York: Academic Press.
Wallerstein, I. (1983): Historical Capitalism. London: Verso.
Wallerstein, I. (1984): The Politics of the World-Economy. The States, the Movements and the Civilizations. Cambridge: Cambridge University Press.
Wallerstein, I. (1986): Das moderne Weltsystem – Die Anfänge kapitalistischer Landwirtschaft und die Weltökonomie im 16. Jahrhundert. Frankfurt: Syndikat.
Wallerstein, I. (1989): The Modern World-System III. The second Era of Great Expansion of the Capitalist World-Economy, 1730-1840. San Diego: Academic Press.
Wallerstein, I. (1993): World System versus World-Systems, in: A. G Frank/B. K. Gills (Hg.): The World System. Five hundred years or five thousand? London: Routledge, S. 2996.
Wallerstein, I. (2000): The Essential Wallerstein. New York: The New Press.
Waltz, K. (1979): Theory of International Politics. Reading, Mass.: Addison-Wesley
Warren, B. (1980): Imperialism. Pioneer of Capitalism. London: Verso.
Weber, M. (1961): General Economic History. New York: First Collier Books. Original: Wirtschaftsgeschichte. München: Duncker und Humblot, 1924.
Weltbank (1978): Weltentwicklungsbericht 1978. Washington DC: Weltbank.
Wertheim, W. F. (1978): Indonesië van vorstenrijk tot neo-kolonie. Meppel: Boom.
White House (2002): The National Security Strategy of the United States. Washington DC: White House.
Wilkinson, R./Hughes, S. (Hg.) (2002): Global Governance. Critical Perspectives. London: Routledge.
Wilkinson, R. (Hg.) (2005): The Global Governance Reader. London: Routledge.
Williams, E. (1944): Capitalism and Slavery. London: André Deutsch.
Willoughby, J. A. (1979): The Lenin-Kautsky Unity-Rivalry Debate. The Review of Radical Political Economics, Vol. 11, No. 4, S. 901.
Winch, D. (1972): Economics and Policy. A Historical Survey. London: Collins/Fontana.
Wolf, E. (1982): Europe and the People Without History. Berkeley: University of California Press.
Wolf-Phillips, L. (1987): Why „Third World"?: Origin, Definition and Usage. Third World Quarterly, Vol. IX, No. 4, S. 1311-1327.

Wolfe, A. (1979): The Rise and Fall of the 'Soviet Threat': Domestic Sources of the Cold War Consensus. Washington DC: Institute for Policy Studies.
World Bank (1983): World Development Report 1983. Oxford: Oxford University Press.
World Bank (1987): World Development Report 1987. Oxford: Oxford University Press.
World Bank (1992): World Development Report 1992, Development and Environment. Oxford/New York: Oxford University Press.
World Bank (1993a): The East Asian Miracle: Economic Growth and Public Policy. New York: Oxford University Press.
World Bank (1993b): World Development Report 1993: Investing in Health. Oxford: Oxford University Press.
World Bank (1997): World Development Report 1997: The State in a Changing World. Washington: World Bank.
World Bank (2000/2001): World Development Report 2000/2001: Attacking Poverty. Washington: World Bank.
World Bank (2006): World Development Report 2006. Oxford: Oxford University Press.
Wright, H. M. (1961): The 'New Imperialism'. Analysis of Late Nineteenth-Century Expansion. Boston: D. C. Heath and Company.
Wright, E. O. (2000): Class Counts. Cambridge: Cambridge University Press.
Wynn, S. (1982): The Taiwanese „Economic Miracle". Monthly Review, April, S.30.
Zinn, K. G. (1989): Kanonen und Pest. Über die Ursprünge der Neuzeit im 14. und 15. Jahrhundert. Opladen: Westdeutscher Verlag.
Zolberg, A. R. (1981): Origins of the Modern World System: A Missing Link? World Politics, Vol. 33, No. 2, S. 2581.
Zürn, M. (1995): The Challenge of Globalisation and Individualization: A View from Europe. In: H.H Holm/G. Sørensen (Hg.): Whose World Order? Uneven Globalization and the End of the Cold War. Boulder, CO: Westview Press, S. 1364.

The manufacturer's authorised representative in the EU is Springer Nature Customer Service Centre GmbH, Europaplatz 3, 69115 Heidelberg, Germany. If you have any concerns regarding our products, please contact ProductSafety@springernature.com

Printed and bound by CPI Group (UK) Ltd, Croydon, CR0 4YY

27/04/2026

02097639-0010